Der entgangene Gewi

Europäische Hochschulschriften
Publications Universitaires Européennes
European University Studies

Reihe II
Rechtswissenschaft

Série II Series II
Droit
Law

Bd./Vol. 2545

PETER LANG
Frankfurt am Main · Berlin · Bern · New York · Paris · Wien

Frank Halfpap

Der entgangene Gewinn

Dogmatik und Anwendung des § 252 BGB

PETER LANG
Europäischer Verlag der Wissenschaften

Die Deutsche Bibliothek - CIP-Einheitsaufnahme

Halfpap, Frank:

Der entgangene Gewinn : Dogmatik und Anwendung des § 252 BGB / Frank Halfpap. - Frankfurt am Main ; Berlin ; Bern ; New York ; Paris ; Wien : Lang, 1999
(Europäische Hochschulschriften : Reihe 2, Rechtswissenschaft ; Bd. 2545)
Zugl.: Osnabrück, Univ., Diss., 1998
ISBN 3-631-34174-1

D 700
ISSN 0531-7312
ISBN 3-631-34174-1

Meinen Eltern

Vorwort

Die vorliegende Arbeit wurde im Sommersemester 1998 von der Rechtswissenschaftlichen Fakultät der Universität Osnabrück als Dissertation angenommen. Sie befindet sich auf dem Stand von Juli 1998.

Besonderen Dank schulde ich Herrn Prof. Dr. v. Bar, auf dessen Anregung das Thema der Arbeit zurückzuführen ist. Seine pragmatische Betreuung hat es mir ermöglicht, die Arbeit relativ zügig fertig zu stellen. Für seine Bereitschaft, die Arbeit als Mitberichterstatter zu begutachten, darf ich Herrn Prof. Dr. Voß herzlich danken.

Mein größter Dank gilt Frau Ina Freudenau, die mir während der Zeit der Bearbeitung durch psychische und physische Tiefen hindurch geholfen hat. Ohne sie wäre diese Arbeit vielleicht nie fertig gestellt worden. Auch meinen Freunden möchte ich dafür danken, daß sie mich immer wieder aufgebaut haben und mir Mut gegeben haben, nicht nachzulassen.

Erfurt, im August 1998

Frank Halfpap

Inhaltsverzeichnis

Literaturverzeichnis

Aderhold, Lutz	Culpa in contrahendo beim Unternehmenskauf, in DStR 1991, S. 844 ff.
Arens, Peter/ Lüke, Wolfgang	Zivilprozeßrecht, 6. Aufl., München 1994
Arens, Peter	Dogmatik und Praxis der Schadensschätzung, in ZZP 88 (1975), S. 1 ff.
von Bar, Christian (Hrsg.)	Deliktsrecht in Europa, Köln/Berlin/Bonn/ München, 1994; zit.: Bearbeiter in v. Bar, Deliktsrecht
ders.	Gemeineuropäisches Deliktsrecht, 1. Band, München 1996
ders.	Schadensberechnung im gewerblichen Rechtsschutz und Urheberrecht und allgemeine Schadentheorie, in UFITA 81 (1978), S. 57 ff.
ders.	Verkehrspflichten: richterliche Gefahrsteuerungsgebote im Deliktsrecht, Köln/Berlin/ Bonn/München 1980
Baumbach, Adolf/ Hefermehl, Wolfgang	Wettbewerbsrecht, 19. Aufl., München 1996
Baumbach, Adolf/ Hopt,	Klaus Handelsgesetzbuch, 29. Aufl., München 1995
Baumbach, Adolf/ Hueck, Alfred	GmbH-Gesetz, 16. Aufl., München 1996
Baumbach, Adolf/ Lauterbach, Wolfgang/ Albers, Jan/ Hartmann, Peter	Zivilprozeßordnung, 54. Aufl., München 1996

Baumgärtel, Gottfried	Beweislastpraxis im Privatrecht, Köln/Berlin/ Bonn/München 1996
ders.	Handbuch der Beweislast im Privatrecht, Band 1, 2. Aufl., Berlin 1991
Becker, Helmut/ Böhme, Kurt E.	Kraftverkehrshaftpflichtschäden, 20. Aufl., Heidelberg 1997
Beisel, Wilhelm/ Klumpp, Hans-Hermann	Der Unternehmenskauf, 3. Aufl., München 1996
Belke, Rolf	Abstrakte Schadensberechnung und Anscheinsbeweis am Beispiel des Zinsschadens, in JZ 1969, S. 586 ff.
Below, Karl-Heinz	Die Haftung für lucrum cessans im römischen Recht, München 1964
Berg, Hans	Anmerkung zu BGH NJW 1974, 134, in NJW 1974, S. 934
ders.	Die teure Tierhaltung - LG München I NJW 1978, 1862, in JuS 1978, S. 672 ff.
Berger, Manfred	Zum Erwerbsschaden des Selbständigen, in VersR 1981, S. 1105 f.
Bergerfurth, Bruno/ Menard, Lutz/ Fuchs, Dieter	Das Kaufrecht, 4. Aufl., Freiburg 1992
Boon, Stephan	Bußgeldausfälle als entgangener Gewinn nach § 252 BGB?, in NVwZ 1996, S. 45 f.
Borck, Hans-Günther	„Kausalität" und „Negativität" als immanente Grenzen auch des warenzeichenrechtlichen Schadensbegriffes, in WRP 1979, S. 519 ff.
Born, Renate	Entgangener Dirnenlohn als erstattungsfähiger Erwerbsschaden?, in VersR 1977, S. 118 ff.
Brede, Helmut	Betriebswirtschaftslehre für Juristen, München/ Wien 1989

Brinker, Jürgen	Die Dogmatik zum Ersatz des Vermögensschadens, Berlin 1982
Brockhaus	Brockhaus Enzyklopädie, 8. Band, 19. Aufl., Mannheim 1989
Brox, Hans	Allgemeiner Teil des Bürgerlichen Gesetzbuchs, 20. Aufl., München 1996, zit.: Brox, AT
ders.	Allgemeines Schuldrecht, 22. Aufl., München 1995, zit.: Brox, AS
ders.	Besonderes Schuldrecht, 21. Aufl., München 1996, zit.: Brox, BS
ders.	Handelsrecht und Wertpapierrecht, 11.Aufl., München 1994, zit.: Brox, Handelsrecht
Bundesminister der Justiz (Hrsg.)	Abschlußbericht der Kommission zur Überarbeitung des Schuldrechts, in Bundesanzeiger, Köln 1992
Burmann, Michael	Schadensersatz bei verletzungsbedingten Ausfall in der Haushaltsführung, in ZfS 1995, S. 201 f.
v. Caemmerer, Ernst/ Schlechtriem, Peter	Kommentar zum Einheitlichen UN-Kaufrecht, 2. Aufl., München 1995
Canaris, Claus-Wilhelm	Verstöße gegen das verfassungsrechtliche Übermaßverbot im Recht der Geschäftsfähigkeit und im Schadensersatzrecht, in JZ 1987, S. 993 ff.
Crezelius, Georg	Steuerrecht II, 2. Aufl., München 1994
Deutsch, Erwin	Allgemeines Haftungsrecht, 2. Aufl., Köln/ Berlin/ Bonn/ München 1996
Dichtl, Erwin/ Issing, (Hrsg.)	Vahlens Großes Wirtschaftslexikon, Otmar Band 1, München 1987

Duden (Hrsg.:Wissenschaftlicher Rat der Dudenredaktion)	DUDEN, Das große Fremdwörterbuch, Mannheim/Leipzig/Wien/Zürich 1994
Eckelmann, Hansgeorg/ Boss,Karl-Heinz/ Nehls, Jürgen	Vae calamitate victis (Zur Problematik der Rechtsprechung zum Schadensersatz bei Ausfall der Hausfrau im Haushalt durch Unfalltod), in DAR 1984, S. 297 ff.
Eckelmann, Hansgeorg/ Freier, Rudolf	Die unbefriedigende Regulierungspraxis bei Personenschäden im Straßenverkehr und ihre Konsequenzen, in DAR 1992, S. 121 ff.
Eilenberger, Guido	Betriebliches Rechnungswesen, 6. Aufl., München/Wien 1991
Eisele, Wolfgang	Technik des betrieblichen Rechnungswesens, 5. Aufl., München 1993
Emmerich, Volker	Das Recht des unlauteren Wettbewerbs, 4. Aufl., München 1995
Engisch, Karl	Einführung in das juristische Denken, 8. Aufl., Stuttgart 1993
Enneccerus, Ludwig	Lehrbuch des Bürgerlichen Rechts, Erster Band, zweite Abteilung, 6. Bearbeitung, Marburg 1915
Enneccerus, Ludwig/ Lehmann, Heinrich	Recht der Schuldverhältnisse, 15. Aufl., Tübingen 1958
Erichsen, Hans-Uwe (Hrsg.)	Allgemeines Verwaltungsrecht, 10.Aufl. Berlin/New York 1995
Erman, Walter	Handkommentar zum Bürgerlichen Gesetzbuch, 9. Aufl., Münster 1993
Esser, Josef	Schuldrecht, 2. Aufl., Karlsruhe 1960

Esser, Josef/Schmidt, Eike	Schuldrecht Band I, Allgemeiner Teil, Teilband 2, 7. Aufl., Heidelberg 1993
Esser, Josef/ Weyers, Hans-Leo	Schuldrecht Band II, 7. Aufl., Heidelberg 1991
Fikentscher, Wolfgang	Schuldrecht, 8. Aufl., Berlin 1991
Filip-Fröschl, Johanna	Latein in der Rechtssprache, Wien 1990
Firsching, Karl/ v. Hoffmann, Bernd	Internationales Privatrecht, 4. Aufl., München 1995
Fischer, Hans Albrecht	Der Schaden nach dem Bürgerlichen Gesetzbuche für das deutsche Reich, Jena 1903
Frank, Will	Nochmals: Schadensersatzanspruch des GmbH-Alleingesellschafters bei einem Schaden der Gesellschaft, in NJW 1974, S. 2313 ff.
Geigel, Reinhart/ Schlegelmilch, Günter (Hrsg.)	Der Haftpflichtprozeß, 22. Aufl., München 1997, zit.: Bearbeiter in Geigel
Giesen, Dieter	Der große Preis oder über den Anreiz zu großzügigem Umgang mit Schadensposten aus entgangenem Gewinn bei Kfz-Totalschäden, in VersR 1979, S. 389 ff.
Gloy, Wolfgang (Hrsg.)	Handbuch des Wettbewerbsrechts, 2. Aufl., München 1997, zit.: Bearbeiter in Gloy
Götz, Volkmar	Allgemeines Polizei- und Ordnungsrecht, 12. Aufl., Göttingen 1995
Gottwald, Peter	Schadenszurechnung und Schadensschätzung, München 1979
Greger, Reinhard	Beweis und Wahrscheinlichkeit, Berlin 1978
ders.	Praxis und Dogmatik des Anscheinsbeweises, in VersR 1980, S. 1091 ff.

Grunsky, Wolfgang	Art und Umfang des zu ersetzenden Schadens, in Jura 1979, S. 57 ff.
ders.	Beweiserleichterungen im Schadensersatzprozeß, Thrazische Juristische Abhandlungen, Athen/Komotini 1990
ders.	Neue höchstrichterliche Rechtsprechung zum Schadensersatzrecht, in JZ 1983, S.372 ff.
ders.	Schadensersatz bei Verletzung eines Gewerbetreibenden oder Freiberuflers, in DAR 1988, S. 400 ff.
Hagen, Horst	Fort- oder Fehlentwicklung des Schadensbegriffs ? - BGH (GSZ), NJW 1968, 1823, in JuS 1969, S. 61 ff.
ders.	Die Drittschadensliquidation im Wandel der Rechtsdogmatik, Frankfurt/Main 1971
Hahn, Carl/ Stegemann, Eduard (Hrsg.)	Die gesamten Materialien zu den Reichs-Justizgesetzen, Band 2, Materialien zur Zivilprozeßordnung, Abteilung 1, 2. Aufl., Berlin 1881
Hainmüller, Dietmar	Der Anscheinsbeweis und die Fahrlässigkeitstat im heutigen deutschen Schadensersatzprozeß, Tübingen 1966
Hartung, Reinhard	Steuern beim Personenschaden, in VersR 1986, S. 308 ff.
ders.	Verdienstausfallschaden „brutto“ oder „netto“?, in VersR 1981, S. 1008 f.
Heck, Philipp	Grundriß des Sachenrechts, Tübingen 1930
ders.	Grundriß des Schuldrechts, Tübingen 1929
Henckel, Wolfram	Grenzen richterlicher Schadensschätzung – BGH NJW 1973, 1283, in JuS 1975, S. 221 ff.
Heymann, Ernst	Handelsgesetzbuch, Band 4, Berlin 1989

Hofmann, Edgar — Anmerkung zu OLG Hamburg, VersR 1985, 646, in VersR 1985, S. 950

ders. — Gelungene Synthese oder Scheinlösung?, in NZV 1993, S. 139 ff.

Honsell, Heinrich — Herkunft und Kritik des Interessebegriffs im Schadensersatzrecht, in JuS 1973, 69 ff.

Honsell, Heinrich/ Harrer,Friedrich — Schaden und Schadensberechnung, in JuS 1991, S. 441 ff.

Honsell, Heinrich/ Mayer-Maly, Theo/ Selb, Walter — Römisches Recht, 4. Aufl., Berlin/ Heidelberg 1987

Honsell, Thomas — Schadensersatz nach verbotener Besitzentziehung, in JZ 1983, S. 531 ff.

v. Hoyningen-Huene, Gerrick/Boemke,Burkhard — Beweisfragen bei Berufsfortkommensschäden (§ 252 S. 2 BGB, § 287 ZPO), in NJW 1994, S. 1757 ff.

Hüffer, Uwe — Anmerkung zu BGH NJW 1977, 1283,in NJW 1977, S. 1285

Ingenstau, Heinz/ Korbion,Hermann — VOB, Teile A und B, Kommentar, 13.Aufl., Düsseldorf 1996

Isenbeck, Helmut — Anmerkung zu OLG Düsseldorf NJW 1970, 1852, in NJW 1971, S. 288

Jakobs, Horst Heinrich/ Schubert, Werner — Die Beratung des Bürgerlichen Gesetzbuchs, Recht der Schuldverhältnisse I, Berlin/New York 1978
Recht der Schuldverhältnisse III, Berlin/New York 1983

Janke, Gerwin — Rente oder Kapitalabfindung?, Baden-Baden 1995

Jauernig, Othmar — Bürgerliches Gesetzbuch, 7. Aufl., München 1994

John, Uwe — Gesellschafterfreundlicher Durchgriff?, in JZ 1979, S. 511 ff.

Jordan, Michael Harald — Die Abwicklung des Kraftfahrzeug-Totalschadens, in VersR 1978, S. 688 ff.

Kaser, Max — Das römische Privatrecht, 2. Aufl., München 1971

Keuk, Brigitte — Vermögensschaden und Interesse, Bonn 1972

Kiethe, Kurt — Der Schaden beim Unternehmenskauf, in DStR 1995, S. 1756 ff.

Kilian, Wolfgang — Schadensersatzansprüche wegen Beeinträchtigung der Haushaltsführung, in AcP 169 (1969), S. 445 ff.

Kirchner, Hildebert — Abkürzungsverzeichnis der Rechtssprache, 4. Aufl., Berlin/ NewYork 1993

Klauser, Karl-August — Möglichkeit und Grenze richterlicher Schadensschätzung (§ 287 ZPO), in JZ 1968, S. 167 ff.

ders. — Anmerkung zu BGH JZ 1971, 228, in JZ 1971, S. 230 f.

Knobbe-Keuk, Brigitte — Möglichkeiten und Grenzen abstrakter Schadensberechnung, in VersR 1976, S. 401 ff.

Köhler, Helmut/ Piper, Henning — Gesetz gegen den unlauteren Wettbewerb, München 1995

Kötz, Hein — Deliktsrecht, 7. Aufl., Neuwied/Kriftel/ Berlin 1996

Koller, Ingo — Transportrecht, 3. Aufl., München 1995

Kosiol, Erich/ Chmielewicz, Klaus/ Schweitzer, Marcell	Handwörterbuch des Rechnungswesens, 2. Aufl., Stuttgart 1981
Kugler, Gernot (Hrsg.)	Betriebswirtschaftslehre der Unternehmung, Wuppertal 1984
Kullmann, Hans Josef	Schadensersatz und Steuern, in VersR 1993, S. 385 ff.
Lando, Ole/ Beale, Hugh	The principles of European contract law, Dordrecht 1995
Lange, Hermann	Schadensersatz, 2. Aufl., Tübingen 1990
Lange, Herrmann/ Hagen, Horst	Wandlungen des Schadensersatzrechts, Heidelberg 1987
Larenz, Karl	Allgemeiner Teil des Deutschen Bürgerlichen Rechts, 7. Aufl., München 1989, zit.: Larenz, BGB AT
ders.	Lehrbuch des Schuldrechts, 1. Band, Allgemeiner Teil, 14. Aufl., München 1987, zit.: Larenz, SchuldR I
ders.	Methodenlehre der Rechtswissenschaft, 6. Aufl., Berlin/Heidelberg 1991, zit.: Larenz, Methodenlehre
Larenz, Karl/ Canaris, Claus Wilhelm	Lehrbuch des Schuldrechts, 2. Band, Besonderer Teil, 2. Halbband, München 1994
Lehmann, Michael	Juristisch-ökonomische Kriterien zur Berechnung des Verletzergewinns bzw. entgangenen Gewinns, in BB 1988, S. 1680 ff.
Lieb, Manfred	„Wegfall der Arbeitskraft" und normativer Schadensbegriff, in JZ 1971, S. 358 ff.
Lindacher, Walter	Anmerkung zu BGH JR 1977, 104, in JR 1977, S. 107

v. Liszt, Franz	Die Deliktsobligationen im System des Bürgerlichen Gesetzbuchs, Berlin 1898
Ludwig, Karl-Heinz	Schadensersatz bei verletzungsbedingtem Ausfall der Hausfrau, in DAR 1991, S. 401 ff.
Lüke, Gerhard/ Walchshöfer, Alfred (Hrsg.)	Münchener Kommentar zur Zivilprozeßordnung, Band 1, München 1992
Maassen, Bernhard	Beweismaßprobleme im Schadensersatzprozeß, Berlin 1975
Magnus, Ulrich	Schaden und Ersatz, Tübingen 1987
Mann, Fredric	Anmerkung zu BGH NJW 1974, 134, in NJW 1974, S. 492
Maurer, Hartmut	Allgemeines Verwaltungsrecht, 10. Aufl., München 1995
Medicus, Dieter	Anmerkung zu Below, Die Haftung für lucrum cessans im römischen Recht, in ZRG Rom. Abt., Bd. 82, S. 392 ff.
ders.	Anmerkung zu BGH ZIP 1993, 1165, in EWiR, S. 855 f.
ders.	Besitzschutz durch Ansprüche auf Schadensersatz, in AcP (165) 1965, S. 115 ff.
ders.	Bürgerliches Recht, 16. Aufl., München 1993, zit.: Medicus, BR
ders.	Id quod interest, Köln/Graz 1962
ders.	Gründe und Grenzen des Ersatzes „fiktiver Schäden“, in DAR 1982, S. 352 ff.
ders.	Schaden und mittelbarer Schaden, Karlsruhe 1977, zit.: Medicus, Schaden

ders.	Schadensersatz bei Verletzung vor Eintritt in das Erwerbsleben, in DAR 1994, S. 442 ff.
ders.	Schuldrecht I, Allgemeiner Teil, 8. Aufl., München 1995, zit.: Medicus, SchuldR I
Menge, Hermann	Langenscheidts Grosswörterbuch Lateinisch, 21. Aufl., Berlin 1981
Mertens, Hans-Joachim	Der Begriff des Vermögensschadens im Bürgerlichen Recht, Stuttgart 1967
Mommsen, Friedrich	Beiträge zum Obligationenrecht II: Zur Lehre vom Interesse, Braunschweig 1855
Mook, Peter	Das Bereicherungsverbot im Schadensersatzrecht nach §§ 249 - 253 BGB, Hamburg 1983
Müller, Friedrich	Juristische Methodik, 6. Aufl., Berlin 1995
Mugdan, Benno	Die gesamten Materialien zum Bürgerlichen Gesetzbuch für das deutsche Reich, Band 2, Neudruck der Ausgabe Berlin 1899, Aalen 1979
Muscheler, Karlheinz	Die Rolle Badens in der Entstehungsgeschichte des Bürgerlichen Gesetzbuchs, Berlin 1993
Neuner, Robert	Interesse und Vermögensschaden, in AcP 133 (1931), S. 277 ff.
Notthoff, Martin	Entgeltfortzahlungsansprüche als Schadensposition, in ZfS 1998, S. 163 f.
Oertmann, Paul	Kommentar zum Bürgerlichen Gesetzbuch und seinen Nebengesetzen, 2. Buch, 1. Abt., 5. Aufl., Berlin 1928 2. Buch, 2. Abt., 5. Aufl., Berlin 1929
Palandt, Otto	Bürgerliches Gesetzbuch, 56. Aufl., München 1997
Peters, Frank	Zum Problem der Drittschadensliquidation, in AcP 180 (1980), S. 329ff.

Pieper, Helmut	Besitzrecht und Schadensersatz bei der eigenmächtigen Wegnahme von Sicherungsgut, in Festschrift zum 150jährigen Bestehen des OLG Zweibrücken, S. 231 ff.
Pierer	Pierers Universal-Conversations-Lexikon, 9. Band, 6. Aufl., Oberhausen/ Leipzig 1877
Planck, Gottlieb	Bürgerliches Gesetzbuch nebst Einführungsgesetz, 2. Band, 2. Aufl., Berlin 1900 2. Band, 2. Aufl., Berlin 1907
Pohlmann, Petra	Entgangener Gewinn trotz Deckungsverkaufs, in NJW 1995, S. 3169 f.
Preu, Albert	Richtlinien für die Bemessung von Schadenersatz bei Verletzung von Patenten, in GRUR 1979, S. 753 ff.
Prölss, Jürgen	Beweiserleichterungen im Schadensersatzprozeß, Karlsruhe 1966
Prüssmann, Heinz/ Rabe, Dieter	Seehandelsrecht, 3. Aufl., München 1992
Rabel, Ernst	Das Recht des Warenkaufs, 1. Band, Berlin 1964 (Unveränderter Neudruck von 1936 und 1957)
Raiser, Thomas	Haftungsbegrenzung nach dem Vertragszweck, Stuttgart 1962
Rebmann, Kurt/ Franz-Jürgen (Hrsg.)	Münchener Kommentar zum Säcker, Bürgerlichen Gesetzbuch, Band 1, 3. Aufl., München 1993 Band 2, 3. Aufl., München 1995, Band 3, 3. Aufl., München 1995 Band 4, 3. Aufl., München 1997 Band 5, 3. Aufl., München 1997 Band 6, 3. Aufl., München 1997

Reichenbach, Martin/ Vogel, Klaus	Tabelle zur Berechnung der Behinderung der Hausfrau im Haftpflichtanspruch, in VersR 1981, S. 812 f.
Reinking, Kurt/ Eggert, Christoph	Der Autokauf, 5. Aufl., Düsseldorf 1992
RGRK	Das Bürgerliche Gesetzbuch, Kommentar herausgegeben von Reichsgerichtsräten und Bundesrichtern, I. Band, 10. Aufl., Berlin 1953, II. Band, 1. Teil, 12 Aufl., Berlin 1976 II. Band, 6. Teil, 12. Aufl., Berlin 1989
RGRK zum HGB	Kommentar zum Handelsgesetzbuch, 3. Band, 2.Aufl., Berlin 1963, zit.: Bearbeiter in RGRK zum HGB
Roll, Achim	Anmerkung zu BGH NJW 1974, 134, in NJW 1974, S. 492 f.
Rommé, Oliver	Der Anscheinsbeweis im Gefüge von Beweiswürdigung, Beweismaß und Beweislast, Berlin 1989
Rosenberg, Leo/ Schwab, Karl Heinz/Gottwald, Peter	Zivilprozeßrecht, 15. Aufl., München 1993
Roussos, Kleanthis	Schaden und Folgeschaden, Berlin 1992
Rümelin, Max	Die Verwendung der Causalbegriffe in Straf- und Civilrecht, in AcP 90 (1900), S. 171 ff.
Rüthers, Bernd	Verachtet die Phäaken nicht! - oder Eine Odyssee der Dogmatik?, in JZ 1985, S. 520 ff.
Ruhkopf, Rolf/ Book, Hans	Über die Haftpflichtansprüche körperlich verletzter, freiberuflich tätiger Personen und Gewerbetreibender wegen Gewinnentgangs, in VersR 1970, S. 690 ff.

Scheffen, Erika	Erwerbsausfallschaden bei verletzten und getöteten Personen (§§ 842 bis 844 BGB), in VersR 1990, S. 926 ff.
Scheffen, Erika/ Pardey, Frank	Die Rechtsprechung des BGH zum Schadensersatz beim Ausfall von Haushaltsführung und Bareinkommen: (§§ 842 - 844 BGB), 3. Aufl., Heidelberg 1994
Scheffen, Erika/ Pardey, Frank	Schadensersatz bei Unfällen mit Kindern und Jugendlichen, München 1995
Schiemann, Gottfried	Anmerkung zu BGH VIII ZR 54/88 Urteil vom 22.2.1989, in EWiR 1/89 § 252 BGB, S. 331 f.
ders.	Argumente und Prinzipien bei der Fortbildung des Schadensrechts, München 1981
ders.	Perspektiven des Rechts der Verkehrsunfallschäden, in NZV 1996, S. 1 ff.
Schilken, Eberhard	Zivilprozeßrecht, 2. Aufl., Köln 1995
Schlegelberger, Franz	Handelsgesetzbuch, Band V, 5. Aufl., München 1982 Band VI, 5. Aufl., München 1977
Schlund, Gerhard	Juristische Grundlagen der Kapitalisierung von Schadensersatzrenten, in VersR 1981, S. 401 ff.
Schmidt, Eike	Das zerstörte Unikat - BGHZ 92, 85, in JuS 1986, S. 517 ff.
Schmidt, Karsten	Gesellschaftsrecht, 2. Aufl., Köln/Berlin/ Bonn/München 1991
Schmolke, Siegfried/ Deitermann, Manfred	Industrielles Rechnungswesen, 22. Aufl., Darmstadt 1994
Schneider, Egon	Beweis und Beweiswürdigung, 5. Aufl., München 1994

Schneider, Elisabeth	Was ist eine Mutter wert?, in ADAC Motorwelt, 5/97, S. 100 ff.
Schneider, Hans	Gesetzgebung, 2. Aufl., Heidelberg, 1991
Scholz, Franz	Kommentar zum GmbH-Gesetz, 8. Aufl., Köln 1993
Schopp, Heinrich	Verzugszinsen, Verzugsschaden, in MDR 1989, S. 1 ff.
Schubert, Werner (Hrsg.)	Die Vorlagen der Redaktoren für die erste Kommission zur Ausarbeitung des Entwurfs eines Bürgerlichen Gesetzbuchs, Recht der Schuldverhältnisse, Allgemeiner Teil, Berlin /New York 1980 Familienrecht Teil 1-3, Berlin/New York 1983
Schüttensack, Walter	Die Berücksichtigung entgangener Gewinne bei der Schadensberechnung, Emsdetten 1933
Schütze, Rolf A./ Weipert, Lutz	Münchener Vertragshandbuch, Band 2, 4. Aufl., München 1997, zit.: Bearbeiter in Schütze/ Weipert
Schulz-Borck, Hermann/ Hofmann, Edgar	Schadenersatz bei Ausfall von Hausfrauen und Müttern im Haushalt, 5. Aufl., Karlsruhe 1997
Schulze, Reiner	Nutzungsausfallentschädigung, in NJW 1997, S. 3337 ff.
Schwerdtner, Peter	Anmerkung zu BGH, JR 1971, 329, in JR 1971, S. 330 f.
Seetzen, Uwe	Entgangener Gewinn und Mehrwertsteuer, in NJW 1977, S. 1384

Soergel, Hans-Theodor — Bürgerliches Gesetzbuch mit Einführungsgesetz und Nebengesetzen,
Band 1, 12. Aufl., Stuttgart 1988
Band 2, 12. Aufl., Stuttgart 1990
Band 4, 12. Aufl., Stuttgart 1985
Band 6, 12. Aufl., Stuttgart 1990

Späth, Wolfgang — Zur Berechnung des Schadensersatzanspruchs wegen entgangener Einnahmen, in VersR 1978, S. 1004 ff.

Staub — Großkommentar zum HGB, 15. Lieferung, §§ 425 - 452, 4. Aufl., Berlin 1993

v. Staudinger, Julius — Kommentar zum Bürgerlichen Gesetzbuch mit Einführungsgesetz und Nebengesetz,
I. Band, 12. Aufl., Berlin 1980
I. Band, 13 Aufl., Berlin 1996
II. Band, 11. Aufl., Berlin 1967
II. Band, 12. Aufl., Berlin 1983
2. Buch Recht der Schuldverhältnisse:
13. Aufl., §§ 293-327, Berlin 1995
13. Aufl., §§ 433-534, Berlin 1995
12. Aufl., §§ 833-853, Berlin 1986

Steckler, Brunhilde — Zum Umfang der Schadensersatzansprüche infolge verspäteter oder mangelhafter Lieferungen und zur Vertragsgestaltung im Einkauf, in BB 1995, S. 469 ff.

Steffen, Erich — Abkehr von der konkreten Berechnung des Personenschadens und kein Ende, in VersR 1985, S. 605 ff.

ders. — Ersatz von Fortkommensnachteilen und Erwerbsschäden aus Unfällen vor Eintritt in das Erwerbsleben, in DAR 1984, S. 1 ff.

Stein, Friedrich/ Jonas, Martin (Hrsg.) — Kommentar zur Zivilprozeßordnung, 2. Band, Teilband 1, 20. Aufl., Tübingen 1987

Steindorff, Ernst — Abstrakte und konkrete Schadensberechnung, in AcP 158 (1959/60), S. 431 ff.

Stoll, Hans — Begriff und Grenzen des Vermögensschadens, Karlsruhe 1973

ders. — Haftungsfolgen im bürgerlichen Recht, Heidelberg 1993

ders. — Haftungsverlagerung durch beweisrechtliche Mittel, in AcP 176 (1976), S. 145 ff.

Stürner, Rolf — Anmerkung zu BGH JZ 1977, 173 , in JZ 1977, S. 176 f.

ders. — Der entgangene rechtswidrige oder sittenwidrige Gewinn, in VersR 1976, S. 1012 ff.

ders. — Der Erwerbsschaden und seine Ersatzfähigkeit, in JZ 1984, S. 412 ff., 461 ff.

Suckow, Horst/ Hoge, Andreas — Niedersächsisches Gefahrenabwehrrecht, 11. Aufl., Köln 1995

Thomas, Heinz/ Putzo, Hans — Zivilprozeßordnung, 19. Aufl., München 1995

Ulmer, Peter (Hrsg.) — Gesetz betreffend die Gesellschaften mit beschränkter Haftung (GmbHG), 8. Aufl., Berlin/New York 1992, zit.:Hachenburg/Ulmer

UNIDROIT — Principles of International Commercial contracts, Rom 1995

Vorpeil, Klaus — Schadensersatz wegen entgangenem Gewinns nach US-amerikanischem Recht, in PHI 1995, S. 60 ff.

Wassermann, Rudolf — Kommentar zum Bürgerlichen Gesetzbuch in Reihe Alternativkommentare, Darmstadt 1980, zit.: Bearbeiter in AK-BGB

ders.	Kommentar zur Zivilprozeßordnung in Reihe Alternativkommentare, Neuwied/ Darmstadt 1987, zit.: Bearbeiter in AK-ZPO
Weber-Grellet, Heinrich	Erwerbsschäden im Steuerrecht, in DAR 1994, S. 52 ff.
Weimar, Robert	Der Einsatz der eigenen Arbeitskraft im Schadensersatzrecht, in NJW 1989, S. 3246 ff.
Weingart, Olaf	Anmerkung zu OLG Düsseldorf NJW 1970, 1852, in NJW 1970, S. 2248 f.
Werner, Ulrich/ Siegburg, Frank	Der „entgangene Gewinn“ des Architekten gemäß § 649 S. 2 BGB – im Blickwinkel der neuesten Rechtsprechung des Bundesgerichtshofes, in BauR 1997, S. 181 ff.
Wieczorek, Bernhard	Zivilprozeßordnung und Nebengesetze, 2. Band, 2. Aufl., Berlin 1976
Wieser, Eberhard	Der Schadensersatzanspruch des Besitzers aus § 823 BGB - BGH, JZ 1954, 613, in JuS 1970, S. 557 ff.
ders.	Zum Schadensersatzanspruch des nichtberechtigten Besitzers, in NJW 1971, S. 597 ff.
Wöhe, Günter	Einführung in die Allgemeine Betriebswirtschaftslehre, 18. Aufl., München 1993
Wolff, Hans Joachim/ Bachof, Otto/Stober, Rolf	Verwaltungsrecht I, 10. Aufl., München 1994
Wussow, Werner (Begr.)	Unfallhaftpflichtrecht, 14. Aufl., Köln/Berlin/ Bonn/München 1992
Wussow, Werner (Begr.)/ Küppersbusch, Gerhard	Ersatzansprüche bei Personenschäden, 6. Aufl. München 1996

Zimmermann, Reinhard	Herausforderungsformel und Haftung für fremde Willensbetätigungen nach § 823 Abs. 1 BGB, in JZ 1980, S. 10 ff.
Zöller, Richard	Zivilprozeßordnung, 19. Aufl., Köln 1995

Abkürzungsverzeichnis

Für die in der Arbeit verwendeten Abkürzungen wird verwiesen auf das Werk von Kirchner, Hildebert, Abkürzungsverzeichnis der Rechtssprache, 4. Aufl., Berlin/New York 1983

Mit den nicht in diesem Werk aufgeführten Abkürzungen sind folgende Bedeutungen verbunden:

bzw.-------------------beziehungsweise
c.i.c.-------------------culpa in contrahendo
ders.-------------------derselbe
dies.-------------------dieselbe
GrS--------------------Großer Senat für Zivilsachen
HS---------------------Halbsatz
MüKo-----------------Münchener Kommentar
s.o.---------------------siehe oben
sog.--------------------sogenannt
s.u.---------------------siehe unten
u.a.---------------------unter anderem
zit.---------------------zitiert als

Einführung

§ 252 BGB bestimmt, daß bei einer Schadensersatzverpflichtung auch der entgangene Gewinn der geschädigten Person ersetzt werden muß. Entscheidend ist, ob der Gewinn „mit Wahrscheinlichkeit erwartet werden konnte". Da beim Kauf eines bestimmten Loses nicht mit Wahrscheinlichkeit erwartet werden kann, daß dieses Los gewinnt[1], dürfte der Käufer dieses Loses nach dem Wortlaut der Vorschrift daher keinen Schadensersatzanspruch auf einen eventuell entgangenen Lotteriegewinn haben, wenn das Los von einer anderen Person zerstört wird. Dennoch soll der Gewinn zu ersetzen sein, wenn sich nachträglich herausstellt, daß das Los gewonnen hätte[2]. Eine ähnliche Situation ergibt sich beim Schadensersatz für entgangene Spekulationsgewinne mit Wertpapieren. Gewinne aus Börsenspekulationen sind zumindest nach dem gewöhnlichen Lauf der Dinge nicht zwingend wahrscheinlich, da ein Steigen oder Fallen von Börsenkursen nicht vorhersehbar ist[3]. Das Reichsgericht hat gleichwohl entgangenen Spekulationsgewinn als grundsätzlich ersatzfähig im Sinne des § 252 BGB angesehen[4]. Diese Rechtsprechung ist nach dem Krieg fortgesetzt worden[5] und findet Zustimmung in der Literatur[6]. Begründet wird dieses Ergebnis mit der Annahme, daß der Spekulationsentschluß des Geschädigten eine getroffene Vorkehrung im Sinne des § 252 BGB darstellt. Es sei sogar Gewinn zu ersetzen, wenn der Spekulationsentschluß oder andere Vorkehrungen, die zu Gewinn geführt hätten, erst nach dem schädigenden Ereignis getroffen worden wären[7].

Diese Ergebnisse scheinen im Gegensatz zum Wortlaut des § 252 BGB zu stehen. Die für den Ersatz entgangenen Gewinns vom Gesetz geforderte Wahrscheinlichkeit einer erfolgreichen Spekulation läßt sich zu keinem Zeitpunkt mit

---

[1] Werner in Staudinger, 11. Aufl., § 252 Rn 10.

[2] v. Godin in RGRK zum HGB § 347 Anm. 21; Oegg in RGRK, 10. Aufl., § 252 Anm. 2.; Fischer, S. 69.
BGH NJW 1995, 126 (127) führt ausdrücklich aus, daß die Wahrscheinlichkeit noch nicht bei Eintritt des haftungsbegründenden Ereignisses vorliegen muß.

[3] RG JW 1931, 3088 (3089); Kuckuk in Erman § 252 Rn 2; Grunsky in MüKo § 252 Rn 7 m.w.N. in Fn 19.

[4] RG JW 1929, 2508; RG JW 1931, 3088.

[5] BGH NJW 1983, 758; BGH WM 1960, 861; OLG Köln WM 1989, 1529.

[6] Lange, S. 344; Grunsky, JZ 1983, 372 (377); Medicus in Staudinger, 12. Aufl., § 252 Rn 58.

[7] BGH NJW 1983, 758 (758); BGHZ 74, 221 (224); OLG Hamburg NJW-RR 1991, 1431 (1431); Mertens in Soergel § 252 Rn 11.

Sicherheit bestimmen. Welche Rolle spielt dann aber die Wahrscheinlichkeit der Gewinnerzielung, wenn rückblickend ermittelt wird, ob der Gewinn tatsächlich erzielt worden wäre? Ist der Wortlaut des § 252 S. 2 BGB also einfach mißverständlich[8], oder ist die von den vorgenannten Entscheidungen vertretene Auffassung, die als vorherrschend bezeichnet werden kann[9], seit ihrem Entstehen nicht mehr genau überprüft worden[10]?

Die mangelnde Reflektion eines Problems innerhalb des allgemeinen Schadensrechts ist wohl kaum zu vermuten. Über die seit nunmehr annähernd 100 Jahren unveränderten Normen der §§ 249 ff. BGB existiert ein Fülle von wissenschaftlichen Arbeiten. Dennoch wurde dem Schadensrecht bereits ein desolater Zustand bescheinigt[11]. Ob dies tatsächlich der Fall ist, und ob das Schadensrecht als Lückenmeer bezeichnet werden kann[12], soll mit dieser Arbeit für den Teilbereich des entgangenen Gewinns untersucht werden. Zumindest der Begriff des Lückenmeeres erscheint im Zusammenhang mit § 252 BGB Fehl am Platz. Satz 1 der Vorschrift soll nach herrschender Meinung allein klarstellende Bedeutung haben[13]. Die Regelung des § 252 S. 2 BGB habe keine praktische Wirkung, da sie quasi in § 287 ZPO enthalten sei[14]. Nach überwiegender Auffassung müßte § 252 BGB damit überflüssig sein, so daß keine Lücke, sondern eine gesetzliche Doppelregelung vorliegen würde. Wenn die in § 252 BGB enthaltenen Regelungen aber bereits anderweitig im Gesetz geregelt sind, stellt sich die Frage, warum § 252 BGB überhaupt von den Gesetzgebern mit aufgenommen wurde? Handelt es sich bei der Formulierung des Satzes 2 wirklich um einen Redaktionsfehler, der eine „Anfängerfalle" zur Folge hat[15]? Um diese

---

[8] BGHZ 74, 221 (224). Oertmann § 252 Anm. 2 b spricht von „mehrdeutig".

[9] Grunsky in MüKo § 252 Rn 9 mit ausführlichen Hinweisen in Fn 33.

[10] So: Werner in Staudinger, 11. Aufl., § 252 Rn 7 mit Hinweis auf Schopenhauer, NJW 1958, 1223 (1223), der das Entstehen einer „allgemeinen Meinung" darauf zurückführt, daß sich viele Personen einfach der Auffassung von anderen Personen anschließen, denen sie eine gründliche Überprüfung derselben zutrauen. In Träg-heit würde sich der Meinung anderer einfach nur angeschlossen, anstatt die Auf-fassung noch einmal gründlich zu reflektieren.

[11] Lieb, JZ 1971, 358 (358); Stoll, Vermögensschaden, S. 5; Keuk, Vermögens-schaden, S. 14; Magnus, S. 1. Dezidiert zur aktuellen Kritik am Schadenser-satzrecht: Roussos, S. 1 ff.

[12] Lange/Hagen, S. 14.

[13] BGHZ GrS 98, 212 (219); Kuckuk in Erman §252 Rn 1; Heinrichs in Palandt § 252 Rn 1.

[14] Mertens in Soergel, 12. Aufl., § 252 Rn 12; Grunsky in MüKo § 252 Rn 8; Lange, S. 341; Steffen, VersR 1985, 605 (608).

[15] Heck, § 12 Nr. 10.

Fragen zu klären, wird im Rahmen der folgenden Untersuchung zunächst ausführlich auf die Dogmatik des § 252 BGB eingegangen.

Neben diesen Fragen über das grundsätzliche Verständnis des § 252 BGB wird im Rahmen dieser Arbeit auf die speziellen Probleme bei der Anwendung des § 252 BGB eingegangen. Als Beispiel sei das Zusammenspiel mit § 842 BGB genannt. Beim Studium der Literatur zu dieser Vorschrift ergeben sich Parallelen zu § 252 BGB. Auch § 842 BGB wird als überflüssig erachtet, da sein Regelungsgehalt schon von § 252 BGB enthalten sei und er somit keine praktischen Auswirkungen habe[16]. Sollte diese Annahme zutreffen, würde § 842 BGB die Wiederholung einer Norm (§ 252 BGB) bedeuten, die ebenfalls bloß eine Wiederholung von schon Vorhandenem darstellen soll. Da dies doch recht ungewöhnlich erscheint, wird auch auf die Dogmatik des § 842 BGB näher einzugehen sein.

Weiterhin wird untersucht, ob die Berechnung des entgangenen Gewinns unabhängig von der zugrundeliegenden Anspruchsgrundlage oder anderen Faktoren immer nach den gleichen Grundsätzen zu erfolgen hat. Zweifel an dieser Annahme lassen sich aus der Berechnung des Verdienstausfalls von Selbständigen vermuten. Nach dem im Schadensersatzrecht geltenden Grundsatz der wirtschaftlichen Betrachtungsweise sollte anzunehmen sein, daß eine verletzte Person in jedem Fall Ersatz erhält, wenn sie aufgrund der Verletzung nicht mehr die Möglichkeit hat, eine Arbeitsleistung zu erbringen, obwohl sie dazu bereit ist. Bei abhängig Beschäftigten entspricht dies der gängigen Praxis. Selbständig tätigen Personen spricht der BGH dagegen einen Ersatz nur dann zu, wenn sich anhand der Unternehmensbilanzen für die Ausfallzeit konkret ein Gewinnentgang nachweisen läßt[17]. Dies bedeutet, daß eine Arbeitsleistung, die nicht direkt in einen monetären Gewinn umrechenbar ist, zum Beispiel Forschungs- und Entwicklungsarbeiten, nicht ersetzt wird. Derartige Arbeit scheint also von der Rechtsprechung als wertlos eingestuft zu werden. Diese Auffassung wird von der Literatur nahezu einhellig kritisiert[18].

---

[16] RGZ 141, 169 (172); BGHZ 26, 69 (77); Zeuner in Soergel § 842 Rn 1; Mertens in MüKo § 842 Rn 1; Schäfer in Staudinger § 842 Rn 3; Boujong in RGRK § 842 Rn 1; Larenz, SchuldR I, § 29 II. e); Fischer, S. 52 Fn 4; Ruhkopf/Book, VersR 1970, 690 (691); Stürner, JZ 1984, 412 (414); Esser/Weyers, S. 616.
Grunsky, DAR 1988, 400 (401 Fn 3) spricht dem § 842 eine eigenständige Bedeutung ab.
A.A.: Stoll, Vermögensschaden, S. 21 f.; ders., Haftungsfolgen, S. 378. Er spricht dem § 842 eine über die Differenzlehre hinausgehende haftungserweiternde Funktion zu.

[17] BGHZ 54, 45 (53); BGH NJW-RR 1992, 852 (852).

[18] Lange, S. 314 m.w.N. in Fn 365.

Es stellt sich daher die Frage, ob der BGH § 252 BGB in Zusammenhang mit § 842 BGB wirklich korrekt anwendet.

Neben derartigen Einzelproblemen bei der Ermittlung entgangenen Gewinns werden die Grundsätze erörtert, die die grundsätzliche Bestimmung des entgangenen Gewinns ermöglichen, so daß ein umfassendes Bild des Regelungsgehaltes des § 252 BGB sowie seiner praktischen Anwendung gegeben wird.

1. Teil:

Dogmatik des § 252 BGB

A. Der Regelungsumfang des § 252 Satz 1 BGB

I. Das Prinzip der Totalreparation

Eine Vermögensbeeinträchtigung kann in zwei Richtungen auftreten. Entweder wird durch ein schädigendes Ereignis das bereits vorhandene Vermögen verringert oder es wird eine zukünftige Vermehrung des Vermögens verhindert[19]. Die erlittene Vermögenseinbuße wird als damnum emergens und die verhinderte Vermögensmehrung als lucrum cessans oder auch entgangener Gewinn bezeichnet[20]. Um bei Schadensersatzansprüchen diese beiden Schadensformen zu erfassen, wurde in § 252 S. 1 BGB die Formulierung gewählt: „Der zu ersetzende Schaden umfaßt auch den entgangenen Gewinn". Das Wort „auch" zeigt, daß sich die Verfasser des BGB für das Prinzip entschieden haben, „ ... daß die positive Vermögenseinbuße und der entgangene Gewinn zu ersetzen sind,..."[21]. Dies ist der Grundsatz vom Ersatz des ganzen Interesses[22]. Er wird als Grundsatz der Totalreparation bezeichnet[23], da „Alles-oder-Nichts" ersetzt werden soll[24].

1. Erforderlichkeit der gesetzlichen Normierung

Auf den ersten Blick erscheint es als eine Selbstverständlichkeit, daß jemand einen Schaden, den er verursacht hat, auch vollständig wieder ausgleicht. Es ist insoweit fraglich, warum der Gesetzgeber diese anscheinende Selbstverständlichkeit des vollen Interesseersatzes durch die Aufnahme des § 252 S. 1 BGB bewußt zum Ausdruck gebracht hat. Ist eine Normierung der Totalreparation

---

[19] Mommsen, S. 11; Fischer, S. 49; Keuk, Vermögensschaden, S. 21; dies., VersR, 1976, 401 (401).
[20] Mommsen, a.a.O.; Medicus in Staudinger § 252 Rn 6.
[21] Mugdan, S. 10 = Mot. II S. 17.
[22] Mugdan, a.a.O.
[23] Teichmann in Jauernig § 252 Anm. 1 und oben Fn 19.
[24] Mertens in Soergel v. § 249 Rn 17; Medicus in Staudinger v. §§ 249-254 Rn 28.

überhaupt erforderlich, oder soll durch § 252 S. 1 BGB bloß der Unterschied zwischen damnum emergens und lucrum cessans herausgestellt werden?

Das BGB knüpft ersichtlich an diesen Unterschied an[25], der bereits im römischen Recht bekannt war[26]. Bei dieser Anknüpfung ging es den Verfassern des BGB jedoch nicht allein um die Übernahme eines romanistischen Prinzips. Durch die ausdrückliche Erwähnung beider Schadensformen sollten vielmehr die maßgeblichen Ansatzpunkte zur Bestimmung des Umfangs des rechtlich ersatzfähigen Schadens festgelegt werden. Abgegrenzt werden sollte vor allem gegen die Möglichkeit, den Umfang des zu ersetzenden Schadens nach dem Grad des Verschuldens zu bestimmen[27]. Mit der Aufnahme des Prinzips der Totalreparation ins Gesetz sollte die Frage entschieden werden, ob entweder das Verschulden oder die Größe des verursachten Schadens als maßgeblich für den Umfang des zu ersetzenden Schadens anzusehen sei[28]. Die Verfasser der Motive haben also das Bedürfnis gesehen, das Prinzip der Totalreparation gesetzlich festzulegen. Dieses Bedürfnis hatte auch schon *v. Kübel* bei seinem Vorentwurf zum BGB. In seinen Bemerkungen zum Vorentwurf hatte er eine ausführliche rechtsvergleichende Stellungnahme abgegeben, die die Aufnahme des Prinzips der Totalreparation in das Gesetz stützen sollte[29]. Auch *Mommsen* hielt es für erforderlich, die Ersatzfähigkeit des entgangenen Gewinns ausführlich zu begründen[30]. Aus historischer Sicht ist es also nachvollziehbar und auch erforderlich, die Ersatzfähigkeit des entgangenen Gewinns im Gesetz klar zum Ausdruck zu bringen, um nicht das Verschulden zum Maßstab des Schadensersatzumfangs werden zu lassen.

Die Erforderlichkeit dieser Klarstellung ist auch heute noch aktuell. Dies wird bei der Betrachtung anderer Rechtsordnungen deutlich. Es gibt Rechtsordnungen, in denen das dem BGB zugrundeliegende Prinzip der Totalreparation nicht oder zumindest nicht in derselben Stringenz angewandt wird. Im österreichischen ABGB wird die Ersatzfähigkeit des entgangenen Gewinns durch § 1324

---

[25] Lange, S. 58 f.; Fischer, S. 49.

[26] Honsell/Mayer-Maly/Selb, S. 224. Ebenso: Kaser, S. 501 in Fn 20; Schiemann, S. 166 Fn 16; Medicus, Id quod interest, S. 308 und Mommsen, S. 11, die Paul. D. 46, 8, 13 pr. Lit als vermutliche Ursprungsfundstelle angeben.

[27] v. Kübel in Schubert, S. 715; Mugdan, S. 10 = Mot. II S. 17 f.

[28] Mugdan, a.a.O.

[29] v. Kübel, a.a.O.

[30] Mommsen, S. 134 ff.

ABGB nur bei „böser Absicht oder aus einer auffallenden Sorglosigkeit" bejaht. Es ist also der Grad des Verschuldens für den Umfang des Schadensersatzes maßgeblich, was im BGB gerade ausgeschlossen sein soll. In anderen Rechtsordnungen wird im Bereich der vertraglichen Haftung für die Ersatzfähigkeit auf die Voraussehbarkeit des Schadens abgestellt[31]. Diese Begrenzung von Schadensersatzansprüchen wurde von den Verfassern des BGB als zu eng erachtet. Der Schadensersatzpflichtige soll „nicht blos für die vorauszusehenden Folgen haften"[32]. Im anglo-amerikanischen Recht wird für den Ersatz von entgangenem Gewinn verstärkt auf beweisrechtliche Regelungen wie die sogenannte „rule of certainty" zurückgegriffen[33]. Mit der „rule of certainty" ist beabsichtigt, den Ersatz entgangenen Gewinns möglichst restriktiv zu handhaben, indem ein hoher Wahrscheinlichkeitsgrad für den geltend gemachten Gewinnentgang gefordert wird[34]. Der Unterschied zum deutschen Recht besteht also darin, daß diese Regel im Gegensatz zu § 252 S. 2 BGB, der nach Auffassung der herrschenden Meinung eine Beweiserleichterung für den Geschädigten darstellt[35], eine Erschwerung für den Ersatz entgangenen Gewinns darstellt.

Auch gegenwärtig gibt es also verschiedene Möglichkeiten, den Umfang des rechtlich ersatzfähigen Schadens zu bestimmen. Damit ist es erforderlich, gesetzlich zu bestimmen, nach welchem Maßstab der Umfang des zu ersetzenden Schadens in unserer Rechtsordnung festzulegen ist. Ob der für das BGB maßgebliche Ansatzpunkt, nämlich die Größe des verursachten Schadens – also das Prinzip der Totalreparation – nur durch § 252 S. 1 BGB zum Ausdruck gebracht wird, soll im folgenden untersucht werden.

---

[31] Lando/Beale, S. 202 Notes 1., weisen auf die Haftungszurechnung nach der Voraussehbarkeit im englischen, französischen, belgischen und spanischen Recht hin. Ausführlich zum auf diese Weise beschränkten Ersatz entgangenen Gewinns im US-amerikanischen Recht: Vorpeil, PHI 1995, 60 (62 ff.).

[32] Mugdan, S. 10 = Mot. II S. 18.

[33] Stoll, Haftungsfolgen, S. 327 ff. mit ausführlichen Beispielen aus der Recht-sprechung. Der Hinweis Stolls auf das ebenfalls vom BGB abweichende tschechoslowakische Zivilgesetzbuch ist durch die Gründung der Tschechischen Republik und der Slowakei obsolet geworden.

[34] Stoll, a.a.O.

[35] BGH NJW 1983, 758; Teichmann in Jauernig § 252 Anm. 2; Kuckuk in Erman § 252 Rn 10; Grunsky in MüKo § 252 Rn 9 m.w.N.

2. Keine Normierung in § 249 S. 1 BGB

a) Wortlaut des § 249 S. 1 BGB

Zweifel an der konkreten Erforderlichkeit des § 252 S. 1 BGB können sich aus § 249 S. 1 BGB ergeben. Diese Vorschrift bestimmt, daß der Schädiger den Zustand herzustellen habe, „der bestehen würde, wenn der zum Ersatze verpflichtende Umstand nicht eingetreten wäre". Dem entnimmt die ganz herrschende Meinung, daß bereits in § 249 S. 1 BGB der Grundsatz der Totalreparation zum Ausdruck gebracht sei[36]. Durch die Formulierung „der bestehen würde" sei der hypothetische Zustand zum Zeitpunkt der Ausgleichsleistung, also „jetzt" ausschlaggebend[37]. Diese Formulierung weise auf die Differenzhypothese hin, so daß auch Gewinn, der eventuell in der Zeit zwischen Schädigung und hypothetischem Jetztzeitpunkt entgangen ist, zu ersetzen sei[38]. Die herrschende Meinung geht daher davon aus, daß § 252 S. 1 BGB allein klarstellende Wirkung habe[39]. Die klarstellende Wirkung des § 252 S. 1 BGB liegt nach ihrer Meinung also nicht in einer erstmaligen Nennung des Prinzips der Totalreparation, sondern lediglich in einer Wiederholung des eigentlich schon in § 249 S. 1 BGB Gesagten.

Gegen diese Annahme beziehen allein *Keuk* und *Honsell* eine strikte Gegenposition. Sie gehen davon aus, daß § 249 BGB keine Aussage zum Umfang des Schadens enthält. Allein die Art der Schadensersatzleistung sei in dieser Norm geregelt[40]. Wie die unterschiedlichen Auffassungen zeigen, scheint § 249 S. 1 BGB somit von den Verfassern des BGB nicht eindeutig formuliert worden zu sein. Eine Auslegung könnte daher erforderlich sein, obwohl die herrschende Meinung eine Eindeutigkeit des Normtextes annimmt. Da jedoch bereits die Feststellung der Eindeutigkeit eines Satzes ein Produkt der Interpretation ist[41],

---

[36] BGHZ GrS 98, 212 (219); Fischer, S. 166; Medicus, SchuldR I, Rn 585; sowie die Fußnoten 37-39.

[37] Lange, S. 29; Kuckuk in Erman § 252 Rn 1; Esser, S. 170.

[38] Kuckuk a.a.O.

[39] Werner in Staudinger, 11. Aufl., § 252 Rn 1; Medicus in Staudinger § 252 Rn 1; Heinrichs in Palandt § 252 Rn 1; Mertens in Soergel § 252 Rn 1; Grunsky in MüKo § 252 Rn 1; Rüßmann in AK-BGB § 252 Rn 1; Larenz, SchuldR I, § 29 II.
Hagen, S. 173 ff. spricht sogar davon, daß § 252 BGB seine Bedeutung nicht erkennen lasse.

[40] Honsell, JuS 1973, 69 (70); Keuk, Vermögensschaden, S. 19, die dies allerdings nur behauptet und nicht begründet. Honsell/Harrer, JuS 1991, 441 (442) stellen dies jedoch nicht mehr so eindeutig fest.

[41] Rüthers, JZ 1985, 520 (521).

ist diese angebliche Eindeutigkeit durch eine Auslegung zu überprüfen. Eine durch Auslegung ermittelte, genaue Inhaltsbestimmung des § 249 S. 1 BGB ist zudem für die Bedeutung des § 252 S. 1 BGB unerläßlich. Es ist fraglich, warum die Verfasser des BGB in § 252 S. 1 BGB das Prinzip der Totalreparation erwähnt haben, wenn dieses Prinzip angeblich bereits in einer vorhergehenden Norm zum Ausdruck gebracht wurde. Dies erscheint um so mehr als fraglich, wenn man berücksichtigt, daß bei den Beratungen zum BGB Regelungen, die als selbstverständlich angesehen wurden, letztendlich nicht in den Gesetzestext mit aufgenommen wurden[42]. Sollte aber das Prinzip der Totalreparation bereits in § 249 S. 1 BGB ausgedrückt sein, so ist es von dieser Stelle an als bekannt, also als selbstverständlich vorauszusetzen. Einer Erwähnung in § 252 BGB hätte es dann nicht mehr bedurft.

Die Vertreter der herrschenden Meinung scheinen im übrigen teilweise selbst Zweifel an der Eindeutigkeit des Aussagegehaltes des § 249 S. 1 BGB zu hegen. Nur so ist es erklärbar, daß *Medicus* das Prinzip der Totalreparation zwar aus § 249 S. 1 BGB herausliest, „zumindest" aber § 252 S. 1 BGB als Begründung anführt[43]. Diese Formulierung liest sich so, als wenn *Medicus* sagen wolle, daß, wenn das Prinzip doch nicht in § 249 S. 1 BGB ausgedrückt sein sollte, es „zumindest" in § 252 S. 1 BGB ausgedrückt ist. Eine solche eventuelle Unklarheit kann im Schadensersatzrecht mit seinen vielen Problemen nicht bestehen bleiben. Es muß festgelegt werden, ob das Prinzip der Totalreparation in § 249 S. 1 BGB zum Ausdruck gebracht worden ist oder nicht. Erst wenn der Aussagegehalt des § 249 S. 1 BGB feststeht, läßt sich die genaue Bedeutung des § 252 S. 1 BGB klären.

Wie erwähnt, beruft sich die herrschende Meinung für ihre Auslegung im wesentlichen auf den nach dem Wortlaut des § 249 S. 1 BGB zu berücksichtigenden Zustand, der ohne das schädigende Ereignis bestehen würde. Dies sei ein Hinweis auf den durch die Differenzhypothese zu ermittelnden Schadensumfang[44]. Eine direkte Aussage über den Umfang des Schadens beinhaltet dieser Wortlaut jedoch nicht. Der Wortlaut läßt nicht erkennen, daß zwei Vermögenslagen miteinander verglichen werden müssen[45]. Er gibt dem

[42] Jakobs/Schubert I, S. 82 = Prot. I. S. 1025 f. Es wurde als selbstverständlich und somit für den Gesetzestext überflüssig angesehen, daß ein unehrenhaft gezogener Gewinn nicht ersetzt werden könne.

[43] Medicus in Staudinger § 249 Rn 2.

[44] S. o. Fn 36-39.

[45] So aber Grunsky, Jura 1979, 57 (57); Medicus in Staudinger § 249 Rn 4.

Schädiger einzig auf, einen Zustand herzustellen, der bestehen würde[46]. Es muß zur Erfüllung dieser Verpflichtung zwar eine hypothetische Situation berücksichtigt werden. Aber der Wortlaut drückt nicht aus, daß diese Situation mit einer anderen verglichen werden muß. Dies wäre vielleicht der Fall, wenn der Gesetzestext lauten würde: „Wer zum Schadensersatze verpflichtet ist, hat die Differenz zu ersetzen, die sich bei Leistung des Schadensersatzes aus einem Vergleich des Zustands mit und ohne das schädigende Ereignis ergibt." Einen solchen Wortlaut hat das Gesetz aber nicht. Es ist nicht von einem Vergleich, sondern nur von einer Herstellung die Rede. Der Wortlaut des § 249 S. 1 BGB ist demnach nicht so eindeutig, wie ihn die herrschende Meinung interpretiert.

Auch der Vergleich mit dem Wortlaut der §§ 252 und 253 BGB läßt Zweifel an der Auslegung der herrschenden Meinung aufkommen. Im Text der §§ 252 und 253 BGB wird jeweils explizit auf den Begriff des Schadens Bezug genommen. In § 249 S. 1 BGB wird bei genauer Betrachtung hingegen vom Schadens**ersatz** ausgegangen. Der Wortlautvergleich deutet also darauf hin, daß § 249 S. 1 BGB gerade nicht in erster Linie den Schadensumfang betrifft, sondern vielmehr die Grundregel der Art und Weise des Ersatzes von Schäden enthält.

b) Entstehungsgeschichte

Diese Interpretation ist anhand einer historischen Auslegung zu verifizieren. Die § 249 S. 1 BGB entsprechende Vorschrift der Gesetzesvorlage von *v. Kübel*, die der 1. Kommission zur Beratung vorgelegt wurde, sah in § 15 Abs. 1 des Teilentwurfes zum Obligationenrecht vor:

> „Der Schadensersatzpflichtige hat dem Beschädigten Alles, was demselben durch die widerrechtliche Handlung oder Unterlassung entzogen worden ist, in Natur zurückzuerstatten, was zerstört oder verschlechtert worden ist, in den vorigen Zustand wieder herzustellen, auch allen weiteren demselben verursachten Schaden zu ersetzen."[47]

§ 15 ging ersichtlich davon aus, daß „Alles", also jeder Schaden, zu ersetzen sei. Dies war möglich, da bereits zuvor in § 14 bestimmt war, was als Schaden einzustufen war:

---

[46] Keuk, Vermögensschaden, S. 52 ff.; Honsell, JuS 1973, 69 (70).

[47] v. Kübel in Schubert, S. 3.

> „Die Erstattung des in Folge unerlaubten Verhaltens von dem Beschädiger verursachten Vermögensschadens umfaßt sowohl die Vermögenseinbuße, welche der Beschädigte erlitten hat, als auch den ihm entgangenen Gewinn.
>
> Wegen eines anderen als eines Vermögensschadens kann eine durch das freie Ermessen des Richters zu bestimmende Entschädigung in Geld gefordert werden. Die eidliche Schätzung eines solchen Schadens durch den Beschädigten ist unstatthaft.“ [48]

Da der Umfang des Schadens somit durch § 14 bereits festgelegt war, konzentrierte sich die Regelung des § 15 Abs. 1 auf die Art der Ersatzleistung. Eine konjunktivische Formulierung wie die in § 249 S. 1 BGB verwendeten Worte „der bestehen würde“ gab es nicht. Der Ansatzpunkt, der die heute herrschende Meinung aus § 249 S. 1 BGB einen Rückschluß auf den hypothetischen Jetztzeitpunkt und damit auf den Schadensumfang ziehen läßt, war in § 15 Abs. 1 also noch nicht angelegt. Damit ist zu eruieren, wann und warum der vorgeschlagene Gesetzestext von den Verfassern des BGB unter Verwendung des Konjunktivs abgeändert wurde.

In den dem Vorentwurf *v. Kübels* folgenden Beratungen der ersten Kommission wurde von *Windscheid* zu § 15 Abs. 1 die Fassung vorgeschlagen:

> „Der Schadensersatz besteht in der Herstellung desjenigen Zustandes, welcher ohne die unerlaubte Handlung oder Unterlassung vorhanden gewesen sein würde, im Falle der Unmöglichkeit dieser Herstellung in der Leistung eines Geldaequivalents.“[49]

Planck schlug vor, den Text wie folgt zu formulieren:

> „Der Schadensersatzpflichtige hat denjenigen Zustand herzustellen, welcher ohne die unerlaubte Handlung oder Unterlassung bestanden hätte und dem Beschädigten allen hierdurch nicht ausgeglichenen Vermögensschaden in Geld zu ersetzen. Soweit eine Wiederherstellung des früheren Zustandes nicht möglich, ist der dem Beschädigten dadurch erwachsene Vermögensschaden ebenfalls in Geld zu ersetzen.“[50]

---

[48] v. Kübel, a.a.O.
[49] Jakobs/Schubert I, S. 83.
[50] Jakobs/Schubert I, S. 84 f.

Beide fügten also bereits den Konjunktiv in ihre Textvorschläge ein. Allerdings bestand noch ein deutlicher Unterschied zur endgültigen Fassung. Im Vergleich zum heutigen „Zustand ..., der bestehen würde, ..." des § 249 S. 1 BGB gingen *Windscheid* und *Planck* von einem Zustand aus, „der gewesen sein würde" bzw. „der bestanden hätte". Die Verwendung des Partizip Perfekts bei „gewesen" und „bestanden" zeigt, daß sich die Verfasser auf Zustände der Vergangenheit bezogen haben. Der von ihnen verwandte Konjunktiv stellte zwar heraus, daß eine hypothetische Komponente zu berücksichtigen ist, der Zeitpunkt dieses hypothetischen Zustands jedoch in der Vergangenheit liegt. Besonders deutlich wird dies bei *Planck*, der von der „Wiederherstellung des **früheren** Zustandes" spricht[51]. Nach diesen Vorschlägen war also nicht der hypothetische Zustand zu berücksichtigen, wie er sich zu einem späteren Zeitpunkt nach dem schädigenden Ereignis ergab. Maßgeblich zur Bestimmung des herzustellenden hypothetischen Zustands war vielmehr der rückblickend zu betrachtende Zeitpunkt des schädigenden Ereignisses, wobei die Hypothese im Hinwegdenken eben dieses Ereignisses lag.

Dieser grammatikalische Vergangenheitsbezug auf den Zeitpunkt des schädigenden Ereignisses deckte sich jedoch nicht mit der in § 14 Abs. 1 des Teilentwurfs vorgesehenen Erstattung entgangenen Gewinns, da entgangener Gewinn immer erst in der Zeit nach dem schädigenden Ereignis ermittelt werden kann und die Maßgeblichkeit des Schadenszeitpunkts eine Berücksichtigung der diesem Zeitpunkt folgenden Ereignisse nicht zuließ. Fraglich ist, ob die Formulierungen *Windscheids* und *Plancks* tatsächlich die in § 14 Abs. 1 enthaltene Definition über den Umfang des Schadens in dem direkt folgenden § 15 wieder einschränken sollte. Diese Frage ist zu verneinen, da der in § 15 geregelte Schadensausgleich durch Naturalrestitution auch Positionen mit einschließen sollte, die erst nach dem schädigenden Ereignis beachtlich wurden. Dies ergibt sich aus der expliziten Regelung des § 15 Abs. 2, die neben dem Ersatz von nach dem Schadenseintritt entgangenen Zinsen explizit den Ersatz von nach dem schädigenden Ereignis entgangenen Früchten, also die Naturalrestitution entgangener Vermögensmehrungen vorsah:

> „Insbesondere hat derselbe entzogenes Geld sammt Zinsen von der Zeit der Entziehung an, andere vertretbare Sachen in Sachen gleicher Gattung, Menge und Güte, nicht vertretbare Sachen sammt dem Zuwachs, den mitentzogenen Zubehörungen und den Früchten, welche

---

[51] Hervorhebung durch den Verfasser.

er gezogen hat und welche der Beschädigte hätte ziehen können, zurückzuerstatten."[52]

§ 15 Abs. 2 deckte sich also mit dem zuvor durch § 14 Abs. 1 angeordneten Ersatz des erst nach dem schädigenden Ereignis eintretenden Schadens. Weil aber bereits in § 14 Abs. 1 das Prinzip des vollen Interesseersatzes enthalten war, strich die 1. Kommission § 15 Abs. 2 als überflüssig aus dem Gesetzestext[53]. Die 1. Kommission hielt es also nicht für erforderlich, in § 15 Abs. 1 eine Aussage zum Umfang des Schadens zu treffen. Für sie war der Umfang des Schadens, nämlich der Ersatz des vollen Interesses, bereits in § 14 Abs. 1 geregelt. Bis hin zum sogenannten ersten Entwurf von 1888 standen die Inhalte der heutigen §§ 252 und 253 BGB jeweils vor den heutigen §§ 249-251 BGB. § 252 und § 253 BGB entsprachen im Teilentwurf dem § 14, in der Redaktionsvorlage dem § 158, im Kommissionsentwurf dem § 217 und im 1. Entwurf dem § 218. Die Regelungen der §§ 249 – 251 BGB waren erst in der jeweils folgenden Vorschrift enthalten. Bei den Beratungen über die Formulierung der jeweils die Naturalrestitution regelnden Norm stand jederzeit aufgrund der jeweils vorhergehenden Norm fest, welcher Schaden als rechtlich ersatzfähig angesehen wurde. Die in den verschiedenen Gesetzesentwürfen § 249 S. 1 BGB entsprechenden Normen sollten lediglich das allgemeingültige Prinzip ausdrücken, daß ein Schaden primär natural restituiert werden solle und, soweit dies nicht möglich sei, eine Geldentschädigung zu zahlen sei[54]. Allein die Art und Weise, das „Wie" des Schadensersatzes sollte in dieser Vorschrift geregelt werden. Die von *Windscheid* und *Planck* vorgeschlagenen Formulierungen hatten also nicht den Zweck, den Ersatz des ganzen Interesses in Frage zu stellen, denn dies war in der jeweils vorhergehenden Norm festgelegt.

Die Streichung des § 15 Abs. 2 führte aber zu einem Problem. Der Umfang des zu ersetzenden Schadens sollte zwar nicht in Frage gestellt werden, da er zuvor in § 14 Abs. 1 definiert war, die Erstattung von Zinsen, Zuwachs und später gezogenen Früchten war nach der vergangenheitsbezogenen Formulierung des § 15 Abs. 1 hingegen nicht möglich. Die Verwendung des Partizip Perfekts ließ die Erfassung des entgangenen Gewinns nicht zu. Das Prinzip der vorrangigen Naturalrestitution sollte aber ein allgemeines sein, das für alle Schadensformen

---

[52] v. Kübel, a.a.O.

[53] Jakobs/Schubert I, S. 88.

[54] Jakobs/Schubert I, a.a.O.

anwendbar ist[55]. Zur Erfassung jeglicher Schadensformen – auch der dem schädigenden Ereignis nachfolgenden – war der Gesetzestext also in der noch heute gültigen Fassung ohne Partizip Perfekt zu formulieren. Das Partizip Perfekt „gewesen" wurde daher bei der Zusammenstellung der vom Redaktionsausschuß der 1. Kommission beschlossenen Bestimmungen aus dem Gesetzestext gestrichen[56].

Die endgültige, heute noch existierende Fassung des § 249 S. 1 BGB wurde erstmals als § 219 im Rahmen der vorläufigen Zusammenstellung der Kommissionsbeschlüsse für die zweite Lesung des BGB-Entwurfs gewählt[57]. Die legislatorische Genese des § 249 S. 1 BGB zeigt daneben, daß die noch in § 15 Abs. 1 vorgesehene Unterscheidung von Zurückerstattung in Natur und Wiederherstellung des vorigen Zustandes aufgegeben wurde. Die Verfasser des BGB erkannten, daß eine exakte Wiederherstellung eines Zustandes praktisch nicht durchführbar sei. Lediglich die Schaffung eines Zustandes, der der tatsächlichen Lage ohne das schädigende Ereignis entsprechen würde, sei möglich[58]. Dies erklärt die Umformulierung des Gesetzestextes von der „Wiederherstellung des vorigen Zustandes" in die heutige „Herstellung eines Zustandes".

In der Entstehung des § 249 S. 1 BGB war es also bis zum ersten Entwurf so, daß die jeweils dem § 249 S. 1 BGB entsprechende Vorschrift auf dem aufbaute, was bereits in der vorhergehenden Norm geregelt war. § 219 (§ 249 S. 1 BGB) mußte in der noch heute gültigen Fassung formuliert werden, um nicht dem vor ihm stehenden § 218 (§ 252 BGB) zu widersprechen. § 219 mußte umformuliert werden, um auf das ganze Interesse anwendbar zu sein, das gemäß § 218 zu ersetzen war.

Nach der bis zu diesem Zeitpunkt verfolgten legislatorischen Genese ist also in allen § 249 S. 1 BGB zugrundeliegenden Entwürfen keine Aussage zum Umfang des Schadensersatzes enthalten. Die heutige Auslegung des § 249 S. 1 BGB basiert demnach offensichtlich auf der Tatsache, daß der ehemalige § 219 als § 249 S. 1 BGB dem ehemaligen § 218 als jetzigem § 252 S. 1 BGB vorangesetzt wurde. Eine Begründung anläßlich des Umsetzungsbeschlusses enthalten weder die Protokolle der Vorkommission des Reichsjustizamtes, das die Versetzung zuerst beschloß[59], noch die Materialien der 2. Kommission, die die

---

[55] Jakobs/Schubert I, S. 86.
[56] Jakobs/Schubert I, S. 94.
[57] Jakobs/Schubert I, S. 101.
[58] Jakobs/Schubert I, S. 86 f.
[59] Jakobs/Schubert I, S. 97 f.

Umsetzung bestätigte[60]. Aus den Beratungen zur Art und Weise des Schadensersatzes und aus einer systematischen Auslegung des § 249 S. 1 BGB könnte sich aber eine Begründung herleiten lassen, um festzustellen, ob § 249 S. 1 BGB entgegen seiner geschilderten historischen Entwicklung durch die Umsetzung tatsächlich im Sinne der herrschenden Meinung eine Aussage über den Umfang des zu ersetzenden Schadens zugesprochen werden kann.

c) § 249 S. 1 BGB innerhalb der schadensersatzrechtlichen Gesetzessystematik

Wie oben schon erwähnt, entsprachen die heutigen §§ 252 und 253 BGB dem § 14 und die heutigen §§ 249-251 BGB dem § 15 des Teilentwurfs von *v. Kübel*. Die Regelung des § 14 wurde auseinandergerissen, als die Bestimmungen über Nichtvermögensschäden (§ 14 Abs. 2) in der Redaktionsvorlage zu § 163 wurden und die Vermögensschäden (§ 14 Abs. 1) durch § 158 geregelt wurden[61]. Damit waren die Vorschriften über den Nichtvermögensschaden ans Ende der schadensersatzrechtlichen Regelungen gerutscht, während der Umfang des Vermögensschadens weiterhin am Anfang dieses Regelungskomplexes stand. Die Regelungen über die Art und Weise des Schadensersatzes (§§ 159-162) waren also quasi von den Regelungen über die grundsätzliche Ersetzbarkeit von Schäden eingerahmt. Erst nachdem in dem der Redaktionsvorlage folgenden sogenannten Kommissionsentwurf § 219 (§ 249-251 BGB) vor § 218 (§ 252 BGB) gesetzt wurde, und nachdem eine noch in der Bundesratsvorlage vorgesehene Vorschrift über den Nichterfüllungsschaden gestrichen worden war[62], waren wieder zwei zusammenhängende Regelungskomplexe geschaffen worden. Ab der Reichstagsvorlage von 1896 war mit § 246 (§ 252 BGB) und § 247 (§ 253 BGB) die Unterscheidung von Vermögens- und Nichtvermögensschäden wieder wie im ehemaligen § 14 des Teilentwurfs zusammenhängend dargestellt[63]. Dies ist die erste systematische Erklärung für die Umsetzung der genannten Vorschriften. Durch die Umsetzung hatte man seit der Reichstagsvorlage das „Wie" des Schadensersatzes also die Art und Weise bzw. die Form von Schadensersatzleistungen durch die Alternativen der Naturalherstellung und der Geldentschädigung zusammenhängend in den

---

[60] Jakobs/Schubert I, S. 98 ff.
[61] Jakobs/Schubert I, S. 112.
[62] Jakobs/Schubert I, S. 104.
[63] Mugdan, S. 10, 12.

§§ 243-245 (§§ 249-251 BGB) geregelt[64]. Ebenso zusammenhängend war das „Was", mithin der Umfang des Schadens, in den §§ 246, 247 (§§ 252 und 253 BGB) geregelt. Die gesetzliche Systematik entsprach somit wie der dem Teilentwurf *v. Kübels* wo diese beiden Komplexe durch die §§ 14 und 15 geregelt waren. Der Unterschied zum Entwurf *v. Kübels* bestand darin, daß der eine Regelungskomplex – die Art und Weise von Schadensersatzleistungen – nun plötzlich vor den Regelungen über den Umfang des Schadens stand.

Eine weitere Erklärung, sowohl für die Umsetzung der Vorschriften, als auch für die Annahme, daß § 249 S. 1 BGB keine Aussage zum Umfang eines Schadens enthält, ist der Regelungsgehalt dieser Norm. Bereits bei den Beratungen der 1. Kommission wurde das Prinzip der Naturalrestitution als ein allgemeines gesehen[65]. Es sollte sowohl für Vermögens- wie auch für Nichtvermögensschäden gelten. Aus diesem Grund sollte es an die Spitze der schadensersatzrechtlichen Regelungen gestellt werden[66]. Noch heute ist anerkannt, daß der Grundsatz der Naturalrestitution sowohl für Vermögens- als auch für Nichtvermögensschäden gilt[67]. Die Aussagen in §§ 252 und 253 BGB betreffen aber jeweils nur eine dieser beiden Schadensarten, sind also im Gegensatz zum § 249 S. 1 BGB nicht für beide Schadensformen anwendbar. Dieser Umstand ist die Rechtfertigung für die Voranstellung des § 249 S. 1 BGB nach dem Prinzip der gesetzlichen Reihenfolge von allgemeinen und besonderen Vorschriften. Diese Allgemeingültigkeit des § 249 S. 1 BGB ist freilich nur dann gegeben, wenn man in die Vorschrift nicht zugleich, wie es heute getan wird, eine Aussage über den Umfang des zu ersetzenden Vermögensschadens hineininterpretiert. Ein allgemeingültige Aussage hat § 249 S. 1 BGB nur, wenn in ihm einzig die Art und Weise des Schadensersatzes geregelt ist.

Ein weiteres Indiz dafür, daß die Verfasser des BGB dies so gewollt haben, ist die Streichung des im ersten Entwurf noch vorgesehenen § 220. § 220 sah den Ersatz des pretium singulare unter ausdrücklicher Beachtung des außerordentli-

---

[64] Jakobs/Schubert I, S. 102 enthält offensichtlich einen Tippfehler. In den Protokollen und in den Einzelnachweisen bei Jakobs/Schubert ist ersichtlich, daß die §§ 243-245 der Reichstagsvorlage den §§ 249-251 BGB entsprechen und nicht die §§ 243-246.

[65] Jakobs/Schubert I, S. 86.

[66] Jakobs/Schubert I, a.a.O.

[67] Grunsky in MüKo § 249 Rn 2; Medicus in Staudinger § 253 Rn 10; Heinrichs in Palandt § 253 Rn 2.

chen Wertes einer beschädigten Sache für den Gläubiger vor[68]. Gleichzeitig mit der Versetzung des § 219 (§ 249 BGB) vor den §218 (§ 252 BGB), wurde der § 220 als entbehrlich gestrichen[69]. Seine Entbehrlichkeit wurde mit dem Prinzip des § 218 (§ 252 BGB) begründet. Durch diese Norm sei der volle Interesseersatz ausgedrückt, so daß § 220 nicht erforderlich sei[70]. Obwohl § 219 (§ 249 S. 1 BGB) also gleichzeitig dem Schadensersatzsystem vorangestellt wurde, wurde ihm keine Aussage über den Umfang des Interesses zugesprochen. Der Umfang wurde allein durch § 218 (§ 252 S. 1 BGB) bestimmt.

Dies wird in der Denkschrift bestätigt, die explizit zwischen der durch die §§ 249-251 BGB geregelten "Art der Ersatzleistung im Allgemeinen" und dem Umfang des Schadensersatzes trennt[71]. Auch die systematische Auslegung gelangt mithin zu dem Ergebnis, daß § 249 S. 1 BGB keine Aussage über den Umfang des Schadensersatzes enthält, sondern allein die Art und Weise der Schadensersatzleistung regelt.

d) Regelungszweck des § 249 S. 1 BGB

Im Rahmen der heute als herrschend zu bezeichnenden objektiven Auslegungstheorie soll der Entstehungsgeschichte einer Norm nur noch bestätigende Bedeutung zukommen[72]. Die gerade vorgenommene ausführliche historische Würdigung sollte sich also im Optimalfall mit dem Ergebnis einer objektiv-teleologischen Auslegung decken. Innerhalb der objektiv-teleologischen Auslegung geht es um die Ermittlung eines angemessenen Regelungszwecks des Gesetzes und um die diesem Zweck entsprechende Bedeutung des Wortlauts[73]. Dabei ist im Rahmen der Objektivität insbesondere zu berücksichtigen, daß der zu ermittelnde Gesetzeszweck seine Aufgabe auch noch in der Gegenwart erfüllen kann[74].

---

[68] „Ist als Schadensersatz der Werth eines Gegenstandes zu ersetzen, so ist nicht blos der gemeine Verkehrswerth, sondern auch derjenige Werth maßgebend, welchen der Gegenstand für den Gläubiger nach den besonderen Verhältnissen hatte (außerordentlicher Werth)."

[69] Jakobs/Schubert I, S. 98.

[70] Mugdan, S. 515 = Prot. S. 596.

[71] Mugdan, S. 1235.

[72] BVerfGE, 1, 299 (312); Müller, S. 281; Engisch, S. 89.

[73] Larenz, Methodenlehre, S. 333 ff.

[74] Engisch, S. 90; Larenz, Methodenlehre, S. 318.

Dies vorausgeschickt spricht einiges dafür, dem soeben im Wege der systematischen Auslegung ermittelten Zweck der Normenreihenfolge auch heute noch Geltung zuzusprechen. Wenn § 249 S. 1 BGB ein allgemeingültiges Prinzip im Rahmen des Schadensersatzrechts enthält, also für jede Schadensform Anwendung findet, ist es objektiv sinnvoll, dieses Prinzip an die Spitze der schadensersatzrechtlichen Regelungen zu stellen. Der klaren Regelung einer solchen Auslegung widerspricht es hingegen, wenn man mit der herrschenden Meinung dem § 249 S. 1 BGB zugleich einen Hinweis auf den Umfang des Vermögensschadens entnimmt. Wenn der Vorschrift wirklich eine Verpflichtung zum Vermögensvergleich immanent wäre[75], würde die Allgemeingültigkeit des § 249 S. 1 BGB Einbußen erleiden. Ein Vermögensvergleich ist bei Nichtvermögensschäden nicht durchführbar. Durch die Auslegung der herrschenden Meinung erhält der § 249 S. 1 BGB also einen stärkeren Bezug zum Vermögens- als zum Nichtvermögensschaden. Die Rechtfertigung, den § 249 S. 1 BGB als allgemeingültig an die Spitze der schadensersatzrechtlichen Regelungen zu stellen, ist damit aber eingeschränkt.

Neben dieser Tatsache, die gegen eine Auslegung des § 249 S. 1 BGB im Sinne der herrschenden Meinung spricht, sind die aktuellen Erkenntnisse über den Schadensbegriff zu berücksichtigen. Durch sie läßt sich ein auch für die Gegenwart objektiv sinnvoller Regelungszweck des § 249 S. 1 BGB bestimmen. Seit dem Inkrafttreten des BGB ist es nicht gelungen, einen einheitlich anerkannten Schadensbegriff zu definieren[76]. So wird vertreten, daß eine allgemeingültige Bestimmung eines (Vermögens-)Schadensbegriffs aufgrund der vielfältigen Kasuistik nicht möglich sei[77]. Dies deckt sich mit der Auffassung der Verfasser des BGB. Mit derselben Begründung haben sie dem Gesetz bewußt keine Definition eines Schadensbegriffs beigefügt[78]. Selbst heute noch – oder wieder – wird die Möglichkeit einer Definition eines umfas-

[75] Grunsky, Jura 1979, 57 (57); Medicus in Staudinger § 249 Rn 4.

[76] Medicus in Staudinger v. §§ 249-254 Rn 33 stellt verschiedene konkrete Definitionsversuche dar. Bei Magnus, § 1 und bei Lange, § 1 finden sich ausführliche Darstellungen der verschiedenen Theorien zum Schadensbegriff.

[77] Deutsch, Rn 808; Heinrichs in Palandt v. § 249 Rn 9; Keuk, Vermögensschaden, S. 41. Magnus, S. 21 sagt, daß ein Schadensbegriff nur eine abgekürzte Bezeichnung für ein Konglomerat von Regelungen sei, die versuchen die Vielzahl der Einzelfälle zu erfassen.

[78] Mugdan, S. 10 = Mot. II, S. 19.

senden Schadensbegriffs abgelehnt[79]. Es wird sogar ausdrücklich darauf verwiesen, daß eine Lösung der vielgestaltigen Probleme des Schadensersatzrechts mit einer Deduktion aus einem allgemeinen Schadensbegriff gar nicht möglich sei[80]. Aus diesem Grund ist es vorzuziehen, daß sich auch das Gesetz in dieser Hinsicht neutral verhält. Bei einer Interpretation des § 249 S. 1 BGB im Sinne der herrschenden Meinung besteht jedoch eine enge Verknüpfung zur Differenzhypothese *Mommsens*, nach der ein Vermögensschaden vorliegt, wenn das gegenwärtig vorhandene Vermögen geringer ist, als der Wert des Vermögens, wie er ohne das schädigende Ereignis bestehen würde[81]. Dies hat im Rahmen der Diskussionen um einen Schadensbegriff sogar dazu geführt, daß die Differenzhypothese als Definition des Vermögensschadensbegriffs angesehen wurde[82]. Durch eine Auslegung des § 249 S. 1 BGB, die ihm keine Aussage über den Umfang des Vermögensschadens entnimmt, behält das BGB daher seine sinnvolle Neutralität gegenüber einem Schadensbegriff. Eine solche Auslegung ist aus diesem Grund vorzugswürdig.

Damit soll nicht vertreten werden, daß die Differenzhypothese nicht zur Ermittlung eines Schadens herangezogen werden kann. Es ist aber so, daß die Definitionsversuche für den Begriff des Vermögensschadens gesetzlich unvorbelastet wären. Dies könnte die Diskussion sicherlich entzerren und neu beleben.

Ein weiteres Argument spricht gegen die Auslegung des § 249 S. 1 BGB im Sinne der herrschenden Meinung. Zwei Grundprinzipien sind innerhalb der schadensersatzrechtlichen Regelungen zu unterscheiden. Die Art und Weise –

---

[79] Heinrichs in Palandt v. § 249 Rn 9; Honsell/Harrer, JuS 1991, 441 (442).
Keuk, Vermögensschaden, S. 41 geht davon aus, daß die Aussicht gering sei, ein einheitliches Prinzip der Schadensbestimmung zu finden, welches eine Entscheidung von allen schadensersatzrechtlichen Fragen ermögliche.

[80] Heinrichs in Palandt a.a.O. und Rn 14; Brinker, S. 187 ff.; Honsell/Harrer, a.a.O. Deutsch, Rn 807 ist gegen eine Deduktion des Schadens aus einem Vermögensbegriff.

[81] Mommsen, Die Lehre vom Interesse, 1855, S. 3, 11.

[82] RGZ 77, 99 (101); 91, 30 (33); BGHZ 27, 181 (183 f.); BGH NJW 1987, 831 (834); BGH NJW 1988, 1837 (1838 f.); Fischer, S. 21 ff.; Enneccerus/Lehmann, S. 58; Alff in RGRK v. § 249 Rn 2; Heinrichs in Palandt v. § 249 Rn 8.
Die Rechtsprechung ist jedoch dazu übergegangen, die in die Differenzbetrachtung einzusetzenden Rechnungsposten wertend zu bestimmen: BGHZ 45, 212 (218), GrS 50, 304 (306); 75, 366 (371); GrS 98, 212 (217). Auch im Schrifttum wird die Differenzhypothese vielfach nur noch als richtiger Kern innerhalb eines Schadensbegriffs gesehen: Lange, S. 45; Larenz, SchuldR I, § 29 I a; Mertens in Soergel v. § 249 Rn 8; Stoll, Vermögensschaden, S. 5, 35; Medicus in Staudinger § 249 Rn 4.

das „Wie“ – des Schadensersatzes und der Umfang – das „Was“ – des Schadensersatzes. Die §§ 249 – 251 BGB lassen die Ersatzleistung entweder durch Naturalrestitution oder durch Geldersatz zu. Der Wortlaut des § 251 Abs. 1 BGB zeigt, daß es sich dabei um verschiedene Alternativen handelt, denn nur soweit die Naturalherstellung nicht möglich ist, ist eine Geldentschädigung zu leisten. Allerdings kann auch die Naturalrestitution durch eine Geldleistung erfolgen. Dies ist der Fall, wenn der Geschädigte sein Wahlrecht nach § 249 S. 2 BGB ausübt[83].

Die Vorschriften über diese beiden Arten der Schadensersatzleistung sind zunächst einmal von den Regelungen über den Umfang des Schadens - §§ 252, 253 BGB - getrennt. Es ergeben sich zwischen diesen beiden Komplexen jedoch auch Überschneidungen. Dies zeigt sich vor allem an dem soeben angesprochenen § 249 S. 2 BGB und an § 250 BGB. Die nach diesen Normen zulässige Schadensersatzleistung in Geld orientiert sich bei ihrer Berechnung an der Naturalrestitution, da die Höhe der zu zahlenden Geldleistung den für die Naturalrestitution erforderlichen Kosten entspricht. Damit dient die Naturalrestitution in gewisser Weise doch der Bestimmung des Schadensumfangs. Allerdings ist zu berücksichtigen, daß dieser Bezug der Naturalrestitution zum Schadensumfang nur im Rahmen der §§ 249 S. 2 und 250 BGB besteht. Die Naturalrestitution ist in diesen Fällen ein Hilfsmittel zur Ermittlung des zu leistenden Betrages. Nur aus dem Wortlaut des § 249 S. 1 BGB kann der Bezug zum Schadensumfang nicht hergeleitet werden. Die Vorschrift stellt in erster Linie die Grundregel dar, in welcher Form der Schadensersatz zu leisten ist.

Seit dem Zeitalter der Aufklärung ist zudem anerkannt, gesetzliche Regelungen grundsätzlich so einfach und klar wie möglich zu gestalten, um Auslegungsstreitigkeiten zu entgehen[84]. Die herrschende Meinung entnimmt dem § 249 S. 1 BGB aber eine Aussage sowohl über das „Wie“, als auch über das „Was“ des Schadensersatzes. Dies erfolgt allerdings nicht in der soeben geschilderten Weise als Hilfsmittel zur Berechnung, sondern eben als Grundaussage zum Schadensumfang. Einfacher und klarer ist es dagegen, diese beiden Grundfragen getrennt zu behandeln. Nur so kann man Einflüsse der einen Regelung auf

[83] Medicus SchuldR I, Rn 588; Kuckuk in Erman § 249 Rn 4; Fikentscher, Rn 530; Esser/Schmidt, § 30 I; Larenz SchuldR I, § 28 I; Lange, S. 226 f; Medicus in Staudinger § 249 Rn 212 ff.
A.A.: Werner in Staudinger, 11. Aufl., § 249 Rn 31; wohl auch Stoll, Haftungsfolgen, S. 159.

[84] H. Schneider, Rn 436, der u.a. auf Textstellen von Montesquieu und Friedrich dem Großen verweist.

die andere Regelung vermeiden. Diese Einfachheit läßt sich nur erreichen, wenn der § 249 S. 1 BGB isoliert dahingehend ausgelegt wird, daß in ihm allein die grundsätzliche Art und Weise des Schadensersatzes geregelt wird. Die Möglichkeit über die Naturalrestitution eine pekuniäre Schadensersatzleistung zu berechnen ist lediglich ein Nebeneffekt. Durch diese restriktive Auslegung wird eine unnötige Überfrachtung seines Aussagegehaltes vermieden[85].

Es ist nicht zu befürchten, daß durch die hier vertretene Auslegung des § 249 S. 1 BGB eine gesetzlich erforderliche Regelung fehlt. Da das Gesetz bewußt keine Definition des Schadens enthält, muß auch die Differenzhypothese nicht im Gesetz verankert sein. Das Ziel *Mommsens* war der Ersatz des vollen Interesses[86]. Dieses Ziel hatten auch die Verfasser des BGB und haben es durch § 252 S. 1 BGB zum Ausdruck gebracht. § 252 S. 1 BGB ist daher nicht überflüssig und die Zweifel an seiner Bedeutung sind mit der hier vertretenen Auslegung des § 249 S. 1 BGB beseitigt, was als weiterer Aspekt für die hier vertretene Auffassung spricht.

Das Ergebnis der objektiv-teleologischen Auslegung entspricht damit dem der vorhergehenden Auslegungsmethoden. Es spricht auch nach dem heutigen Problembewußtsein nichts dafür, in den § 249 S. 1 BGB eine Aussage über den Umfang des Schadensersatzes hineinzuinterpretieren. § 249 S. 1 BGB regelt allein die Art und Weise des Schadensersatzes.

3. § 252 S. 1 als einzige gesetzliche Normierung

Alle vorstehend erörterten Auslegungsmethoden gelangen mithin zu einem deckungsgleichen Ergebnis. In § 249 S. 1 BGB ist die grundsätzliche Art und Weise von Schadensersatzleistungen geregelt. Die gewählte Formulierung unter Verwendung des Konjunktivs ist erforderlich, um das primäre Ersatzprinzip des Naturalersatzes zu dokumentieren. Eine Aussage über den Umfang des Schadensersatzes, insbesondere über den Grundsatz der Totalreparation, enthält § 249 S. 1 BGB nicht. Dies hat zur Folge, daß § 252 S. 1 BGB zwingend erforderlich ist, um gesetzlich vorzugeben, daß einem Geschädigten das volle Interesse zu ersetzen ist.

---

85 Auch Honsell, JuS 1973, 69 (73) hält eine Restriktion des § 249 BGB für möglich und geboten.

86 Keuk, Vermögensschaden, S. 19.

II. Abgrenzung von damnum emergens und lucrum cessans

Die vom vorstehenden Ergebnis bestätigte Grundaussage des § 252 S. 1 BGB bestimmt hingegen noch nicht exakt, was unter diesem Interesse zu verstehen ist. § 252 S. 1 BGB erwähnt von dem vollen Interesse explizit nur den entgangenen Gewinn, der „auch" zu ersetzen ist. Lediglich dieses „auch" weist auf den Ersatz des damnum emergens hin[87]. Fraglich ist, ob es für das damnum emergens und das lucrum cessans überhaupt einer näheren dogmatischen Abgrenzung bedarf. Da das ganze Interesse zu ersetzen ist, könnte die Einordnung eines Schadens als damnum emergens oder lucrum cessans nicht erforderlich sein. Schon *Mommsen* und *Fischer* haben dieser Unterscheidung keinen Wert beigemessen[88]. Heute wird die Schwierigkeit einer klaren Abgrenzung mit den flüssigen Grenzen zwischen damnum emergens und lucrum cessans erklärt[89]. Grund dafür sei der Umstand, daß bereits die Möglichkeit künftiger Vermögenserzielung einen gegenwärtigen Wert habe[90]. Für die Rechtsanwendung sei dies aber unerheblich, da das Gesetz beide Schadensarten gleich behandele[91].

Dies ist freilich nur die grundsätzliche Regelung. Es gibt Normen, die den Ersatz entgangenen Gewinns ausschließen. Auch vereinbarte Haftungsbeschränkungen sind grundsätzlich denkbar[92]. Als Beispiel für eine derartige Vereinbarung wird nach § 6 Nr. 6 VOB/B entgangener Gewinn zum Beispiel nur bei Vorsatz oder grober Fahrlässigkeit ersetzt. Um aber festzustellen, ob ein Gewinnentgang auf Vorsatz oder auf Fahrlässigkeit beruht, muß die Schadensform des entgangenen Gewinns subsumierbar definiert werden. Diese Aufgabe wiederum soll im Rahmen des BGB geleistet werden[93]. Allerdings sind bei der Vereinbarung von Haftungsbeschränkungen die Regelungen des § 11 Nr. 7, 8 b, 11 AGBG zu berücksichtigen. Der Ersatz entgangenen Gewinns wird freilich nicht nur im zivilrechtlichen Bereich ausgeschlossen. Auch im öffentlichen Recht ist dies in einigen Fallgestaltungen denkbar[94]. Für das Versicherungswesen gibt es mit § 53 VVG, Art. 23 VI CMR und §§ 779, 801 HGB ebenfalls

---

[87] S. o. A. I.
[88] Mommsen, S. 134; Fischer, S. 50 Fn 2.
[89] Lange, S. 59.
[90] Mertens in Soergel § 252 Rn 1.
[91] Heinrichs in Palandt § 252 Rn 1; Medicus in Staudinger § 252 Rn 6.
[92] Bergerfurth/Menard/Fuchs, B 165.
[93] Ingenstau/Korbion, B § 6 Rn 137.
[94] Medicus in Staudinger § 252 Rn 10 m.w.N.

Vorschriften, die sich speziell auf den entgangenen Gewinn beziehen[95]. Die sehr wohl mögliche Praxisrelevanz dieser Vorschriften zeigt ein Fall, der vom Reichsgericht im Jahr 1919 entschieden werden mußte[96].

Einer Ölförderungsgesellschaft war ein erheblicher Teil ihres Rohölvorrats verbrannt. Verträge über einen Verkauf dieser Vorräte bestanden noch nicht. Die Gesellschaft klagte von ihrer Versicherung den gemeinen Handelswert des Öls ein. Die Versicherung lehnte eine Zahlung in diesem Umfang unter Hinweis auf § 53 VVG ab. Der Ersatz entgangenen Gewinns sei nicht ausdrücklich vereinbart gewesen, so daß sie lediglich bereit war, die für das Öl angefallenen Förderkosten zu ersetzen. Das RG entschied zu Gunsten der klagenden Gesellschaft. Einer Veräußerung zum Marktpreis habe nichts entgegengestanden, so daß eine bereits eingetretene Vermögensmehrung anzunehmen sei[97].

Das angeführte Beispiel und die genannten Normen zeigen also die Erforderlichkeit für eine Abgrenzung von damnum emergens und lucrum cessans. § 252 S. 1 BGB ist demnach auszulegen, um zu erfassen, wann ein Schaden als damnum emergens und wann als lucrum cessans eingestuft werden kann.

1. Damnum emergens

a) Begriff

Da das damnum emergens im Wortlaut des § 252 S. 1 BGB zwar nicht ausdrücklich genannt wird, es aber „auch" zu ersetzen ist, könnte der Begriff des damnum emergens bereits eine Abgrenzung gegenüber dem lucrum cessans ergeben. Der Begriff des damnum emergens war für die Gesetzgeber jedoch offenbar so eindeutig, daß sie ihn beim Leser des Gesetzes voraussetzten und somit im Gesetzestext aussparen konnten. Eine grammatische Auslegung zur Bestimmung des damnum emergens ist damit faktisch unmöglich.

---

[95] Koller, Art. 23 CMR Rn 5 zieht aus dem grundsätzlichen Ausschluß des Ersatzes mittelbarer Schäden den Schluß, daß auch entgangener Gewinn nicht zu ersetzen sei. Prüssmann/Rabe, S. 967 weisen darauf hin, daß § 779 und § 801 HGB, der im übrigen vom „imaginären Gewinn" spricht, „praktisch totes Recht" seien. Ähnliche Regelungen seien jedoch in den jetzt generell angewandten Allgemeinen Deutschen Seeversicherungsbedingungen (ADS) enthalten.

[96] RGZ 97, 44.

[97] RGZ 97, 44 (46 ff.).

Die legislatorische Genese zeigt, daß in § 14 des Vorentwurfs bis hin zum 1. Entwurf neben dem entgangenen Gewinn noch ausdrücklich der Ersatz einer erlittenen Vermögenseinbuße vorgesehen war[98]. Die mit dieser Formulierung zum Ausdruck gebrachte ausdrückliche Erwähnung des damnum emergens wurde erstmals von der Vorkommission des Reichsjustizamtes am 3.9.1891 aus der Vorschrift gestrichen[99]. Die Streichung der Passage über die erlittene Vermögenseinbuße läßt sich mit dem Schadensbegriff der Verfasser des BGB erklären. Wie sich aus dem bereits oben unter A. I. aus den Motiven zitierten Prinzip ergibt, war es für sie offensichtlich, daß der Gesetzestext auch ohne ausdrückliche Erwähnung den Ersatz der positiven Vermögenseinbuße mit umfaßte. So findet sich auch in den Materialien keine nähere Erläuterung des Begriffs. Dieser Umstand resultiert aus der damaligen Annahme, daß der Eintritt eines Schadens generell zu erkennen sei[100]. *Schiemann* führt daher aus, daß die Verfasser des BGB für das damnum emergens von „handgreiflichen" bzw. „evidenten" Schäden ausgegangen sind[101]. Zur Begründung verweist er auf die Formulierung des Art. 283 ADHGB von 1861, nach der der „wirkliche Schaden" neben dem entgangenen Gewinn zu ersetzen war. Dies zeige, daß für jede Person die Fähigkeit vorausgesetzt wurde, einen positiven Schaden erkennen zu können[102].

Ist also der Begriff des damnum emergens selbst, nämlich die erlittene Vermögenseinbuße, nicht sehr problematisch, so hat der Gesetzgeber damit freilich nicht klären können, was dem Vermögen zuzurechnen ist. Grenz- bzw. Problemfälle, wie z. B. der Ersatz privaten Nutzungsausfalls[103] sind allein über den Begriff einer erlittenen Vermögenseinbuße nicht zu lösen. Es wird nämlich vorausgesetzt, daß auch evident sei, was zum Vermögen gehöre. Gerade in diesen Fällen ist das jedoch nicht eindeutig.

Der Begriff des damnum emergens kann nach dem Vorstehenden zur Abgrenzung vom lucrum cessans also nur insoweit herangezogen werden, als daß der entgangene Gewinn etwas ist, was dem Vermögen zur Zeit des schädigenden Ereignisses noch nicht als fester Bestandteil zugerechnet werden kann. Dies verdeutlicht die Bedeutung des Zeitpunkts des schädigenden Ereignisses als Zäsur zwischen damnum emergens und lucrum cessans. Eine Einbuße läßt sich

---

98 Siehe schon oben A. I. 2. b).

99 Jakobs/Schubert I, S. 97.

100 Gottwald, S. 41.

101 Schiemann, S. 164 f.

102 Schiemann, S. 166.

103 Vgl. nur BGHZ GrS 98, 212. Näheres dazu unten unter A. II. 2. d) aa).

nur an etwas erleiden, das man zu diesem Zeitpunkt schon materiell bewertbar seinem Vermögen zurechnet. Mußte also zum Beispiel das geförderte Rohöl mit den Förderkosten bewertet werden, oder konnte es schon mit dem gemeinen Handelswert bewertet werden?

Mitentscheidend für die Abgrenzung von damnum emergens und lucrum cessans sind also neben dem Schadensereignis als trennendem Zeitpunkt die Kriterien, nach denen das Vermögen einer Person oder einer Körperschaft zu eben diesem Zeitpunkt bewertet wird. Wie hoch ist der Eingangsschaden[104]? Nur wenn sich für diese Bewertung allgemeingültige Kriterien feststellen lassen, kann bestimmt werden, wann etwas als schon dem Vermögen zugehörig und wann als entgangener Gewinn eingestuft werden muß.

b) Vermögensbewertung anhand der Wiederbeschaffungskosten

Bei einer Vermögensbewertung ist es naheliegend, den Wert eines Vermögensgegenstandes für den einzelnen nach dessen Wertinteresse an diesem Gegenstand zu beurteilen. Dieses Wert- oder Summeninteresse ist das Interesse des Geschädigten an der Erhaltung seines Vermögens dem Werte nach[105]. Die sprachliche Vielfalt des Schadensersatzrechts scheint allerdings eine begriffliche Präzisierung dieses Wertes nicht recht einfach zu machen. Ausgehend vom pretium commune und vom pretium singulare wird zwischen dem objektiven und dem subjektiven Wert unterschieden[106]. Diese Begriffe werden auch mit gemeiner Wert und Interesse gleichgesetzt[107]. *Keuk* zieht für den objektiven Wert den Begriff des Sachwertes vor, und den subjektiven Wert setzt sie mit „den weiteren mit dem Sachverlust verbundenen Vermögensnachteilen" gleich[108]. *Hagen* hält an Stelle des objektiven Wertes den Begriff des Substanzwertes für passender[109]. *Schiemann* wiederum verwendet die Begriffe Tausch- und Gebrauchswert[110]. Von *Mertens* werden die Umschreibungen

---

[104] Formulierung nach Stoll, Vermögensschaden, S. 15.
[105] Medicus, BR, Rn 818.
[106] Honsell/Harrer, JuS 1991, 441 (443); Kuckuk in Erman § 249 Rn 33.
[107] Larenz, SchuldR I, § 29 I b; Lange, S. 247.
[108] Keuk, Vermögensschaden, S. 198 f.
[109] Hagen, Drittschadensliquidation, S. 182.
[110] Schiemann, S. 209.

„individueller Sachwert“ und „vermögensbezogener Ausfallwert“ gewählt[111]. Der BGH sieht als Wertinteresse den Verkehrswert[112].

Interessant ist, daß trotz dieser sprachlichen Vielfalt das Wertinteresse überwiegend mit den für den einzelnen für eine zerstörte Sache erforderlichen Wiederbeschaffungskosten gleichgesetzt wird[113]. Die Wiederbeschaffungskosten sind daher als maßgebliche Bezugsgröße für eine Vermögensbewertung anzusetzen. Erörterungen zu diesen Kosten finden sich im wesentlichen bei Fällen von Totalschäden an gebrauchten Kraftfahrzeugen, also bei unvertretbaren Sachen. Bei diesen Fällen stellt sich die Frage, ob der Geschädigte den Verkaufswert (Zeitwert) seines Fahrzeuges oder den zur Beschaffung eines gleichwertigen Ersatzfahrzeuges aufzubringenden Betrag als Schadensersatz verlangen kann. Als Wertinteresse entwickelte die ganz herrschende Meinung im Rahmen des § 251 Abs. 1 BGB die Lösung, daß der Geschädigte den Betrag erhalten solle, den er normalerweise für ein gleichwertiges Fahrzeug aufbringen müsse. Dies sei nicht der eventuell bei einem Verkauf zu erzielende Preis, sondern der höhere, für eine Wiederbeschaffung bei einem Händler zu zahlende Preis[114].

Ein Unterschied zwischen Verkaufs- und Wiederbeschaffungswert ergibt sich bei unvertretbaren Sachen jedoch nur dort, wo es auch einen Markt mit entsprechenden Händlerspannen gibt. Für unvertretbare Sachen, für die lediglich ein Markt ohne zwischengeschaltete Handelsstufe existiert, wird sich der Verkaufswert in der Regel mit dem Wiederbeschaffungswert decken[115]. Auch bei Sachen, für die kein Markt vorhanden ist, läßt sich ein Vermögenswert im Sinne eines Wiederbeschaffungswertes ermitteln. Anstelle eines Marktwertes wird der Wert mittels Indikatoren berechnet werden müssen, die im

---

[111] Mertens, S. 141 ff, S. 212 Fn 26.

[112] BGHZ 92, 85 (90).

[113] BGHZ a.a.O.; Mertens in Soergel § 249 Rn 69; Grunsky in MüKo § 251 Rn 6; Heinrichs in Palandt § 251 Rn 10.
A.A.: Stoll, Haftungsfolgen, S. 298, der den jeweiligen Verkaufs-/Tauschwert als grundsätzlich maßgeblich ansieht.

[114] BGH NJW 1966, 1454 (1455); NJW 1982, 1864 (1865); Heinrichs in Palandt § 251 Rn 13; Medicus in Staudinger § 251 Rn 44 ff.; Grunsy in MüKo § 251 Rn 8 und ausführlich Lange, S. 404 ff.

[115] BGHZ 92, 85 (90).

wesentlichen auch bei der Bestimmung von Kaufpreisen herangezogen werden[116]. Grundlage zu dieser Wertermittlung bietet § 287 ZPO[117].

Der Wiederbeschaffungswert als maßgebliches Bewertungskriterium für Vermögensgegenstände ergibt sich zudem bereits aus dem Wortlaut der Definition des Wertinteresses. Wenn sich das Interesse im Rahmen des Schadens**ersatzes** an der **Erhaltung** des Vermögens orientiert[118], ist nur die Ersatz- bzw. Wiederbeschaffung geeignet, diesem Interesse zu entsprechen. Ergänzend dazu ist seit Inkrafttreten des BGB unbestritten, daß dem Geschädigten ein eventuell über den Wiederbeschaffungswert hinausgehendes, außerordentliches Interesse zu ersetzen ist[119]. Das Schulbeispiel aus dem römischen Recht ist der Tod eines Pferdes aus einem Vierergespann. Allein der Wiederbeschaffungspreis für ein neues, gleichwertiges Pferd genügt nicht, um die zuvor vorhandene erfolgreiche Viererkombination wieder herzustellen[120]. Der Ersatz eines besonderen Liebhaber- oder Erinnerungswertes (Affektionsinteresse) ist allerdings nicht vorgesehen[121]. Die ausnahmsweise Berücksichtigung eventueller außerordentlicher Werte ändert jedoch nichts daran, daß

---

[116] BGH NJW 1984, 2570 (2573). Da ein Markt für Gesellschaftsbeteiligungen nicht existiert, wird der Wert für eine durch Vermächtnis zugedachte Gesellschafts-beteiligung anhand des Kaufpreises, den eine dritte Person für die Gesellschafts-beteiligung gezahlt hätte, ermittelt. In diesem Sinne ebenfalls: BGHZ 92, 85 (91 f.); Stoll, Haftungsfolgen, S. 303 ff; Helm in Staub § 430 HGB Rn 30 a.

A.A.: E. Schmidt, JuS 1986, 517 (521 f.), der einen Vermögenswert eines Gegenstandes bei nicht vorhandenem Markt verneint. Dem muß entgegengehalten werden, daß heutzutage gegenständliche Dinge und Rechte aller Art allesamt einen Käufer finden können. Bei Unikaten deckt sich daher der Verkaufs- und der Wiederbeschaffungswert. Die hier vertretene Auffassung scheint zwar der Kom-merzialisierungsthese zu entsprechen, ist aber auf Sachen und Rechte beschränkt. Die Kommerzialisierungsthese will insbesondere gegenstandslose Werte wie Gebrauchsvorteile und vertane Freizeit erfassen.

[117] BGHZ 92, 85 (91 f.); Stoll, a.a.O.

[118] Medicus, BR, Rn 818.

[119] Mugdan S. 12 = Mot. II, S. 21. Der bereits von v. Kübel in § 15 Abs. 3 seines Teilentwurfes ausdrücklich vorgesehene Ersatz des außerordentlichen Wertes, war bis zum 1. Entwurf als § 220 vorgesehen. Die Richtigkeit der Bestimmung wurde jedoch als unanfechtbar angesehen (Jakobs/Schubert I, S. 90 f.), so daß der § 220 als entbehrlich gestrichen wurde (Jakobs/Schubert I, S. 98). Siehe dazu auch schon oben A. I. 2. c). Für die gegenwärtige Ansicht vgl. nur: Larenz, SchuldR I, § 29 I b; Brox, AS, Rn 340; Keuk, Vermögensschaden, S. 198; Stoll, Haftungsfolgen, S. 300 f.

[120] Mommsen, S. 214; Fischer, S. 36 = L 22 § 1 D. ad 1. Aquil (9.2).

[121] Heinrichs in Palandt § 251 Rn 11; Brox, a.a.O.; Kuckuk in Erman § 249 Rn 33; Larenz, SchuldR I, § 29 I b; Grunsky in Müko v. § 249 Rn 10.

grundsätzlich der subjektive Wiederbeschaffungswert dem Wertinteresse eines Geschädigten entspricht und Vermögensgegenstände regelmäßig in Höhe ihres Wiederbeschaffungswertes bewertet werden müssen.

c) Maßgeblichkeit der Wiederbeschaffungskosten auch bei höherem Verkaufswert

Wie erläutert, ist die juristische Diskussion über das Wertinteresse im wesentlichen davon getragen, daß der Wiederbeschaffungswert höher als der Verkaufswert der jeweiligen Sache ist. Fraglich ist insoweit die Behandlung der Fälle, in denen der Wiederbeschaffungswert geringer als der Verkaufswert ist. Diese Problemkonstellationen sind zu erörtern, da im Schadensersatzrecht der Schaden nach ganz herrschender Meinung subjektiv zu ermitteln ist[122]. Dieser subjektive Ansatz ergibt sich bereits mit der Entwicklung des Interessebegriffes aus der Formulierung „mea interest", also „mein" Interesse[123]. Wenn den geschädigten Personen ausnahmsweise für die Wiederbeschaffung geringere Kosten entstehen, als sie bei einem Verkauf erzielt hätten, ist festzulegen, ob sich ihr Wertinteresse in diesen Fällen ebenfalls an ihren subjektiv erforderlichen Wiederbeschaffungskosten orientiert, oder ob sie stets den gemeinen Wert (pretium commune) als Mindestersatz verlangen können[124]. Als Beispiel sei ein Großhändler genannt, der sich eine ihm zerstörte Sache nicht zu seinem Verkaufspreis, sondern zu seinem – günstigeren – Einkaufspreis wiederbeschaffen kann. Auch der Fall der Ölfördergesellschaft gehört hierher, da sie das verbrannte Öl zu den Gestehungskosten wiederbeschaffen kann, die geringer als der Verkaufspreis sind.

Über die Berücksichtigung von günstigeren Wiederbeschaffungsmöglichkeiten des Geschädigten wurde bislang in der juristischen Literatur nur in wenigen Fällen diskutiert. Im wesentlichen ging es um Kraftfahrzeuge, die eigentlich gebrauchte bzw. unvertretbare Sachen waren. Sie waren indes so neuwertig, daß

---

122 Larenz, SchuldR I, § 29 I b; Mertens in Soergel v. § 249 Rn 34, 38.

123 Honsell, JuS 1973, 69 (70), der den Begriff von „mea in re est" ableitet.

124 So: Brox, AS, Rn 340; Neuner, AcP 133 (1931), 277 (293 ff.); Stoll, Vermögens-schaden, S. 12; Mertens in Soergel v. § 249 Rn 54; Heinrichs in Palandt v. § 249 Rn 53; Larenz, a.a.O.; Kuckuk in Erman a.a.O.; Honsell, JuS 1973, 69 (74).
A.A.: Medicus in Staudinger § 249 Rn 136; Honsell/Harrer, JuS 1991, 441 (443); Lange, S. 247 ff., der zugleich auf die geringe praktische Bedeutung dieses Streits hinweist, da das subjektive Interesse meist über den objektiven Wert hinausgeht.

sie als neu und damit als vertretbare Sache eingestuft wurden. Da bei vertretbaren ungebrauchten Sachen eine Naturalrestitution durch Lieferung einer gleichartigen neuen Sache als möglich angesehen wird[125], wird die schadensersatzrechtliche Abwicklung dieser Fälle von § 249 BGB und nicht von § 251 Abs. 1 BGB erfaßt. Das bedeutet, daß die Wiederbeschaffungskosten hier als Naturalrestitution im Sinne des § 249 S. 2 BGB gesehen werden[126]. Für diese Fälle ist man sich einig, die jeweiligen günstigeren Wiederbeschaffungsmöglichkeiten der Geschädigten, die sie z.B. als Händler haben, zu berücksichtigen[127].

Das von der Fördergesellschaft geförderte Öl ist ebenfalls eine vertretbare Sache, so daß auch dieser Fall in diese Gruppe fällt, zumal die Förderkosten für die Gesellschaft geringer sind, als der Verkaufspreis. Der einzige Unterschied zu den Kfz-Fällen besteht darin, daß sich die Gesellschaft das Öl nicht käuflich wiederbeschafft, sondern, daß sie Produzent des Öls ist. Warum sollten ihre günstigeren Wiederbeschaffungsmöglichkeiten nicht auch berücksichtigt werden? Das Reichsgericht hat dies bei der Bewertung des verbrannten Rohöls abgelehnt. Es hat den Grundsatz der zu berücksichtigenden günstigeren Wiederbeschaffungskosten in seinem Urteil zwar für Kaufleute im Sinne von Händlern bestätigt, für Produzenten wie die Ölfördergesellschaft dagegen soll der erforderliche Einkaufspreis bei Dritten und nicht die eigenen Produktionskosten maßgeblich sein. Das Reichsgericht sah also eine Eigenproduktion nicht als Beschaffungsmöglichkeit des Geschädigten an, die im Rahmen der Vermögensbewertung beim Geschädigten berücksichtigt werden muß[128]. *Lange* erweitert die vom Reichsgericht bezüglich der Produzenten vertretene Auffassung allgemein auf Händler. Auch für sie sollen günstigere Beschaffungsmöglichkeiten unberücksichtigt bleiben. Er begründet dies damit, daß die Wahrscheinlichkeit eines Verkaufs bei ihnen bereits einen so hohen Grad erreicht habe, daß der Verkaufspreis als damnum emergens, also dem Vermögen zugehörig, eingestuft werden müsse[129]. *Lange* widerspricht sich also, da er bei der zuvor geschilderten Zerstörung von neuwertigen Kraftfahrzeugen den günstigeren Einkaufspreis

---

[125] Heinrichs in Palandt § 249 Rn 1; Kuckuk in Erman § 249 Rn 19.

[126] Mertens in Soergel § 249 Rn 19; Kuckuk in Erman § 249 Rn 4; Medicus, SchuldR I, Rn 588; Fikentscher, Rn 530; Esser/Schmidt, § 30 I; Larenz, SchuldR I, § 28 I; Lange, S. 226 f.

[127] BGH NJW 1965, 1756 (1756 f.); NJW-RR 1990, 468 (469); OLG Schleswig VersR 1976, 1183 (1183); Grunsky in MüKo § 251 Rn 9; Medicus in Staudinger § 251 Rn 43; Lange, S. 252.

[128] RGZ 97, 44 (48).

[129] Lange, S. 60.

eines Händlers im Rahmen des § 249 S. 2 BGB berücksichtigt[130]. Nach *Lange* scheint sich daher die Frage, ob die subjektiven Wiederbeschaffungskosten oder der gemeine Wert maßgeblich sind, danach zu richten, ob es sich um einen Schadensersatz nach § 249 S. 2 BGB handelt oder ob eine Bewertung des Vermögens anhand des allgemeinen aus § 251 BGB folgenden Wertinteresses zu erfolgen hat. Allein *Keuk, Stoll* und *Grunsky* berücksichtigen die subjektiven Wiederbeschaffungsmöglichkeiten bei jeder Fallkonstellation[131].

Zur Klärung dieser Frage bedarf es nur eines Rückblickes auf den hier vorgegebenen Ausgangspunkt. Um zu erkennen, was zum damnum emergens gehört, ist die Bewertung eines Vermögensgegenstandes zum Schadenszeitpunkt erforderlich und entscheidend. Wie ausgeführt, kann diese nur nach dem Wertinteresse erfolgen. Wie oben festgestellt, entspricht das Wertinteresse bei zerstörten Sachen dem Wiederbeschaffungswert der Sache. Da die Betrachtungsweise des Schadensersatzrechts subjektiv aus der Sicht des Geschädigten erfolgt, muß konsequenterweise auch der subjektive Wiederbeschaffungswert des Geschädigten ermittelt werden. Es ist also auch ein eventuell unter dem Verkaufswert der Sache liegender Wert anzusetzen. Dies muß für jeden Schadensfall gelten. Eine unterschiedliche Behandlung zwischen dem Wiederbeschaffungswert im Rahmen des § 249 S. 2 BGB und dem des Wertinteresses aus § 251 Abs. 1 BGB ist nicht gerechtfertigt. Der Begriff des Wiederbeschaffungswertes im Rahmen der Erörterungen zu § 249 S. 2 BGB resultiert allein aus der Tatsache, daß ungebrauchte vertretbare Sachen auch bei einer Zerstörung natural restituiert werden können. Dem Wortlaut nach ist § 249 S. 2 BGB nämlich nur auf beschädigte Sachen anwendbar. Eine Wieder- bzw. Neubeschaffung ist vom Wortlaut des § 249 BGB nicht vorgesehen. Allein die Restitution, die entweder natural oder aber nach § 249 S. 2 BGB durch eine Geldleistung erfolgt, wird durch § 249 BGB geregelt. In den Fällen einer zerstörten vertretbaren Sache entspricht das Integritätsinteresse aber ausnahmsweise genau dem Wertinteresse, da auch eine Ersatzsache dem Interesse des Geschädigten an der konkreten Zusammensetzung seines Vermögens entspricht. Durch diese besondere Situation wird der Begriff des allgemeinen Wertinteresses nicht verändert. Ein Grund, mit *Lange* günstigere Wiederbeschaffungsmöglichkeiten nur im Rahmen des Integritätsinteresses und nicht im Rahmen des Wertinteresses zu berücksichtigen, ist nicht ersichtlich. Beide Begriffe sind subjektiv zu ermitteln, so daß

---

[130] Lange, S. 252.

[131] Keuk, Vermögensschaden, S. 199; Grunsky in MüKo § 251 Rn 9; Stoll, Haftungsfolgen, S. 298. Früher lehnte Stoll, Vermögensschaden, S. 18, eine individuelle Bewertung noch strikt ab.

günstigere Wiederbeschaffungsmöglichkeiten auch im Rahmen des aus § 251 BGB folgenden Wertinteresses zu berücksichtigen sind. Die Vergleichbarkeit der unterschiedlichen Interessenlagen eines Geschädigten zeigt sich besonders am Fall der Ölfördergesellschaft. Die Bewertung des Rohöls erfolgt eigentlich anhand des Wertinteresses der Gesellschaft am Öl. Das verbrannte Rohöl ist aber als ungebrauchte vertretbare Sache einzustufen. Nach herrschender Meinung hätten also günstigere Wiederbeschaffungsmöglichkeiten berücksichtigt werden müssen, da ein Ersatz über § 249 S. 2 BGB möglich ist. Wie erwähnt, folgt auch *Lange* dieser Meinung, so daß er nach eigener Auffassung einem Geldersatz nach § 249 S. 2 BGB zustimmen müßte. Dann hätte er aber selbst die günstigeren Förderkosten und nicht den Verkaufspreis berechnet. Insofern argumentiert er widersprüchlich, wenn er der Fördergesellschaft den Verkaufspreis zugesteht.

Die Berücksichtigung der subjektiven Wiederbeschaffungsmöglichkeiten sowohl bei § 249 S. 2 BGB als auch bei § 251 BGB ist nicht nur bei der Zerstörung von vertretbaren sondern auch bei unvertretbaren Sachen berechtigt. Dies ergibt sich auch die Betrachtung eines Meinungsstreites, der im Rahmen des Ersatzes für gebrauchte, also unvertretbare Sachen geführt wird. Im Zusammenhang mit der Zerstörung von nicht neuwertigen Kraftfahrzeugen wird zwar übereinstimmend anerkannt, daß dem Geschädigten höhere Wiederbeschaffungskosten zu ersetzen sind. Die Rechtsprechung und ein Teil der Literatur ordnen die in diesen Fällen zu zahlenden Wiederbeschaffungskosten aber als Naturalrestitution im Sinne des § 249 BGB ein[132], während die Vertreter der Gegenmeinung diese Kosten als Geldkompensation im Sinne des § 251 Abs. 1 BGB einstufen[133]. Damit wird zwar dogmatisch eine Unterscheidung vorgenommen, beide Auffassungen stimmen im zahlenmäßigen Ergebnis aber überein, da sie letztendlich das Interesse des Geschädigten gleich bewerten.

Der Wiederbeschaffungswert ist daher auch bei unvertretbaren Sachen sowohl im Rahmen des § 249 S. 2 BGB als auch im Rahmen des § 251 Abs. 1 BGB auf die gleiche Weise zu ermitteln. Auch in diesen Fällen können sich Integritätsinteresse und Wertinteresse decken. Wenn also beim Integritätsinteresse günstigere Wiederbeschaffungsmöglichkeiten des Geschädigten zu berücksichtigen sind, muß dies auch im Rahmen des Wertinteresses erfolgen. Der Wert eines zerstörten Vermögensgegenstandes ist jeweils mit dem subjektiv für den Geschädigten erforderlichen Wiederbeschaffungspreis anzusetzen.

---

[132] BGH VersR 1972, 1024 (1025); NJW 1992, 302 (304); Kuckuk in Erman § 249 Rn 20.

[133] Medicus in Staudinger § 251 Rn 44; Jordan, VersR 1978, 688 (689 ff.); Lange, S. 410.

Gegen dieses Ergebnis spricht auch nicht der im Zusammenhang mit der reichsgerichtlichen Entscheidung zur Ölfördergesellschaft von *Lange* gemachte Hinweis auf verschiedene transportrechtliche Vorschriften wie z. B. § 430 HGB, Art. 25 CMR oder § 26 BinSchG[134]. Da diese Vorschriften den Ersatz entgangenen Gewinns ausschließen, gleichzeitig bei der Bemessung von Schadensersatz aber auf den gemeinen (Verkaufs-) Wert der jeweiligen Handelsstufe abstellen, zieht *Lange* den Schluß, daß der Verkaufswert demnach schon dem damnum emergens zuzurechnen sei. Zur Abgrenzung zwischen damnum emergens und lucrum cessans müsse daher eine Bewertung des vorhandenen Vermögens jeweils zum Handels-, also Verkaufswert der jeweiligen Verkaufsstufe erfolgen. *Lange* übersieht dabei, daß es sich z. B. bei § 430 HGB um den Sonderfall einer abstrakten Schadensberechnung handelt. Zweck des § 430 HGB ist es, die Schadensermittlung zu vereinfachen[135]. Die allgemeinen Schadensersatzregeln werden durch § 430 HGB ausgeschlossen[136]. Die Kommentierungen zu § 430 HGB erkennen sämtlich das Problem, daß der Geschädigte aufgrund einer ihm zur Verfügung stehenden billigeren Wiederbeschaffungsmöglichkeit einen geringeren Schaden erlitten haben kann, als der ihm gemäß § 430 HGB zustehende gemeine Handelswert der beschädigten oder zerstörten Sachen. Wegen der Besonderheit des gesetzlich festgeschriebenen Schadensersatzanspruchs könne jedoch nicht auf das allgemeine Schadensrecht zurückgegriffen werden, so daß generell der gemeine Wert (=Verkaufswert) abstrakt zugesprochen werden muß[137]. Man kann also aus diesem Sonderfall nicht schließen, daß es sich beim gemeinen Verkaufswert um damnum emergens handelt. Die abstrakte Schadensberechnung verdeutlicht zudem den Unterschied zum allgemeinen Schadensrecht der §§ 249 ff. BGB. Dort ist das subjektive Interesse des Geschädigten maßgeblich. Wenn er sich einen Vermögensgegenstand billiger verschaffen kann als ein „Normalbürger“, so ist sein Interesse bzw. sein Vermögen in jedem Fall nur in dieser Höhe verletzt. Der möglicherweise zu erzielende Verkaufswert ist für die Ermittlung des damnum emergens nicht zu berücksichtigen.

---

[134] Lange, S. 60 Fn 43.

[135] Helm in Staub § 430 Rn 24.

[136] Honsell in Heymann § 430 Rn 12.

[137] Geßler in Schlegelberger § 430 Rn 8; Helm in Staub § 430 Rn 22 ff. und 27; Honsell in Heymann § 430 Rn 13.

d) Herstellungskosten als Wiederbeschaffungskosten

Ausgehend von der Entscheidung des Reichsgerichts ist bei der Ermittlung der Wiederbeschaffungskosten noch fraglich, ob der Wiederbeschaffungswert nur nach dem jeweils für einen Ersatzkauf erforderlichen Preis anzusetzen ist oder ob auch jede andere Möglichkeit einer Wiederbeschaffung, wie z. B. eine Eigenproduktion, Berücksichtigung finden muß. Die Ölfördergesellschaft hätte sich das Öl durch ihre eigenen Förderanlagen günstiger beschaffen können, als wenn sie es von einem anderen Ölförderer käuflich erwerben müßte. Das Reichsgericht hat zwar für Händler den Einkaufspreis als Wiederbeschaffungswert anerkannt, für die Ölfördergesellschaft dagegen nicht die Gestehungskosten, sondern den Verkaufspreis. Begründet wurde dies vom Reichsgericht mit der Behauptung, daß die Ölfördergesellschaft den sogenannten Unternehmergewinn bereits gezogen habe, wenn das Öl gefördert sei, da einem Verkauf nichts mehr im Wege stehe. Dieser Unternehmergewinn sei Bestandteil des bewertbaren Vermögens[138]. Zudem sei der Geschädigte nach dem VVG so zu stellen, daß er an Stelle der beschädigten oder zerstörten Sachen neue Sachen erwerben könne[139]. Das Reichsgericht bestätigt damit zwar, daß der Wiederbeschaffungswert dem Interesse des Geschädigten entspricht, es läßt hingegen nur einen käuflichen Erwerb als Wiederbeschaffung gelten.

Dies überzeugt nicht. Eine „Wiederbeschaffung“ ist ein allgemeiner Begriff, so daß nicht nur der Kauf einer Sache darunter verstanden werden kann. Die Konsequenz des reichsgerichtlichen Urteils wäre zudem, daß alle produzierenden Unternehmen die von ihnen hergestellten Produkte bereits mit dem Verkaufspreis ihrem Vermögen zuschreiben müßten, da in den meisten Fällen einem Verkauf nichts entgegenstehen dürfte. Daß dies die falsche rechtliche und auch kaufmännische Bewertung ist, zeigen die handelsrechtlichen Bewertungsvorschriften. Es wird nicht zwischen Anschaffungs- und Herstellungskosten unterschieden. Gemäß § 253 Abs. 1 HGB werden Anschaffungs- und Herstellungskosten je nach Gewerbeart alternativ als grundlegender Bewertungsansatz gewählt. Sowohl handelnde wie auch produzierende Personen bzw. Unternehmen werden damit gleichbehandelt, da jeweils ihre konkreten Produktbeschaffungsmöglichkeiten maßgeblich sind. Des weiteren sorgt das sogenannte Realisationsprinzip des § 252 Abs. 1 Nr. 4 letzter HS HGB dafür, daß Gewinne erst dann ausgewiesen werden dürfen, wenn sie auch tatsächlich gezogen, das

[138] RGZ 97, 44 (47). In RG JW 1919, 445 (446) dagegen ordnet das RG die volle Differenz zwischen Herstellungskosten und Verkaufspreis dem entgangenen Gewinn zu.
[139] RGZ 97, 44 (46).

heißt, wenn das Produkt verkauft wurde. Allein die Möglichkeit eines späteren Verkaufs mit Gewinn rechtfertigt keine bilanzielle Berücksichtigung derselben[140]. Das Realisationsprinzip und weitere handelsrechtliche Bewertungsvorschriften, die sämtlich vom Grundsatz kaufmännischer Vorsicht beherrscht sind[141], führen also dazu, die produzierten Güter mit den Herstellungskosten zu bilanzieren. Wenn nun eine Geldersatzleistung dem Geschädigten den vollen Verkaufspreis zuführen würde, würde ein bilanzielles Ungleichgewicht eintreten. Buchung und Gegenbuchung würden sich nicht entsprechen. Der Aktivbestand des Produzenten an liquiden Geldmitteln würde um einen größeren Wert erhöht werden, als die erlittene bilanzielle Wertminderung aufgrund der Zerstörung seiner Güter. Insoweit wäre er also bereichert.

Gegen diese argumentative Berücksichtigung der handelsrechtlichen Bewertungsvorschriften läßt sich nicht einwenden, daß nicht alle Gewerbetreibenden zu einer Bilanzierung verpflichtet sind. Die handelsrechtliche Buchführungspflicht des § 238 HGB gilt zwar nur für Kaufleute im Sinne des HGB; Nichtkaufleute – ehemals Minderkaufleute – können jedoch über § 141 AO gleichwohl einer Buchführungspflicht unterliegen. Im Rahmen des Steuerrechts ist allerdings bestimmten Steuerpflichtigen die Möglichkeit gegeben, entgegen einer gemäß § 4 Abs. 1 EStG erfolgenden Gewinnermittlung durch Bilanzierung, eine Gewinnermittlung durch eine Überschußrechnung durchzuführen. Dies ergibt sich aus § 4 Abs. 3 EStG. Im Rahmen einer Gewinnermittlung durch Überschußrechnung gilt das sogenannte Zufluß- und Abflußprinzip[142]. Danach werden Gewinne erst nach Zufluß zum Vermögen berücksichtigt. Insoweit ist also wie nach dem handelsrechtlichen Realisationsprinzip die Berücksichtigung bloßer Gewinnaussichten nicht möglich. Demnach gelten für alle Gewerbetreibenden dieselben Bewertungsgrundsätze.

Wie das Reichsgericht in der erwähnten Entscheidung aber selbst betont, darf eine Schadensersatzleistung nicht zu einer Bereicherung des Geschädigten führen[143]. Dies ist jedoch bei dieser Entscheidung nicht nur bilanziell, sondern auch praktisch der Fall. Sollte der Schädiger einem geschädigten Produzenten die Kosten für eine käufliche Wiederbeschaffung ersetzen müssen, würde dies zu einer Bereicherung des Geschädigten führen. Der geschädigte Produzent ist

---

[140] Wöhe, S. 952.
[141] Wöhe, S. 948.
[142] Crezelius, § 8 Rn 88.
[143] RGZ 97, 44 (48).

nämlich nicht gezwungen, das zerstörte Gut käuflich zu erwerben, sondern kann einfach zu geringeren Kosten ein neues Gut herstellen. Er wäre also um die Differenz zwischen Verkaufspreis und Herstellungskosten bereichert.

Ein weiteres Indiz für die Nichtberücksichtigung einer bloßen Verkaufsmöglichkeit bei der Ermittlung des damnum emergens ist die steuerrechtliche Behandlung einer Wertschöpfung. Das deutsche Umsatzsteuersystem ist aufgrund des vorgesehenen Vorsteuerabzugs ein Mehrwertsteuersystem[144].

Die Umsatzsteuer erfaßt nur die beim jeweiligen Gewerbetreibenden eingetretene Wertschöpfung. Diese Wertschöpfung wird jedoch nicht schon direkt nach der Produktion aufgrund einer, wenn auch recht sicheren, Verkaufsmöglichkeit besteuert. Fälligkeitszeitpunkt der Steuer ist erst der tatsächliche Umsatz, also der Verkauf eines Gutes. Der Wert der bislang beim Produzenten hergestellten Güter entspricht den Produktionskosten.

Insgesamt bleibt festzuhalten, daß auch nach kaufmännischen und steuerrechtlichen Grundsätzen eine bloße Gewinnaussicht im positiven Vermögen eines Gewerbetreibenden noch nicht berücksichtigt wird. Sein Wertinteresse umfaßt lediglich die Kosten, die er für eine Wiederbeschaffung aufwenden muß. Als Wiederbeschaffung ist dabei sowohl ein Kauf als auch eine eigenständige Produktion bzw. Herstellung anzusehen.

e) Merkantiler Minderwert als damnum emergens

Die soeben in b)-d) gemachten Ausführungen hatten die Vermögensbewertung einer völlig zerstörten Sache und den daher in der Regel geschuldeten Geldersatz als Hintergrund. Offen ist noch, ob und wie eine Vermögensbewertung bei einer Beschädigung von Sachen zu erfolgen hat. Zur Schadensabwicklung an sich ist eine Vermögensbewertung bei Sachbeschädigungen eigentlich nicht erforderlich, da die Schadensabwicklung durch Naturalrestitution im Sinne des § 249 S. 1 BGB also grundsätzlich durch Reparatur erfolgt. Rechtsprechung und Literatur haben jedoch mit dem merkantilen Minderwert eine weitere Schadensposition entwickelt, die neben den Reparaturkosten vom Schädiger zu ersetzen ist[145]. Die Beschreibung dieses Minderwertes mit dem Wort

---

[144] Crezelius, § 24 Rn 4.

[145] BGHZ 27, 181 (182); NJW 1961, 2253 (2254); VersR 1980, 46 (47); Larenz, SchuldR I, § 29 II b; Stoll, Haftungsfolgen, S. 194; Gottwald, S. 133.

„merkantil“ läßt darauf schließen, daß sich der zu ermittelnde Minderwert nach einer kaufmännischen Verfahrensweise mit dem Gegenstand richtet. Dies muß notgedrungen hypothetisch erfolgen, da der Verkauf der Sache gerade nicht durchgeführt wird. Ein gedachter Verkauf und der aus diesem Verkauf hypothetisch zu erzielende Gewinn lassen wiederum auf einen Fall des entgangenen Gewinns schließen. Dennoch sieht die ganz herrschende Meinung den merkantilen Minderwert nicht als Form des entgangenen Gewinns, sondern stellt eine positive Vermögenseinbuße des Geschädigten fest[146].

Im Unterschied zu der Zerstörung von Sachen erfolgt die Vermögensbewertung zur Ermittlung dieser Vermögenseinbuße jedoch nicht direkt zum Zeitpunkt des schädigenden Ereignisses, sondern unter Berücksichtigung des nach einer Reparatur noch vorhandenen Wertes. Fraglich ist, ob diese Vermögensbewertung, wie bei der Zerstörung von Sachen, anhand des Wertinteresses des Geschädigten vorgenommen werden kann.

Die Definition des Wertinteresses zeigt, daß das Wertinteresse im Rahmen dieser Vermögensbewertung ausnahmsweise keinen sachgerechten Maßstab bieten kann. Das Wertinteresse orientiert sich maßgeblich am Erhaltungsinteresse des Geschädigten an der beschädigten Sache[147]. Ein Wertverlust in Höhe der Wiederbeschaffungskosten ist für den durch eine Sachbeschädigung Geschädigten jedoch nicht eingetreten, da die instandgesetzte Sache noch in seinem Besitz ist. Der Betrag für eine Wiederbeschaffung ist von ihm gerade nicht aufzubringen, da ihm die Sache erhalten geblieben ist. Eine Vermögensbewertung muß sich in diesen Fällen also nach anderen Kriterien richten. Aufgrund der subjektiven Betrachtungsweise des Schadensersatzrechts kann dies nur die Möglichkeit des Geschädigten sein, wie er mit der Sache verfahren kann bzw. wie er sie verwerten kann. Vor diesem Hintergrund ist eine pekuniäre Bewertung zur Bestimmung des aktuellen Zeitwertes sachgerecht z. B. durch die Ermittlung des nach der Reparatur noch vorhandenen Verkaufswertes möglich. Auf diese Weise läßt sich grundsätzlich ermitteln, ob die beschädigte Sache nach der Reparatur einen geringeren Marktwert hat als vorher. Ist dies der Fall, so bedeutet die Differenz eine positive Vermögenseinbuße des Geschädigten, mithin einen Schaden in Form des damnum emergens, da der Wertverlust im

---

146 BGHZ 35, 396 (397 ff.); NJW 1981, 1663 (1663); Keuk, S. 200; Schiemann, S. 209; Heinrichs in Palandt § 251 Rn 19; Larenz, a.a.O.
A.A.: Fabricius, JuS 1962, 224, der den merkantilen Minderwert tatsächlich über § 252 BGB ermittelt.

147 S. o. Fn 104.

Vermögen des Geschädigten direkt durch das schädigende Ereignis verursacht wurde und durch die Reparatur nicht aufgefangen werden konnte. Die Ermittlung dieser Differenz ist die zwingende Folge der zur Ermittlung des damnum emergens erforderlichen Vermögensbewertung. Unerheblich ist, ob der Geschädigte die Sache überhaupt nutzen oder verkaufen wollte[148]. Der Gebrauchswert einer Sache ist nämlich in ihrem Substanzwert schon enthalten[149].

Aufmerksam zu machen ist allerdings noch einmal auf den Unterschied zwischen völliger Zerstörung und der lediglichen Beschädigung von Sachen. Bei den hier zu beurteilenden Sachbeschädigungen bedeutet die Berücksichtigung des Verkaufswertes keine hypothetische Nutzung der Sache, sondern ist lediglich die sachgerechteste Lösung zur Ermittlung ihres Substanzwertes. Die Feststellung des Substanzwertes in diesen Fällen anhand des Verkaufswertes stellt daher nur eine Ausnahme von der grundsätzlichen Bewertung einer Sache nach den Wiederbeschaffungskosten dar. Zudem ist diese Bewertung nur bei Sachen möglich, die zu einer Verwertung durch Verkauf genutzt werden können und bei denen das Schadensereignis zu einer Wertminderung führt, wie es typischerweise bei Kraftfahrzeugen der Fall ist. Bei Sachbeschädigungen, die nicht zu solchen Wertverlusten führen, stellt die Naturalrestitution eine abschließende Schadensersatzleistung für das damnum emergens dar.

Da die Befürwortung eines merkantilen Minderwertes teilweise zur Begründung der Lehre eines stets zu ersetzenden Mindestschadens in Höhe des gemeinen Wertes bzw. Verkaufswertes einer Sache herangezogen wird[150], ist in diesem Zusammenhang noch darauf hinzuweisen, daß trotz Annahme eines merkantilen Minderwertes nicht zwangsläufig der Lehre vom objektiven Mindestschaden zu folgen ist. Für die Bestimmung eines Schadens gibt es anerkannte Grundsätze, die sich unter anderem nach der Bewertung von Gegenständen richten. Mit den bislang geschilderten Bewertungsgrundsätzen und den weiteren allgemeinen schadensrechtlichen Grundsätzen ist jeweils im Einzelfall zu bestimmen, ob ein Schaden vorliegt oder nicht. Wie noch näher erläutert werden wird, ist eine pauschale Schadensberechnung nur in wenigen Ausnahmefällen zulässig[151]. Der Begriff „Mindestschaden“ könnte irreführenderweise zur Annahme des Gegenteils verleiten, so daß er vermieden werden sollte. Deutlich wird dies am leading case der Befürworter der Lehre vom objektiven Mindestschaden. Ein von einem

---

[148] BGH NJW 1961, 2253 (2254); Keuk, S. 200; Grunsky in MüKo v. § 249 Rn 14 m.w.N.
[149] Larenz, SchuldR I, § 29 II c).
[150] Siehe oben Fn 125.
[151] Siehe unten 2. Teil A.

Brothändler mit Teig belieferter Bäcker verwendete nicht die volle Menge des gelieferten Teiges, um den Händler mit Brötchen zu beliefern, sondern unterschlug einen Teil des Teiges bevor er die Brötchen backte. Weder der Händler noch seine Kunden bemerkten jedoch, daß die Brötchen kleiner waren, so daß sie zum auch sonst üblichen Preis verkauft wurden[152].

Eindeutig ist, daß der Händler nach dem Backen weniger Teig erhielt, als er vom Bäcker hätte geliefert bekommen müssen. Sein Vermögen war um diese Teigmasse verringert, so daß eine positive Vermögenseinbuße zu bejahen ist. Zu berücksichtigen ist jedoch, daß der Händler den gleichen Verkaufspreis für die Brötchen erzielte, wie er ihn mit mehr Teig erzielt hätte. Die Gewinnspanne des Händlers war aufgrund des – wenn auch unbewußten – geringeren Materialeinsatzes gestiegen. Dieser zusätzliche Gewinn konnte aber nur aufgrund des schädigenden Ereignisses – der Unterschlagung – erzielt werden, so daß er im Wege der Vorteilsausgleichung zu berücksichtigen ist. Ein Vermögensschaden des Händlers liegt daher nicht vor. Da dies den Schädiger nicht entlasten soll, ist – was durchaus möglich ist – mit anderen Rechtsgrundsätzen eine Korrektur zu suchen[153]. Die Bemühung des § 242 BGB ist dazu allerdings nur erforderlich, wenn die Korrektur im Rahmen des Schadensersatzrechts erfolgen soll[154]. Dazu besteht freilich kein Bedürfnis.

Wenn die Grundsätze des Schadensrechts keinen Schaden ergeben, so ist vor der Bemühung des Auffangtatbestandes von § 242 BGB zu prüfen, ob die Rechtsordnung eine andere Lösung vorsieht. Im Beispielsfall bedeutet dies, daß der Bäcker den Teig oder entsprechenden Wertersatz als ungerechtfertigte Bereicherung herauszugeben hat. Der Händler hat also einen Ersatzanspruch, ohne daß es der Konstruktion eines Mindestschadens bedarf. Die entsprechende Lehre ist abzulehnen. Damit ist auch der merkantile Minderwert kein sogenannter Mindestschaden, sondern resultiert aus einer konkreten einzelfallbezogenen Vermögensbewertung zur Feststellung des damnum emergens.

f) Zusammenfassung

Es ist erforderlich, eine klare Trennung zwischen damnum emergens und lucrum cessans vorzunehmen. Dies ist nur mit Hilfe einer Bewertung der durch

---

152 OLG Braunschweig SeuffArch 46 Nr. 173.

153 So auch Lange, S. 247 f. Fn 7; Honsell/Harrer, JuS 1991, 441 (443).

154 Diese Lösung wählt Lange, a.a.O.

das schädigende Ereignis betroffenen Vermögensgegenstände möglich. Diese Vermögensbewertung richtet sich bei zerstörten Sachen nach den individuell für den Geschädigten erforderlichen Wiederbeschaffungskosten, wobei auch eventuell mögliche Eigenproduktionen zu berücksichtigen sind. Ein eventuell zu erzielender Verkaufspreis kann in diesen Fällen ohne schon bestehenden Verkaufsvertrag im Rahmen des damnum emergens nicht berücksichtigt werden. Dies liefe auf eine zu frühe Berücksichtigung einer Gewinnaussicht hinaus, die den § 252 BGB überflüssig werden ließe. Auf die Wahrscheinlichkeitsklausel des § 252 S. 2 BGB käme es bei einem Ersatz als damnum emergens dann nicht mehr an. Im Beispielsfall hatte die Ölfördergesellschaft also eine positive Vermögenseinbuße in Höhe der Förder- bzw. Gestehungskosten und nicht in Höhe des gemeinen Handelswertes erlitten.

Lediglich bei Sachbeschädigungen wird die Vermögensbewertung zur Ermittlung des Minderwertes von noch beim Geschädigten vorhandenen Sachen ausnahmsweise nach dem vom Geschädigten erzielbaren Verkaufswert vorgenommen. Aber auch der auf diese Weise ermittelte merkantile Minderwert trifft den Geschädigten als damnum emergens.

2. Lucrum cessans

a) Wörtliche Bedeutung des Begriffs „entgangener Gewinn“

Im Gegensatz zum damnum emergens bzw. der erlittenen Vermögenseinbuße wird der Begriff des entgangenen Gewinns in § 252 S. 1 BGB ausdrücklich erwähnt. Eine Legaldefinition des Begriffs findet sich jedoch nicht. Durch die explizite Erwähnung im Gesetzestext ist der Begriff des entgangenen Gewinns aber einer grammatischen Auslegung zugänglich.

Aufgrund der fehlenden Legaldefinition wird die Bedeutung des Begriffs „Gewinn“ vom Gesetzgeber wohl als unproblematisch vorausgesetzt. Auch Satz 2 der Vorschrift erläutert diesen Begriff nicht näher, da in Satz 2 lediglich bestimmt wird, welcher Gewinn als entgangen gilt. Das Wort „Gewinn“ erscheint vordergründig tatsächlich als allgemeinverständlich, so daß es nicht zwingend zu Auslegungsschwierigkeiten führt. Gleichwohl sollen die den Begriff „Gewinn“ bestimmenden Elemente kurz herausgearbeitet werden. Das Wort „Gewinn“ stammt vom Althochdeutschen „giwin“ und bedeutete etwas

„Erlangtes“ oder „Vorteil“[155]. Sowohl zu den Zeiten der Entstehung des BGB, als auch noch heutzutage wird Gewinn in allgemeinen Wörterbüchern als positiver Erfolg, das heißt als ein Überschuß der Einnahmen über die Ausgaben verstanden[156]. Auch in den fachspezifischen Enzyklopädien wird der Gewinn allgemein als positive Differenz zwischen Erträgen und Aufwand definiert, die sich am Ende einer Periode ergibt[157]. Der Begriff des Aufwands wird dabei als bewerteter Einsatz bzw. Input von Produktionsfaktoren konkretisiert[158].

aa) Vermögenseinsatz

Gewinn kann demnach nur erzielt werden, wenn zuvor etwas eingesetzt wird. Vor dem Einsatz bzw. Input eines vermögenswerten Rechts oder Rechtsguts steht jedoch notwendigerweise die Entscheidung des jeweiligen Inhabers der Vermögensposition, diese auch einsetzen zu wollen. Über das Element des Einsatzes enthält der Begriff „Gewinn“ also eine subjektive Komponente.

Der Einsatz eines vermögenswerten Rechts oder Rechtsguts kann auf verschiedene Weise erfolgen. Sowohl ein Gebrauch, als auch ein Verbrauch ist denkbar. Ein Auto kann z.B. vermietet, also lediglich zur Gewinnerzielung gebraucht werden. Es kann dem Vermögen zur Gewinnerzielung aber auch zur Gänze entzogen, also verbraucht werden. Dies wäre der Fall, wenn es verkauft wird. Ein weiteres Merkmal des zur Gewinnerzielung erforderlichen Einsatzes ist die Zielgerichtetheit desselben. Das Recht oder Rechtsgut wird nicht aus Gefälligkeit einer anderen Person zur Verfügung gestellt, sondern mit dem Ziel, zu einem späteren Zeitpunkt den Wert des Einsatzes mit einem dafür erzielten Ertrag zu vergleichen. Das Ziel ist also eine Abrechnung, in der in aller Regel ein monetärer Erfolg festgestellt werden soll.

---

155 Brockhaus, S. 478.

156 Brockhaus, S. 478 f.; Pierers Universal-Conversations-Lexikon, S. 209.

157 Gablers Wirtschafts-Lexikon, S. 1361 f.; Vahlens Großes Wirtschaftslexikon, S. 723 f.

158 Kosiol/Chmielewicz/Schweitzer, S. 658.
Wöhe, S. 47 ff., spricht zwar von verschiedenen Gewinnbegriffen. Jedem liegt aber die Differenzrechnung zwischen Ertrag/Erlös und Einsatz/Kosten zugrunde.

bb) Abrechnung

Ohne den im Rahmen dieser Abrechnung vorzunehmenden Vergleich zwischen Einsatz und Ertrag ist eine Differenz nicht zu ermitteln. Die Abrechnung ist zwingende Voraussetzung eines Gewinns. Der festzustellende Erfolg kann positiv oder negativ sein. Allein im positiven Fall handelt es sich um Gewinn. Ein negativer Erfolg wird als Verlust bezeichnet[159].

cc) Das „Entgehen" eines Gewinns

Das Wort „entgangen" bietet nicht viele Ansatzpunkte für eine Auslegung.

Wie oben unter A .I. schon erwähnt, ist ein Gewinn entgangen, wenn eine Vermögensmehrung verhindert wurde. Von Bedeutung könnte das vom Gesetzgeber gewählte Tempus des Wortes sein. Es ist nicht von entgehendem Gewinn, sondern von entgangenem Gewinn die Rede. Damit scheint klar, daß zum Beurteilungszeitpunkt eine retrospektive Beurteilung stattzufinden hat. Dies könnte ein Indiz für eine Begrenzung des Ersatzes für Gewinnentgang sein. Es ist nicht der noch entgehende Gewinn zu ersetzen, sondern allein der bis zum Beurteilungszeitpunkt entgangene Gewinn. Näher wird auf dieses Problem im Rahmen der Erörterungen zu Satz 2 der Vorschrift einzugehen sein, da Satz 2 explizit bestimmt, wann ein Gewinn als entgangen gilt[160].

dd) Folgerungen

Nach den soeben genannten Merkmalen ist für den Gewinn also nicht nur die positive Differenz zwischen Einsatz und Ertrag entscheidend, sondern ebenso die zuvor getroffene subjektive Entscheidung, ein vermögenswertes Recht oder Rechtsgut zielgerichtet zur Gewinnerzielung einsetzen zu wollen. Nicht klar zu bestimmen ist, was eine solche Einsatzentscheidung darstellt. Angenommen, jemand trifft die Entscheidung Geld einzusetzen, um Aktien zu kaufen, die er später – möglichst mit Gewinn – wieder verkaufen will. In diesem Fall kann die Einsatzentscheidung einmal bei Einsatz des Geldes zum ursprünglichen Aktienkauf angenommen werden. Denkbar ist jedoch auch, daß als Einsatzentscheidung erst der Verkauf der Aktien angesehen wird. Weiter stellt sich die Frage,

---

[159] Kosiol/Chmielewicz/Schweitzer, a.a.O.

[160] Siehe unten 1. Teil B. IV. 5.

wie es sich mit den zwischenzeitlich getroffenen Entscheidungen des Aktienkäufers über die Verwendung der Aktien verhält. Jede tagtägliche Entscheidung, die Aktien nicht sofort, sondern erst später zu verkaufen, um nämlich einen erwarteten Kursanstieg noch ausnutzen zu können, könnte eine Einsatzentscheidung sein, die zur Gewinnerzielung getroffen wird. Abgesehen von den Fällen, wo der Verkauf schon eingeleitet wurde, also mit Sicherheit eine Einsatzentscheidung bereits getroffen wurde, erscheint eine eindeutige Bestimmung der zur Gewinnerzielung erforderlichen Einsatzentscheidung daher äußerst schwierig. Die Lösung dieses Problems könnte jedoch obsolet sein, wenn für den in § 252 S. 1 BGB aufgeführten Begriff des Gewinns eine solche Entscheidung nicht zwingend erforderlich wäre.

Diese Möglichkeit ergibt die Betrachtung von persönlichen Entscheidungen, die zwar nicht konkret mit dem Ziel einer späteren positiven Abrechnung getroffen werden, die aber dennoch zu einer Vermögensmehrung führen. Denkbar ist z.B. der Fall eines Antiquitätenliebhabers, der für seine Wohnungseinrichtung einen seltenen Stuhl aus der Epoche Ludwig XIV. erwirbt. An einen späteren Verkauf des Stuhles, um eine eventuelle Wertsteigerung gewinnbringend zu nutzen, hat er nicht gedacht. Der Stuhl wird im folgenden von einem Dritten schuldhaft zerstört. Bei dem Stuhl handelt es sich um eine unvertretbare Sache, so daß gemäß § 251 Abs.1 1. Alt. BGB der Schädiger Wertersatz zu leisten hat[161]. Vor Ablauf des folgenden Schadensersatzprozesses brennt in Frankreich ein Schloß mit ca. 100 Stühlen aus dem gleichen Zeitalter ab. Dadurch wäre der Stuhl unseres Liebhabers zu einer wirklich seltenen Rarität geworden und hätte immens an Wert gewonnen. Ein Verkauf des Stuhles, also ein Einsatz von seinem Besitzer, war aber weder bei seinem Kauf geplant, noch hätte er ihn aufgrund der veränderten Umstände durchgeführt. Er wollte sich allein an dem Vorhandensein des Stuhles erfreuen. Es stellt sich also die Frage, ob die entgangene Wertsteigerung dennoch zu ersetzen ist.

Dafür könnte der Umstand sprechen, daß bei Zerstörung des Stuhls erst nach dem Schloßbrand in Frankreich, der Stuhl bereits einen höheren Wert gehabt hätte, der als damnum emergens zu ersetzen wäre. In diesem Fall müßte die Wertsteigerung des Stuhls auch ohne eine konkrete, zielgerichtete Einsatzentscheidung des Eigentümers zur Gewinnerzielung ersetzt werden. Im Beispiels-

---

[161] BGHZ 92, 85 (89 f.); Heinrichs in Palandt § 249 Rn 1. Medicus in Staudinger § 249 Rn 204, der jedoch gleichzeitig auf die Ausnahmen im Kfz-Bereich hin-weist, wo Naturalrestitution auch durch Leistung eines lediglich wirtschaftlich gleichwertigen Kraftfahrzeugen denkbar ist.

fall mit der vor dem Schloßbrand erfolgten Zerstörung des Stuhls, dürfte mit den im Wege der grammatischen Auslegung ermittelten Kriterien für den entgangenen Gewinn die Wertsteigerung dem Geschädigten dagegen nicht zu ersetzen sein, denn es fehlt eine Einsatzentscheidung und ein Ertrag zur Abrechnung. Die Konsequenz wäre also, daß dem Vermögen des Geschädigten die Wertsteigerung des Stuhles nur abhängig vom Zeitpunkt des Schadenseintritts zugerechnet werden würde. Bei Zerstörung seines Stuhls nach dem Schloßbrand ist die Wertsteigerung zu berücksichtigen, während die Zerstörung des Stuhls vor dem Schloßbrand die Folge hat, daß die eintretende Wertsteigerung wegen mangelnder Gewinnerzielungsabsicht nicht ersatzfähig wäre. Das Schadensereignis käme in diesem Fall für den Geschädigten lediglich zu einem zeitlich unglücklichen Moment.

Bereits im römischen Recht gab es ähnliche Fälle, bei denen eine gewinnorientierte Einsatzentscheidung des Betroffenen fehlte. Gleichwohl wurde in diesen Fällen ein Ersatz der entgangenen Vermögensmehrung zugesprochen. Auch *Mommsen* führt den einschlägigen Musterfall in seiner Aufzählung der verschiedenen Arten des entgangenen Gewinns auf[162]. Da einem Sklavenbesitzer jegliches Vermögen seiner Sklaven zustand, sei es als eine Art entgangenen Gewinns einzustufen, wenn jemandem durch Tötung seines Sklaven eine diesem Sklaven hinterlassene Erbschaft entgeht[163]. Eine Einsatzentscheidung z.B. der Art, daß die Person den Sklaven nur erworben hat, um an eine eventuell mögliche Erbschaft zu gelangen, läßt sich nicht konstruieren. Es könnte also sein, daß die nach dem Wortlaut ermittelten Kriterien keine strikte Anwendung finden können. Eine bei strikter Auslegung des Begriffs „entgangener Gewinn" nach Schadenseintritt zu unterlassende Berücksichtigung von bloßen Wertsteigerungen oder anderen Vermögensmehrungen ohne Einsatzentscheidung stünde zudem im Widerspruch zum Wortlaut des § 249 S. 1 BGB. „Der Zustand, der bestehen würde" umfaßt auch Veränderungen, also ebenso Wertsteigerungen des geschädigten Rechtsguts, die nach Schadenseintritt aufgetreten wären. Damit würde § 249 S. 1 BGB mehr Schäden umfassen, als in § 252 S. 1 BGB als ersatzfähig vorgesehen sind. Dies läßt sich wiederum nicht in Einklang mit dem oben festgestellten Aussagegehalt des § 249 S. 1 BGB bringen. Er enthält eben gerade keine Aussage zum Umfang des zu ersetzenden Schadens. Vielmehr ist die in § 249 S. 1 BGB enthaltene Regelung auf alle Schadensformen anwendbar. Die rein grammatische Auslegung des Begriffs „entgangener

---

162 Mommsen, S. 178.

163 Below, S. 31 f. weist allerdings darauf hin, daß der Ersatz der entgangenen Erbschaft unter den römischen Juristen umstritten war, obgleich die h. M. den Ersatz bejahte.

Gewinn“ läßt damit Zweifel zurück, welchen Umfang das durch § 252 S. 1 BGB als ersatzfähig angesehene ganze Interesse hat. Sind die sich nach der grammatischen Auslegung ergebenden Kriterien strikt anzuwenden, oder sind auch bloße Wertsteigerungen als entgangener Gewinn ersetzbar? Es muß versucht werden, diese zurückbleibenden Ungewißheiten über den Begriff des entgangenen Gewinns mit Hilfe der übrigen Auslegungsmethoden zu klären.

b) Die Bedeutung des lucrum cessans in seiner historischen Entwicklung

Zunächst ist dazu auf die historische Entwicklung des lucrum cessans einzugehen. *Mommsens* Ziel bei seiner Ermittlung des Interesses war die vollständige Erfassung aller Folgeschäden im Vermögen des Geschädigten, die auf dem schädigenden Ereignis beruhten[164]. Er hat sich dabei auf eine kritische Auslegung der Quellen gestützt. Der Ausgangspunkt für den Ersatz des lucrum cessans kann also im römischen Recht gesucht werden. Beachtlich ist allerdings, daß der Begriff des lucrum cessans im römischen Recht in dieser Form nicht verwandt wurde. Der Ausdruck stammt nicht aus den Quellen[165]. Erst seit dem Mittelalter wird der Begriff als terminus technicus gebraucht[166]. Der Sache nach war der Ersatz des lucrum cessans von den römischen Juristen gleichwohl vorgesehen. Es ist allein umstritten, ob dieser Ersatz schon von den Klassikern vorgesehen war[167]. Teilweise wird die Entwicklung der Lehre vom Ersatz des lucrum cessans auch erst den nachklassischen Juristen zugesprochen[168].

Als ersatzfähig wurden von den römischen Juristen auch Schäden wie die oben schon erwähnte entgangene Erbschaft angesehen[169]. *Below* sagt in diesem Zusammenhang den klassischen römischen Juristen nach, sie hätten nur abstrakt-objektive Folgeschäden als ersatzfähig anerkannt[170]. Die entgangene Erbschaft war als Folgeschaden auf den Tod des Sklaven also auch ohne subjektives Moment ersatzfähig. Eine Einsatzentscheidung scheint nach dem Verständnis der römischen Juristen für die Annahme eines ersatzfähigen lucrum

---

[164] Stoll, Vermögensschaden, S. 15; Keuk, Vermögensschaden, S. 19; Medicus, Schaden, S. 7.
[165] Below, S. 1.
[166] Medicus, ZRG Rom. Abt. Bd. 82, 392 (397); Schiemann, S. 166.
[167] So wohl diejenigen, die Paul. D. 46, 8, 13 pr. Lit als vermutliche Ursprungsstelle angeben. S. o. Fn 26.
[168] Below, S. 78.
[169] S.o. A. II. 2. a) dd).
[170] Below, S. 23, 88, 123.

cessans also nicht erforderlich gewesen zu sein. Dieser ursprüngliche, rein objektive Ansatz ist später durch eine subjektive Interesseermittlung mit Berücksichtung der speziellen Interessen des einzelnen ergänzt worden. Dies stellte eine Erweiterung des ursprünglichen römischen Ansatzes dar[171]. Ob diese Erweiterung erst von den nachklassischen oder schon von den klassischen römischen Juristen vorgenommen wurde, kann dahingestellt bleiben. Wenn im römischen Recht der Schadensersatz selbst für eine verhinderte Vermögensmehrung ohne Einsatzentscheidung anerkannt war, so kann heute ein subjektives Kriterium zur Bestimmung des Begriffs „entgangener Gewinn" nur dann von entscheidender Bedeutung sein, wenn eine Rechtsentwicklung in der Weise stattgefunden hätte, daß entgangener Gewinn nur bei Existieren einer solchen Einsatzentscheidung ersetzt würde. Der um ein subjektives Moment erweiterte objektive Ansatz des römischen Rechts hätte also nachträglich auf ein rein subjektives Moment beschränkt werden müssen.

Für eine solche Entwicklung gibt es freilich keine Anhaltspunkte. Vielmehr schreibt *Mommsen* eindeutig, was er unter dem lucrum cessans versteht. Das lucrum cessans umfaßt die in die Zukunft gerichteten Schäden. Eine Erweiterung bzw. Vermehrung des Vermögens wird verhindert[172]. Er schreibt nicht, daß ein zielgerichteter Einsatz von bereits vorhandenen Vermögensbestandteilen verhindert wird. Seine Formulierung ist vielmehr allgemein gehalten. Jede Form einer verhinderten Vermögenserweiterung soll ersetzt werden. *Mommsen* übersetzt das lucrum cessans zwar mit den Worten entgangener Gewinn, er zeigt jedoch auch, daß er dies nicht mit den oben unter A. II. 2. a) herausgearbeiteten Komponenten des Begriffs Gewinn verbindet. In seiner ausführlichen Aufzählung der verschiedenen Arten des entgangenen Gewinns nennt er ebenso Fälle, bei denen eine zielgerichtete Einsatzentscheidung nicht erforderlich ist[173].

Daß dies für *Mommsen* auch nicht zwingend erforderlich war, zeigt sich an seinem Ausgangspunkt bei der Verfassung seiner Schriften über das Interesse. Er ging von den römischen Quellen aus. Damit war sein Ausgangspunkt nicht das Wort „Gewinn", sondern allein das Wort „lucrum". Für „lucrum" ist „Gewinn" zwar die am häufigsten anzutreffende Übersetzung, es werden jedoch noch andere Begriffe mit dem Wort „lucrum" verbunden. Insbesondere ist dabei

[171] Below, S. 127; Medicus, ZRG Rom. Abt. 82, 392 (393).
[172] Mommsen, S. 11.
[173] Mommsen, S. 174 ff. Auch der schon erwähnte Fall der entgangenen Erbschaft befindet sich darunter.

der Begriff „Vorteil“ zu finden[174]. Diese im Vergleich zu „Gewinn“ wesentlich allgemeinere Übersetzung wird noch als „Vorteil als Vermehrung des äußeren Besitzes“ präzisiert[175]. Ein striktes Festhalten an der Übersetzung „Gewinn“ erscheint somit nicht zwingend erforderlich, wenn nicht sogar als falsch. Die herausgearbeiteten Elemente des Begriffs „Gewinn“ sind auf den allgemeineren Begriff des „Vorteils“ nicht anwendbar, so daß auch die Bedeutung dieser Elemente für die Bestimmung des lucrum cessans schwindet.

Da „Gewinn“ also nicht die zwingende Übersetzung für „lucrum“ ist, kann das Wort „Gewinn“ nicht nach seinem strikten Wortsinn anzuwenden sein. Verdeutlicht wird dies noch durch die Übersetzung der „compensatio lucri et damni“ in „Vorteilsausgleichung“[176]. Wenn die Fälle des lucrum wirklich nur als Fälle im Sinne des deutschen Wortes „Gewinn“ eingestuft werden könnten, müßte diese Übersetzung „Gewinnausgleichung“ lauten.

Aus dem Vorstehenden wird erkenntlich, warum *Mommsen* das lucrum cessans allgemein als Schadensrichtung im Sinne einer verhinderten Vermögensmehrung angesehen hat. Dieses Verständnis des entgangenen Gewinns als eine Erfassung jeder verhinderten Vermögensmehrung findet sich auch bei den Beratungen zum BGB. Schon *v. Kübel* wollte im Rahmen des Wertersatzes für Gegenstände, deren Naturalrestitution unmöglich war, eventuelle Wertsteigerungen nach Schadenseintritt als entgangenen Gewinn ersetzen[177]. Diese Auffassung wurde von der 1. Kommission geteilt[178]. Daß diese Auffassung nicht noch an weiteren Stellen in den Motiven wiederholt wird, liegt daran, daß die Bestimmung, anläßlich derer diese Zitate zu finden sind, aus dem Entwurf gestrichen wurde. Gedanken zu diesem Problem machten sich *v. Kübel* und die Mitglieder der 1. Kommission im Rahmen der Diskussion über den Zeitpunkt der Bewertung einer Sache, die nicht naturaliter restituiert werden kann. Ursprünglich wurde als maßgeblicher Bewertungszeitpunkt im Gesetzentwurf noch ausdrücklich der Zeitpunkt des schädigenden Ereignisses genannt[179]. Eine Begründung für die Streichung dieser Passage anläßlich der Revision der Zusammenstellung der Beschlüsse des Redaktionsausschusses findet sich

[174] Filip-Fröschl, S. 102.
[175] Langenscheidt Gr.-Wörterbuch, S. 445.
[176] Filip-Fröschl, a.a.O.; Mugdan, S. 10 = Mot. II S. 19.
[177] v. Kübel in Schubert, S. 722.
[178] Jakobs/Schubert I, S. 88 f.
[179] v. Kübel in Schubert, S. 655: § 15 Abs. 3 des Teilentwurfes; Jakobs/Schubert I, S. 94: § 160 S. 1 der Redaktionsvorlage.

jedoch nicht[180]. Dies ist damit zu erklären, daß die in diesem Zusammenhang vertretene Auffassung über die Ersatzfähigkeit jeglicher Vermögensmehrungen nicht geändert wurde. Bei der Präzision der damaligen Arbeitsweise ist davon auszugehen, daß eine mit der Streichung der Gesetzespassage verbundene Änderung der bis dahin vertretenen Auffassung Aufnahme in die Materialien gefunden hätte. Man ging weiterhin davon aus, daß auch bloße Wertsteigerungen als entgangener Gewinn ersatzfähig seien.

Auch in der ersten Monographie über den Schaden nach Inkrafttreten des BGB stufte *Fischer* 1903 den entgangenen Gewinn umfassend als jede verhinderte Vermögenserweiterung ein[181]. Nach der damaligen Auffassung konnte also auch der oben erwähnte Antiquitätenliebhaber Ersatz für die fiktive Wertsteigerung seines Stuhles verlangen. Die historische Auslegung des Begriffs „entgangener Gewinn“ ergibt damit, daß eine strikte Wortlautauslegung mit den oben erarbeiteten Elementen vom Gesetzgeber nicht gewollt war. Entgangener Gewinn ist nach der ausgeführten Entwicklungsgeschichte als jede verhinderte Vermögensmehrung zu verstehen.

c) § 252 S. 1 BGB in der Gesetzessystematik

Die oben bereits durchgeführte systematische Auslegung der schadensersatzrechtlichen Regelungen des BGB hat zwar ergeben, daß durch den Begriff des entgangenen Gewinns der Umfang des zu ersetzenden Schadens bestimmt werden soll. Eine Definition des Begriffes selbst ist mit Hilfe einer systematischen Auslegung jedoch nicht zu ermitteln. Der Begriff des entgangenen Gewinns ist nur in § 252 BGB von Bedeutung. Wie festgestellt, regeln die §§ 249-251 BGB lediglich die Art und Weise des Schadensersatzes und enthalten keine Aussage über den Umfang des Schadensersatzes[182]. Durch die allgemeine Anwendbarkeit der §§ 249-251 BGB auf damnum emergens und lucrum cessans, ist die Abgrenzung zwischen damnum emergens und lucrum cessans mit Hilfe des systematischen Gesezteszusammenhangs nicht zu leisten. Dies bestätigt auch die Tatsache, daß die Gesetzessystematik zwar den Ersatz jeglichen Schadens vorsieht, die Bestimmung eines übergeordneten Schadens-

---

[180] Jakobs/Schubert I, S. 95 f.

[181] Fischer, S. 49.

[182] S. o. A. I. 2. d). Lediglich als Hilfsmittel zur Berechnung von Geldleistungen kann die Naturalrestitution herangezogen werden.

begriffs aber der Rechtsprechung und Literatur überlassen wird[183]. Damit kann erst recht nicht die Definition eines schadensrechtlichen Unterbegriffs, also des lucrum cessans, aus der schadensrechtlichen Gesetzessystematik abgeleitet werden.

d) Objektiv-Teleologische Inhaltsbestimmung des § 252 S. 1 BGB

aa) Das „Interesse" als Ausgangspunkt

Der Wortlaut des Gesetzes hat sich im Laufe des Jahrhunderts nicht mehr verändert. Anhand einer objektiv-teleologischen Auslegung ist also zu ermitteln, ob die Auffassung des historischen Gesetzgebers auch nach dem heutigen Rechtsverständnis zutreffend ist. Auszugehen ist bei der Ermittlung des heutigen Sinn und Zweckes der gesetzlichen Regelung gleichwohl von einem historischen Grundgedanken. Auch heute ist unbestritten, daß nach dem Grundsatz der Totalreparation das ganze Interesse des Geschädigten zu ersetzen ist[184]. Ausuferungen des Schadensersatzes werden im wesentlichen über die verschiedenen Zurechnungskriterien vermieden[185]. Im Zentrum der Überlegungen steht also der Begriff des Interesses. Aus ihm muß sich ergeben, was unter dem entgangenen Gewinn zu verstehen ist. Der Begriff „Interesse" kann verschiedentlich verstanden werden. Insbesondere *Mommsen*, hat ihn im Sinne einer Differenz verstanden[186]. Diese Interpretation wurde zum Teil bestätigt[187]. In jüngerer Zeit wurde dagegen verstärkt darauf hingewiesen, daß Interesse nicht als „was dazwischen liegt", sondern als „was daran liegt" interpretiert werden muß[188]. Das Interesse sei also nicht strikt durch eine Differenz, sondern durch eine wertende Betrachtung zu ermitteln. Begründet wird dies unter anderem damit, daß schon in den Quellen das Interesse bzw. das id quod interest in vier Fünftel aller Fälle nicht die Bedeutung einer Differenz, sondern die des wertend

---

[183] Mugdan, S. 10 = Mot. II, S. 19.

[184] S. o. A. I.

[185] Brox, AS, Rn 329; Grunsky, Jura 1979, 57, (59 ff); Heinrichs in Palandt v. § 249 Rn 58. Ausführlich setzen sich mit den verschiedenen Zurechnungskriterien aus-einander: Grunsky in MüKo v. § 249 Rn 36 ff.; Lange, S. 74 ff.; Medicus in Staudinger § 249 Rn 32 ff. und Gottwald, S. 104 ff.

[186] Mommsen, S. 3.

[187] Medicus, Id quod interest, S. 300, grenzt dies jedoch dahingehend ein, daß das id quod interest nur teilweise als Differenz verstanden werden dürfe.

[188] Honsell, JuS 1973, 69 (69 f.); Honsell/Mayer-Maly/Selb, S. 224.

zu ermittelnden Schadens gehabt habe[189]. Das Interesse sei für die Römer in der Mehrzahl der Fälle nicht eine abstrakte Differenz, sondern ein wertendes Prinzip gewesen[190]. Die unterschiedlichen Auffassungen über das Interesse führen allerdings nicht zu differierenden Ergebnissen, da *Mommsen* mit seiner Interpretation die Ergebnisse der römischen Juristen bestätigte. Dies ergibt sich aus seiner Aufzählung der verschiedenen Arten des entgangenen Gewinns, die sowohl von den römischen Juristen wie von *Mommsen* als ersatzfähig angesehen wurden[191].

Für das heute gültige Verständnis des Gesetzestextes ist zu berücksichtigen, daß die Verfasser des BGB einen Hinweis auf einen Schadensbegriff, also insbesondere auf die Differenztheorie *Mommsens*, bewußt ausgespart haben[192]. Auch der Begriff des Interesses ist im Gesetz nicht näher erläutert. Bei der Bestimmung der zeitgemäßen Auslegung des Begriffes „Interesse" ist daher zu entscheiden, ob es auch nach heutigem Verständnis im Interesse des Geschädigten liegt, daß jede durch das schädigende Ereignis verhinderte Vermögensmehrung als ersatzfähig einzustufen ist. Dies würde eine im historischen Sinne wertende Auslegung ergeben. Eine andere Möglichkeit ist eine am Wortlaut orientierte, restriktive Auslegung, die nach den strikten Voraussetzungen des Begriffs „Gewinn" nur einen eingeschränkten Schadensersatz zuläßt, da es zuvor einer gezielt zur Vermögensmehrung getroffenen Einsatzentscheidung bedarf.

Zur Entscheidungsfindung ist wiederum der Fall des Antiquitätenliebhabers hilfreich. Angenommen sein Stuhl wäre von einem Dritten nicht zerstört, sondern nur beschädigt worden. Eine Reparatur wäre somit möglich. Nach dieser Reparatur befindet sich der Stuhl immer noch bzw. wieder im Vermögen seines Eigentümers. Durch das Verbrennen der aus derselben Epoche stammenden Stühle hat der Stuhl unseres Liebhabers trotz der Reparatur an Wert gewonnen. Da der Eigentümer den Stuhl nach der Reparatur auch wieder in Besitz genommen hat, ist diese Wertsteigerung auch seinem Vermögen zuzurechnen.

Sollte der Stuhl dagegen nicht nur beschädigt, sondern zerstört worden sein, würde eine strikte wörtliche Auslegung des Wortes „Gewinn" dazu führen, daß aufgrund einer fehlenden Entscheidung, den Stuhl zu einer gezielten Vermö-

---

[189] Medicus, a.a.O. Keuk, Vermögensschaden, S. 15 f. widerspricht ebenfalls vehe-ment der Annahme, daß das Interesse als eine Differenz zu verstehen sei. Sie betont jedoch zugleich, daß das Interesse nicht gleichbedeutend mit dem Schaden sei (S. 52 ff.).

[190] Medicus, a.a.O., S. 327.

[191] Mommsen, S. 174 ff.

[192] Mugdan, S. 10 = Mot. II, S. 19.

gensmehrung einzusetzen, dem Geschädigten eine Wertsteigerung nicht ersetzt würde. Der Antiquitätenliebhaber würde im Ergebnis also weniger ersetzt bekommen. Dies ist ungerecht, da es keinen Unterschied machen darf, ob der Stuhl zerstört oder bloß beschädigt wird. Die Vertretbarkeit dieses Ergebnisses ließe sich allenfalls damit begründen, daß vom Verhalten des Geschädigten unabhängige Vermögensmehrungen gerade aufgrund ihrer Neutralität nicht ersetzbar seien. Was der Geschädigte nicht beeinflussen kann, wie den Schloßbrand und somit die Wertsteigerung des Stuhls, könne er auch nicht ersetzt verlangen. Dieses Argument fällt jedoch hinter der Notwendigkeit einer Gleichbehandlung zurück. Das Schadensersatzrecht ist letztendlich auf eine wirtschaftliche Entschädigung des Geschädigten gerichtet[193]. Die wirtschaftlichen Folgen von Schadensersatzleistungen müssen daher sowohl bei beschädigten und zerstörten Sachen wie auch bei vertretbaren und unvertretbaren Sachen die gleichen sein. Dieses Ziel kann nicht erreicht werden, wenn man Wertsteigerungen nach Schadenseintritt unberücksichtigt läßt, die nicht im Einflußbereich des Geschädigten liegen. Es ist allgemein anerkannt, daß zerstörte vertretbare Sachen durch Ersatzbeschaffung gleichwertiger Sachen naturalrestituiert werden können[194]. Das bedeutet, daß dem Geschädigten grundsätzlich eine Ersatzsache verschafft werden muß. Im Gegensatz zur zerstörten unvertretbaren Sache, deren Herstellung als unmöglich angesehen wird[195], hat der Geschädigte nach erfolgter Schadensersatzleistung also wiederum eine Sache in seinem Besitz. Dadurch gehen ihm eventuelle Wertsteigerungen der Sache nach dem Schadenseintritt nicht verloren. Er hat die Sache zu ihrem momentanen Wert im Besitz. Sollte dagegen bei einer Geldersatzleistung für zerstörte unvertretbare Sachen gemäß § 251 Abs. 1 BGB lediglich der Wert der Sache zum Schadenseintritt ersetzt werden, sollte die Wertsteigerung also nicht als entgangener Gewinn eingestuft werden, wäre die Wertsteigerung verloren. Es ist nicht einzusehen, warum der wirtschaftliche Erfolg einer Schadensersatzleistung davon abhängig sein soll, ob Naturalrestitution möglich ist oder nicht. Diese Gefahr haben auch die Gesetzgeber erkannt und in § 251 Abs. 1 BGB ausdrücklich angeordnet, daß „soweit“ die Naturalrestitution den Geschädigten nicht ausreichend entschädigt, ein ergänzender Geldersatz zu zahlen ist. Damit entspricht das Gesetz dem Gerechtigkeitsgefühl. Der Gesamtzusammenhang der schadensersatzrechtlichen Normen ergibt, daß der Begriff des „Interesses“ wertend geprägt ist. Die sich aus der wörtlichen Auslegung des Wortes

---

193 RGZ 76, 146 (148); BGH NJW 1985, 793 (793); Fischer, S. 168; Brox, AS, Rn 333; Heinrichs in Palandt § 249 Rn 1.

194 Medicus in Staudinger § 251 Rn 14; Heinrichs in Palandt § 249 Rn 1.

195 Kuckuk in Erman § 251 Rn 3; Teichmann in Jauernig § 251 Anm. 2 b).

„Gewinn“ ergebende Voraussetzung einer Einsatzentscheidung zur Vermögensmehrung ist daher nicht zwingend erforderlich. Es liegt im Interesse des Geschädigten, jede kausal durch das Schadensereignis verhinderte Vermögensmehrung zu ersetzen. Diese Auffassung wird heute allgemein geteilt[196].

Damit kann zwar als geklärt gelten, daß jede nur denkbare Vermögensmehrung im Rahmen des Interesses ersetzbar ist. Probleme bereitet in Grenzfällen allerdings die Bestimmung des Vermögens selbst. Ein Beispiel für einen derartigen Grenzfall sind die der öffentlichen Hand aufgrund der Beschädigung von Radarmeßeinrichtungen entgehenden Bußgelder. Dieser Art von entgangenen Einnahmen ist aufgrund ihres sanktionalen Hauptchararakters kein zivilrechtlicher Vermögenswert zuzusprechen, so daß ein Ersatz als entgangener Gewinn ausscheidet[197]. Ein weiteres Beispiel für die fragliche Einordung als Vermögenswert ist der von der Rechtsprechung gewährte Ersatz für abstrakte Nutzungsvorteile einer Sache[198]. Bereits bei den einleitenden Ausführungen über das Interesse wurde erwähnt, daß es einer Einzelfallösung bedarf, um derartige Problemfälle zu entscheiden, da der Gesetzgeber bewußt keine Definition des Vermögens- bzw. Schadensbegriffs ins Gesetz aufgenommen hat[199]. Die damit ermöglichte Entwicklung eines Vermögens- bzw. Schadensbegriffs führte bis heute in Abkehr von der reinen Differenzhypothese *Mommsens* zu einem ergänzend normativ geprägten Vermögens- bzw. Schadensbegriff, der die in die Differenzbetrachtung einzusetzenden Rechnungsposten wertend bestimmt[200]. Allerdings wird diese historische Weiterentwicklung des Vermögens- bzw. Schadensbegriffs teilweise nicht konsequent in den vorgegebenen gesetzlichen Rahmen eingepaßt. So spricht der BGH entgangene Nutzungsvorteilen zwar einen eigenständigen Vermögenswert zu[201]. Er zieht aber nicht die Konsequenz dies unter den für entgangene Vermögensvorteile vorgesehenen § 252 BGB zu subsumieren. Der BGH begründet die nicht erfolgte Subsumtion unter § 252 BGB mit der angeblichen Beschränkung des § 252 BGB auf erwerbswirtschaftlichen bzw. produktiven Einsatz von Vermögen, so daß eine Fortentwicklung

[196] BGH NJW-RR 1989, 980 (981); Kuckuk in Erman § 252 Rn 1; Heinrichs in Palandt § 252 Rn 1; Grunsky in MüKo § 252 Rn 3; Keuk, Vermögensschaden, S. 21.

[197] Boon, NVwZ 1996, 45 (45 f.).

[198] BGHZ GrS 98, 212.

[199] Siehe Fn 78.

[200] BGHZ 45, 212 (218); GrS 50, 304 (306); 75, 366 (371); GrS 98, 212 (217); Lange, S. 45; Larenz, SchuldR I, § 29 I a; Mertens in Soergel v. § 249 Rn 8; Stoll, S. 5, 35; Medicus in Staudinger § 249 Rn 4.

[201] BGHZ GrS 98, 212 (217 ff.).

des Gesetzes erforderlich sei[202]. Die hier durchgeführte ausführliche Auslegung des § 252 BGB zeigt hingegen, daß diese Beschränkung des § 252 BGB nicht gegeben ist, da jede Vermögenssteigerung ersetzbar ist[203]. Zuzugeben ist dem BGH also nur, daß die entgangenen Nutzungsvorteile unstreitig keinen Schaden im Sinne der Differenzhypothese darstellen[204]. Es geht bei diesen Fällen also nicht um die Auslegung des § 252 BGB, sondern allein um die Frage, ob abstrakte Nutzungsvorteile einer Sache einen Vermögenswert haben können oder nicht. Die dieses bejahende Grundsatzentscheidung des BGH hat heftigen Widerspruch gefunden[205]. Da an dieser Stelle nicht die umfangreiche Diskussion zu diesem Problem wiedergegeben werden kann, sei allein darauf hingewiesen, daß die private Nutzung einer Sache, die nicht zu monetärem Erfolg führt, lediglich einen immateriellen Wert hat, denn der Gebrauchswert einer Sache geht in ihrem Substanzwert auf[206]. Ein Vermögensschaden liegt demnach nicht vor. Wenn abstrakte Nutzungsvorteile tatsächlich einen Vermögenswert hätten, müßte dieser konsequent über § 252 BGB ersetzt werden, da die Nutzung einer Sache ihren Einsatz – mithin ein Merkmal des entgangenen Gewinns – voraussetzt. Für fiktiven Vermögensschaden ist nun einmal § 252 BGB die einschlägige Norm. Daß der BGH diese Konsequenz nicht zieht, mag ein weiteres Indiz für die dogmatische Unhaltbarkeit seiner Rechtsprechung sein.

Eine Auslegung des Begriffes „Interesse" ergibt damit, daß durch § 252 S. 1 BGB jede entgangene Vermögensmehrung zu ersetzen ist.

---

202 BGHZ GrS 98, 212 (219).

203 Ähnlich Schulze, NJW 1997, 3337 (3338), der ebenfalls den eigenwirtschaftlichen Gütereinsatz für einen Fall des § 252 BGB hält, allerdings nur zu einer analogen Anwendung der Vorschrift bei abstrakten Nutzungsvorteilen gelangt, da es sich letztendlich um Nichtvermögensschäden handele.

204 BGHZ GrS 98, 212 (217); NJW 1986, 2037 (2039).

205 Lange, S. 280 ff; Larenz, SchuldR I, § 29 II c; Honsell/Harrer, JuS 1991, 441 (447); Knobbe-Keuk, VersR 1976, 401 (403); Magnus, S. 340. Zuletzt: Schulze, NJW 1997, 3337 ff.

Eine Änderung dieser Rechtsprechung ist freilich nicht zu erwarten, da sie ihre Ursprünge beim Ersatz für Nutzungsausfälle von Kraftfahr-zeugen hat (BGHZ 40, 345) und das Automobil eine zu starke gesellschaftliche Bedeutung hat, als daß diese Rechtsprechung wieder aufgegeben werden könnte. Zum rechtspolitischen Hintergrund: Lange, a.a.O.

206 Magnus, a.a.O.; Honsell/Harrer, a.a.O.; Larenz, a.a.O.; Schulze, NJW 1997, 3337 (3339 ff.).

bb) Widerspruch zwischen Gesetzestext und Interesse

Trotz des soeben erzielten klaren Ergebnisses betreffend die Ersatzfähigkeit jeder entgangenen Vermögensmehrung bleibt fraglich, warum der Gesetzgeber die Worte „entgangener Gewinn“ gewählt hat. Sie deuten auf die oben beschriebene Gewinnerzielungsabsicht hin, könnten also bei einer strikten am Wortlaut orientierten Auslegung der Norm den Ausuferungstendenzen im Schadensersatzrecht Einhalt gebieten. Es muß ein Grund dafür vorliegen, den Gesetzestext nicht allgemeiner, wie z.B. „Der zu ersetzende Schaden umfaßt auch jede verhinderte Vermögensmehrung“, zu formulieren. Zu berücksichtigen ist bei der Beantwortung dieser Frage, daß eine Vermögensmehrung unter Berücksichtigung der im Rahmen der Wortlautauslegung ermittelten Merkmale, also ein durch Einsatz und Ertrag erwirtschafteter Gewinn, eine besondere Form einer Vermögensmehrung darstellt. Schon für *Mommsen* war die problematischste Art der verhinderten Vermögensmehrungen diejenige, bei der der Geschädigte ein spezielles Verhalten behauptete, mit dem er Gewinn erzielt hätte[207]. Dieses Verhalten wurde im Vergleich zu dem Verhalten eines sorgenden Familienvaters (diligens paterfamilias) als ein Mehr angesehen. Der dem Verhalten eines sorgenden Familienvaters entstammende Gewinn wurde nämlich ohne weiteres als gezogen vorausgesetzt, da im Zweifel jeder sorgende Mensch diesen Gewinn gezogen hätte[208]. Musterbeispiel seien dafür die Verzugszinsen[209]. Daran hat sich bis heute nichts geändert. Typisch zu erwartende Vermögensmehrungen, wie z.B. die gemäß § 288 BGB zu erstattenden Verzugszinsen, sind unproblematisch als ersatzfähig einzuordnen. Dieser Umstand kann als Argument dafür genommen werden, im Gesetzestext eine Formulierung zu wählen, die explizit den Ersatz der Problemfälle regelt, um diesbezüglich Rechtssicherheit zu schaffen. Bei einer allgemeineren Gesetzesformulierung könnte es ansonsten Streitigkeiten geben, wenn der Geschädigte behaupten würde, er hätte einen extraordinären Gewinn erzielen können, da er noch nach dem schädigenden Ereignis Vermögen oder Sachen zur Gewinnerzielung einsetzen wollte. Beispiele für derartige besondere Einsatzentscheidungen sind die Fälle, in denen eine durch Zahlungsverzug betroffene Person

---

[207] Mommsen, S. 184 ff.

[208] Mommsen, S. 181.

[209] Mommsen, S. 182 f.

behauptet, sie hätte mit dem geschuldeten Geld Kursgewinne durch Wertpapierkäufe erzielt, die ihr nun entgangen seien[210].

Hier hilft nun die gewählte Gesetzesformulierung. Durch die Verwendung der Worte „entgangener Gewinn" wird implizit das dem Wort „Gewinn" entstammende Element der Einsatzentscheidung als berücksichtigungsfähig vorgegeben. Das Wort „entgangener" deutet darauf hin, daß die Einsatzentscheidung zumindest bis zum Beurteilungszeitpunkt, also in der Regel bis zur letzten mündlichen Verhandlung, getroffen sein muß[211]. Nach dem Gesetzestext sind mithin ausdrücklich Vermögensmehrungen ersatzfähig, die auf subjektiven Einsatzentscheidungen erst nach dem Schadensereignis beruhen. Voraussetzung ist allein, daß die Einsatzentscheidungen im Sinne des § 252 S. 2 BGB wahrscheinlich sind[212]. Damit sind vom Gesetzestext eindeutige Voraussetzungen geschaffen, die für *Mommsen* problematischste aller Vermögensmehrungen zu ersetzen. Entgangener Gewinn im Wortsinn ist nur ein besonderer Fall des Spektrums von verschiedenen Vermögensmehrungen, die nach einem Schadenseintritt denkbar sind. Da über den grundsätzlichen Umfang des Interesses Einigkeit besteht, ist es wichtig, im Gesetz derartige Grenzfälle zu nennen, um eventuelle Streitigkeiten zu vermeiden, die eine allgemeinere Formulierung hervorrufen könnte. Der Wortlaut des § 252 S. 1 BGB ist also nicht strikt anzuwenden. Dem Sinn und Zweck des § 252 S. 1 BGB entspricht es, den Begriff des entgangenen Gewinns umfassend als jede entgangene Vermögensmehrung, einschließlich entgangenen Gewinns im Wortsinn, zu verstehen.

cc) Das schädigende Ereignis als Zäsur

Ein entscheidender Punkt in der Abgrenzung des lucrum cessans zum damnum emergens ist die Vermögens„mehrung". Eine Vermehrung kann nur festgestellt werden, wenn zuvor ein fixer Ausgangspunkt festgelegt wird. Dieser Zeitpunkt ist im Schadensersatzrecht mit dem Eintritt des schädigenden Ereignisses vorgegeben. An allem, aber auch nur daran, was sich zu diesem Zeitpunkt schon

---

210 RG JW 1929, 2508; JW 1931, 3088; BGH WM 1960, 861; 1965, 789; NJW 1983, 758; OLG Frankfurt/Main NJW-RR 1988, 1107; OLG Köln WM 1989, 1529.

211 S.o. A. II. 2. a) cc) und unten 1. Teil B. IV. 5.

212 Diese Wahrscheinlichkeit kann bei den Wertpapierfällen in der Regel nur vorlie-gen, wenn der Geschädigte seine Kauf- und Verkaufsabsichten dem Schädiger mitteilt. Siehe dazu unten 1. Teil B. III., insbesondere Fn 332.

bewertbar im Vermögen des Geschädigten befindet, kann er eine Vermögenseinbuße erleiden. Jede Vermögensmehrung, die nach diesem Zeitpunkt eintritt, ist bei Vorliegen der gesetzlich gestellten Beweisvoraussetzungen als entgangener Gewinn ersetzbar. Besonders treffend erscheint daher für den entgangenen Gewinn der Begriff des Zeitinteresses. Schon *Mommsen* verwandte dieses Wort, wenn auch in anderem Zusammenhang[213]. Für *Stoll* sind einfach alle Folgeschäden, die dem Eingangsschaden nachfolgen, zu ersetzen[214].

Damit wird deutlich, daß zur Festlegung des lucrum cessans und zur gleichzeitigen Abgrenzung zum damnum emergens ein Zeitfaktor entscheidend ist. Das Interesse des Geschädigten wird durch das schädigende Ereignis zeitlich gespalten.

dd) Gewinnaussichten als Bestandteil des lucrum cessans

Wie die Erörterungen über die Grundsätze zur Vermögensbewertung zeigen, sind bloße Gewinnaussichten grundsätzlich nicht dem positiven Vermögen zuzurechnen. Es bleibt aber festzustellen, in welchem Umfang Gewinnaussichten zumindest in Form von entgangenem Gewinn als Vermögensschaden anzuerkennen sind. Nach dem Wortlaut des § 252 S. 2 BGB entscheidet der Grad der Wahrscheinlichkeit über die Einordnung als entgangener Gewinn und somit über die Zugehörigkeit zum Vermögen[215]. Problematisch wird die Abgrenzung anhand dieses Merkmals allerdings dadurch, daß vertreten wird, daß schon die bloße Möglichkeit künftiger Gewinnerzielung einen gegenwärtigen Wert haben könne[216]. Dies gelte insbesondere für die sichere Möglichkeit einer Gewinnerzielung, so daß im Schadensfall sogar das damnum emergens betroffen wäre[217]. Da damit zwar von einer sicheren, aber gleichwohl immer noch von einer Möglichkeit ausgegangen wird, berücksichtigen die Vertreter dieser Auffassung den Wahrscheinlichkeitsgrad einer Gewinnaussicht teilweise also doch schon im Rahmen des damnum emergens, obwohl der Wahrscheinlichkeitsgrad eigentlich ein Merkmal des entgangenen Gewinns ist. Im oben

---

[213] Mommsen, S. 13 f., 223 verwandte den Begriff nicht als allgemeine Bezeichnung für entgangenen Gewinn. Er benutzte den Begriff im Rahmen von Erörterungen über den Verzugsschaden.

[214] Stoll, Vermögensschaden, S. 15.

[215] Strieder in Baumgärtel § 252 Rn 2 m.w.N.

[216] Mertens in Soergel § 252 Rn 1.

[217] Medicus in Staudinger § 252 Rn 6; Mertens in Soergel § 252 Rn 1; Lange, S. 59.

zitierten Fall der Ölfördergesellschaft haben daher das RG und mit ihm *Lange* Gewinnaussichten, die sich noch nicht in Forderungen konkretisiert haben, als damnum emergens eingestuft[218]. Diese Auffassung widerspricht jedoch den oben herausgearbeiteten Bewertungsgrundsätzen, wonach das geförderte und dann vernichtete Öl zu den Gestehungskosten zu bewerten war. Fraglich ist also, ob es Ausnahmen von diesen Grundsätzen gibt und ob eine Verkaufs- und somit Gewinnaussicht nicht bereits doch so sicher sein kann, daß ausnahmsweise doch der gemeine Handelswert als damnum emergens zu ersetzen ist. Zu entscheiden ist letztendlich, in welchem Umfang Gewinnaussichten schon dem damnum emergens zuzurechnen sind, oder ob Gewinnaussichten in jedem Fall allein als lucrum cessans ersetzbar sind.

Bei der Beantwortung dieser Frage ist zu berücksichtigen, daß das Gesetz im Rahmen des Vermögensschadens ausdrücklich zwischen damnum emergens und lucrum cessans trennt. Durch den in § 252 S. 1 BGB enthaltenen Hinweis, daß neben dem entgangenen Gewinn „auch" noch eine andere Schadensform existiert, werden beide Schadensformen vom Gesetz als eigenständige Vermögensformen angesehen. Das lucrum cessans ist exakt betrachtet ein zukünftiger[219] bzw. Folgeschaden[220]. Das damnum emergens ist der gegen-wärtige Schaden. Problematisch wird diese Aufteilung zwischen gegenwärtigen und zukünftigen Schäden dadurch, daß bei der Berücksichtigung von Gewinnaussichten im Rahmen des damnum emergens eigentlich zukünftige Schäden bereits als gegenwärtige Schäden eingestuft werden. Dies führt dann zu Problemen, wenn sich eine angeblich sichere Gewinnmöglichkeit, wie zum Beispiel im Fall des Reichsgerichts der Verkauf des Rohöls, im Ergebnis doch nicht als sicher herausstellt. Die Gewinnerzielung konnte eben durch das Verbrennen des Rohöls doch noch vereitelt werden.

Dieses Beispiel zeigt, daß die Berücksichtigung einer Gewinnaussicht im Rahmen des damnum emergens nicht praktikabel ist. Solange das Vermögen nicht sicher berührt ist, kann ein Schaden lediglich als entgangener Gewinn ersatzfähig sein. Der Wahrscheinlichkeitsgrad einer Gewinnaussicht ist allein im Rahmen des lucrum cessans zu berücksichtigen. Die Zuordnung von etwas als bereits bewertbares, existierendes Vermögen verbietet jegliche Unsicherheit. Dies hat zur Folge, das der Geschädigte ein vermögenswertes Recht oder Rechtsgut innehaben muß, um dessen Wert als damnum emergens geltend

---

[218] RGZ 97, 44; Lange, S. 60.
[219] Larenz, SchuldR I, § 29 I.
[220] Stoll, Vermögensschaden, S. 15.

machen zu können. Eine gleichwie geartete Aussicht kann dagegen immer noch hinfällig werden. Genau dieser Umstand führt zu Abgrenzungsproblemen zwischen positivem Schaden und entgangenem Gewinn. Nur die strikte Trennung von existierenden Rechten oder Rechtsgütern und von reinen Aussichten auf ein derartiges Recht läßt eine klare Abgrenzung zwischen damnum emergens und lucrum cessans zu. Es sind dann nicht die Grenzen zwischen damnum emergens und lucrum cessans fließend[221], sondern allein die Grenzen zwischen ersatzfähigem lucrum cessans und den nicht ersatzfähigen – da zu unwahrscheinlichen – Vermögensschäden.

Die Folgerichtigkeit dieser Abgrenzung zeigt sich daran, daß mit dem entgangenen Gewinn Folge- bzw. zukünftige Schäden ersetzt werden sollen. Damit ist der entgangene Gewinn immer ein hypothetisches Ereignis[222]. Nur um dieses hypothetische Ereignis zu erfassen, wurde die Formulierung des § 249 S. 1 BGB gewählt[223]. Im Rahmen von gedachten Ereignissen muß der Wahrscheinlichkeitsgrad des Eintritts dieses Ereignisses zwingend eine entscheidende Rolle spielen. Der Gegensatz dazu ist etwas sicher Gegebenes. Eine Wahrscheinlichkeit sollte also nur im Rahmen des entgangenen Gewinns berücksichtigt werden. Solange noch ein „Restrisiko" besteht, kann eine Einstufung als bereits bewertbares Vermögen nicht erfolgen. Ein Ersatz als damnum emergens scheidet zwingend aus. Dies zeigt sich im übrigen auch am Gesetzestext, der in § 252 S. 2 BGB einen Wahrscheinlichkeitsfaktor lediglich auf den entgangenen Gewinn anwendet. Bloße Gewinnaussichten sind demnach nie als sicher einzuordnen. Sie können allein als entgangener Gewinn zu ersetzen sein, wobei sich ihre konkrete Ersetzbarkeit wiederum nach dem von § 252 S. 2 BGB geforderten Wahrscheinlichkeitsgrad richtet[224].

Die einzig mögliche Einordnung einer Gewinnaussicht als lucrum cessans wird auch nicht durch die Berücksichtigung eines merkantilen Minderwertes in Frage gestellt. Aufgrund der Tatsache, daß zur Ermittlung dieses Wertes der Verkaufswert der beschädigten Sache herangezogen wird, könnte zwar der Eindruck entstehen, ein lediglich gedachter Verkauf, also doch bloß eine reine Gewinnaussicht, würde als damnum emergens eingeordnet. Der Verkaufswert muß jedoch herangezogen werden, da dies die einzig sachgerechte Bewer-

---

[221] So: Heinrichs in Palandt § 252 Rn 1; Medicus in Staudinger § 252 Rn 6.

[222] Keuk, Vermögensschaden, S. 38; Grunsky, Beweiserleichterungen, S. 28; Fischer, S. 51 spricht von einer gedachten Größe.

[223] S. o. A. I. 2. b).

[224] Ausführlich dazu unten unter B. IV. 3.

tungsmöglichkeit für lediglich beschädigte Sachen darstellt[225]. Der merkantile Minderwert ist mithin nicht als Gewinnaussicht einzustufen. Die mögliche Verwirrung wird zudem geklärt, wenn man berücksichtigt, daß auch bei diesen Berechnungen die subjektiven Wiederbeschaffungskosten eine maßgebliche Größe darstellen. Die Reparatur und der merkantile oder technische Minderwert dürfen zusammengerechnet nur in Ausnahmefällen die erforderlichen Wiederbeschaffungskosten überschreiten. Nur wenn ein besonderes Erhaltungsinteresse des Geschädigten – wie z. B. bei Kraftfahrzeugen – bejaht werden kann, ist ein sogenannter Integritätszuschlag denkbar[226]. Für beliebig auswechselbare Sachen bilden hingegen die Wiederbeschaffungskosten die Obergrenze[227]. Da diese subjektiv zu ermitteln sind[228], spielen eventuelle Verkaufsaussichten keine Rolle. Reine Gewinnaussichten sind mithin als damnum emergens nicht ersetzbar, sondern es muß sich ein bewertbares Recht im Vermögen des Geschädigten befinden.

ee) Die Einordnung von bestehenden Ansprüchen

Unterschiedliche Auffassungen gibt es bei der Einordnung von rechtlichen Ansprüchen, da bestehende Forderungsrechte ebenfalls noch als Gewinnaussichten bezeichnet werden. Fraglich ist, ob es sich wirklich um „Aussichten" handelt, also nach der eben ermittelten Abgrenzung um lucrum cessans, oder ob bestehende Ansprüche schon als existentes, bewertbares Vermögensgut einzuordnen sind, das als damnum emergens zu ersetzen ist. *Lange* und *Stoll* wollen bestehende Ansprüche bereits dem existierenden Vermögen zuordnen[229]. Dagegen ordnen der BGH und andere Autoren Ansprüche aus bestehenden Verträgen dem entgangenen Gewinn zu[230]. Etwas verwirrend bei dieser Einordnung ist allerdings, daß beide Auffassungen übereinstimmend dieselbe Termi-

225 Siehe oben A. II. 1. e).

226 BGHZ 115, 364 (373 f.); Grunsky in MüKo § 249 Rn 7 a ff.

227 Grunsky in MüKo § 249 Rn 7 d f.

228 Siehe oben A. II. 1. b)-d).

229 Lange, S. 59. Stoll, Haftungsfolgen, S. 330 drückt sich nicht ganz eindeutig aus, da er von „Dispositionen" spricht. Es ist nicht klar, ob er darunter nur bereits bestehende Ansprüche oder auch schon fortgeschrittene Verhandlungen versteht, die zum Beispiel kurz vor dem Abschluß eines Vertrages stehen.

230 BGH NJW 1982, 1748 (1749); Fischer, S. 59; Peters AcP 180, 329 (341 f.); Grunsky in MüKo v. § 249 Rn 120; Schüttensack, S. 13, 15.
OLG Karlsruhe VersR 1980, 74 (75), bejaht zwar grundsätzlich eine Erstattungspflicht, ordnet diese jedoch nicht dogmatisch einwandfrei ein.

nologie verwenden. Die Vertreter beider Meinungen sprechen nämlich auch bei schon bestehenden Forderungsrechten von Gewinn-„aussichten“. Einerseits wird argumentiert, daß ein bestehender Anspruch nur eine besonders sichere Form der Gewinnaussicht sei. Da die bestehende Forderung dem Vermögen aber noch nicht real zugeflossen sei, müsse sie als entgangener Gewinn zu erstatten sein[231]. *Lange* hingegen hält eine solche Gewinnaussicht für so sicher, daß bereits bestehendes Vermögen betroffen sei[232].

Bei beiden Auffassungen ist durch die Verwendung des Begriffs „Aussicht“ im Wortlaut noch ein Unsicherheitsfaktor enthalten. Eine Aussicht ist schon begrifflich nicht als etwas 100 % sicheres einzustufen. Fraglich ist demnach, ob der Begriff der Gewinnaussicht für bestehende Ansprüche wirklich zweckmäßig ist. Handelt es sich wirklich um bloße Gewinnaussichten, die entgegen dem gerade unter dd) gefundenen Ergebnis ausnahmsweise doch dem bestehenden Vermögen zuzurechnen sind? Alternativ könnte für bestehende Ansprüche die Verwendung des Begriffs „Gewinnaussicht“ irreführend sein, da sie als etwas existierendes und bewertbares nicht ausnahmsweise, sondern dogmatisch korrekt dem damnum emergens zuzurechnen sind. Daneben besteht die Möglichkeit, daß, gerade wenn es sich um bloße Gewinnaussichten handelt, eine Ersatzfähigkeit immer nur im Rahmen des entgangenen Gewinns besteht.

Zur Verdeutlichung des Problems sei darauf hingewiesen, daß die unterschiedliche Einordnung eines bestehenden Anspruchs als aktives Vermögen oder als zukünftiger Gewinn durchaus praktische Bedeutung erlangen kann. Entscheidend für einen solchen Fall wäre, daß der Ersatz für entgangen Gewinn ausgeschlossen ist, da so unterschiedliche Folgen für damnum emergens und lucrum cessans möglich sind. Daneben müßten die Wiederbeschaffungskosten des Geschädigten niedriger als ein eventueller Verkaufspreis sein, weil sich sonst ein entgangener Gewinn nach den oben für das damnum emergens gefundenen Bewertungskriterien schon begrifflich ausschließt. Ein denkbarer Fall ist daher der des Versendungskaufes. Da ein vertraglicher Ausschluß des Ersatzes für entgangenen Gewinn grundsätzlich möglich ist[233], kann zwischen Verkäufer und der beauftragten Transportperson die Haftung für Ersatz von entgangenem Gewinn ausgeschlossen sein. In dieser Konstellation hat die Beschädigung bzw.

---

[231] BGH a.a.O., spricht von einem rechtlich gewährleistetem Verkaufserlös. Da aber das Geld dem Vermögen des Verkäufers noch nicht zugeflossen sei, müsse man noch von entgangenem Gewinn sprechen.

[232] Lange, a.a.O.

[233] Mertens in Soergel § 252 Rn 3.

Zerstörung der Kaufsache durch die Transportperson unterschiedliche Folgen, die sich danach richten, ob die aus dem Kaufvertrag bestehenden Ansprüche bereits als aktives Vermögen einzustufen sind oder nicht.

Eine Zuordnung von bestehenden Ansprüchen zum aktiven Vermögen hat für den Versendungskauf die Konsequenz, daß der Käufer, der von der Haftungsbeschränkung zwischen Verkäufer und Transportperson nicht betroffen ist, einen Ersatzanspruch in Höhe des von ihm zu zahlenden Kaufpreises erlangen kann. Dies beruht auf dem Umstand, daß der Verkäufer mit Entstehung des Kaufpreisanspruches aber vor Übereignung der Kaufsache in einer imaginären Vermögensbilanz zwei aktive Vermögensposten hat. Er ist Eigentümer der Kaufsache und Inhaber des Kaufpreisanspruches. Das Eigentum wird nach den ermittelten Bewertungsgrundsätzen mit den Wiederbeschaffungskosten angesetzt und der Kaufpreisanspruch entspricht naturgemäß dem Verkaufswert der Sachen. Dem Eigentum steht jedoch die wertgleiche Verpflichtung zur Übereignung der Kaufsache, also eine Verbindlichkeit, entgegen. Auch diese Verbindlichkeit belastet konsequenterweise direkt das aktive Vermögen des Verkäufers, da der entsprechende dingliche Anspruch des Käufers auf Übereignung nach dieser Konstellation auch direkt dem Vermögen des Käufers zuzurechnen ist. Mit Zerstörung der Kaufsache durch die Transportperson verliert der Verkäufer die Vermögensposition „Eigentum". Gleichzeitig wird er gemäß § 275 BGB von der wertgleichen Verpflichtung zur Übereignung befreit. Da der Verkäufer jedoch aufgrund des § 447 BGB die schon in seinem Vermögen bestehende Kaufpreisforderung nicht verliert, hat er keinen Schaden. Sein Vermögen bleibt in Höhe des Kaufpreisanspruches positiv. Der Käufer dagegen hat in seiner imaginären Vermögensbilanz den Anspruch auf Übereignung der Kaufsache wegen der durch § 275 BGB erfolgten Leistungsbefreiung des Verkäufers verloren. Dieser Anspruch hatte für ihn denselben Wert wie die Verpflichtung zu Kaufpreiszahlung. In dieser Höhe hat der Käufer also einen Schaden erlitten, da er gemäß § 447 BGB zur Kaufpreiszahlung verpflichtet bleibt. Er hat einen reinen Vermögensschaden erlitten[234]. Aufgrund fehlender vertraglicher Beziehungen hat er jedoch keinen obligatorischen Ersatzanspruch gegen die Transportperson. Ein deliktischer Ersatzanspruch ist ihm mangels verletztem Rechtsgut verwehrt. Diese Fallkonstellation löst die herrschende Meinung, indem sie den Verkäufer den Schaden des Käufers im

---

[234] v. Bar, Gemeineuropäisches Deliktsrecht, Rn 488.
Zur Drittschadensliquidation im Spannungsbereich von Delikts- und Vertrags-recht: v. Bar, a.a.O., Rn 486 ff.

Rahmen der sogenannten Drittschadensliquidation geltend machen läßt[235]. Die Höhe des Ersatzanspruches ist allerdings in der Weise umstritten, daß entweder das Interesse des Verkäufers[236] oder das des Käufers[237] zugrundegelegt wird. Wenn, wie in diesem Beispiel angenommen, die Spanne zwischen Einkaufs-und Verkaufspreis des Verkäufers aufgrund des schon bestehenden Kaufpreisanspruchs dem existierenden Vermögen des Verkäufers bereits zugerechnet wird, entspricht das Interesse des Verkäufers dem Interesse des Käufers. Der Käufer würde seinen Kaufpreis ersetzt bekommen, da das bewertbare Interesse des Verkäufers an der Sache durch den rechtlich existenten Kaufpreisanspruch dem Wiederbeschaffungswert des Käufers entspricht. Der Meinungsstreit über das zu berücksichtigende Interesse würde also nur relevant sein, wenn auch der Käufer die Sache zum Zeitpunkt des schädigenden Ereignisses schon weiterverkauft hätte. In diesem Fall würde das Interesse des Käufers durch den existenten Vertrag über seinen Wiederbeschaffungskosten liegen, da konsequenterweise sein Kaufpreisanspruch ebenfalls schon als existentes Vermögensgut zu bewerten wäre.

Würden dagegen bestehende Ansprüche noch nicht dem aktiven Vermögen zugeordnet und nur als im Rahmen des lucrum cessans ersatzfähige Aussichten eingestuft, hätte dies bei konsequenter Anwendung zur Folge, daß der Käufer nur Ersatz in Höhe des für den Verkäufer erforderlichen Wiederbeschaffungswertes beanspruchen kann. Dieser ist aber aufgrund der Preisspanne des Verkäufers geringer als der vom Käufer zu zahlende Kaufpreis. Soll nämlich der Kaufpreisanspruch des Verkäufers nur etwas Zukünftiges sein, das dem gegenwärtigen Vermögen noch nicht zuzurechnen ist, so muß dies auch für seine synallagmatische Verpflichtung zur Übereignung der Kaufsache gelten. Dies ergibt sich daraus, daß auch der Käufer in diesem Fall, solange sich die Sache noch nicht in seinem Eigentum befindet, in seiner imaginären Vermögensbilanz nur eine Aussicht auf Übereignung und noch keinen aktiven vermögenswerten Anspruch hat. Wenn aber bloße Gewinnaussichten nicht als aktives Vermögen berücksichtigt werden dürfen, dürfen auch aus Verpflichtungen resultierende zukünftige Vermögensminderungen nicht berücksichtigt

---

235 BGHZ 40, 91 (100 f.); Brox, AS, Rn 324; Heinrichs in Palandt v. § 249 Rn 117; Medicus in Staudinger § 249 Rn 197; Lange, S. 469.
A.A.: Peters, AcP 180, 329 (349 f.); Hagen, Drittschadensliquidation, S. 185; Grunsky in MüKo v. § 249 Rn 120.

236 Hagen, Drittschadensliquidation, S. 191 f.; Keuk, Vermögensschaden, S. 196 f.; Grunsky in MüKo v. 249 Rn 120.

237 Larenz, SchuldR I, § 27 IV b 3; Medicus in Staudinger § 249 Rn 198.

werden. Die Verpflichtung zur Übereignung der Kaufsache ist daher in der aktiven Vermögensbilanz des Verkäufers unbeachtlich. Sein Aktivvermögen besteht bei Übergabe der Kaufsache an die Transportperson lediglich in Höhe des für das Eigentum anzusetzenden (Wiederbeschaffungs)Wertes. Der Verkäufer wird nicht gleichzeitig mit der Zerstörung der Sache und dem dadurch beeinträchtigten Rechtsgut Eigentum von einer Verbindlichkeit befreit, da eine solche bewertbare Verbindlichkeit nicht bestand. Dies ist der Unterschied zu einer Einordnung von bestehenden Ansprüchen als bewertbares Vermögen. Die Folge ist ein Eigenschaden des Verkäufers in Höhe seines Wertinteresses, also seiner Wiederbeschaffungskosten, da nur sein Eigentum verletzt ist und in dieser Weise zu bewerten ist. Ebenfalls zu einem Eigenschaden des Verkäufers gelangen die Vertreter der Lehre vom objektiven Mindestschaden[238]. Eine Drittschadensliquidation und die ihr zugrundeliegende Rechtsprechung wäre bei diesem Ergebnis also entbehrlich[239]. Die Tatsache, daß der Verkäufer gemäß § 447 BGB vom Käufer gleichwohl den Verkaufspreis bean-spruchen kann, ist nicht durch das schädigende Ereignis verursacht, kann also auch nicht im Wege der Vorteilsausgleichung berücksichtigt werden. Da eine Vorteilsausgleichung zudem nur in Betracht kommt, wenn die Anrechnung des Vorteils dem Sinn und Zweck der Schadensersatzpflicht entspricht[240], dürfte § 447 BGB gar nicht berücksichtigt werden, da die Anrechnung des aus dieser Vorschrift erwachsenen Vorteils die schädigende Person unbillig entlasten würde. Der Verkäufer hat also bei Einordnung von Aussichten als lucrum cessans gleichzeitig einen Schadensersatzanspruch gegen die Transportperson in Höhe seiner Wiederbeschaffungskosten und den Anspruch gegen den Käufer auf Zahlung des Kaufpreises. Einen Vermögensvorteil stellt dies aufgrund des § 281 BGB nicht dar. Der Käufer kann gemäß dieser Norm die Abtretung des Ersatzanspruches des Verkäufers verlangen. Da aber dieser Ersatzanspruch nur nach dem Interesse des Verkäufers berechnet wird, hat der Käufer hier einen geringeren Anspruch, als wenn die Ansprüche aus dem Kaufvertrag schon dem bestehenden Vermögen zugerechnet worden wären. Der Verkäufer hat durch die Eigentumsverletzung nur einen Schaden in Höhe seines Wiederbeschaffungswertes erlitten. Wird dieser Wert angesetzt, erleidet der Käufer, der den Ersatzanspruch des Verkäufers gemäß § 281 BGB verlangen kann, jedoch einen

---

[238] Hagen, Drittschadensliquidation, S. 185 ff.; Heinrichs in Palandt v. § 249 Rn 53; Larenz, SchuldR I, § 29 I b m.w.N. in Fn 11. Sie beziffern den Schaden aller-dings nicht in Höhe des Wiederbeschaffungswertes, sondern in Höhe des Ver-kaufspreises.

[239] So ausdrücklich Hagen, Drittschadensliquidation, S. 185 ff.; Keuk, Vermögens-schaden, S. 196 f.

[240] BGH NJW 1997, 2378 (2378) m.w.N.

Verlust, da er dem Verkäufer aufgrund des § 447 BGB mehr bezahlen muß als er über § 281 BGB erhält. Diesen Interessenwiderspruch kann man nur mit wertenden Erwägungen beseitigen, so daß das Interesse des Käufers herangezogen wird[241]. Als Resultat setzt die Lehre vom objektiven Mindestschaden den Verkaufspreis als gemeinen Wert fest. Der gemeine Wert setzt sich also aus dem Wiederbeschaffungswert des Verkäufers und der über diesem Wert liegenden Differenz bis zum Verkaufspreis zusammen. Dies würde bedeuten, einen Teil dieses gemeinen Wertes als entgangenen Gewinn des Verkäufers einstufen zu müssen, da ein den Wiederbeschaffungswert übersteigender Kaufpreisanspruch nach dieser Auffassung nur als lucrum cessans ersetzbar ist. Ein Ersatz entgangenen Gewinns ist aber im hier besprochenen Beispielsfall des Versendungskaufes zwischen Verkäufer und der schädigenden Transportperson gerade ausgeschlossen worden. Die Berücksichtigung des Interesse des Käufers führt also zu Widersprüchen. Durch die wertende Berücksichtigung des Käuferinteresses wird gerade doch, wie bei der für entbehrlich gehaltenen Drittschadensliquidation, eine mittelbare Schadensverlagerung vorgenommen, obwohl sie eigentlich für nicht erforderlich gehalten wird. Es widerspricht zudem dem eindeutigen Gesetzeswortlaut, wenn man im Rahmen des § 281 BGB den Ersatzanspruch des Verkäufers nach dem Interesse des Käufers berechnet, da für die Anwendung des § 281 BGB allein der Ersatzanspruch des Verkäufers maßgeblich ist. Das Interesse des Verkäufers besteht in diesen Fällen nur aus den für die zerstörte Kaufsache anzusetzenden Wiederbeschaffungskosten, da ihm aufgrund des gemäß § 447 BGB immer noch zustehenden Kaufpreises kein Gewinn entgeht. Die Einordnung bestehender Kaufpreisansprüche als lucrum cessans hat im Fall des Versendungskaufes also einen Verlust des Käufers zur Folge, der nur mit widersprüchlichen Wertungen wieder aufgehoben werden kann.

Die durch eine Einordnung von bestehenden Ansprüchen als bloße Gewinnaussicht erforderliche wertende Korrektur entfällt hingegen, wenn man richtigerweise bestehende Ansprüche und Verbindlichkeiten in die imaginäre Vermögensbilanz aufnimmt. Dies ergibt eine genaue rechtliche Betrachtung der nach einem Vertragsabschluß bestehenden Situation. Rechtlich betrachtet ist ein Anspruch mehr als nur eine Aussicht. Ein Anspruch ist nach der Legaldefinition des § 194 BGB ein Recht. Ansprüche können vermögenswert oder nicht

---

[241] Hagen, a.a.O., S. 190 f. Das Problem einer Haftungsbeschränkung zwischen Verkäufer und Transportperson wird von Hagen offensichtlich nicht gesehen. Insofern müßten er und Grunsky a.a.O. bei konsequenter Anwendung auch bei solchen Fällen lediglich einen Ersatzanspruch in Höhe des Wiederbeschaffungs-wertes anerkennen.

vermögenswert sein[242]. Sobald aber ein vermögenswertes Recht vorliegt, ist auch das vorhandene Vermögen konkret betroffen. Dies zeigt sich auch daran, daß Rechte gemäß § 398 BGB abgetreten werden können, also als etwas Eigenständiges anzusehen sind. Dem Verfügungsgeschäft einer Abtretung liegt denn auch grundsätzlich ein vermögenswertes Kausalgeschäft, wie z. B. ein Forderungskauf, zugrunde, dessen Wert sich an dem Wert des Rechtes orientiert. Ansprüche müssen also als bestehende Vermögenswerte eingestuft werden.

Zu diesem Ergebnis führt auch eine Betrachtung der Unmöglichkeitsregelungen der §§ 275 und 323 BGB. Bei Eintritt einer Unmöglichkeit haben die genannten Vorschriften eine direkte Wirkung auf bestehende vertragliche Ansprüche. Diese direkte Wirkung ist nur als Eingriff in etwas schon Bestehendes und nicht als Eingriff in eine Aussicht möglich. Neben den Unmöglichkeitsregeln basieren auch das Zurückbehaltungsrecht aus § 273 BGB bzw. die Einrede des nicht erfüllten Vertrages gemäß § 320 BGB auf bereits bestehenden Rechten, so daß Ansprüche nicht als Aussichten und demnach nicht als entgangener Gewinn einzustufen sind.

Allenfalls die bilanzielle Handhabung von Forderungen bzw. Ansprüchen könnte noch gegen eine direkte Zuordnung von Ansprüchen zum bestehenden Vermögen sprechen. Forderungen werden nämlich nach den handelsrechtlichen Vorschriften erst dann als bilanzierungsfähig eingestuft, wenn der Anspruchsinhaber bei gegenseitigen Verträgen den Anspruch des Schuldners erfüllt hat bzw. wenn die Preisgefahr auf den Schuldner übergegangen ist[243]. Verbindlichkeiten dagegen sind bereits mit dem Eingehen einer Verpflichtung zu bilanzieren, so daß die Passivierungspflicht damit teilweise schon vor Fälligkeit der Verbindlichkeit besteht[244]. Diese von einer streng rechtlichen Betrachtung losgelösten Bilanzierungsgrundsätze sollen vor allem dem Schutz der Gesellschafter und der Gläubiger dienen[245]. Da es sich beim Handelsrecht, in dem die Bilanzierungsgrundsätze insbesondere in §§ 252, 253 HGB enthalten sind, um ein Sonderprivatrecht für Kaufleute handelt[246], können die aus diesem Recht entwickelten Bewertungsgrundsätze keine Allgemeingültigkeit für die universellen schadensersatzrechtlichen Regelungen haben. Lediglich eine ergänzende

[242] v. Feldmann in MüKo § 194 Rn 21.
[243] Wöhe, S. 991.
[244] Wöhe, S. 1017.
[245] Wöhe, S. 948.
[246] Brox, Handelsrecht, Rn 1.

Betrachtung wie bei der Gleichstellung von Anschaffungs- und Herstellungskosten ist in Teilbereichen möglich. Erkennbar wird dies auch an den handelsrechtlichen Wertansätzen. Bilanziert wird ein Anlagegut gemäß § 253 Abs. 1 HGB mit dem um die Abschreibungen verminderten Restwert. Dies führt jedoch nicht dazu, daß im Schadensfall ein Kaufmann nur einen Schadensersatzanspruch in Höhe des bilanzierten Wertes hat, der im Extremfall nur DM 1,-- oder sogar DM 0,-- beträgt[247]. Auch für Kaufleute gilt der Wiederbeschaffungswert als Wertinteresse[248].

Es bleibt also bei der im Schadensersatzrecht allgemein anwendbaren wirtschaftlichen Bewertung, die sich an rechtlichen Normen orientiert[249]. Bestehende Ansprüche sind nicht als Aussicht zu qualifizieren, sondern dem bestehenden Vermögen direkt zurechenbar. Wirtschaftlich als bestehend einzuordnen sind Ansprüche allerdings nur dann, wenn sie problemlos durchsetzbar sind. Sollte dies nicht gewährleistet sein, weil ein Anspruch z. B. noch nicht fällig ist oder weil er verjährt ist, können sie nicht als bestehendes vermögenswertes Recht im Sinne des Schadensersatzrechtes betrachtet werden.

Wenn aber bestehende Ansprüche als Posten in der Vermögensbilanz auftauchen, sind als Konsequenz Verbindlichkeiten direkt eine Belastung des bestehenden Vermögens. Die imaginäre Vermögensbilanz weist also mit dem Sacheigentum, dem Anspruch und einer eventuellen Verpflichtung bis zu drei Posten auf. Bei gegenseitigen Verträgen mit der gemäß § 271 BGB gesetzlich vorgesehenen gleichzeitigen Fälligkeit von Leistung und Gegenleistung führt dies unproblematisch zur Schadensbestimmung beim Geschädigten. Wenn der Geschädigte aufgrund der Beschädigung oder Zerstörung seines Eigentums gemäß § 275 BGB von einer Verbindlichkeit befreit wird, verliert er gemäß § 323 BGB neben dem Eigentum zugleich den Anspruch auf die Gegenleistung. Sein Schaden berechnet sich also nach der Differenz zwischen dem vereinbarten aber nun verlorenen Kaufpreisanspruch und dem Wert des ihm noch verbleibenden Eigentums. Sollte sein Eigentum gänzlich zerstört sein, besteht sein Schaden demnach in voller Höhe des Kaufpreises. Dieser Schaden entsteht dem Geschädigten direkt und nicht mittelbar, da die genannten Vorschriften diese Rechtsfolgen direkt vorsehen. Es handelt sich also um einen Schaden in Form des damnum emergens, der kein primärer Vermögensschaden ist, sondern aufgrund der Verletzung des Eigentums ein gesetzlich bedingter Folgeschaden,

---

[247] Wöhe, S. 967; Eisele, S. 290.
[248] BGH VersR 1980, 46 (47); Kullmann, VersR 1993, 385 (388).
[249] Brox, AS, Rn 333.

der z. B. über § 823 Abs. 1 BGB ersetzbar ist[250]. § 281 BGB ist dagegen lediglich eine „Kann"-Vorschrift, so daß die Verpflichtung den Ersatzanspruch an den Käufer abzutreten nicht gleichzeitig und direkt das Vermögen des Geschädigten belastet.

Bei Verträgen mit einer Vorleistungspflicht oder bei einseitig verpflichtenden Verträgen kommt es hingegen nicht zu einem Schaden des am Eigentum Verletzten. Mit dem Eingriff in sein Eigentum wird er von einer dem Eigentum wertgleichen Verpflichtung befreit. Ein Anspruch auf eine Gegenleistung, die er gleichzeitig gemäß § 323 BGB verlieren kann, besteht jedoch noch nicht, da noch keine Fälligkeit seines Anspruchs gegeben ist. Gleich zu behandeln sind die Fälle von Erben, die mit einem Vermächtnis belastet sind, da die geschädigten Erben mit Entziehung oder Zerstörung des Eigentums zugleich von einer Verbindlichkeit aus dem Nachlaß befreit werden. Einen vermögenswerten Anspruch bzw. Gegenleistungsanspruch können die Betroffenen in all diesen Fällen noch nicht aufweisen, da Ansprüche erst mit Fälligkeit entstehen, also zu einem Recht werden[251]. In diesen Fällen ohne feststellbaren Schaden des Betroffenen, ebenso wie in den Fällen der obligatorischen Entlastung, muß eine – zweifellos erforderliche – wertende Korrektur mit Hilfe einer zu berücksichtigenden Schadensverlagerung erfolgen[252]. Das Institut der Drittschadensliquidation ist also nicht obsolet.

Festzuhalten bleibt damit, daß bestehende Ansprüche vermögenswerte Rechte sind, die im Schadensfall als damnum emergens zu ersetzen sind. Soweit bei diesen Ansprüchen noch von Gewinnaussichten gesprochen wird, sollte dies zur Vermeidung von Irritationen unterlassen werden. Mit Entstehen des Anspruchs ist ein Recht vorhanden, so daß der im Begriff „Aussicht" enthaltene

---

[250] Vgl. nur Kötz, Rn 75.

[251] BGHZ 113, 188 (191 ff.); Heinrichs in Palandt § 198 Rn 1.

[252] Brox, AS, Rn 324; Kuckuk in Erman v. § 249 Rn 142.
A.A.: Hagen, Drittschadensliquidation, S. 185 ff., der die Leistungsverpflichtung gegenüber dem Eigentum nicht für vermögensmäßig gleichwertig hält. Vermögenswirkung habe allein die Zerstörung der Möglichkeit des Eigentümers über die Sache in seinem Sinne verfügen zu können. Daher läge auch in diesen Fällen ein Eigenschaden des Eigentümers vor und eine Schadensverlagerung sei entbehrlich.
Grunsky in MüKo v. § 249 Rn 120 geht aufgrund der zwischen Versendungsverkäufer und Käufer bestehenden Vertragsbeziehung davon aus, daß über § 281 BGB der Käufer zu einem eigenen Anspruch gelangen muß. Er übersieht jedoch, daß es sich bei § 281 BGB um eine sogenannte „Kann"-Vor-schrift handelt. Zudem setzt § 281 BGB einen bestehenden Schadensersatz-anspruch voraus, der dem Verkäufer mangels Eigenschaden jedoch fehlt.

Wahrscheinlichkeitsfaktor obsolet ist. Sobald aber ein Wahrscheinlichkeitsfaktor keine Rolle mehr spielt, liegt schadensersatzrechtlich bestehendes Vermögen vor. Da die im oben erwähnten Beispiel genannte Ölfördergesellschaft noch keine Verträge über den Verkauf des geförderten Öls geschlossen hatte, ist die Spanne zwischen Gestehungskosten und gemeinem Handelswert also nur als entgangener Gewinn ersatzfähig, was sich mit den oben ermittelten Bewertungskriterien deckt. Der Wahrscheinlichkeitsgrad einer Gewinnmöglichkeit ist allein im Rahmen des Ersatzes für entgangenen Gewinn zu berücksichtigen. Nach ihm entscheidet sich, ob eine Ersatzfähigkeit gegeben ist oder nicht[253]. Sobald ein Rechtsgut oder ein vermögenswertes Recht, sprich ein Anspruch, betroffen ist, liegt ein positiver Schaden vor.

ff) Zusammenfassung

Die objektiv-teleologische Auslegung des § 252 S. 1 BGB ergibt zusammengefaßt folgenden heute gültigen Normzweck: § 252 S. 1 BGB – und nur diese Vorschrift – schreibt vor, daß das volle Interesse des Geschädigten als Vermögensschaden zu ersetzen ist. Neben dem bestehenden Vermögen ist entgangener Gewinn zu ersetzen. Der Begriff des entgangenen Gewinns ist nicht im Wortsinn zu verstehen, sondern umfaßt jede Vermögensmehrung, die dem Geschädigten bedingt durch das schädigende Ereignis nicht mehr zufließt. Eine Ersatzfähigkeit als entgangener Gewinn setzt demnach erst nach dem Schadenseintritt als trennendem Zeitpunkt an. Solange sich eine zukünftige Vermögensmehrung noch nicht rechtlich konkretisiert hat, ist nur ein Ersatz als entgangener Gewinn möglich. Bestehende fällige Ansprüche sind schadensersatzrechtlich als bereits existierende Vermögenswerte anzusehen, die wie die Beschädigung von anderen geschützten Rechtsgütern als direkt betroffen gelten, so daß sie im Rahmen des damnum emergens zu ersetzen sind. Dies hat zur Folge, daß mit Ausnahme von rechtlich existenten Ansprüchen grundsätzlich jeder Schaden, der den durch den Geschädigten aufzubringenden Wiederbeschaffungswert übersteigt, nur als entgangener Gewinn ersetzbar ist. Das Ergebnis der objektiv-teleologischen Auslegung deckt sich damit mit dem Ergebnis der historischen Auslegung und beseitigt die nach der grammatischen Auslegung zurückbleibenden Ungewißheiten.

[253] Ausführlich dazu unten unter B. IV. 3.

B. Der Regelungsumfang des § 252 Satz 2 BGB

I. Überblick

Der Wortlaut des § 252 S. 2 BGB bestimmt:

„Als entgangen gilt der Gewinn, welcher nach dem gewöhnlichen Laufe der Dinge oder nach den besonderen Umständen, insbesondere nach den getroffenen Anstalten und Vorkehrungen, mit Wahrscheinlichkeit erwartet werden konnte."

Dieser Wortlaut gab Anlaß zu einer früher sehr umstrittenen Auslegung[254]. Im Laufe der nunmehr annähernd einhundertjährigen Gültigkeit der Norm hat sich allerdings eine – wenn auch nicht allgemeine – so jedoch ganz herrschende Meinung herausgebildet. Insbesondere in der älteren Literatur findet sich ein Beispielsfall, an dem sich die unterschiedlichen Ergebnisse der Auffassungen veranschaulichen lassen. Ein anhand der Nummer spezifiziertes Lotterielos wird dem Käufer des Loses entweder gar nicht erst vom Verkäufer übergeben[255] bzw. aufgrund eines Zahlungsverzugs einer dritten Person war die betroffene Person gehindert, ein bestimmtes Los zu erwerben[256]. Nachdem sich herausstellt, daß auf eben dieses Los ein Gewinn entfallen ist, möchte der Geschädigte diesen Gewinn als entgangenen Gewinn im Sinne des § 252 BGB ersetzt bekommen. Der Wortlaut des § 252 S. 2 BGB scheint dies freilich nicht zu ermöglichen, da beim Kauf eines Loses in der Regel nicht mit großer Wahrscheinlichkeit erwartet werden kann, daß dieses Los auch gewinnt. Auch bei einer Pferdewette bzw. allgemein im Sport ist es alltäglich, daß sogenannte „Favoritenstürze" erfolgen. Ein Wettgewinn ist daher nicht wahrscheinlich im Sinne des § 252 S. 2 BGB[257]. Aus diesem Grund würde die sogenannte materiell-rechtliche Auffassung einen Ersatz im geschilderten Beispiel ablehnen[258]. Die Rechtspre-

---

[254] So noch Oegg in RGRK, 10. Aufl., § 252 Anm. 2.

[255] Fischer, S. 69; v. Godin in RGRK zum HGB § 347 Anm. 21; Oegg a.a.O.

[256] Werner in Staudinger, 11. Aufl., § 252 Rn 10; Planck, 3. Aufl., § 252 Anm. 2.

[257] OLG Düsseldorf NJW-RR 1986, 517 (517).

[258] Werner in Staudinger, a.a.O.; Giesen, VersR 1979, 389 (392); Steindorff, AcP 158 (1959/60), 431 (462). Zumindest teilweise neuerdings auch Stoll, Haftungs-folgen, S. 332 f.. Planck a.a.O. lehnt einen Ersatz auch noch ab, obwohl er zu diesem Zeitpunkt die zunächst von ihm vertretene materiell-rechtliche Auffassung bereits aufgegeben hat. Auch wenn § 252 S. 2 BGB als Beweiserleichterung zu sehen sei,würde im geschilderten Los-Fall doch jede Wahrscheinlichkeit fehlen, so daß es am allgemeinen schadensersatzrechtlichen adäquaten Kausalzusammen-hang fehlen würde.

hung und die ganz herrschende Meinung hingegen würden dem verhinderten Loskäufer den auf das Los entfallenen Gewinn ersetzen, da es sich nach dieser Auffassung bei § 252 S. 2 BGB nicht um eine materiell-rechtliche Begrenzung des Schadensersatzanspruchs, sondern um eine Beweiserleichterung handelt[259]. Unabhängig von einer Gewinnchance sollen zum Beispiel auch Spekulationsgewinne ersetzbar sein. Unbeachtlich sei, daß Währungs- oder Börsenspekulationen ein hohes Risiko und somit nur eine geringe Erfolgsaussicht haben. Es muß lediglich vom Schädiger dargetan und nach den Voraussetzungen des § 252 S. 2 BGB bewiesen werden, daß der Gewinn auch gemacht worden wäre[260]. An die Auslegung der Norm als Beweiserleichterung anknüpfend wird zudem in einer Mindermeinung vertreten, daß § 252 S. 2 BGB einen gesetzlichen Hinweis auf die Zulässigkeit des Anscheinsbeweises enthalte[261]. Eine weitere vereinzelte Mindermeinung, die jedoch soweit ersichtlich keine weiteren Anhänger gefunden hat, sah bei Inkrafttreten des BGB in § 252 S. 2 BGB eine Ausformulierung der Adäquanztheorie[262]. Um den Regelungszweck

---

Greger, S. 135 f. sieht den § 252 S. 2 BGB zwar auch als materielle Norm, nimmt die Wahrscheinlichkeitsbetrachtung aber nicht vom Schadenszeitpunkt sondern retrospektiv vor, würde im Beispielsfall also einen Ersatz befürworten.

[259] Aus der ständigen Rechtsprechung zuletzt: BGH NJW 1996, 652 (654). Vorher z.B.: BGH NJW 1979, 865 (866); BGHZ 29, 393 (397 ff.). Aus der Literatur: Lange, S. 341; Grunsky in MüKo § 252 Rn 9; Larenz, SchuldR I, § 29 II b; Brox, AS, Rn 341; Medicus in Staudinger § 252 Rn 3 ff.; Heinrichs in Palandt § 252 Rn 2; Kuckuk in Erman § 252 Rn 10; Mertens in Soergel § 252 Rn 1; Alff in RGRK § 252 Rn 6; Rüßmann in AK-BGB § 252 Rn 3; Teichmann in Jauernig Anm. 2; Keuk, Vermögensschaden, S. 167 ff.; Strieder in Baumgärtel § 252 Rn 1; Oertmann § 252 Anm. 2 b; Planck ab der 3. Aufl., § 252 Anm. 2.; Fischer, S. 73 ff.

[260] Grunsky, a.a.O.

[261] Prölss, S. 40 f. Nicht ganz eindeutig Teichmann in Jauernig v. §§ 249 - 253 Anm. VII. 1. B.

Belke, JZ 1969, 586 (587 ff.) stuft den § 252 S. 2 BGB nur für die konkrete Schadensberechnung als Anerkennung des Anscheinsbeweises ein. Für die abstrakte Schadensberechnung verneint er diese Wirkung des § 252 S. 2 BGB. Hier sei die Norm als Verkürzung der Beweislast des Geschädigten zu interpretieren, die höhere Anforderungen als ein Anscheinsbeweis stelle.

[262] v. Liszt, S. 71, der zu diesem frühen Zeitpunkt eine Anwendbarkeit der Adäquanztheorie für das gesamte Zivilrecht noch ablehnte und so eine beschränkte Anwendbarkeit allein im Rahmen des § 252 BGB befürwortete. Auch die Anhänger der materiell-rechtlichen Theorie nahmen dies zunächst an, gaben dann aber zu, daß auch Gewinne, die nicht zu erwarten waren, dennoch adäquat verursacht werden können. So: Werner in Staudinger, 11. Aufl., § 252 Rn 8.

des § 252 S. 2 BGB bestimmen zu können, ist eine Auseinandersetzung mit den geschilderten Auffassungen erforderlich.

II. Keine gesetzliche Normierung des Anscheinsbeweises

Prölss stimmt in seiner Arbeit über die Beweiserleichterungen im Schadensersatzprozeß zwar der herrschenden Meinung dahingehend zu, daß im Rahmen des Beweises von entgangenem Gewinn auf eine absolute Sicherheit verzichtet werden muß; nach seinem Verständnis enthält die Formulierung des § 252 S. 2 BGB jedoch nicht eine bloße Beweiserleichterung, sondern einen gesetzlichen Hinweis zur Zulässigkeit des Anscheinsbeweises[263].

Diese Auffassung ist abzulehnen[264]. In der Rechtsprechung und der einschlägigen Literatur ist die dogmatische Einordnung des Anscheinsbeweises äußerst umstritten[265], seine Anwendbarkeit jedoch bereits gewohnheitsrechtlich anerkannt[266]. Die vielgestaltigen dogmatischen Einordnungsversuche wären obsolet, wenn der § 252 S. 2 BGB wirklich einen eindeutigen Hinweis auf die Zulässigkeit des Anscheinsbeweises enthalten würde. Des weiteren stünde ein derartiger Regelungszweck des § 252 S. 2 BGB im Widerspruch zu seinem eingegrenzten Anwendungsbereich. Die §§ 249 ff. BGB, also auch § 252 BGB, regeln allein die Fragen der sogenannten haftungsausfüllenden Kausalität[267]. Der Anscheinsbeweis soll hingegen für alle Kausalitätsfragen anwendbar sein, mithin auch für die haftungsbegründende Kausalität[268]. Wenn aber § 252 S. 2 BGB als Hinweis auf die Zulässigkeit des Anscheinsbeweises verstanden

---

[263] Prölss, a.a.O.

[264] So auch: Medicus in Staudinger § 252 Rn 20; Lange, S. 343; Greger, S. 135; Grunsky in MüKo § 252 Rn 9 c.

[265] Einen umfassenden Überblick zum Streitstand gibt Greger, VersR 1980, 1091 ff.

[266] Zöller v. § 284 Rn 29.

[267] Grunsky in MüKo v. § 249 Rn 1; Heinrichs in Palandt v. § 249 Rn 1. Sie wird allgemein von der sogenannten haftungsbegründenen Kausalität unterschieden. H.M.: Brox, AS, Rn 328 f.; Kuckuk in Erman v. § 249 Rn 28; Larenz, SchuldR I, § 27 III. Das Dogma dieser Unterscheidung wird jedoch zunehmend in Frage gestellt. Dazu insbesonders: Grunsky in MüKo v. § 249 Rn 39; Gottwald, S. 49 ff., 81 ff.; Honsell/Harrer, JuS 1991, 441 (441); Zimmermann, JZ 1980, 10 (16).

[268] Rosenberg/Schwab/Gottwald § 115 III. 2.
Hainmüller, S. 170, beschränkt die Anwendbarkeit sogar auf die haftungsbe-gründende Kausalität und Fahrlässigkeitstaten, lehnt also einen Anscheinsbeweis für die haftungsausfüllende Kausalität ab.

werden müßte, könnte man aufgrund der expliziten Erwähnung des Anscheinsbeweises im Rahmen der haftungsausfüllenden Kausalität seine Anwendbarkeit gerade für die Hauptfälle der haftungsbegründenden Kausalität bezweifeln. Da § 252 S. 2 BGB nämlich nur für die haftungsausfüllende Kausalität gilt, müßte folgerichtig der Anscheinsbeweis auch nur für diese Fälle gelten. Die Annahme *Prölss*\` führt also nicht zu einer Klarstellung, sondern zu einer Verunsicherung bezüglich der Anwendbarkeit des Anscheinsbeweises.

Neben dieser Unsicherheit würde daneben noch der Streit über das für den Anscheinsbeweis erforderliche Beweismaß weiter angefacht werden[269]. Der Anscheinsbeweis ist eigentlich nur eine Art Beweismittel, so daß – zumindest teilweise – gefordert wird, daß der Anscheinsbeweis zu einer dem § 286 ZPO entsprechenden Überzeugung des Gerichts führen muß[270]. Da § 252 S. 2 BGB mit seiner Wahrscheinlichkeitsklausel unstreitig ein geringeres Beweismaß fordert, würde § 252 S. 2 BGB bei Annahme der Auslegung *Prölss*\` gleichzeitig das Beweismaß des Anscheinsbeweises unter das des § 286 ZPO herabsetzen. Unklar bliebe insoweit, ob dies nur für die Fälle des entgangenen Gewinns oder für alle Fälle des Anscheinsbeweises gelten müßte.

Eine Deutung des § 252 S. 2 BGB als Hinweis auf den Anscheinsbeweis würde also nicht zu einer gesetzlichen Klarstellung führen, sondern vielmehr die geschilderten Unklarheiten heraufbeschwören. Weiterhin ist insbesondere noch zu berücksichtigen, daß § 252 S. 2 BGB in seiner Gesamtheit gar nicht dem Anscheinsbeweis zuzuordnen sein kann. Der Anscheinsbeweis ist nur anwendbar bei typisierten Geschehensabläufen, die nach allgemeiner Lebenserfahrung zu einem bestimmten Ergebnis führen[271]. Besondere Umstände des einzelnen Falles müssen hingegen unberücksichtigt bleiben[272]. Genau diese Abgrenzungskriterien sind aber in § 252 S. 2 BGB ausdrücklich erwähnt. Typisierte Geschehensabläufe sind nur nach dem „gewöhnlichen Laufe der Dinge" vorstellbar. Die nach § 252 S. 2 BGB ebenfalls zu berücksichtigenden „besonderen Umstände" schließen aber nach dem zuvor Gesagten eine Anwendbarkeit des Anscheinsbeweises für derartige Fälle schon begrifflich aus. Besondere

---

[269] Ausführliche Hinweise auf den Streitstand finden sich bei Rommé, S. 121 ff. und Prütting in MüKo-ZPO § 286 Rn 51 ff.

[270] Zöller v. § 284 Rn 29; Grunsky, Beweiserleichterungen, S. 29; Prütting in MüKo-ZPO § 286 Rn 49 m.w.N. in Fn 58.

[271] Rosenberg/Schwab/Gottwald § 115 III. 1.; Baumbach/Lauterbach/Albers/Hartmann Anh. § 286 Rn 16; Zöller a.a.O.

[272] BGHZ 100, 214 (216); Prütting in MüKO-ZPO § 286 Rn 47; Thomas/Putzo § 286 Rn 12 f.

Umstände eines einzelnen Falles sind immer individuelle Besonderheiten, die typisierte Geschehensabläufe gerade nicht entstehen lassen. Da der Anscheinsbeweis somit nur teilweise mit § 252 S. 2 BGB in Verbindung gebracht werden kann, spricht auch dies dafür, den Regelungsgehalt dieser Norm nicht in einem Hinweis auf die Zulässigkeit des Anscheinsbeweises zu sehen. Gegen eine solche Annahme spricht ferner die Tatsache, daß bereits das RG um 1900, also zur Zeit des Inkrafttretens des BGB, den Anscheinsbeweis angewendet hat[273]. Wie *Greger* ausführt, konnte bereits zu diesem frühen Zeitpunkt von einem bestehenden Rechtsbegriff ausgegangen werden, da diese Beweisregelung schon vom ROHG angewendet wurde[274]. Wenn der Anscheinsbeweis also schon vor Inkrafttreten des BGB Anwendung gefunden hat, ist nicht nicht erklärbar, warum gerade im Rahmen der Regelung des entgangenen Gewinns ein derart allgemein verwendbares prozessuales Prinzip Ausdruck gefunden haben soll. So findet sich auch in den Materialien kein Hinweis auf eine derartige Interpretation des § 252 S. 2 BGB.

Ferner ist zu beachten, daß § 252 S. 2 BGB im Gegensatz zum Anscheinsbeweis eine Beweislastnorm und keine Beweisregel darstellt[275]. Dies führt dazu, daß für die Widerlegung der Tatsachenvermutung des § 252 S. 2 BGB der Beweis des Gegenteils und nicht lediglich ein in Frage stellen des dem Anscheinsbeweis zugrundeliegenden Erfahrungssatzes erforderlich ist[276]. Der Anscheinsbeweis ist also wesentlich einfacher zu erschüttern als ein nach § 252 S. 2 BGB bewiesener Gewinn. Damit kann § 252 BGB auch dogmatisch keinen Hinweis auf die Zulässigkeit des Anscheinsbeweises enthalten. Daran anknüpfend sei ergänzend noch das Argument von *Lange* genannt, der zutreffend die Unpraktikabilität der Auslegung *Prölss`* für den Erwerbsschaden betont. Da der Anscheinsbeweis schon durch den Nachweis der ernsthaften Möglichkeit des Nichteintretens der behaupteten Tatsachen entkräftet werden kann[277], bei Erwerbsschäden eine ungünstige Berufsentwicklung des Geschädigten auch ohne das schädigende Ereignis aber grundsätzlich immer denkbar ist, wäre für

---

273 RG JW 1900, 665 (665 f.) geht von einem „prima-facie" zu vermutenden Verschulden aus.

274 Greger, VersR 1980, 1091 (1097). Prölss, Fn 132 scheint dies zu übersehen, da er die Entwicklung des Anscheinsbeweises zur Zeit der Gesetzgebung als nicht voraussehbar bezeichnet.

275 Belke, JZ 1969, 586 (588).

276 Belke, a.a.O.; Strieder in Baumgärtel § 252 Rn 3; Medicus in Staudinger § 252 Rn 20; Grunsky in MüKo § 252 Rn 9c; Mertens in Soergel § 252 Rn 12; Baumgärtel, Rn 407.

277 Thomas/Putzo § 286 Rn 13; Rosenberg/Schwab/Gottwald § 115 III. 4.; Zöller v. § 284 Rn 29.

den Geschädigten die Möglichkeit des Anscheinsbeweises völlig wertlos[278]. Es ist also nur zu wiederholen, daß der Sinn und Zweck des § 252 S. 2 BGB nicht in einem gesetzlichen Hinweis auf die Zulässigkeit des Anscheinsbeweises zu sehen ist.

III. Keine materiell-rechtliche Begrenzung des Schadensumfangs

Die sogenannte materiell-rechtliche Theorie versteht den § 252 S. 2 BGB als Begrenzung für den als entgangenen Gewinn zu ersetzenden Schaden[279]. Sie knüpft dabei an den Wortlaut an, der mit der Formulierung „erwartet werden konnte" einen deutlichen Vergangenheitsbezug aufweist. Dies wird von den Vertretern dieser Auffassung so interpretiert, daß der zur Schadensbeurteilung maßgebliche Zeitpunkt in der Vergangenheit liegen muß. Dies könne nur der Zeitpunkt des Schadenseintritts sein[280]. Die Vertreter dieser Auffassung sehen in § 252 S. 2 BGB also eine Abweichung von der allgemeinen Regelung, die eine Schadensbeurteilung immer zum Zeitpunkt der letzten mündlichen Verhandlung vornimmt[281]. Die Gegenmeinung sieht in dieser Gesetzesformulierung eine „sprachliche Entgleisung", die einen Redaktionsfehler darstelle[282]. Aus diesem Grund sei § 252 S. 2 BGB berichtigend auszulegen[283]. Sprachlich richtig müsse der Gewinn als entgangen gelten, von dem sich „mit Wahrscheinlichkeit feststellen läßt, daß er eingetreten sein würde"[284].

Die von *Heck* vorgeschlagene Formulierung spräche zweifelsohne eindeutiger für eine Beurteilung erst nach Eintritt des schädigenden Ereignisses. Die gesetzliche Formulierung schließt einen solchen Beurteilungszeitpunkt jedoch nicht gänzlich aus. Auch die Beurteilung zum Zeitpunkt der letzten mündlichen Verhandlung erfolgt mit Blick in die Vergangenheit. Es soll der Schaden erfaßt werden, der bis zu diesem Zeitpunkt eingetreten ist. Die gesetzliche Formulierung könnte also auch dahingehend ausgelegt werden, daß der Gewinn als entgangen gilt, der „bis heute" erwartet werden konnte. Von daher ist nicht

---

[278] Lange, S. 343.
[279] Vgl. Fn 257.
[280] Werner in Staudinger, 11. Aufl., § 252 Rn 19.
[281] BGHZ 29, 393 (398); Medicus in Staudinger § 249 Rn 238, 240; Mertens in Soergel § 252 Rn 13; Larenz, SchuldR I, § 29 II b; Grunsky in MüKo § 252 Rn 10.
[282] Heck, Schuldrecht, § 12 Nr. 10.
[283] Lange, S. 342; Medicus in Staudinger § 252 Rn 21.
[284] Heck, a.a.O.

ausschließlich eine Auslegung des Gesetzestextes im Sinne der materiell-rechtlichen Auffassung möglich. Der Gesetzestext hätte vielmehr auch eindeutiger im Sinne dieser Auffassung formuliert werden können, was jedoch nicht erfolgte. Eine solche Formulierung könnte zum Beispiel lauten: „..., der mit Wahrscheinlichkeit hätte erwartet werden können". Der Gesetzestext spricht daher nicht mit der von ihren Vertretern angenommenen Klarheit für eine Auslegung im Sinne der materiell-rechtlichen Theorie.

Widersprüchlich argumentiert *Werner* als Vertreter dieser Auffassung zudem, indem er den mit Wahrscheinlichkeit entgangenen Gewinn zwar vom Zeitpunkt des Schadenseintritts beurteilen will, gleichzeitig aber eine Voraussehbarkeit dieses Gewinns verneint[285]. Die Formulierungen, ob ein Gewinn bei Schadenseintritt mit Wahrscheinlichkeit „zu erwarten" oder „vorauszusehen" war, sind inhaltlich gleichwertig. Bei einer im Sinne von *Werner* vorzunehmenden Beurteilung zum Schadenszeitpunkt wird also nichts anderes hinterfragt, als ob der Gewinn zu diesem Zeitpunkt mit Wahrscheinlichkeit vorauszusehen war. Da es aber bereits zur Zeit des Inkrafttretens des BGB „communis opinio" war[286], gibt *Werner* selbst zu, daß die Voraussehbarkeit eines Schadens als Kriterium für dessen Ersatz nicht berücksichtigt werden kann[287]. Der Widerspruch in seiner Argumentation besteht also darin, daß ein Gewinn zwar zu erwarten gewesen sein soll, aber gleichwohl nicht vorauszusehen sein sollte. Aufgrund der gesetzgeberischen Motive, die die Voraussehbarkeit ausdrücklich ausgeschlossen hatten[288], kann die Auslegung *Werners* nicht zutreffend sein. Wenn es auf die Voraussehbarkeit eines Gewinns nicht ankommen darf, kann auch dessen Erwartung zum Schadenszeitpunkt keine entscheidende Rolle spielen.

Die einschränkende Wirkung des § 252 S. 2 BGB soll sich des weiteren an dem Wort „gilt" zeigen. Durch dieses Wort soll eine gesetzliche Begriffsbestimmung zum Ausdruck gebracht worden sein, die von mehreren möglichen Arten des entgangenen Gewinns nur die als ersatzfähig anerkennt, die bereits zum Schadenszeitpunkt zu erwarten war[289]. Um diese Aussage zu überprüfen, ist die Entstehungsgeschichte der Norm mit zu berücksichtigen. Allerdings ist dabei beachtlich, daß sich sowohl die Vertreter der materiell-rechtlichen Theorie, als auch diejenigen der Beweiserleichterungstheorie auf die Entstehungsgeschichte

---

[285] Werner in Staudinger, 11. Aufl., § 252 Rn 20.
[286] Rümelin, AcP 90 (1900), 171 (253).
[287] Werner, a.a.O.
[288] Mugdan, S. 10 = Mot. II, S. 18 und in der Denkschrift, Mugdan, S. 1235 noch einmal wiederholend. Zur Entstehungsgeschichte auch: Fischer, S. 69; Muscheler, S. 50 f.
[289] Werner in Staudinger, 11. Aufl., § 252 Rn 14.

berufen[290]. Ansatzpunkt ist dabei im wesentlichen die dem § 252 S. 2 BGB entsprechende Fassung des § 218 des 1. Entwurfs, der bestimmte: „Als entgangener Gewinn kommt nur derjenige in Betracht,...“[291]. Durch das Auslassen des entscheidenden Wortes „nur“ gehen die Vertreter der Beweiserleichterungstheorie davon aus, daß eine einschränkende Wirkung des § 252 S. 2 BGB bewußt nicht zum Ausdruck gebracht worden sei, § 252 S. 2 BGB demnach keine materiell-rechtlich beschränkende Wirkung haben könne[292]. Dies setzt allerdings voraus, daß das Wort „nur“ in § 218 des 1. Entwurfs eine materiell-rechtlich einschränkende Bedeutung gehabt haben soll. Da *Planck* Mitglied der 1. Kommission war, ist zu berücksichtigen, daß er selbst dem Wort „nur“ ursprünglich diese beschränkende Bedeutung beigemessen hat. Allerdings darf seine Mitgliedschaft in der Kommission auch nicht überbewertet werden, da er der 1. Kommission nicht als Schuldrechtsspezialist, sondern als Redaktor des Familienrechts angehörte[293]. Dies mag auch dazu geführt haben, daß er nach näherer Betrachtung des Problems seine Auffassung änderte und eine materiell-rechtliche Beschränkung doch noch ablehnte[294]. *Plancks* ursprüngliche Befürwortung der materiell-rechtlichen Theorie ist zudem offensichtlich von der Mehrzahl der Kommissionsmitglieder nicht geteilt worden. Die von den Mitgliedern der Kommission verfassten Motive der 1. Kommission begründen die Erforderlichkeit des § 218 trotz des Wortes „nur“ ganz eindeutig nicht mit einer materiellen Begrenzung des ersatzfähigen entgangenen Gewinns. Durch Absatz 2 des § 218 „erhält die Praxis im Hinblick auf den § 260 CPO die nöthige Anweisung, aus der erhellt, daß einestheils die volle Gewißheit, der Gewinn würde gezogen worden sein, nicht erforderlich sei, andererseits aber auch die bloße Möglichkeit, der Beschädigte würde den Gewinn erlangt haben, nicht ausreiche, daß vielmehr eine gewisse Wahrscheinlichkeit entscheide.“[295] Neben

---

[290] Für die materiell-rechtliche Auffassung: Werner in Staudinger, 11. Aufl., § 252 Rn 12 f. Planck hat in der 1. und 2. Auflage, § 252 Anm. 2 seines Kommentars die Entstehungsgeschichte noch zur Begründung der materiell-rechtlichen Auffassung herangezogen. In der 3. Auflage, § 252 Anm. 2., hat er jedoch ebenfalls unter Bezug auf die Entstehungsgeschichte diese Auffassung aufgegeben. Auch Keuk, Vermögensschaden, S. 167 ff. begründet die Beweiserleichterungstheorie insbesondere mit der Entstehungsgeschichte der Norm.

[291] Mugdan, S. III (Hervorhebung durch den Verfasser).

[292] Planck, 3. Aufl., § 252 Anm. 2; Oegg in RGRK, 10. Aufl., § 252 Anm. 2.

[293] Planck in Schubert, Familienrecht, Teil 1-3.

[294] Planck, 3. Aufl., § 252 Anm. 2.

[295] Mugdan, S. 10 = Mot. II, S. 18. Auch Mommsen, S. 173 ff. legte schon ausführ-lich dar, daß sich die Ersatzfähigkeit entgangenen Gewinns im wesentlichen nach dem vom Richter verlangten Überzeugungsgrad, also dem Beweismaß richtet.

diesem, sich eindeutig ergebenden beweisrechtlichen Bezug, belegen die Worte „der Gewinn würde gezogen worden sein", daß als Beurteilungszeitpunkt nicht der des Schadenseintritts, sondern ein späterer Zeitpunkt maßgeblich sein soll. Durch diese klare Festlegung des sachlichen Inhalts von § 218 innerhalb der 1. Kommission, sowie der Tatsache, daß die 2. Kommission den § 218 lediglich redaktionell bearbeiten wollte[296], ergibt sich auch die inhaltliche Auffassung der 2. Kommission. Sachlich wollte sie nicht von der Fassung des 1. Entwurfs abweichen. Auch die in der 2. Kommission gestellten Abänderungsanträge stellten keine sachlichen Ergänzungen dar, da sonst ein Beschluß der Hauptkommission und nicht lediglich des Redaktionsausschusses erforderlich gewesen wäre[297]. Weder das Wort „nur" in der Fassung des § 218, noch das Wort „gilt" in § 252 S. 2 BGB sollten eine materiell-rechtliche Beschränkung herbeiführen.

Dies ergibt sich auch aus der endgültigen Gesetzesfassung, die den im 2. Entwurf noch vorgesehenen § 215 ausgespart hat. § 215 sah vor: „Die Ersatzpflicht wegen Nichterfüllung einer Verbindlichkeit erstreckt sich nicht auf den Schaden, dessen Entstehung nach den Umständen, welche der Schuldner kannte oder kennen musste, ausserhalb des Bereiches der Wahrscheinlichkeit lag."[298] Da nach dieser Vorschrift die Kenntnis des Schuldners von den den Schaden bestimmenden Umständen entscheidend war, diese aber nur zum Zeitpunkt der Nichterfüllung, also der Schadensverursachung, vorliegen konnten, sah diese Vorschrift zweifellos eine Beschränkung der zu ersetzenden Schäden vor. Die Streichung dieser Vorschrift kann daher belegen, daß eine Beschränkung der Ersatzfähigkeit für entgangenen Gewinn gerade nicht gewollt war[299]. Dem tritt *Werner* mit dem Argument entgegen, daß § 215 mit der Tatbestandsvoraussetzung des „kannte oder kennen mußte" ein Schuldmoment enthielt. Die Streichung des § 215 sei allein im Hinblick auf dieses, nicht gewünschte, Schuldmoment erfolgt[300]. Diese Argumentation übersieht allerdings, daß sich die im § 215 vorgesehene Kenntnis des Schuldners im wesentlichen auf die Schadenshöhe bzw. die ihr zugrundeliegenden Umstände bezieht. Schuldhaft kann aber immer nur ein Verhalten sein[301]. Ein Bezug auf ein Verhalten des Schuldners fehlte dagegen in § 215, so daß der Schwerpunkt dieser Norm auf

[296] Mugdan, S. 510 = Prot. S. 584.
[297] Keuk, Vermögensschaden, S. 168 f.
[298] Mugdan, S. III.
[299] So: Fischer, S. 73 f.; Enneccerus, S. 36; Keuk, Vermögensschaden, S. 169.
[300] Werner in Staudinger, 11. Aufl., § 252 Rn 13.
[301] Für alle: Heinrichs in Palandt § 276 Rn 5.

der vorgesehenen Ersatzbeschränkung lag. Da diese Beschränkung nicht gewünscht war, wurde § 215 gestrichen. Gegen die materiell-rechtliche Auffassung spricht zudem, daß in der die Materialien zum BGB abschließenden Denkschrift noch einmal herausgestellt wird, daß auch die nicht vorauszusehenden Folgen, also auch die nicht zu erwartenden, zu ersetzen sind. Dies soll sowohl für den positiven Schaden, wie für entgangenen Gewinn gelten[302]. Eine Beschränkung des Schadensersatzes lag nicht im Sinn der historischen Gesetzgeber.

Ebenfalls gegen die Auslegung des § 252 S. BGB im Sinne der materiell-rechtlichen Theorie spricht eine systematische Betrachtung der schadensersatzrechtlichen Regelungen. Eine materiell-rechtliche Beschränkung des Ersatzes in § 252 S. 2 BGB würde dem zuvor festgeschriebenen Grundsatz der Totalreparation widersprechen. Die Überzeugungskraft dieses Arguments ist dabei wesentlich stärker, als *Lange* und *Medicus* annehmen. Sie entnehmen den Grundsatz der Totalreparation dem § 249 BGB[303]. Oben wurde jedoch ausführlich begründet, daß dieser Grundsatz nicht in § 249 BGB, sondern in § 252 S. 1 BGB enthalten ist[304]. Die materiell-rechtliche Auffassung würde also dazu führen, ein im Satz zuvor genanntes Prinzip gleich wieder einzuschränken. Wenn dies vom Gesetzgeber gewollt gewesen wäre, ist anzunehmen, daß eine Einschränkung schon in § 252 S. 1 BGB vorgenommen worden wäre bzw. für § 252 S. 2 BGB eine eindeutigere sprachliche Regelung gewählt worden wäre.

Steindorff hingegen zieht die Gesetzessystematik zur Begründung der materiell-rechtlichen Auffassung heran. Er ordnet den § 252 S. 2 BGB im wesentlichen der Schadensberechnung zu[305]. Die Schadensberechnung habe aber, wie im Common Law, nach materiellen Normen zu erfolgen[306]. Dies zeige sich auch daran, daß die Fragen der Schadensberechnung letztendlich nur Ergebnisse eines materiell gegliederten Schadensbegriffs seien[307]. Für ihn liegt daher der materiell-rechtliche Charakter der Norm auf der Hand. Bei Überprüfung dieser These *Steindorffs* ist zwar zu berücksichtigen, daß Einigkeit über die Notwendigkeit von schadensersatzrechtlichen Fallgruppen besteht, da ein umfassender

---

[302] Mugdan, S. 1235 = Denkschrift, S. 45.

[303] Lange, S. 341; Medicus in Staudinger, § 252 Rn 5.

[304] S. o. A. I.

[305] Steindorff, AcP 158 (1959/60), 431 (451).

[306] Steindorff, a.a.O., (433 f., 447 f.).

[307] Steindorff, a.a.O., (451).

Schadensbegriff kaum zu definieren ist[308]. *Steindorff* übersieht jedoch, daß das Gesetz bewußt keine Aussage zum Schadensbegriff enthält[309]. § 252 S. 2 BGB kann also keine materielle Norm in dem Sinne sein, daß sie eine materielle Begrenzung oder Einteilung eines Schadensbegriffs enthält.

Daneben begründet *Steindorff* seine Einschätzung des § 252 S. 2 BGB als materiell beschränkende Norm noch im wesentlichen damit, daß § 252 S. 2 BGB keine abstrakte Schadensberechnung erlaube, für entgangenen Gewinn daher immer ein konkreter Nachweis erforderlich sei[310]. Da eine Beweiserleichterung durch § 252 S. 2 BGB damit ausgeschlossen sei, könne die Norm nur einschränkende Wirkung haben. Dies sei auch im Hinblick auf die Schädiger gerecht und billig, da so etwaige Schadensersatzpflichten kalkulierbar blieben[311]. *Steindorff* selbst weist allerdings darauf hin, daß das Motiv der Kalkulierbarkeit von Schäden wohl nur für vertragliche und nicht für deliktische Schadensersatzansprüche herangezogen werden kann[312]. Neben dieser schon selbst erkannten Einschränkung spricht auch die Gesetzessystematik gegen ihn. Im BGB ist der Umfang des Schadens losgelöst vom Haftungsgrund geregelt. Eventuell im Rahmen des Haftungsgrundes zugunsten des Schädigers zu berücksichtigende Wertungen können also nicht zur Ermittlung des Regelungsgehaltes von § 252 S. 2 BGB, der nur für den Schadensumfang gilt, herangezogen werden. Darüber hinaus ist im Schadensersatzrecht allein das subjektive Interesse des Geschädigten maßgeblich[313]. Eine eventuelle Kalkulierbarkeit der Schadenshöhe aus der Sicht des Schädigers muß bei Bestimmung der Schadenshöhe des Geschädigten unbeachtlich bleiben. *Steindorffs* Argu-

---

308 Heinrichs in Palandt v. § 249 Rn 9; Honsell/Harrer, JuS 1991, 441 (442); Deutsch, Rn 807 f. ist gegen eine Deduktion des Schadens aus einem Vermö-gensbegriff. Keuk, Vermögensschaden, S. 41 geht davon aus, daß die Aussicht gering sei, ein einheitliches Prinzip der Schadensbestimmung zu finden, das eine Entscheidung von allen schadensersatzrechtlichen Fragen ermögliche. Medicus in Staudinger v. §§ 249-254 Rn 33 ff. stellt verschiedene konkrete Definitionsversuche dar. Bei Magnus, § 1 und bei Lange, § 1 finden sich ausführliche Darstellungen der verschiedenen Theorien zum Schadensbegriff.

309 Mugdan, S. 10 = Mot. II, S. 19.

310 Steindorff, AcP 158 (1959/60), 431(459 ff.).

311 Steindorff, a.a.O., (436).

312 Steindorff, a.a.O., (437 Fn 18).

313 S. o. Larenz, SchuldR I, § 29 I b; Soergel in Mertens v. § 249 Rn 34, 38. Dies zeigt sich daran, daß als Schadenshöhe nach ganz h. M. der Wert maßgeblich ist, den ein Gegenstand gerade für den Geschädigten hatte (pretium singulare): Larenz, a.a.O.; Kuckuk in Erman § 249 Rn 33.

mente zur Begründung der materiell-rechtlichen Auffassung überzeugen daher nicht[314].

Gemeinsam ist den Vertretern der materiell-rechtlichen Auffassung der Ruf nach einer zu vermeidenden unbilligen Schadenshöhe, so daß eine Beschränkung des Schadensersatzes erforderlich sei. Insbesondere sei es unbillig, dem Schädiger ein krasses Mißverhältnis zwischen objektivem Wert der beschädigten Sachen und dem geltend gemachten Ersatzanspruch aufzubürden[315]. Lediglich ein „mäßiger Gewinnaufschlag" sei anzuerkennen[316]. Die Vertreter dieser Vorschläge stellen sich jedoch nicht dem Problem, bei welchen Grenzen ein mäßiger Gewinnaufschlag endet und ein krasses Mißverhältnis beginnt[317]. Von daher fehlt es ihnen an einer klaren Festlegung der angeblich beschränkenden Wirkung. Es ist vielmehr beachtlich, daß Schädigungen und deren Umfang – zumindest für den fahrlässigen deliktischen Schädiger – in der Regel nicht voraussehbar sind. Es ist sein Risiko, welche Personen er schädigt. Dieses Risiko ist ihm auch zumutbar, da er im Rahmen einer Gefährdungshaftung in der Regel selbst ein Gefährdungsrisiko verursacht hat und im Rahmen einer Verschuldenshaftung sein Verhalten durch ein Schuldmoment gewürdigt wird. Es liegt also im Risikobereich des Schädigers, eine besonders geschickte Person zu schädigen, die einen außerordentlichen Gewinn erzielt hätte. Eine Beschränkung der Haftung würde hier vielmehr den Geschädigten unbillig treffen. Es ist nicht ersichtlich, warum seine Geschicklichkeit im Rahmen einer Schadensermittlung unberücksichtigt bleiben sollte[318].

Giesen begründet die Erforderlichkeit einer Beschränkung für entgangenen Gewinn unter anderem mit der Behauptung, daß ein in jeder Höhe zu ersetzender, entgangener Verkaufspreis eine Kommerzialisierung des Affektionsinteresses des verhinderten Käufers bedeuten würde, wenn der nun entgangene Gewinn durch einen Verkauf hätte erzielt werden sollen[319]. Ihm ist zwar zuzugeben, daß ein Affektionsinteresse grundsätzlich nicht ersetzt wird[320], dieser Grundsatz sich jedoch auf das Affektionsinteresse des Geschädigten bezieht. Auch *Giesen* übersieht letztendlich, daß das Interesse des verhinderten Käufers unberücksichtigt bleibt. Es liegt allein ein Schaden des potentiellen Verkäufers

---

314 Gegen Steindorff auch ausführlich Prölss, S. 43 ff.

315 Giesen, VersR 1979, 389 (390 f.).

316 Werner in Staudinger, 11. Aufl., § 252 Rn 15.

317 Keuk, Vermögensschaden, S. 166 f., Fn 163.

318 Raiser, S. 101.

319 Giesen, a.a.O., (391).

320 Kuckuk, a.a.O.; Larenz, a.a.O.; Brox, AS, Rn 340; Grunsky in MüKo v. § 249 Rn 10.

vor. Ob sein Interesse in irgendeiner Form einem Teilinteresse des potentiellen Käufers entspricht, ist unerheblich. Wenn er zu dem geltend gemachten Preis nachweislich verkauft hätte, ist ihm dieser Preis entgangen.

Nun argumentiert *Giesen* weiter, daß § 252 S. 2 BGB nach der materiell-rechtlichen Auffassung die von der Praxis durchgeführte abstrakte Schadensberechnung rechtfertige, da so ein konkret berechneter, besonderer Gewinn als Schadensersatz ausgeschlossen sei. Der auf diese Weise beschränkte Schadensersatz entspräche dem Schutzzweck des Schadensersatzrechts[321]. Wie *Giesen* allerdings selbst ausführt, spielt der Schutzzweck einer Norm im wesentlichen im Rahmen des haftungsbegründenden Tatbestands eine Rolle[322]. Zwar kann die sogenannte Schutzzwecklehre auch im Bereich der Haftungsausfüllung zu Beschränkungen führen[323]. Dies ändert jedoch nichts an dem wesentlichen Merkmal dieser Lehre. In Einzelfällen unterliegen die Interessen der Beteiligten einem besonderen Schutz aufgrund vertraglicher Pflichten oder gesetzlicher Haftungsnormen[324]. Der Schwerpunkt der Schutzzwecklehre liegt also darin, eine ausnahmsweise beschränkte Haftung zu begründen[325]. § 252 S. 2 BGB findet sich dagegen im Rahmen einer allgemeingültigen und grundsätzlichen Regelung über den Umfang des Schadensersatzes. Eventuell interessengerechte Einschränkungen des Schadensersatzes nach den Besonderheiten eines Einzelfalles bzw. nach der jeweiligen haftungsbegründenden Norm können in diesem allgemeinen Zusammenhang nicht gesetzlich festgeschrieben sein. Im übrigen sei nur ergänzend darauf hingewiesen, daß auch richterliche Typisierungen und Pauschalierungen keine abstrakte bzw. beschränkende Schadensberechnung darstellen, sondern lediglich eine vereinfachte und praktikablere Form der konkreten Schadensberechnung[326].

In jüngster Zeit hat auch *Stoll* aufgrund angeblich unbilliger Ergebnisse dem § 252 S. 2 BGB zumindest teilweise eine beschränkende Wirkung beigemessen. Er stört sich dabei insbesonders an von Geschädigten geltend gemachten entgangenen Spekulationsgewinnen aus Wertpapierkäufen, bei denen auch

---

[321] Giesen, a.a.O., (392).
[322] Giesen, a.a.O., (393 f.).
[323] Heinrichs in Palandt v. § 249 Rn 64; Lange, S. 124 ff.
[324] Lange, S. 104.
[325] Lange, S. 124.
[326] Steffen, VersR, 1985, 605 (605 ff.).

völlig unwahrscheinliche Gewinne ersetzt würden[327]. Aus diesem Grund solle zumindest in Fällen, in denen der Geschädigte in seiner wirtschaftlichen Bewegungsfreiheit beengt ist, z. B. bei Zahlungsverzug des Schuldners, nur ein Gewinn aus Dispositionen erstattet werden, die bei Verzugseintritt schon in der Weise konkretisiert waren, daß ein Gewinn bereits bei Schadenseintritt wahrscheinlich war[328]. Bei Beeinträchtigungen der wirtschaftlichen Bewegungsfreiheit, die lediglich allgemeine noch nicht durch bestimmte Dispositionen konkretisierte Gewinnaussichten verhindern, legt dagegen auch *Stoll* den § 252 S. 2 BGB als Beweiserleichterung aus[329]. Diese doppelte Wirkung des § 252 S. 2 BGB ist nicht durchführbar. Eine Abgrenzung zwischen allgemeinen und besonders unwahrscheinlichen Gewinnerwartungen läßt sich nicht zweifelsfrei bestimmen, so daß unklar bliebe, ob im jeweiligen Fall eine Beweiserleichterung oder eine Einschränkung des Schadensersatzes angenommen werden müßte. Selbst die von *Stoll* zitierten Wertpapierspekulationen und der daraus entgangene Gewinn können ein völlig normales Geschäft darstellen und müssen nicht zwingend eine unwahrscheinliche Entscheidung sein. Für Anlageberater oder Kreditinstitute stellt die Spekulation z. B. nur eine von verschiedenen Anlageformen des täglichen Geschäfts dar. Man kann im Rahmen einer nach dem Prinzip der Risikostreuung durchgeführten Anlagestrategie sogar fest mit einer Anlage in Wertpapieren rechnen. Ein Grund, diese Anlageform nicht auch für andere Personen als gewöhnlich anzusehen, ist nicht ersichtlich. § 252 S. 2 BGB stellt zudem nicht ausschließlich auf den gewöhnlichen Lauf der Dinge ab, sondern läßt ausdrücklich ebenso die besonderen Umstände gelten. Eine besondere Geschicklichkeit des Geschädigten kann mithin beachtlich sein[330]. Der Einwand *Stolls*, daß damit zu Lasten des Schädigers auf dem Papier spekuliert werden könne[331], greift nicht ein. Die vom RG begründete – auf § 254 BGB beruhende – Obliegenheit des Geschädigten, den Schädiger nach dem Schadensereignis jeweils konkret von einem mit dem geschuldeten Geld geplanten hypothetischen Kauf bzw. Verkauf von Wertpapieren zu unterrich-

[327] Stoll, Haftungsfolgen, S. 331 f. Er verweist auf die in diesen Fällen im Vergleich zum deutschen Recht stark eingeschränkten Ersatzmöglichkeiten im anglo-ameri-kanischen Rechtsraum.

[328] Stoll, a.a.O., S. 332. So wohl auch Klauser, JZ 1968, 167 (168) Fn 29.

[329] Stoll, a.a.O., S. 330.

[330] Raiser, S. 101.

[331] Stoll, a.a.O., S. 332.

ten[332], beläßt das Spekulationsrisiko beim Geschädigten. Sobald der Geschädigte dem Schädiger seine Kaufabsicht mitteilt, hat der Schädiger wenn möglich die betreffenden Wertpapiere als Naturalersatz zu leisten. Das bedeutet, daß sich Kursverluste nach dem hypothetischen Kauf zugunsten des Schädigers auswirken, da der Geschädigte die Wertpapiere zum Tageskurs im Zeitpunkt des Ersatzes erhält, der Schädiger also weniger zahlen muß. Einen Ausgleich für solche Wertverluste erhält der Geschädigte nicht. Dies ist die Folge daraus, daß allgemeine Wertsteigerungen als entgangene Vermögensmehrungen zu berücksichtigen sind[333] und somit als Konsequenz Wertverluste entsprechend den Schaden verringern. Ob der Geschädigte den Gewinn, also in der Regel den Kursanstieg der Wertpapiere, auch tatsächlich durch Verkauf gezogen bzw. „glatt gestellt" haben würde, wie es *Lange* und das OLG Frankfurt verlangen, ist daher unerheblich[334]. Dies ergibt ein Vergleich mit Wertpapieren, die sich bei Schadenseintritt schon im Eigentum des Geschädigten befunden haben. Sie müssen vom Schädiger natural restituiert werden oder er muß den Geschädigten in die Lage versetzen, sich die Wertpapiere wiederzubeschaffen. Ein entsprechendes Urteil würde als geschuldete Schadensersatzleistung den Kurs der Wertpapiere am Tag der letzten mündlichen Verhandlung ansetzen. Ihr Wert würde imaginär positiv oder negativ fortgeschrieben. Es wird in solchen Fällen nicht verlangt, daß ein Geschädigter den eventuellen Wertanstieg der zerstörten Papiere zum Zeitpunkt der letzten mündlichen Verhandlung durch Verkauf ziehen muß. Die Wertpapiere waren bei Schadenseintritt nachweislich in seinem Eigentum, so daß er in die Lage versetzt werden muß, erneut Eigentum an Wertpapieren gleicher Art zu erlangen. Die gleichen Bewertungsgrundsätze müssen für imaginär erworbene Wertpapiere gelten, wenn ihr Erwerb nachweislich durch das schädigende Ereignis verhindert wurde. Wenn ein Geschädigter ausreichend nachweist, daß er z. B. mit dem ihm aufgrund Zahlungsverzugs noch zustehenden Geld bei rechtzeitiger Zahlung Wertpapiere erworben hätte, sind diese so zu bewerten, als seien sie in seinem Eigentum. Die

---

[332] RG JW 1929, 2508 (2509); JW 1931, 3088 (3089 f.). Fortgeführt von BGH WM 1960, 861 (862); WM 1965, 789 (791 f.); NJW 1983, 758 (758). Ebenso: Mertens in Soergel § 252 Rn 11; Medicus in Staudinger § 252 Rn 58.

Lange, S. 344 setzt zudem voraus, daß eine Anlage den Gepflogenheiten des Geschädigten entspricht. Damit gelangt man aber im Ergebnis zu der gleichen, unzutreffenden Beschränkung wie Stoll, da ein Ersatz dann lediglich für „normale" Anleger möglich ist. Dies entspräche wiederum einer Beschränkung des Gesetzeswortlauts auf den gewöhnlichen Lauf der Dinge.

[333] S. o. 1. Teil A. II. 2. b)-d).

[334] OLG Frankfurt NJW-RR 1988, 1107 (1109); Lange, S. 344. So wohl auch Mertens in Soergel § 252 Rn 13.

Kaufentscheidung kann durchaus erst nach dem Schadenseintritt getroffen worden sein, da gerade Einsatzentscheidungen erst nach dem schädigenden Ereignis von § 252 S. 1 BGB mit erfaßt werden sollen[335]. Eventuell eintretende Kursanstiege sind eine Wertsteigerung dieser Papiere. Wertsteigerungen sind allgemein als entgangener Gewinn ersetzbar[336]. Dies entspricht der Definition des entgangenen Gewinns im Sinne jeder entgangenen Vermögensmehrung. Haben die vom Geschädigten hypothetisch erworbenen Wertpapiere dagegen Kursverluste hinnehmen müssen, kommt dies dem Schädiger zugute, da er dann nur in dieser Höhe Ersatz leisten muß. Ein Gewinn ist dem Geschädigten allerdings auch dann zu ersetzten, wenn er bei Kursanstieg dem Schädiger konkret seine Verkaufsabsicht mitgeteilt hat. In diesem Fall ist der Geschädigte so zu behandeln, als habe er den Kursanstieg durch einen Verkauf in Geld umgesetzt. Ihm ist daher der hypothetisch erzielte Geldbetrag als entgangener Gewinn zu ersetzen. Sobald der Geschädigte also keine Verkaufsabsicht mitteilt, trägt er allein das Risiko eines Kursverlustes, da sich ein Kursverlust auf seinen Schadensersatzanspruch auswirkt. Ebenso kann eine frühzeitig mitgeteilte Verkaufsabsicht den Entgang weiterer Kursanstiege für den Geschädigten bedeuten. Damit bleibt das Risiko eines gewinnbringenden Verkaufszeitpunkts allein beim Geschädigten.

Eine allgemeine materiell-rechtliche Beschränkung auf Spekulationsgewinne, die schon zum Zeitpunkt des schädigenden Ereignisses ausreichend wahrscheinlich sind, ist also nicht erforderlich. Das Gesetz gibt das eindeutige Grundprinzip vor, daß der zu ersetzende Schaden nach dem subjektiven Interesse des Geschädigten bestimmt wird. Es ist das Risiko des Schädigers, wenn er besonders hohe Vermögenswerte oder eine geschickte Person mit erheblichen Verkaufstalenten schädigt. Ob der behauptete Gewinn wirklich entgangen ist oder nicht, ist eine reine Beweisfrage. Nach dem gesetzlich vorgegebenen Grundsatz der Totalreparation wäre es viel eher unbillig, wenn ein nachweislich entstandener Schaden nicht ersetzt werden würde. Dementsprechend sind entgegen der materiell-rechtlichen Auffassung Schäden, die ahrscheinlich waren, aber letztendlich nicht eingetreten sind, nicht ersetzbar[337]. Es sprechen demnach keine überzeugenden Argumente für die materiell-rechtliche Auffassung. Sie ist abzulehnen.

[335] S. o. A. II. 2. d) bb).
[336] S. o. A. II. 2. b) und d).
[337] Lange, S. 341.

IV. § 252 S. 2 BGB als beweisrechtliche Regelung

1. Verknüpfung mit der Beweiserleichterung des § 287 ZPO

Wie schon erwähnt, ist die materiell-rechtliche Auffassung unter anderem aufgrund des eindeutig bestehenden beweisrechtlichen Bezuges des § 252 S. 2 BGB abzulehnen[338]. Die Praxis, also die Gerichte, erhält im Hinblick auf § 287 ZPO (ehemals § 260 CPO) durch § 252 S. 2 BGB eine Anweisung bezüglich des von ihr vorauszusetzenden Überzeugungsgrades[339]. Diese Erklärung aus den Motiven erhellt zugleich, daß der Sinn und Zweck des § 252 S. 2 BGB im Verhältnis zu § 287 ZPO zu suchen ist. § 287 ZPO wird nach allgemeiner Meinung als Beweiserleichterung zu § 286 ZPO angesehen[340]. Da nun aber die zu § 252 S. 2 BGB überwiegend vertretene Meinung den § 252 S. 2 BGB ebenfalls als Beweiserleichterung ansieht, bestehen Schwierigkeiten, das Verhältnis der beiden Vorschriften zueinander exakt zu bestimmen. Nach überwiegender Auffassung soll § 252 S. 2 BGB den § 287 ZPO als weitere Ausgestaltung ergänzen[341]. Dabei wird sowohl vertreten, daß § 252 S. 2 BGB eine im Rahmen des § 287 ZPO liegende Beweiserleichterung darstellt[342], als auch, daß die Beweiserleichterung des § 252 S. 2 BGB über die des § 287 ZPO hinausgeht[343]. Eindeutige Unterschiede sind zwischen den Normen auf den ersten Blick also nicht einwandfrei erkennbar. Dies führt bei den Vertretern der Beweiserleichterungstheorie überwiegend zu der Auffassung, daß eine Anwendung der §§ 252 S. 2 BGB, 287 ZPO praktisch nicht zu unterschiedlichen Ergebnissen führt[344]. In letzter Konsequenz sei § 252 S. 2 BGB daher eigentlich überflüssig[345]. Teilweise wird § 252 S. 2 BGB allerdings als lex specialis

---

338 So auch Keuk, Vermögensschaden, S. 167 f.

339 Mugdan, S. 10 = Mot. II, S. 18.

340 BGH LM Nr. 114 zu § 287 ZPO; Prütting in MüKo-ZPO § 287 Rn 1; Leipold in Stein/Jonas § 287 Rn 1; Baumbach/Lauterbach/Albers/Hartmann § 287 Rn 2; Schilken Rn 395, 490.
A.A.: Gottwald, S. 218, der § 287 ZPO neben § 286 ZPO für überflüssig hält.

341 BGHZ 29, 393 (399); 54, 45 (47); NJW 1982, 581 (583); Stoll, AcP 176 (1976), 145 (184); Heinrichs in Palandt § 252 Rn 5; Arens, ZZP 88 (1975), 1 (45).

342 BGH LM Nr. 4 zu § 252 BGB; Teichmann in Jauernig § 252 Anm. 2.; Kuckuk in Erman § 252 Rn 10; Maassen, S. 101; Ruhkopf/Book VersR 1970, 690 (691).

343 BGH DRiZ 1963, 25 (25); E. Schneider, Anm. zu BAG AP Nr. 2 zu § 252 BGB.

344 Lange, S. 341; Mertens in Soergel § 252 Rn 12; Grunsky in MüKo § 252 Rn 8; Medicus in Staudinger § 252 Rn 20; ders., DAR 1994, 442 (445), obwohl er hier die Möglichkeit eines Unterschieds der Normen erstmals ins Auge faßt.

345 Gottwald, S. 135.

gesehen, neben der § 287 ZPO lediglich noch für die konkrete Schadenshöhe subsidiäre Anwendung finde[346].

Wie sich aus dem Vorstehenden ergibt, ist man sich also lediglich darüber einig, daß § 252 S. 2 BGB eine Beweiserleichterung darstellt. Eine klare Abgrenzung zur Beweiserleichterung des § 287 ZPO wird dagegen nicht vorgenommen, so daß § 252 S. 2 BGB durchaus überflüssig erscheinen kann. Dies läßt Zweifel an der selbständigen Bedeutung des § 252 S. 2 BGB als Beweiserleichterung neben § 287 ZPO aufkommen. Wenn § 252 S. 2 BGB und § 287 ZPO zu gleichen Ergebnissen führen, kann der Regelungsgehalt des § 252 S. 2 BGB nicht in einer weiteren, dann überflüssigen, Beweiserleichterung liegen. Zur genauen Bestimmung seines Regelungsgehaltes sind daher beide Normen detaillierter zu betrachten. Eine weitere Beweiserleichterung kann § 252 S. 2 BGB neben § 287 ZPO nur darstellen, wenn der durch § 252 S. 2 BGB geforderte richterliche Überzeugungsgrad unter dem des § 287 ZPO liegt.

2. Der durch § 287 ZPO geforderte richterliche Überzeugungsgrad

Der im Rahmen des § 287 ZPO geforderte Grad der richterlichen Überzeugung wird unterschiedlich beschrieben. Teilweise wird in einer sehr allgemeinen Formulierung für § 287 ZPO lediglich eine geringere Überzeugung als im Rahmen des § 286 ZPO gefordert[347]. Es gibt jedoch auch Versuche, den für § 287 ZPO erforderlichen Wahrscheinlichkeitsgrad des Vorliegens der zu beweisenden Tatsachen näher einzugrenzen. So wird unter anderem gefordert, daß im Rahmen des § 287 ZPO eine erhebliche Wahrscheinlichkeit der behaupteten Tatsachen vorliegen muß[348]. Der Begriff „erheblich" wird in diesem Zusammenhang allerdings nicht näher erläutert. Andere Entscheidungen und Autoren präzisieren dies, indem sie eine mehr oder minder hohe, mindestens aber überwiegende Wahrscheinlichkeit der zu beweisenden Tatsachen fordern[349]. Strengere Anforderungen werden durch die Vertreter der

---

346 v. Hoyningen-Huene/Boemke, NJW 1994, 1757 (1761); Maassen, S. 101; Baumbach/Lauterbach/Albers/Hartmann § 287 Rn 2. Auch Stoll, Haftungsfolgen, S. 333 will § 287 ZPO nur für die Schadenshöhe anwenden.

347 Arens/Lüke, Rn 271; E. Schneider Rn 260; Wieczorek § 287 C III; Schilken, Rn 395, 490.

348 BGH NJW-RR 1992, 997 (998); JZ 1991, 262 (262); MDR 1963, 122 (123); Thomas/Putzo § 287 Rn 11; Prütting in MüKo-ZPO § 287 Rn 17.

349 BGH NJW 1972, 1515 (1516); VersR 1960, 656 (657); v. Hoyningen-Huene/Boemke, NJW 1994, 1757 (1759) m.w.N.; Henckel, JuS 1975, 221 (222).

Auffassung gestellt, die eine deutlich überwiegende, auf gesicherter Grundlage beruhende Wahrscheinlichkeit verlangen[350]. Noch strengere Anforderungen wurden in früheren Entscheidungen gestellt, die im Bereich des § 287 ZPO eine an Sicherheit grenzende Wahrscheinlichkeit verlangten[351]. In jüngerer Zeit wird daher die Konsequenz gezogen, daß der durch § 287 ZPO geforderte Wahrscheinlichkeitsgrad je nach Lage des Falles unterschiedlich sein kann, zumindest aber eine überwiegende Wahrscheinlichkeit vorliegen muß[352]. Die verbreitet vertretene Folgerung daraus ist, daß sich für den Anwendungsbereich des § 287 ZPO kein allgemeines, einheitliches Beweismaß aufstellen läßt[353].

Von diesen Aussagen ausgehend, würde in § 252 S. 2 BGB also eine über den § 287 ZPO hinausgehende Beweiserleichterung enthalten sein, wenn der in § 252 S. 2 BGB geforderte richterliche Überzeugungsgrad geringer als eine überwiegende Wahrscheinlichkeit ist. Eine im Rahmen des § 287 ZPO liegende Beweiserleichterung könnte dagegen gegeben sein, wenn das gemäß § 287 ZPO wechselnde Beweismaß für die Fälle des § 252 S. 2 BGB auf die Minimalforderung dieses Spektrums, also auf eine überwiegende Wahrscheinlichkeit, festgelegt ist.

3. Der durch § 252 S. 2 BGB geforderte richterliche Überzeugungsgrad

a) Erforderlichkeit einer Abgrenzung zu § 287 ZPO

Eindeutige Äußerungen der Vertreter der Beweiserleichterungstheorie über die nach § 252 S. 2 BGB zu fordernde Intensität des Wahrscheinlichkeitsurteils

---

[350] BGH NJW 1993, 734 (734); MDR 1992, 1186 (1187); Leipold in Stein/Jonas § 287 Rn 30; Baumbach/Lauterbach/Albers/Hartmann § 287 Rn 2.

[351] BGH VersR 1956, 693 (695); OLG Karlsruhe VersR 1961, 552 (552). Zumindest dieses Beweismaß fordert auch Gottwald, S. 214 ff., der den § 287 ZPO daher neben § 286 ZPO für überflüssig hält. So im Ergebnis auch Rüßmann in AK-ZPO § 287 Rn 5.
Grunsky, Beweiserleichterungen, S. 23 ff. hält die Beweismaße der §§ 286, 287 ZPO für identisch.

[352] BGH NJW 1995, 1023 (1023); NJW 1992, 3298 (3299); NJW-RR 1987, 339 (340).
Maassen, S. 90 geht von einer überwiegenden, dem Grad nach nicht eindeutig bestimmbaren Wahrscheinlichkeit aus.

[353] Greger, S. 131; Klauser, JZ 1968, 167 (170); Arens, ZZP 88, 1 (27); Gottwald, S. 215 spricht sogar von einer in diesem Sinne herrschenden Meinung.
A.A.: v. Hoyningen-Huene/Boemke, NJW 1994, 1757 (1759), die strikt eine überwiegende Wahrscheinlichkeit für ausreichend erachten. Sie begründen dies mit dem Hinweis auf die für ein wechselndes Beweismaß fehlende dogmatische Begründung.

sind nur vereinzelt zu finden. Da ein praktischer Unterschied zwischen § 252 S. 2 BGB und § 287 ZPO verneint wird[354], könnte dies dafür sprechen, daß auch im Rahmen des § 252 S. 2 BGB wechselnde Anforderungen an die jedoch zumindest überwiegende Wahrscheinlichkeit gestellt werden[355]. *Medicus* äußert sich hingegen dahingehend, daß § 252 S. 2 BGB eine zusätzliche Mahnung darstelle, die Beweiserfordernisse gering zu halten[356]. Dies wiederum könnte einen Hinweis darauf bedeuten, daß sich das Wahrscheinlichkeitsurteil im Rahmen des § 252 S. 2 BGB immer am unteren Rand des bei § 287 ZPO vorhandenen Spektrums orientieren muß. Eine überwiegende Wahrscheinlichkeit wäre danach in jedem Fall ausreichend[357].

Das letztere scheint auch die Auffassung der Rechtsprechung zu sein. Zwar ist sowohl in älteren[358] als auch in jüngeren[359] Entscheidungen lediglich von einer „gewissen" Wahrscheinlichkeit die Rede. Dies wird zum Teil insoweit näher erläutert, als daß die Gewinnerzielung nach den Umständen des Falles wahrscheinlicher sein muß, als die Tatsache, daß kein Gewinn erzielt worden wäre[360]. In Widerspruch zu diesen Aussagen stehen allerdings die Urteile, die keinen Unterschied in den Anforderungen der §§ 252 S. 2 BGB, 287 ZPO sehen[361], so daß auch nach Auffassung der Rechtsprechung im Rahmen von § 252 S. 2 BGB wechselnde Überzeugungsgrade entscheidend sein könnten[362].

Nach allen genannten Äußerungen geht § 252 S. 2 BGB zumindest eindeutig nicht über die Beweiserleichterung des § 287 ZPO hinaus. Beide Normen erfordern nach allgemeiner Meinung zumindest eine überwiegende Wahrscheinlichkeit. Zugleich ist jedoch festzustellen, daß die Vertreter der herrschenden Beweiserleichterungstheorie zwar einmütig von einer Beweiserleichterung durch § 252 S. 2 BGB sprechen, sie jedoch keine selbständige, neben § 287 ZPO bestehende Beweiserleichterung belegen. Da zudem teilweise überhaupt keine Unterschiede zwischen § 252 S. 2 BGB und § 287 ZPO gesehen werden, kann auch nicht davon ausgegangen werden, daß die Vertreter der herrschenden Meinung übereinstimmend eine lediglich überwiegende Wahrschein-

---

[354] S. o. Fn 343.
[355] So ausdrücklich: Arens, ZZP 88, 1 (46).
[356] Medicus in Staudinger § 252 Rn 20.
[357] So ausdrücklich: v. Hoyningen-Huene/Boemke, NJW 1994, 1757 (1758); Maassen, S. 101.
[358] BGHZ 29, 393 (398); VersR 1967, 903 (905).
[359] BGH NJW 1995, 2227 (2227).
[360] BGH NJW 1988, 200 (204).
[361] BGH NJW 1995, 1023 (1023).
[362] Arens, a.a.O.

lichkeit für ausreichend erachten. Es kann ebenso wie bei § 287 ZPO ein wechselndes Beweismaß vorliegen. Eine übereinstimmende Festlegung des nach § 252 S. 2 BGB erforderlichen richterlichen Überzeugungsgrades ist also nicht feststellbar. Es macht aber keinen Sinn, von einer Beweiserleichterung zu sprechen und nicht zugleich festzulegen, wie sich diese von der schon existierenden Beweiserleichterung des § 287 ZPO abgrenzt. Es ist daher eine genauere Untersuchung erforderlich, um den präzisen Sinn und Zweck des § 252 S. 2 BGB zu bestimmen. Die Erforderlichkeit einer Abgrenzung wird zudem dadurch belegt, daß sowohl § 287 ZPO wie auch § 252 S. 2 BGB dasselbe Anwendungsgebiet haben. Beide werden für die haftungsausfüllende Kausalität und zur Bestimmung der Schadenshöhe herangezogen[363]. Es ist daher zu vermuten, daß die Regelungsgehalte der Normen differieren, da ansonsten tatsächlich eine der Normen überflüssig wäre.

Einen weiteren Hinweis auf die Erforderlichkeit einer genaueren Sinnerfassung des § 252 S. 2 BGB ergibt eine Betrachtung seines Wortlautes, der mit dem gewöhnlichen Lauf der Dinge und den besonderen Umständen zwei Alternativen vorsieht. Es ist einsichtig, daß es allgemein für die im Rahmen des entgangenen Gewinns zu betrachtenden hypothetischen Geschehensabläufe einer Beweiserleichterung bedarf, da ein hypothetisches Geschehen nicht voll bewiesen werden kann. Die Frage ist jedoch, ob sich die von der herrschenden Meinung geforderte starke Beweiserleichterung auch auf die in § 252 S. 2 BGB vorgesehenen „besonderen Umstände" beziehen kann. Schon *Klauser* hat für diese Alternative des § 252 S. 2 BGB Beweisanforderungen gestellt, die denen des § 286 ZPO nahekommen[364]. Er scheint also nicht nur von wechselnden Anforderungen innerhalb des § 252 S. 2 BGB auszugehen, sondern auch für diesen Teil der Vorschrift eine Beweiserleichterung abzulehnen. Der entscheidende Ansatzpunkt im Wortlaut des § 252 S. 2 BGB ist die „Wahrscheinlichkeit"[365]. Es ist zu eruieren, ob dieser Begriff ein einheitliches oder ein wechselndes Maß für die beiden Alternativen des § 252 S. 2 BGB vorschreibt. Vor allem aber ist festzulegen, welcher Grad der richterlichen Überzeugung durch

---

[363] Für § 252 BGB: Grunsky in MüKO v. § 249 Rn 1; Heinrichs in Palandt v. § 249 Rn 1.
Für § 287 ZPO: BGH NJW 1987, 705 (706); BAG NJW 1972, 1437 (1438); Baumbach/Lauterbach/Albers/Hartmann § 287 Rn 13 ff.; Zöller § 287 Rn 2 f.; Prütting in MüKo-ZPO § 287 Rn 13, 16.
Gegen ein deckungsgleiches Anwendungsgebiet allerdings diejenigen, die für die Schadenshöhe allein § 287 ZPO anwenden wollen: v. Hoyningen-Huene/ Boemke, NJW 1994 1757 (1761); Maassen, S. 101.

[364] Klauser, JZ 1968, 167 (168).

[365] Strieder in Baumgärtel § 252 Rn 2.

§ 252 S. 2 BGB gefordert wird, und ob er sich entscheidend von dem des § 287 ZPO abgrenzt.

b) § 252 S. 2 BGB als Einschränkung des § 287 ZPO

aa) Der Wahrscheinlichkeitsbegriff des § 252 S. 2 BGB und sein Verhältnis zu den §§ 286, 287 ZPO

Nach dem Wortlaut des § 252 S. 2 BGB ist die „Wahrscheinlichkeit" eindeutig sowohl für den gewöhnlichen Lauf der Dinge als auch für die besonderen Umstände vorgesehen. Es spricht daher einiges für einen vom Gesetz geforderten einheitlichen richterlichen Überzeugungsgrad bei beiden Alternativen. Ob dieser ein starres oder wechselndes Maß vorsieht, muß eine Betrachtung des Begriffs der „Wahrscheinlichkeit" ergeben. Dabei ist allerdings problematisch, daß dieser Begriff einer Theorienvielfalt unterliegt[366], von denen beispielhaft nur die alltagssprachliche Erlebniswahrscheinlichkeit, der semantisch-exakte und der mathematische Wahrscheinlichkeitsbegriff genannt seien[367]. Unabhängig von einer derartig begriffswissenschaftlich exakten Einordnung ist für das im Gesetz verwandte Wort der „Wahrscheinlichkeit" bei den Vertretern der Beweiserleichterungstheorie unstreitig, daß es den Grad der richterlichen Überzeugung für die Ersatzfähigkeit entgangenen Gewinns bestimmen soll. Es ist freilich nicht erforderlich, bestimmte genaue Prozentangaben für die geforderte Wahrscheinlichkeit vorzugeben, da ansonsten der Prozeß der richterlichen Überzeugungsbildung zum reinen mathematischen Kalkül degradiert würde[368]. Eine solche objektivierte Wahrscheinlichkeitsprognose kann in gar keinem Fall das Maß der Dinge sein, wie ein Beispiel von *Gottwald* zeigt: In 95 von 100 Fällen ist ein in der Wohnung seiner Geliebten erschossen aufgefundener Mann auch von dieser erschossen worden[369]. Dies ergibt zwar die sehr hohe Wahrscheinlichkeit von 95% für eine Schuld der Geliebten, dennoch kann eine solche rein objektivierte Statistik nicht allein für eine Verurteilung ausreichend sein. Sie läßt keinen Schluß auf den konkret zu beurteilenden Einzelfall zu. Allein die Statistik kann die Schuld einer Person im

---

366 Greger, S. 38.

367 Gottwald, S. 190 f., der im Rahmen des mathematischen Wahrscheinlichkeits-begriffs noch zwischen statistischer, logischer und subjektiver Wahrscheinlich-keitstheorie unterscheidet.

368 Klauser, JZ 1971, 230 (231); Greger, S. 55.

369 Gottwald, S. 196.

Einzelfall nicht beweisen. Ebenso können objektive Statistiken nicht für die Gewinnerwartungen einzelner Personen herangezogen werden[370]. Hinzu kommt, daß derartige Statistiken für die meisten der nach § 252 S. 2 BGB zu entscheidenden Fälle nicht existieren dürften, so daß ein objektiver Wahrscheinlichkeitsgrad schon rein faktisch nicht festgelegt werden könnte.

Wenn also eine exakte Zahl eines Wahrscheinlichkeitsgrades nicht zu bestimmen ist und auch nicht bestimmt werden soll, müssen doch Anhaltspunkte dafür gefunden werden, welche Intensität der richterlichen Überzeugung die „Wahrscheinlichkeit" in § 252 S. 2 BGB voraussetzt. Solche Anhaltspunkte könnten die Hauptnormen über die richterliche Überzeugung, also die §§ 286, 287 ZPO bieten. Zwar beinhalten die Texte dieser Normen nicht ausdrücklich den Begriff „Wahrscheinlichkeit". Zumindest in § 287 ZPO ist jedoch ebenfalls ein Wahrscheinlichkeitsurteil zu fällen[371]. Auch für die richterliche Überzeugung nach § 286 ZPO wird vertreten, daß ein jeden vernünftigen Zweifel ausschließender, an Sicherheit grenzender Grad von Wahrscheinlichkeit ausreichend sei[372]. Innerhalb der Literatur zu § 286 ZPO ist zwar stark umstritten, ob überhaupt von Wahrscheinlichkeit gesprochen werden darf, oder ob die volle Überzeugung bzw. Gewißheit von der Wahrheit zu fordern ist[373]. Im praktischen Ergebnis führen die unterschiedlichen Auffassungen jedoch kaum zu Unterschieden[374]. Dies zeigt sich unter anderem daran, daß auch bei anderen Definitionen des richterlichen Überzeugungsgrades, die den Begriff der „Wahrscheinlichkeit" vermeiden, ein für das praktische Leben brauchbarer Grad von Gewißheit[375], Beweisstärke[376] oder Sicherheit[377] gefordert wird, der eventuellen Zweifeln Schweigen gebietet, ohne sie völlig auszuschließen. Auch diese Definitionen halten also verschiedene Überzeugungsgrade für möglich und fordern deshalb für § 286 ZPO ein entsprechend hohen Grad. So geht *Gottwald* konsequent davon aus, daß letztendlich auch eine Gewißheit nur der höchste aller Wahrscheinlichkeitsgrade ist[378]. Damit wird deutlich, daß die §§ 286, 287

---

370 Dies gilt insbesonders für entgangene Einkünfte noch nicht erwerbstätiger Kinder: Siehe unten 2. Teil C. II. 6. c) Nachweise in Fn 812.

371 Zöller v. § 284 Rn 28.

372 Schilken, Rn 478, Gottwald, S. 189.

373 So: Zöller § 286 Rn 18; Baumbach/ Lauterbach/ Albers/ Hartmann § 286 Rn 16; Baur/ Grunsky, Rn 178a. Zum Streitstand: Prütting in MüKo-ZPO § 286 Rn 31 ff.

374 Prütting in MüKo-ZPO § 286 Rn 33.

375 BGH NJW-RR 1994, 567 (568); NJW 1993, 935 (937); BGHZ 53, 245 (256).

376 Leipold in Stein/Jonas § 286 Rn 4.

377 Rosenberg/Schwab/Gottwald, S. 659.

378 Gottwald, S. 190.

ZPO eventuell Aufschlüsse über die in § 252 S. 2 BGB geforderte „Wahrscheinlichkeit" geben können.

Probleme ergeben sich allerdings aus der sowohl im Rahmen des § 287 ZPO[379] als auch im Rahmen des § 286 ZPO in der Literatur umstrittenen Beurteilung des Begriffes „Wahrscheinlichkeit". Eine übereinstimmende Abgrenzung dieses Begriffes kann anscheinend nicht gefunden werden. Dennoch können diese Normen Anhaltspunkte für eine Erläuterung des Begriffs im Rahmen des § 252 S. 2 BGB bieten, wenn man den Wortlaut des § 286 ZPO genau betrachtet. Der Unterschied zur vom Wortlaut des § 287 ZPO vorgesehenen bloßen freien Überzeugung des Gerichts liegt darin, daß § 286 ZPO die freie richterliche Überzeugung darüber fordert, „ ...,ob eine tatsächliche Behauptung für wahr oder für nicht wahr zu erachten sei". Es wird also die Überzeugung im Sinne einer klaren „entweder-oder"-Entscheidung gefordert. Nicht ein ungenau definierter Überzeugungsgrad ist ausreichend, sondern eine klare „ja-nein"-Entscheidung ist geboten. Das Gesetz bietet damit keinen Anhaltspunkt, daß ab einer gewissen Überzeugungsintensität „aufgerundet" werden soll, sondern es verlangt eindeutig die volle Überzeugung. Ist diese nicht gegeben, ist der Beweis nach § 286 ZPO nicht erbracht.

Dem Wort „Wahrscheinlichkeit" in § 252 S. 2 BGB sind dagegen Zweifel schon immanent. Es bildet eine klare Abstufung zum Wortlaut des § 286 ZPO, der die eindeutige, volle Überzeugung von der Wahrheit fordert. Zugleich bietet das Wort „Wahrscheinlichkeit" einen allgemein verständlichen Anhaltspunkt für eine zu fordernde Intensität der richterlichen Überzeugung. Ein Ereignis ist wahrscheinlich, wenn es mehr als nur möglich, aber auch nicht sicher ist[380]. Im Wortlaut des § 287 ZPO hingegen fehlt ein solcher Anhaltspunkt, da allein die „freie Überzeugung" vorgegeben ist. So ist zwar auch bei § 287 ZPO nicht die volle Überzeugung von der Wahrheit gefordert, die doch recht unpräzise Formulierung von der „freien Überzeugung" dürfte jedoch gleichzeitig die Ursache dafür sein, daß es nicht möglich ist, für den § 287 ZPO ein festes Beweismaß zu finden. Der Wortlaut des § 286 ZPO grenzt also eindeutig zu denen der §§ 252 S. 2 BGB und 287 ZPO ab. Fraglich bleibt, ob die in § 287 ZPO vorgesehene „freie Überzeugung" des Gerichts nicht einen größeren Entscheidungsspielraum als der Begriff der „Wahrscheinlichkeit" in § 252 S. 2 BGB läßt. Die Unterschiede im Wortlaut der beiden Vorschriften führen zu der Vermutung, daß die „Wahrscheinlichkeit" des § 252 S. 2 BGB in der Mitte des

---

379 S. o. B. IV. 2.

380 Mugdan, S. 10 = Mot. II, S. 18.

durch § 286 ZPO und § 287 ZPO geschaffenen Spektrums liegt. In § 286 ZPO und in § 252 S. 2 BGB sind normative Anhaltspunkte für die Gerichte vorgegeben, da die Wortlaute der Normen Hilfestellungen für die Gerichte enthalten, wie intensiv ihre Überzeugung sein muß. Sobald aber derartige Richtlinien vorgegeben sind, ist der Entscheidungsspielraum des Gerichts enger als bei der nach § 287 ZPO vorgesehenen freien Überzeugung. Diese Vorschrift erscheint daher als Auffangtatbestand für die richterliche Praxis im Schadensersatzprozeß, da die Beurteilung über die Entstehung und die Höhe eines Schadens strikte Voraussetzung für ihre Anwendbarkeit ist. Allerdings wäre nach dieser Annahme § 287 ZPO nur für das damnum emergens anwendbar, da für das lucrum cessans mit § 252 S. 2 BGB eine lex specialis für die beweisrechtliche Beurteilung vorgesehen ist. Der Vergleich der Wortlaute der einschlägigen beweisrechtlichen Normen bringt also als Ergebnis, daß § 252 S. 2 BGB zwar gegenüber § 286 ZPO eine Beweiserleichterung darstellt, jedoch nicht als eine den § 287 ZPO ergänzende Beweiserleichterung zu verstehen ist, sondern vielmehr als eine das durch § 287 ZPO gewährte richterliche Ermessen einschränkende Norm, da § 252 S. 2 BGB dem Gericht nur einen engeren Entscheidungsspielraum läßt.

bb) Der vom Wortlaut des § 252 S. 2 BGB geforderte Wahrscheinlichkeitsgrad

Auch der Vergleich der beiden in § 252 S. 2 BGB vorgesehenen Alternativen läßt nur diesen Schluß zu. Die Ersatzfähigkeit entgangenen Gewinns wird unter anderem bejaht, wenn ein Gewinnentgang „nach dem gewöhnlichen Laufe der Dinge" wahrscheinlich ist. Ein gewöhnlicher Geschehensablauf ist hingegen nicht schon dann zu erwarten, wenn eine lediglich überwiegende Wahrscheinlichkeit für den Eintritt eines Ereignisses besteht. Der gewöhnliche Lauf der Dinge ist vom Wortsinn der Formulierung an einen typisierten Geschehensablauf angenähert. Nur wenn Erfahrungssätze existieren, die das Eintreten eines Ereignisses als „gewöhnlich" erwarten lassen, kann vom gewöhnlichen Lauf der Dinge gesprochen werden. Dies ist auch der Grund, daß *Prölss* – wenn auch unzutreffenderweise – die Verbindung des § 252 S. 2 BGB zum Anscheinsbeweis gezogen hat. Die Formulierung des „gewöhnlichen Laufe der Dinge" beinhaltet also einen Wahrscheinlichkeitsgrad, der über dem unteren Maß des § 287 ZPO liegt, denn für § 287 ZPO wird es allgemein als ausreichend erachtet, daß eine überwiegende Wahrscheinlichkeit für ein Ereignis besteht[381].

---

[381] Siehe oben B. IV. 2. Fn 349, 352.

Vor diesem Hintergrund, muß der in § 252 S. 2 BGB vorgesehene Begriff der „Wahrscheinlichkeit" betrachtet werden. Die „Wahrscheinlichkeit" des § 252 S. 2 BGB beruht gerade auf dem gewöhnlichen Lauf der Dinge. Ohne diesen Lauf ist sie nicht möglich. Um keinen Widerspruch in der Norm selbst zu wecken, müssen für die „Wahrscheinlichkeit" daher mindestens diesselben Anforderungen vorliegen, wie sie an einen gewöhnlichen Lauf der Dinge zu stellen sind. Auch der für die „Wahrscheinlichkeit" erforderliche Überzeugungsgrad muß mithin über dem unteren Maß des § 287 ZPO liegen. Eine lediglich überwiegende Wahrscheinlichkeit kann daher nicht ausreichend sein.

Da der Begriff der „Wahrscheinlichkeit" ohne erkennbare Einschränkung für beide in § 252 S. 2 BGB vorgesehenen Alternativen gleichermaßen gilt, müßte demnach auch für den trotz der bereits „getroffenen Anstalten und Vorkehrungen" entgangenen Gewinn ein höheres Beweismaß, als es § 287 ZPO als Minimum vorsieht, zu fordern sein. Für diese Alternative ergibt sich dies ebenfalls bereits aus ihrem Wortlaut. Die dem entgangenen Gewinn zugrundeliegenden „Anstalten und Vorkehrungen" sind nach dem Tempus des Gesetzestextes schon getroffen worden. Es wird also auf etwas Vorhandenem aufgebaut. Die besonderen Umstände sind daher schon eingetreten. Sie sind also mehr als lediglich überwiegend wahrscheinlich.

Der Wortlaut der beiden Alternativen des § 252 S. 2 BGB bestimmt demnach nicht nur im Vergleich mit den §§ 286, 287 ZPO, sondern schon aus sich selbst heraus einen höheren richterlichen Überzeugungsgrad, als es nach § 287 ZPO für ausreichend erachtet wird. § 252 S. 2 BGB sieht nicht einfach vor, daß entgangener Gewinn nach der freien Überzeugung des Gerichts zu ersetzen ist, sondern nur der Gewinn, der entweder aufgrund eines standardisierten Geschehensablaufs, oder aufgrund schon erfolgter besonderer Umstände zu erwarten ist. Beide Alternativen des § 252 S. 2 BGB sehen somit eine hohe Wahrscheinlichkeit des Gewinnentgangs bereits in sich vor. Die Auslegung des zusätzlich vorgesehenen Begriffs der „Wahrscheinlichkeit" muß dies berücksichtigen. Um mit dem Rest der Vorschrift zu korrespondieren, kann daher der zweifelsfrei beweisrechtlich zu verstehende Begriff der „Wahrscheinlichkeit" nur so verstanden werden, daß er zwar ein Minus zu der durch § 286 ZPO geforderten Überzeugung darstellt, die Überzeugung des Gerichts aber gleichwohl stärker sein muß, als es eine Entscheidung nach § 287 ZPO erlauben würde.

cc) Historische Sicht des § 252 S. 2 BGB

Dieses Ergebnis müßte allerdings noch durch weitere Auslegungsmethoden bestätigt werden. Bei der historischen Auslegung ist zunächst zu berücksichtigen, daß mit dem Vorgänger des § 287 ZPO – § 260 CPO – bereits seit 1877 eine Norm bestand, die den Schwierigkeiten des Schadensersatzprozesses des gemeinen Rechts begegnen sollte[382]. Mit der Vorschrift sollte den Entwicklungstendenzen entsprochen werden, die dem Geschädigten nicht mehr einen Beweis seines Schadens auf „Heller und Pfennig" zumuten wollten[383]. § 260 CPO erweiterte die Möglichkeit einer gerichtlichen Ermessensentscheidung neben der Frage über die Höhe des Schadens, bewußt auch auf die Frage, ob ein Schaden entstanden sei[384]. In den Motiven zur CPO wurde dabei für die im Rahmen des § 260 CPO zu treffende Entscheidung von einer „freien Ermessensentscheidung" des Gerichts gesprochen[385], obwohl der Gesetzestext schon damals den Begriff der „freien Überzeugung" verwandte[386]. Im Wortlaut des § 259 CPO (§ 286 ZPO) war zwar auch die „freie Überzeugung" des Gerichts vorgesehen, in den Motiven zu dieser Vorschrift wurde dagegen nicht von einer gerichtlichen Ermessensentscheidung gesprochen[387]. Daraus wird deutlich, wie breit das richterliche Entscheidungsspektrum zwischen diesen beiden Normen gesehen wurde. § 259 CPO verlangte die oben beschriebene „entweder-oder"-Entscheidung, da sich letztendlich zwischen Wahrheit und Unwahrheit einer Tatsache entschieden werden mußte, wogegen das Gericht in § 260 CPO im Rahmen einer freien Ermessensentscheidung quasi auf sich allein gestellt war.

Diese Gegebenheiten waren bei den Beratungen zum BGB zu berücksichtigen. Da für den Bereich des Schadensersatzprozesses durch § 260 CPO eine vollumfängliche Beweiserleichterung gegeben war, ist vor diesem Hintergrund die Erforderlichkeit des § 252 S. 2 BGB nach dem Verständnis der Beweiserleichterungstheorie nicht ersichtlich. Fraglich ist, ob der Gesetzgeber mit § 252 S. 2 BGB nicht vielmehr, wie bereits im Rahmen der grammatischen Auslegung vermutet, das durch § 260 CPO begründete freie richterliche Ermessen wieder einschränken wollte. Die Motive ergeben eindeutig, daß § 252 S. 2 BGB im Zusammenhang mit § 287 ZPO betrachtet werden muß, da durch ihn „die Praxis im Hinblick auf § 260 CPO die nöthige Anweisung" erhält, daß eine gewisse

---

[382] Arens, ZZP 88, 1 (1); Prütting in MüKo-ZPO § 287 Rn 2.
[383] Stoll, AcP 176 (1976), 145 (183).
[384] Hahn/Stegemann, S. 276 f.
[385] Hahn/Stegemann, a.a.O.
[386] Hahn/Stegemann, S. 34.
[387] Hahn/Stegemann, S. 275 f.

Wahrscheinlichkeit entscheide[388]. *Medicus* versteht dies als Mahnung, die Beweisanforderungen möglichst gering zu halten[389]. Er scheint also keine Einschränkung des § 287 ZPO zu sehen. Gegen diese Interpretation der Motive spricht allerdings, daß bereits zur Zeit des Inkrafttretens des BGB die Gefahr des Ersatzes von bloßen „Gewinnträumen" erkannt worden war[390]. Eine solche Gefahr spricht freilich nicht gerade dafür, Beweisanforderungen möglichst gering zu halten. Auch *Mommsen* hatte schon erkannt, daß zwar die Bestimmung zukünftiger Schäden dem Ermessen des Richters überlassen werden muß[391]. Er sah aber zugleich die Notwendigkeit, dem freien richterlichen Ermessen Anhaltspunkte zu geben[392]. Wenn aber einem freien Ermessen Anhaltspunkte vorgegeben sind, so ist dieses Ermessen nicht mehr völlig frei, sondern bereits eingeschränkt. An die Ausführungen *Mommsens* anschließend begründete auch *v. Kübel* den § 252 S. 2 BGB entsprechenden § 18 seines Teilentwurfes mit der Erforderlichkeit von Anhaltspunkten für das richterliche Ermessen[393]. Er wies sogar explizit darauf hin, daß § 18 (§ 252 S. 2 BGB) die für die Geltendmachung entgangenen Gewinns nötige Einschränkung enthielt[394]. Diese Vorarbeiten zu den Beratungen des BGB erklären also die Formulierung in den Motiven, die von einer „nöthigen Anweisung" ausgeht. Auch *Fischer* verstand den § 252 S. 2 BGB als Direktive an den Richter[395].

Der das richterliche Ermessen einschränkende Sinn und Zweck des § 252 S. 2 BGB wird durch eine weitere Betrachtung der Materialien bestätigt. Im Rahmen der Beratungen zum BGB wurde zunächst vom Land Hamburg beantragt, den § 214 (§ 252 S. 2 BGB) zu streichen. Sein Inhalt sei überflüssig, da er sich für den verständigen Richter im Rahmen des § 260 CPO von selbst ergebe[396]. Zu einer Abstimmung über diesen Antrag kam es jedoch nicht, da er zuvor zurückgezogen wurde[397]. Diese Vorgehensweise läßt darauf schließen, daß es übereinstimmend für erforderlich gehalten wurde, die durch § 260 CPO eingeräumte, freie Stellung der Gerichte zumindest beim Schadensersatz für entgangenen Gewinn durch Vorgabe von Anhaltspunkten einzuschränken.

---

388 Mugdan, S. 10 = Mot. II, S. 18.
389 Medicus in Staudinger § 252 Rn 20.
390 Fischer, S. 53.
391 Mommsen, S. 122.
392 Mommsen, S. 173.
393 v. Kübel in Schubert, S. 727.
394 v. Kübel in Schubert, S. 715.
395 Fischer, S. 69 f.
396 Jakobs/Schubert I, S. 102, 82 f.
397 Jakobs/Schubert I, S. 103.

Die historische Auslegung zeigt also noch deutlicher als die grammatische Auslegung, daß § 252 S. 2 BGB keine im Sinne der herrschenden Meinung beweiserleichternde Regelung enthält. § 252 S. 2 BGB hat vielmehr eine die Beweiserleichterung des § 287 ZPO einschränkende Bedeutung. Der Ersatz entgangenen Gewinns wird durch § 252 S. 2 BGB nicht materiell-rechtlich eingeschränkt, sondern der Grad der richterlichen Überzeugung im Rahmen des § 287 ZPO wird festgesetzt. Dies bedeutet notwendig eine Hochstufung der Beweisanforderungen des § 287 ZPO, da nur so die gewünschte Beschränkung möglich ist. Eine lediglich überwiegende Wahrscheinlichkeit, wie sie als Mindestvoraussetzung im Rahmen des § 287 ZPO gefordert wird[398], ist für den Ersatz entgangenen Gewinns nicht ausreichend.

dd) Prozessual-materielle Doppelwirkung

Sowohl gegen die hier vertretene Auffassung, als auch gegen die Beweiserleichterungstheorie könnte der Umstand sprechen, daß durch § 252 S. 2 BGB eine beweisrechtliche Regelung im materiellen Recht festgeschrieben ist. Dies spricht insbesonders gegen die Beweiserleichterungstheorie, da nach den Vertretern dieser Auffassung die §§ 252 S. 2 BGB und 287 ZPO zu den gleichen Ergebnissen führen[399]. Eine rein prozessuale Regelung ist also im materiellen Recht verankert, so daß Zweifel an ihrem prozessualem Charakter aufkommen könnten. Dieser Einwand kann jedoch nicht gelten. Die speziellen beweisrechtlichen Anforderungen, die sich im Rahmen des Ersatzes für entgangenen Gewinn stellen, sind sinnvollerweise im Zusammenhang mit den Regelungen über den entgangenen Gewinn zu kodifizieren. Zwar ist zugleich eine materielle Wirkung des § 252 S. 2 BGB zu bejahen, da de facto durch die erhöhten Beweisanforderungen auch der Ersatz entgangenen Gewinns beschränkt wird[400]. Zwischen prozessualem und materiellem Recht besteht jedoch gerade im Bereich des § 287 ZPO eine Wechselwirkung[401]. Da § 252 S. 2 BGB als Anweisung im Hinblick auf § 287 ZPO gedacht ist, erlaubt es diese Wechselwirkung nicht, die Norm eindeutig dem einen oder anderen Rechtsgebiet zuzuordnen. Der enge Zusammenhang mit dem Ersatz entgangenen

---

[398] S. o. Fn 351.

[399] S. o. Fn 343 f.

[400] Gottwald, S. 136; v. Hoyningen-Huene/Boemke, NJW 1994, 1757 (1758) sehen ebenfalls eine materielle Wirkung des § 252 S. 2 BGB; allerdings mit anderer Begründung.

[401] Gottwald, S. 3. Arens, ZZP 88, 1 (37) spricht von funktionalem Zusammenhang von Beweis- und materiellem Recht.

Gewinns spricht sogar dafür, die Regelung in § 252 BGB mit aufzunehmen. § 252 S. 2 BGB hat dadurch eine prozessual-materielle Doppelwirkung.

Damit ist auch nach einer systematischen Auslegung des § 252 S. 2 BGB eine den § 287 ZPO einschränkende Wirkung zumindest nicht ausgeschlossen. Die nach der hier geäußerten Auffassung durch die Einschränkung des § 287 ZPO zugleich vorhandene materiell beschränkende Wirkung der Vorschrift spricht sogar gerade für eine Aufnahme in das materielle Recht.

ee) Aktuelle Erforderlichkeit einer prozessual beschränkenden Wirkung

Die sich nach den vorhergehenden Auslegungsmethoden ergebene, den § 287 ZPO – also prozessual – einschränkende Bedeutung des § 252 S. 2 BGB müßte sich auch nach einer objektiv-teleologischen Auslegung ergeben. Die behauptete Wirkung der Norm müßte also der in der Gegenwart zu fordernde, angemessene Regelungszweck dieser Norm sein.

Für ein im Gegensatz zu § 287 ZPO festes, also nicht wechselndes Beweismaß des § 252 S. 2 BGB spricht unter objektiv-teleologischen Gesichtspunkten der Gedanke der Rechtssicherheit. Dieser Gedanke ist beachtenswert, da gerade im Schadensersatzrecht eine unübersehbare Zahl von – teilweise kontroversen – Entscheidungen existiert[402]. Bei der gesetzlich vorgesehenen Bestimmung des Schadensersatzumfangs ist also die Vermeidung einer zu großen diskretionären Entscheidungsgewalt des Gerichts begrüßenswert; was der Gesetzgeber auch auschließen wollte[403]. Um ein Prozeßrisiko objektiv kalkulierbar zu halten, müssen den rechtsuchenden Parteien Anhaltspunkte bekannt sein, nach denen das Gericht sein Urteil fällen wird. Dies gilt gerade für hypothetische Schadenspositionen wie den entgangenen Gewinn. Unter Berücksichtigung des § 308 ZPO müssen Geschädigte vor Klageerhebung abschätzen können, welche Gewinnerwartungen ein Gericht anerkennen wird, um ihre Klageforderungen realistisch abfassen zu können. Mit dem Begriff der „Wahrscheinlichkeit" ist im Wortlaut des § 252 S. 2 BGB ein derartiger Anhaltspunkt vorgegeben. Der Aspekt der Rechtssicherheit spricht demnach dafür, den § 252 S. 2 BGB so auszulegen, daß er ein festes Beweismaß enthält.

---

[402] Magnus, S. 321.

[403] Stoll, Vermögensschaden, S. 18, der darauf hinweist, daß dies hauptsächlich im Rahmen der Beratungen zu § 253 BGB eine Rolle gespielt hat.

Daß dieses Beweismaß nicht am unteren, sondern am oberen Rand des in § 287 ZPO vorgesehenen Spektrums liegt, ergibt eine Auslegung des § 252 S. 2 BGB unter Berücksichtigung der gegenwärtigen Diskussionen im Schadensersatzrecht. Mit Bedenken werden die allgemeinen Ausuferungstendenzen des Schadensersatzrechts betrachtet[404]. Dies führt dazu, daß eine Einschränkung des Schadensersatzrechts begrüßt bzw. gefordert wird[405]. Schon *Rabel* hatte in seinem grundlegenden Werk zum Warenkauf gezeigt, wie die einzelnen Rechtsordnungen eine Beschränkung von Schadensersatzansprüchen zu erreichen suchen[406]. Diese internationalen Tendenzen haben ihre Fortsetzung unter anderem in Art. 74 S. 2 CISG gefunden, der die objektive Voraussehbarkeit des Schadens als Begrenzungskriterium aufführt. Anschließend an *Rabel* ist dabei der Sinn und Zweck des jeweiligen Vertrages zu berücksichtigen[407]. Diese für vertragliche Schadensersatzansprüche gewollte Begrenzung wurde sowohl von UNIDROIT in die „Grundregeln der internationalen Handelsverträge"[408], wie auch in die Ausarbeitung über die Prinzipien des Europäischen Vertragsrechts als Art. 4.503 aufgenommen[409]. Im Rahmen des gemeineuropäischen Projekts wird explizit darauf hingewiesen, daß dies für das deutsche Recht eine Verschlechterung des Geschädigten bedeutet[410].

Vor diesem Hintergrund wird deutlich, daß die hier vertretene Auslegung des § 252 S. 2 BGB diesen Tendenzen entspricht. Noch einmal ist explizit darauf hinzuweisen, daß es sich bei dieser Auslegung allerdings schon um das bereits von den Redaktoren des BGB bezweckte Regelungsverständnis handelt, das

---

[404] Brox, AS, Rn 330; Heinrichs in Palandt v. § 249 Rn 58. Honsell/Harrer, JuS 1991, 441 (441), sprechen von „Hypertrophierung" des Schadensersatzrechts. Daß dies nicht nur ein aktuelles Problem ist, zeigen die Ausführungen von Fischer, S. 53, der in § 252 S. 2 BGB die Vorschrift sah, die den Ersatz von „Gewinnträumen" verhinderte.

[405] Honsell/Harrer, a.a.O., 448; Roussos, S. 23; Lange, S. 19 f. und Canaris, JZ 1987, 993 (1001 f.) fordern eine Einschränkung des „Alles-oder-Nichts"-Prinzips.

[406] Rabel, S. 473 ff. Als zu diesem Zeitpunkt existierende Begrenzungskriterien schildert er die Abgrenzung zwischen direktem und indirektem Schaden, die Voraussehbarkeit des Schadens, die Schwere des Verschuldens und die Adäquanz. Er selbst schlug eine Begrenzung anhand des zu ermittelnden Vertragszwecks vor.

[407] Stoll in v. Caemmerer/Schlechtriem Art. 74 Rn 34.

[408] UNIDROIT Artikel 7.4.4.

[409] Lando/Beale, introduction xix, die ausdrücklich an die CISG als „particularly fruitful source of ideas" anknüpfen.

[410] Lando/Beale, S. 204, Notes 3. Diese Annahme basiert allerdings auf der im deutschen Recht herrschenden Auslegung des § 252 S. 2 BGB, die keinen Unterschied zu § 287 ZPO sieht. Für die h. M. stellt daher eine bislang anschei-nend nicht vertretene Beschränkung des Schadensersatzes tatsächlich eine Verschlechterung dar.

seine Gültigkeit und Aktualität auch heute noch nicht eingebüßt hat. § 252 S. 2 BGB sieht ein höheres Beweismaß vor, als es gegenwärtig allgemein vertreten wird[411]. Mit der hier vertretenen Auffassung ist es möglich, in einem Teilbereich des Schadensersatzrechts den angesprochenen Ausuferungstendenzen entgegenzutreten. Der Ersatz entgangenen Gewinns erfordert eine höhere Überzeugung des Gerichts als es allgemein bei der Entstehung eines Schadens im Rahmen des § 287 ZPO der Fall ist. Diese im Vergleich zu § 287 ZPO strengeren Beweisanforderungen sind erforderlich, da der entgangene Gewinn, obwohl er ein hypothetisches Ereignis darstellt, als ersatzfähiges Vermögensgut anerkannt wird. Dieser Aspekt eines zwar nur gedachten, gleichwohl aber anzuerkennenden Schadens erfordert eine deutlich überwiegende Wahrscheinlichkeit für das Eintreten dieses Ereignisses. Zwar ist ein Vollbeweis eines hypothetischen Ereignisses zweifellos nicht möglich, es müssen die Beweisanforderungen für hypothetische Schäden jedoch so hoch gehalten werden, daß unbillige Belastungen der Schädiger möglichst vermieden werden. Eine, wie von der herrschenden Meinung geforderte, lediglich überwiegende Wahrscheinlichkeit der Gewinnerwartung, kann dies nicht leisten. Wie *Arens* überzeugend ausführt, besteht bei einem derartigen Beweismaß eine zu große Gefahr, den Unterschied von 49 % zu 51 % zu verfehlen[412]. Für die evidenten Schäden des damnum emergens[413] mag daher eine Schadensschätzung durch die freie Überzeugung des Gerichts zuzulassen sein, da durch die positiven Schäden der Lebenssachverhalt dem Gericht ausreichend Anhaltspunkte zur Schadensbemessung liefert. Für einen rein hypothetischen Schaden muß hingegen in darüber hinausgehenden ausreichendem Maße gesichert sein, daß ein Gewinn bzw. eine Vermögensmehrung eingetreten wäre. Nur dann ist ein Ersatz als Schadensposten zuzugestehen. Dies ist nur mit einer deutlich überwiegenden Wahrscheinlichkeit, die nur leichte Zweifel an dem Gewinnentgang aufkommen läßt, möglich.

Dieser hohe Wahrscheinlichkeitsgrad ist zugunsten des Schädigers erforderlich, da durch § 252 S. 2 BGB die Beweislast des Geschädigten verkürzt wird[414].

---

[411] So anscheinend auch Larenz, SchuldR I, § 29 II b, der für entgangenen Gewinn eine „sehr hohe Wahrscheinlichkeit" fordert. Seine Ausführungen erscheinen jedoch nicht ganz eindeutig, da er die h. M. unkommentiert darstellt. Es bleibt unklar, ob er sich dieser Auffassung und somit dem nach § 287 ZPO zu fordernden, geringeren Grad der Wahrscheinlichkeit anschließt.

[412] Arens, ZZP 88, 1 (32).

[413] Siehe oben A. II. 1. a), Fn 101.

[414] Belke, JZ 1969, 586 (588 f.).

Dem Geschädigten wird der Beweis des entgangenen Gewinns also einfacher fallen als eine normale Beweisführung. Als Konsequenz kann der Schädiger eher in die Lage geraten, den vollen Gegenbeweis zu führen, als dies üblicherweise der Fall ist. Wenn zusätzlich noch ein lediglich überwiegender Wahrscheinlichkeitsgrad für die Tatsachenvermutung des § 252 S. 2 BGB ausreichend wäre, würde der Geschädigte doppelt erleichtert und der Schädiger doppelt betroffen. Dies spricht dafür, die in § 252 S. 2 BGB vorgesehene „Hürde" der Wahrscheinlichkeit hoch anzusetzen.

Für die hier vertretene Auffassung spricht zudem das früher herrschende und heute noch vielfach vertretene Verständnis der Norm, nach dem in § 252 S. 2 BGB die Grundlage für eine abstrakte Schadensberechnung gesehen wurde[415]. Zwar wird auf dieses Verständnis später noch genauer einzugehen sein, bereits hier kann aber folgendes berücksichtigt werden. Allein die Tatsache, daß § 252 S. 2 BGB – ob zutreffend oder nicht – als Grundlage einer abstrakten Schadensberechnung gesehen werden könnte, spricht für einen der Vorschrift immanenten hohen Wahrscheinlichkeitsgrad. Eine abstrakte Betrachtung von Geschehnissen ist nur möglich, wenn feste Gegebenheiten existieren, die einen gleichartigen Ablauf dieser Geschehnisse als nahezu sicher erwarten lassen. Eine abstrakte, von der konkreten Wirklichkeit losgelöste Schadensberechnung kann aber eben auch zur Fiktion eines Schadens führen. Sollte § 252 S. 2 BGB wirklich einen abstrakten Schadensposten zusprechen, so ist zur Vermeidung unbilliger Ergebnisse eine sehr hohe Wahrscheinlichkeit für den Eintritt dieser abstrakten Ereignisse, mithin eine mehr als überwiegende Wahrscheinlichkeit für einen Gewinnentgang zu fordern.

Die Bedeutung und Erforderlichkeit einer deutlich überwiegenden Wahrscheinlichkeit zeigt des weiteren ein begrüßenswertes jüngeres Urteil des OLG Hamm[416]. Die Beklagten waren aus einem vorhergehenden Urteil verpflichtet, dem Kläger sämtliche zukünftigen materiellen Schäden aus einem Verkehrsunfall zu ersetzen. In dem Rechtsstreit macht der Kläger daher entgangenen Gewinn in Form verletzungsbedingt unterbliebener Eigenleistungen geltend. Folge des Verkehrsunfalles sei sein Umzug aus der Heimatgemeinde nach Bremen gewesen. Aus diesem Grund habe er nicht – wie dort allgemein üblich – in

---

[415] BGHZ 29, 393 (398); BGH NJW 1988, 2234 (2236); Heinrichs in Palandt § 252 Rn 7; Alff in RGRK § 252 Rn 9; Fikentscher, Rn 545. A.A.: Strieder in Baumgärtel § 252 Rn 5; Steffen, VersR, 1985, 605 (608); Knobbe-Keuk, VersR 1976, 401 (404); Lange, S. 345; Medicus in Staudinger § 252 Rn 23 ff.

[416] OLG Hamm NJW-RR 1996, 170.

seiner Heimatgemeinde unter der Mithilfe der Nachbarn und eigener Leistungen ein Einfamilienhaus errichten können. Diese entgangenen Eigenleistungen seien auszugleichen. Das OLG Hamm nimmt ebenso wie der BGH zwar eine grundsätzliche Erstattungsfähigkeit an, setzt für das geschilderte Begehren aber strenge Beweisanforderungen voraus, um uferlose Schadenskonstruktionen dieser Art zu vermeiden[417]. In den Entscheidungsgründen wird von einer hinreichenden Wahrscheinlichkeit gesprochen, die für den Vortrag des Klägers sprechen muß. Dem Gericht fehlten jedoch ausreichende Indizien, die eine derartige Entwicklung ausreichend wahrscheinlich erscheinen lassen[418]. Daneben sei der Kläger zum Unfallzeitpunkt erst 14 Jahre alt gewesen, so daß ein Verbleib im Heimatort unter Berücksichtigung der heutigen gesellschaftlichen Entwicklung, die eine Tendenz zu einer gewissen Mobilität habe, nicht mit hinreichender Sicherheit festgestellt werden könne[419]. Dieses Ergebnis entspricht der hier geforderten, deutlich überwiegenden Wahrscheinlichkeit. Die eingeklagten Forderungen waren nicht deutlich überwiegend wahrscheinlich; es gab zu viele Zweifel an ihrem Vorliegen. Die Klage wurde daher zutreffend abgewiesen.

Das Urteil zeigt, wie der Ausgang von Fällen zu erwarten ist, bei denen ein entgangener Gewinn erst in einem großen zeitlichen Abstand zum schädigenden Ereignis geltend gemacht wird. Im Beispielsfall des Antiquitätenliebhabers[420] bedeutet dies, je später eine entgangene Wertsteigerung des zerstörten Stuhles geltend gemacht wird, desto schwieriger dürfte es für den Antiquitätenliebhaber werden, mit einer deutlich überwiegenden Wahrscheinlichkeit nachzuweisen, daß er noch im Besitz des Louis XIV.-Stuhles gewesen wäre. Der hier geforderte Wahrscheinlichkeitsgrad, der den Spielraum des § 287 ZPO nicht zuläßt, bietet demnach ausreichenden Schutz gegen einen Ersatz von rein denktheoretischen Entwicklungen. Veranschaulichen kann dies ein weiteres Beispiel aus der jüngeren Rechtsprechung. Die zu diesem Zeitpunkt in der Weltrangliste führende Tennisspielerin wurde bei einem Turnier durch ein Attentat verletzt und mußte daraufhin ihre Karriere unterbrechen. Sie verklagte den Turnierveranstalter deswegen u. a. auf Ersatz entgangenen Gewinns in Form von entgan-

[417] OLG Hamm NJW-RR 1996, 170 (170). In BGH NJW 1989, 2539 (2540 f.) wird die grundsätzliche Möglichkeit eines Ersatzes bejaht. Allerdings müsse eine reali-stische Schätzung unter Berücksichtigung aller Umstände erfolgen.

[418] OLG Hamm NJW-RR 1996, 170 (170 f.). Insbesonders werden fehlende finan-zielle Vorkehrungen zur Absicherung der Restfinanzierung bemängelt.

[419] OLG Hamm NJW-RR 1996, 170 (171).

[420] S. o. A. II. 2. a) dd).

genen Preisgeldern und Werbeeinnahmen[421]. Zwar ist die Klage bereits wegen eines fehlenden Haftungsgrundes abgewiesen worden[422], der Ersatz entgangenen Gewinns ist in solchen Fällen jedoch nur sehr eingeschränkt möglich, da sich ansonsten die befürchteten uferlosen Schadensberechnungen durchsetzen könnten[423]. Im Hochleistungssport werden die Körper der Athleten derart dicht an ihrer Leistungsgrenze beansprucht, daß trotz aller ärztlichen Betreuung Verletzungen jederzeit möglich sind. Eine deutlich überwiegende Wahrscheinlichkeit für die dauerhafte und unterbrechungsfreie Fortsetzung einer Karriere ist daher nicht gegeben, so daß ein Ersatz von sogenannten Antrittsgeldern zu versagen wäre. Gleiches gilt für von verletzten Sportlern geforderte Preisgelder. Weder ist die Teilnahme an weiteren Veranstaltungen sicher, noch ist im Sportbereich ein Erfolg mit deutlich überwiegender Wahrscheinlichkeit zu erwarten. Die Leistungsdichte im Hochleistungssport fast sämtlicher Sportarten läßt es immer wieder zu sogenannten Favoritenstürzen kommen[424]. Es würde daher eine unrealistische Bevorzugung eines geschädigten Sportlers bedeuten, ihm durch Ersatz entgangener Preisgelder eine quasi beherrschende Stellung in seiner Sportart zuzusprechen. Ähnliches dürfte für entgangene Werbeeinnahmen gelten, da der zukünftige sportliche Erfolg Grundlage zukünftiger Werbeverträge ist und er nicht sicher bestimmbar ist.

Die rechtliche Durchführbarkeit und die zeitgemäße praktische Zweckmäßigkeit der hier vertretenen Auffassung wird durch eine rechtsvergleichende Betrachtung noch verdeutlicht. Die im anglo-amerikanischen Rechtsraum existierende Abneigung gegenüber dem Ersatz entgangenen Gewinns mündete in der Schaffung der sogenannten „rule of certainty“, die einen Ersatz von mutmaßlichen Gewinnen weitestgehend ablehnt[425]. Sie ist eine Beweisregel mit gleichzeitig materieller, haftungsbeschränkender Wirkung im Bereich des entgangenen Gewinns[426]. Nichts anderes stellt § 252 S. 2 BGB dar. Wie dargelegt, enthält diese Norm eine für den Ersatz entgangenen Gewinns anwendbare spezielle Beweisregelung, die zugleich eine faktische Beschränkung der Ersatzfähigkeit entgangenen Gewinns bedeutet. Diese dogmatische Einordnung

---

[421] BGH NJW 1997, 2606.

[422] BGH NJW 1997, 2606 (2607 f.).

[423] In einem ähnlichen, zur Zeit beim LG München anhängigen Rechtsstreit klagt eine Weltklasse-Sprinterin ebenfalls entgangenen Gewinn aus verlorenen Prämien und Werbegeldern ein, da sie angeblich zu Unrecht wegen Dopings gesperrt worden war.

[424] Siehe schon B. I.

[425] Stoll, Haftungsfolgen, S. 327.

[426] Stoll, a.a.O.

basiert auf der nach § 252 S. 2 BGB erforderlichen, deutlich überwiegenden, nur leichte Zweifel bestehen lassenden Wahrscheinlichkeit einer Gewinnerwartung. Dies stellt zwar eine Erleichterung gegenüber § 286 ZPO dar, bedeutet aber ein höheres Maß an richterlicher Überzeugung, als es nach § 287 ZPO ausreichen könnte.

4. Darlegungslast und Anknüpfungstatsachen

Festzustellen bleibt noch, wie weit die den § 287 ZPO einschränkende Wirkung des § 252 S. 2 BGB reicht. Gilt sie nur für die Gewinnerwartung oder auch für die ihr zugrundeliegenden Tatsachen? Eine solche Trennung der Beweisanforderungen für die Gewinnerwartung und für die dieser Gewinnerwartung zugrundeliegenden Tatsachen wird teilweisen vertreten[427].

Auch bei Beantwortung dieser Frage kann ein Vergleich mit § 287 ZPO weiterhelfen. Für die für eine Schadensschätzung nach § 287 ZPO erforderlichen Darlegungen des Klägers wird überwiegend vertreten, daß auch für die der Schätzung zugrundeliegenden Anknüpfungstatsachen die Beweiserleichterung des § 287 ZPO gilt[428]. Dies darf allerdings nicht dazu führen, daß es zu einer Schätzung von Schätzungsunterlagen kommt[429], oder daß eine „in der Luft hängende" Schätzung abgegeben werden muß[430]. Die einer Schadensberechnung zugrundeliegenden Ausgangs- bzw. Anknüpfungstatsachen müssen ebenfalls schlüssig dargelegt werden[431]Teilweise wurde noch zwischen konkreten und hypothetischen Tatsachen unterschieden, die entsprechend nach § 286 oder § 287 ZPO zu beweisen waren[432]. Diese Auffassung hat sich jedoch nicht durchgesetzt[433]. Da die herrschende Meinung in der Anwendung von § 252 S. 2

---

427 So ausdrücklich v. Hoyningen-Huene/Boemke, NJW 1994, 1757 (1761), die § 252 S. 2 BGB nur für die Gewinnerwartung anwenden. Für die Anknüpfungs-tatsachen wenden sie dagegen die Regelung des § 287 ZPO an.

428 BAG NJW 1972, 1437 (1438); Prütting in MüKo-ZPO § 287 Rn 28 f.; Thomas/Putzo § 287 Rn 10 f.; Zöller § 287 Rn 5; Baumbach/Lauterbach/Albers/ Hartmann § 287 Rn 2; v. Hoyningen-Huene/Boemke, NJW 1994, 1757 (1760); Greger, S. 133; Arens, ZZP 88, 1 (46); Gottwald, S. 223 f.; Klauser, JZ 1968, 167 (168).

429 BGH NJW 1970, 1970 (1971).

430 BGH NJW 1964, 589 (589); WM 1992, 36 (37); BGHZ 91, 243 (256 f.); OLG Düsseldorf NJW-RR 1990, 608 (609).

431 BGH NJW-RR 1997, 954 (954); NJW 1998, 1634 (1635).

432 BGH VersR 1955, 21 (23).

433 Arens, ZZP 88, 1 (46).

BGB und in § 287 ZPO keine Unterschiede erkennt, wird konsequent für § 252 S. 2 BGB angenommen, daß auch die Anknüpfungstatsachen für entgangenen Gewinn dem Beweismaß des § 252 S. 2 BGB, also einer lediglich überwiegenden Wahrscheinlichkeit, unterliegen[434]. Von diesem Gedanken ausgehend müßte die hier vertretene, von dieser Auffassung abweichende, prozessual einschränkende Wirkung des § 252 S. 2 BGB auch für die Anknüpfungstatsachen gelten.

Dieser Ausgangspunkt ist zutreffend. § 252 S. 2 BGB ist nicht lediglich für die Gewinnerwartung lex specialis, sondern auch für die der Gewinnerwartung zugrundeliegenden Tatsachen. Wie oben ausgeführt, gilt die in der Norm geforderte Wahrscheinlichkeit der Gewinnerwartung für beide Alternativen[435]. Sowohl der „gewöhnliche Lauf der Dinge" als auch die „besonderen Umstände" können direkte Voraussetzungen der Gewinnerwartung sein. Da es sich gerade bei den Anknüpfungstatsachen im Sinne der „besonderen Umständen" ebenfalls um hypothetische Ereignisse handeln kann[436], ist zur Vermeidung unbilliger Belastungen des Schädigers auch für diese Tatsachen ein hoher Wahrscheinlichkeitsgrad zu fordern. Also muß auch für die Anknüpfungstatsachen im Rahmen der besonderen Umstände eine deutlich überwiegende Wahrscheinlichkeit vorliegen. Um Widersprüche innerhalb der Norm zu vermeiden, muß dies auch für die dem gewöhnlichen Lauf der Dinge zugrundeliegenden Anknüpfungstatsachen gelten. Das Gericht muß daher in jedem Fall auch vom Vorliegen der Anknüpfungstatsachen mit einer deutlich überwiegenden, nur leichte Zweifel bestehenlassenden Wahrscheinlichkeit überzeugt sein. Eine weitergehende Beweiserleichterung für die Anknüpfungstatsachen, wie sie § 287 ZPO vorsieht, erscheint unbillig, da dies die sinnvollerweise von § 252 S. 2 BGB vorgesehene Einschränkung des § 287 ZPO unnötig wieder aufheben würde. Die erforderliche Gleichbehandlung der Gewinnerwartung und der Anknüpfungstatsachen ergibt sich auch aus der Annahme, daß sich der Schaden

[434] BGH NJW 1988, 200 (203 f.); NJW-RR 1992, 997 (998); NJW 1995, 2227 (2228); NJW 1998, 1634 (1635); Mertens in Soergel § 252 Rn 14; Arens ZZP 88, 1 (46); Grunsky in MüKo § 252 Rn 9; Klauser, JZ 1968, 167 (168).
A.A. noch BGHZ 2, 310 (314) und BAG NJW 1968, 72 (72), wonach die besonderen Vorkehrungen und Anstalten voll bewiesen werden mußten. Daran anschließend Medicus in Staudinger § 252 Rn 22.

[435] Siehe oben B. IV. 3. b) bb).

[436] Dies ist insbesondere bei den Fällen von behaupteten Spekulationsgewinnen der Fall, wo Kauf und Verkauf von Wertpapieren lediglich gedacht sind: siehe oben Fn 3 – 5 und unter B. III.

und die Umstände auf die er sich gründet, häufig nicht unterscheiden lassen[437]. So wie die herrschende Meinung die Gleichbehandlung damit begründet, daß unterschiedliche Beweisanforderungen innerhalb des § 287 ZPO dessen „Wohltat" wieder vernichten würden, so würde eine Ungleichbehandlung in § 252 S. 2 BGB eine Konterkarierung seiner einschränkenden Wirkung darstellen. Der für die Gewinnerwartung erforderliche hohe Wahrscheinlichkeitsgrad würde seine Wirkung verlieren, wenn die ihm zugrundeliegenden Umstände weniger wahrscheinlich sein müßten.

§ 252 S. 2 BGB stellt also eine lex specialis für die gesamte gerichtliche Beurteilung des entgangenen Gewinns dar. Sowohl die Anknüpfungstatsachen, als auch die Gewinnerwartung, müssen mit einem hohen Grad an Wahrscheinlichkeit zu erwarten sein. Sollte das Gericht einen eingeklagten Betrag für nicht in diesem Sinne wahrscheinlich erachten, so kann es zwar einen geringeren Betrag zusprechen. In Höhe dieses Betrages muß das Gericht jedoch von seinem Entgang mit der nach § 252 S. 2 BGB erforderlichen, deutlich überwiegenden Wahrscheinlichkeit überzeugt sein, die lediglich leichte Zweifel an dem Gewinnentgang bestehen läßt. Insoweit befindet sich die Regelung des § 252 S. 2 BGB tatsächlich im Rahmen des § 287 ZPO. Es ist allerdings nur das im Rahmen des § 287 ZPO höchstmögliche Beweismaß ausreichend.

5. Maßgeblicher Beurteilungszeitpunkt

Durch die Ablehnung der materiell-rechtlichen Theorie hat sich schon herauskristallisiert, daß der zur Bestimmung des entgangenen Gewinns prozessual maßgebliche Zeitpunkt nicht der des schädigenden Ereignisses sein kann. Vielmehr gibt die dogmatische Einordnung des § 252 S. 2 BGB als beweisrechtliche Regelung vor, daß es sich um eine Beurteilung im Rahmen eines Prozesses handeln muß. Prozessual maßgeblicher Zeitpunkt ist daher, wie allgemein bei Schadensersatzprozessen, der der letzten mündlichen Verhandlung[438]. Davon zu trennen ist der materiell maßgebliche Zeitpunkt der

---

[437] v. Hoyningen-Huene/Boemke, NJW 1994, 1757 (1760); Klauser JZ 1968, 167 (168).

[438] BGH NJW 1964, 661 (662); NJW 1988, 1837 (1838); NJW 197, 941 (942); Medicus in Staudinger
§ 252 Rn 21; Heinrichs in Palandt § 252 Rn 6; Kuckuk in Erman § 252 Rn 11; Lange, S. 46.

Schadensberechnung, der im allgemeinen im Zeitpunkt der Erfüllung des Schadensersatzanspruchs gesehen wird[439].

Fraglich ist, ob die Erstattung von Gewinn ausgeschlossen ist, der nach diesen Zeitpunkten entgeht. Die Rechtskraftwirkung eines Urteils erstreckt sich nach §§ 322, 325 ZPO auf den Streitgegenstand[440]. Dieser wird nach herrschender Meinung vom Lebenssachverhalt in Verbindung mit dem Klageantrag bestimmt[441]. Sollte also nach dem Urteil weiterer, auf neue Tatsachen gestützter und bislang nicht eingeklagter Gewinn entgehen, wäre eine weitere gerichtliche Geltendmachung grundsätzlich denkbar[442]. Der Schädiger ist bei Eintreten neuer Tatsachen durch die Möglichkeit der Vollstreckungsgegenklage nach § 767 ZPO geschützt[443]. Eine Ausnahme bilden die §§ 843, 844 BGB, bei denen bereits die voraussichtlich weitere Entwicklung des Schadens Gegenstand des Urteils ist[444]. Ansonsten sind noch nicht abgeschlossene Schadensentwicklungen grundsätzlich nur dem Grunde nach feststellbar[445].

Denkbar ist der Entgang weiteren Gewinns insbesondere für die Fälle von Wertsteigerungen zerstörter Sachen. Zur Veranschaulichung kann wiederum das oben gebildete Beispiel des Antiquitätenliebhabers dienen[446]. Wenn 10 Jahre nach dem ersten Prozeß ein weiteres Schloß mit 50 Stühlen der Epoche Ludwig XIV. abbrennt, wäre der Stuhl des Liebhabers vollends zu einer wertvollen Antiquität geworden. Diese neue Tatsache würde ihm also eine erneute Klage ermöglichen. Fraglich ist allein, ob sich der Stuhl auch noch 10 Jahre später in seinem Besitz befunden hätte. Da aber auch im Rahmen eines neuen Prozesses die Wahrscheinlichkeit des Gewinnentgangs zu beurteilen wäre, müßte der Geschädigte insbesondere beweisen, daß sich die im Wert gestiegenen Sachen auch im Zeitpunkt des weiteren Prozesses noch in seinem Besitz befunden

---

[439] Lange, S. 47; Grunsky in MüKo v. § 249 Rn 126; Teichmann in Jauernig v. §§ 249 - 253 Anm. VII 2.

[440] Thomas/Putzo § 322 Rn 11; Zöller Einl. Rn 61.

[441] BGH NJW-RR 1993, 238 (239); Baumbach/Lauterbach/Albers/Hartmann § 2 Rn 5; Lappe in MüKo-ZPO § 3 Rn 2; Zöller Einl. Rn 83.

[442] Mertens in Soergel § 252 Rn 13 und v. § 249 Rn 292; Lange, S. 46; Grunsky in MüKo v. § 249 Rn 127.

[443] Lange, S. 46.

[444] Thomas in Palandt § 843 Rn 17. Auf die Probleme des § 843 wird unten im 2. Teil unter C. III. noch näher eingegangen.

[445] Gottwald, S. 126 f.

[446] S. o. A. II. 2. a) dd).

hätten[447]. Ein Brand seiner eigenen Güter ist zwar objektiv unwahrscheinlich, aber doch möglich. Daneben ist nicht auszuschließen, daß er – wäre er im Besitz des Stuhls gewesen – den Stuhl nach dem ersten Wertanstieg doch verkauft hätte. Ein Beweis dessen oder des Gegenteils ist jedoch nicht möglich. Zu überlegen ist also, ob man den Gerichten für derartige Fälle nicht einen weiteren Anhaltspunkt an die Hand gibt. Da aus den oben genannten Gründen ein anhand von Prozenten objektiviertes Wahrscheinlichkeitsmaß auszuschließen ist, könnte man daran denken, den Ersatz für entgangenen Gewinn nach einem Prozeß für die Zukunft gänzlich auszuschließen. Möglich ist aber auch, daß das in § 252 S. 2 BGB vorgesehene Beweismaß zur Lösung dieser Fälle ausreichend ist.

Wie problematisch diese Konstellation sein kann, zeigt der Gedanke, daß der zweite Brand auch schon ein paar Monate nach dem ersten Prozeß erfolgen kann. Eine eindeutige Abgrenzung bis zu welchem Zeitraum es als wahrscheinlich anzusehen ist, daß sich ein Gegenstand noch im Besitz des Geschädigten befunden hätte, läßt sich wohl nicht finden. Die Tatsache, daß ein Gegenstand nach einem ersten Prozeß nicht durch ein äußeres Ereignis zerstört worden wäre, ließe sich noch relativ einfach nachweisen. Sobald keine anderen Vermögensgegenstände des Geschädigten zu einem späteren Zeitpunkt beschädigt oder zerstört worden sind, ist es naheliegend, daß auch das weiter im Wert gestiegene Objekt in seiner Substanz noch existieren würde. Bei äußeren Ereignissen handelt es sich um äußere Tatsachen. Diese sind dem Beweis in der Regel problemlos zugängig.

Da dem Geschädigten im ersten Prozeß jedoch schon ein Wertanstieg als entgangener Gewinn ersetzt wurde, muß er in einem weiteren Prozeß nachweisen, daß er diesen Wertanstieg gerade nicht durch Verkauf der Sache in Geld umgewandelt hätte. Diesen Umstand müßte der Geschädigte behaupten. Mit Sicherheit würde dies von der Gegenseite bestritten werden, so daß die Beweislast für diesen Umstand beim Geschädigten liegen würde. Bei der von ihm behaupteten fehlenden Verkaufsabsicht handelt es sich um eine innere Tatsache. Innere Tatsachen sind dem Beweis aber nur schwer zugänglich. Wie sich der Geschädigte unter Hinwegdenken des Schadensfalles weiter verhalten hätte, dürfte daher mit dem nach § 252 S. 2 BGB erforderlichen Beweismaß

---

[447] Jakobs/Schubert I, S. 88.

nicht bewiesen werden können[448]. Da der Beweis über eine entscheidende Tatsache somit nicht möglich sein dürfte, ist eine non-liquet-Entscheidung zu treffen. Der weitere entgangene Gewinn wird dem Geschädigten bei einer nach Abschluß des ersten Prozesses behaupteten weiteren Wertsteigerung also grundsätzlich nicht ersetzt werden können. § 252 S. 2 BGB bedarf daher keiner Ergänzung.

Für andere Fälle entgangenen Gewinns ist das nach § 252 S. 2 BGB geregelte Beweismaß ebenfalls ausreichend. Je größer der Zeitraum zwischen schädigendem Ereignis und dem behaupteten Gewinnentgang ist, desto unwahrscheinlicher wird der Gewinnentgang, da zukünftige Geschäftsentwicklungen in der Regel nicht langfristig prognostizierbar sind. Das nach § 252 S. 2 BGB geforderte hohe Beweismaß beugt in ausreichendem Maße übertriebenen Ersatzforderungen vor.

C. Art und Weise des Schadensersatzes für entgangenen Gewinn

Wie die bisherigen Ausführungen gezeigt haben, enthält § 252 BGB keine Aussage über die Art und Weise einer Schadensersatzleistung für entgangenen Gewinn, so daß die entsprechenden Regelungen in den allgemeinen Normen über die Art und Weise von Schadensersatzleistungen zu suchen sind. Das gesetzliche Schadensersatzsystem sieht in § 249 S. 1 BGB die Naturalrestitution und in § 251 BGB die Kompensation eines Schadens durch Geldersatz vor. Es gilt grundsätzlich der Vorrang der Naturalrestitution vor dem nur ausnahmsweise zulässigen Geldersatz[449]. Der gemäß § 249 S. 2 BGB bestehende Anspruch auf einen Geldbetrag wird als eine Unterart der Naturalherstellung gemäß § 249 S. 1 BGB gesehen und ist von der Kompensation nach § 251 BGB zu unterscheiden. Dies beruht darauf, daß § 249 S. 2 BGB ebenso wie die Naturalrestitution auf das Erhaltungs- und nicht bloß auf das Wertinteresse des Geschädigten gerichtet ist[450]. Er stellt lediglich eine facultas alternativa zu der

---

[448] Lange, S. 48, hält diesen Beweis selbst mit der Beweiserleichterung des § 287 ZPO, die nach der hier vertretenen Auffassung weiter reicht als die des § 252 BGB, für nicht möglich.

[449] Fikentscher, Rn 526 ff.; Kuckuk in Erman § 249 Rn 10; Lange, S. 211 f.; Rüßmann in AK-BGB v. §§ 249 - 253 Rn 21; Schiemann, S. 205 ff.

[450] Medicus, SchuldR I, Rn 588; Kuckuk in Erman § 249 Rn 4; Fikentscher, Rn 530; Esser/Schmidt, § 30 I; Larenz, SchuldR I, § 28 I.
A.A.: Werner in Staudinger, 11. Aufl., § 249 Rn 31; wohl auch Stoll, Haftungsfolgen, S. 159.

Naturalrestitution des § 249 S. 1 BGB dar[451]. Die Naturalrestitution ist ein allgemeingültiges Prinzip, das auf jede Schadensform anwendbar ist[452]. Damit sind nicht nur der Vermögens- und Nichtvermögensschaden, sondern auch die beiden Formen des Vermögensschadens – damnum emergens und lucrum cessans – natural restituierbar. Speziell für den entgangenen Gewinn war dies bereits in § 15 Abs. 2 des Vorentwurfs von *v. Kübel* vorgesehen. Früchte, die hätten gezogen werden können, waren zurückzuerstatten[453]. Die Möglichkeit einer Naturalrestitution entgangenen Gewinns wurde, nachdem der Gesetzgeber auf diese ausdrückliche Regelung verzichtet hatte, von der Literatur bestätigt[454].

Die Folgerichtigkeit dieser Auslegung zeigt sich an dem Beispiel der Zerstörung von Aktien. Der Geschädigte kann, da es sich um vertretbare Sachen handelt, die Wiederbeschaffung von Aktien in gleicher Anzahl verlangen. Wenn der Schädiger nun die gleiche Anzahl Aktien beschafft, restituiert er den Schaden natural. Sollte der Wert der Aktien nach dem Schadenseintritt gestiegen sein, hat er mit dieser Naturalrestitution zugleich die dem Geschädigten entgangene Vermögensmehrung, also entgangenen Gewinn, ersetzt. Sollte allerdings der Ersatz entgangenen Gewinns ausgeschlossen sein, ist darauf zu achten, daß der Geschädigte bei dennoch durchgeführter Naturalrestitution an den Schädiger die Differenz zwischen dem Wert der Sache bei Schadenseintritt und der eingetretenen Wertsteigerung erstatten muß. Alternativ wäre in diesen Fällen auf eine Naturalrestitution zu verzichten.

Praktisch wird es sich bei Schadensersatzleistungen regelmäßig um Geldleistungen handeln, da entgangener Gewinn im wesentlichen aus gewerblicher Nutzung von Sachen resultiert, die für eine pekuniäre Erlöserzielung eingesetzt werden. Dies entspricht auch der herrschenden Rechtswirklichkeit, die die Geldleistung als primäre Ersatzform hervorgebracht hat[455].

---

[451] Lange, S. 226 f.; Medicus in Staudinger § 249 Rn 212 ff.

[452] S. o. A. I. 2. c).

[453] v. Kübel in Schubert, S. 3.

[454] Fischer, S. 166; Enneccerus/Lehmann, S. 60; Esser, S. 165; Grunsky in MüKo § 252 Rn 1; Schiemann, S. 207; Schüttensack, S. 4.
A.A.: Stoll, Haftungsfolgen, S. 296.

[455] Magnus, S. 1; Deutsch, Rn 778.

D. Zusammenfassung

Die vorliegende Arbeit zeigt, daß § 252 S. 1 BGB als einzige Norm den Ersatz des vollen Interesses des Geschädigten anordnet. Der entgangene Gewinn im Sinne des § 252 S. 1 BGB umfaßt jede Vermögensmehrung, die dem Geschädigten bedingt durch das schädigende Ereignis entgeht. Dazu gehören allerdings nicht bereits bestehende rechtliche Ansprüche, da diese als bewertbares Vermögen einzuordnen sind, das als positiver Schaden zu ersetzen ist.

Satz 2 der Vorschrift ordnet als Beweiserleichterung an, daß sowohl für die Gewinnerwartung, wie auch für die dieser Erwartung zugrundeliegenden Umstände ein Vollbeweis nicht erforderlich ist. Es ist jedoch im Gegensatz zu der weitergehenden Beweiserleichterung des § 287 ZPO in jedem Fall eine deutlich überwiegende Wahrscheinlichkeit erforderlich, die nur leichte Zweifel an dem Gewinnentgang bestehen lassen darf.

2. Teil:

Einzelprobleme bei der Anwendung des § 252 BGB

A. Terminologie der Schadensberechnung nach § 252 BGB

I. Abstrakte Schadensberechnung

Im Rahmen des zum Beispiel[456] gemäß §§ 325, 326 BGB zu gewährenden Schadensersatzes wegen Nichterfüllung hat der Schadensersatzgläubiger nach der Rechtsprechung teilweise die Möglichkeit, an Stelle einer konkreten Berechnung seines Schadensersatzanspruchs eine abstrakte Berechnung desselben durchzuführen[457]. Die abstrakte Schadensberechnung stützt sich dabei nach Auffassung der Rechtsprechung auf die Vermutung, daß im Handelsverkehr ein nichtbelieferter Käufer, die ihm im Falle der Erfüllung gelieferte Ware hätte

[456] Baumgärtel, Rn 409 nennt weitere Beispiele.
[457] RGZ 90, 305 (306); 98, 213 (214); 105, 293 (294); BGHZ 2, 310 (313); 29, 393 (399); 62, 103 (105); BGH NJW 1988, 2234 (2236).

verkaufen können. Diesen Verkauf hätte er zu einem über dem Vertragspreis liegenden Marktpreis getätigt[458]. Die Differenz dieser Preise sei ein ihm entgangener Gewinn, so daß diese Vermutung und somit auch die abstrakte Schadensberechnung ihre gesetzliche Grundlage in § 252 S. 2 BGB finde[459]. Diese Einordnung wird in der Literatur vielfach geteilt[460]. Ergänzend sei noch darauf hingewiesen, daß der Kaufvertrag lediglich den Hauptanwendungsfall der vorstehend beschriebenen Berechnungsmethode darstellt. Anwendung findet dieses Prinzip auch bei anderen Vertragsarten[461].

An dieser Auffassung wird vielfältig Kritik geübt. Danach erlaube § 252 S. 2 BGB keine abstrakte Schadensberechnung[462]. Zugleich wird allerdings einschränkend darauf hingewiesen, daß der Begriff „abstrakte Schadensberechnung" verschiedentlich interpretiert werden kann[463]. Vordringlich wird unter dem Wort „abstrakt" eine objektive Schadensberechnung verstanden, die dem Schuldner jeglichen Gegenbeweis abschneidet; was gesetzlich in den §§ 288 Abs. 1, 849 BGB, 376 Abs. 2 HGB zum Ausdruck kommt[464]. Mit abstrakter Schadensberechnung läßt sich hingegen auch die Vermutungs-regelung des § 252 S. 2 BGB bezeichnen, so daß die abstrakte Schadensberechnung als eine Beweiserleichterung verstanden wird. Dies ist die gerade geschilderte Auffassung der Rechtsprechung. Ein anderer Teil der Literatur versteht den Begriff der abstrakten Schadensberechnung als einen materiell-rechtlichen, der dogmatisch

---

458 RGZ 90, 423 (425); 99, 46 (49); BGH NJW 1995, 587 (588).

459 RGZ 101, 217 (218); BGHZ 107, 67, (69); BGH NJW 1988, 2234 (2236). Abweichend aus der Rechtsprechung soweit ersichtlich nur OLG Düsseldorf NJW-RR 1988, 1382 (1383), wobei auch das OLG Düsseldorf die Schadens-berechnung nach § 252 S. 2 BGB grundsätzlich noch als abstrakt bezeichnet, jedoch nicht den Weiterverkaufspreis, sondern einen höheren Deckungskaufpreis als maßgeblich ansetzt.

460 Otto in Staudinger § 325 Rn 55; Ballhaus in RGRK § 325 Rn 17; Fikentscher, Rn 545; Alff in RGRK § 252 Rn 9; Heinrichs in Palandt § 252 Rn 7; Kuckuk in Erman § 252 Rn 13; Bergerfurth/Menard/Fuchs A 114; Schopp, MDR 1989, 1 (2); Steckler, BB 1995, 469 (475).

461 Strieder in Baumgärtel § 252 Rn 7; Emmerich in MüKo § 325 Rn 91 mit Beispielen aus der Rechtsprechung.

462 Rüßmann in AK v. §§ 249-253 Rn 44 f.; Emmerich in MüKo § 325 Rn 102; Strieder in Baumgärtel § 252 Rn 5; Medicus in Staudinger § 252 Rn 25; Larenz, SchuldR I, § 29 III. a); Grunsky in MüKo § 252 Rn 11; Lange, S. 345, 356; Steindorff, AcP 158, 431 (444); Rabel, S. 170, 457 ff.; Keuk, Vermögens-schaden, S. 179 ff.; dies., VersR 1976, 401 (404); Fischer, S. 59 f.; Bardo, S. 55 ff. (64).

463 Larenz, SchuldR I, § 29 III. a); Lange, S. 354; Emmerich in MüKo § 325 Rn 87.

464 Lange, a.a.O.; Emmerich, a.a.O.; Strieder in Baumgärtel § 252 Rn 5.

jedoch unterschiedlich hergeleitet wird[465]. Diese Gesamtsituation führt dazu, daß die Diskussion über die Art der nach § 252 S. 2 BGB erfolgenden Schadensberechung als rein terminologisch bezeichnet wird[466]. Zu klären ist also, ob die nach § 252 S. 2 BGB erfolgende Schadensberechnung als abstrakt zu bezeichnen ist bzw. bezeichnet werden kann.

II. Konkrete Schadensberechung

Der Begriff „abstrakt“ erfordert vom Wortsinn her eine von der Realität gelöste, rein theoretische Betrachtung[467]. Da es sich beim entgangenen Gewinn um etwas Gedachtes, also einen hypothetischen Schaden handelt[468], könnte tatsächlich ein Bezugspunkt für eine abstrakte Schadensberechnung vorhanden sein. Allerdings gibt es Vorschriften, die im Gegensatz zu § 252 BGB unbestritten eine rein abstrakte Schadensberechnung bieten. Bei den §§ 288 Abs. 1 BGB und 376 Abs. 2 HGB geht die von der Realität gelöste, abstrakte Betrachtung so weit, daß selbst ein Beweis des Gegenteils den Schadensersatzanspruch des Gläubigers nicht beseitigen kann[469]. Genau dieser Punkt unterscheidet diese Normen von § 252 BGB. Im Rahmen des Ersatzes für entgangenen Gewinn ist es unstreitig, daß es dem Schuldner grundsätzlich unbenommen bleibt nachzuweisen, daß der behauptete Gewinnentgang geringer oder gar nicht eingetreten wäre[470]. Wenn ein Gewinn also nachweislich nicht entgangen ist, kann der

---

[465] Steindorff, AcP 158, 431 (451 ff., 463); ders., JZ 1961, 12 (13 f.); Rabel, S. 171, 459; Keuk, Vermögensschaden, S. 112, 182; Bardo, S. 93, 165 f., die im 1. Teil ihrer Arbeit eine dezidierte Darstellung der verschiedenen dogmatischen Begründungen vornimmt. Auf diese Herleitungen einer abstrakten Schadens-berechnung wird unten unter B. I. 1. a) noch näher einzugehen sein.

[466] Strieder in Baumgärtel § 252 Rn 5; Grunsky in MüKo § 252 Rn 11.

[467] Duden, Fremdwörterbuch, S. 28.

[468] Keuk, Vermögensschaden, S. 38; Grunsky, Beweiserleichterungen, S. 28; Fischer, S. 51.

[469] RGZ 92, 283 (284); BGH NJW 1953, 337 (337); Grunsky in MüKo § 252 Rn 11; Lange, S. 345; Hefermehl in Schlegelberger § 376 Rn 21 ff.

[470] Strieder in Baumgärtel § 252 Rn 5; Grunsky in MüKo § 252 Rn 9 c; Larenz, SchuldR I, § 29 III. a); Knobbe-Keuk, VersR 1976, 401 (404).

Dies geben auch die Rechtsprechung und die Befürworter einer abstrakten Schadensberechnung nach § 252 S. 2 BGB zu: RGZ 99, 46 (49); 105, 293 (294); BGHZ 29, 393 (398); BAG NJW 1985, 2545 (2545); Otto in Staudinger § 325 Rn 62 f.; Heinrichs in Palandt § 252 Rn 5; Alff in RGRK § 252 Rn 7.

Das RG hatte in stark kritisierten Entscheidungen die Möglichkeit des Gegenbeweises allerdings dadurch quasi entzogen, indem es die Weiterver-kaufsvermutung zugunsten des

Geschädigte keinen Ersatz beanspruchen. Bei den §§ 288 BGB, 376 HGB dagegen ist der Ersatzanspruch soweit von der Realität gelöst, daß trotz fehlenden Schadens ein Anspruch bestehen kann. Dieser eindeutige Unterschied zwischen den genannten Vorschriften spricht dagegen, die Berechnung im Rahmen des § 252 S. 2 BGB als abstrakt zu bezeichnen. Nur was gleich ist, sollte auch gleich bezeichnet werden. Da die §§ 288 BGB, 376 HGB einen höheren Abstraktionsgrad erreichen als § 252 BGB, trifft der Begriff „abstrakte Schadensberechnung" eher auf diese Regelungen zu. Zur Vermeidung von Irritationen sollte diese Bezeichnung daher nicht zugleich auf die andersartige Regelung des § 252 BGB angewandt werden[471].

Auch der von der Gegenmeinung gewählte Ansatzpunkt führt nicht zu einer als abstrakt zu bezeichnenden Schadensberechnung im Rahmen des Ersatzes für entgangenen Gewinn. Ansatzpunkt soll die Alternative des „gewöhnlichen Lauf der Dinge" sein[472]. Die Vertreter dieser Auffassung übersehen, daß auch dem in § 252 S. 2 BGB vorgesehenen „gewöhnlichen Lauf der Dinge" immer ein Einzelfall zugrundeliegt. Es sind nach diesem Wortlaut zwingend die Angaben des Geschädigten erforderlich, um seinen Schadensersatzanspruch zu berechnen, denn er muß den bei ihm zu erwartenden gewöhnlichen Lauf der Dinge vortragen. Das Gesetz für sich bietet im Gegensatz zu den §§ 288 BGB, 376 HGB keinen Anhaltspunkt zu einer vom Einzelfall losgelösten Berechnung. § 288 Abs. 1 BGB gibt mit 4 % eine feste Berechnungsgröße und § 376 Abs. 2 HGB mit den genannten Preisen eine direkte Berechnungsmethode vor. Nach § 252 S. 2 BGB hingegen kann ein Schaden nur berechnet werden, wenn der Geschädigte <u>seine</u> Gewinnspanne vorträgt. Die nach §§ 288 BGB, 376 HGB berechneten Schäden dagegen beruhen für jeden Geschädigten auf derselben Berechnungsgrundlage. Für diese Berechnungen sind neben den Berechnungs-

---

Geschädigten erheblich ausdehnte. Berühmt geworden ist in diesem Zusammenhang die Entscheidung in RGZ 101, 217, wo zugunsten des Militärfiskus angenommen wird, daß es nicht ausgeschlossen sei, daß der Militärfiskus sich nachträglich entschlossen habe, Erbsen, die zur Versorgung des Heeres gekauft worden waren, entgegen dieser Absicht später doch verkaufen zu wollen. Zur Kritik an dieser und anderen Entscheidungen: Knobbe-Keuk, VersR 1976, 401 (404); Lange, S. 348; Bardo, S. 57 ff.; Strieder in Baumgärtel § 252 Rn 11.

Da sich in dieser Hinsicht kritikwürdige Entscheidungen in den letzten Jahr-zehnten jedoch nicht wiederholt haben, ist davon auszugehen, daß die Recht-sprechung nicht nur theoretisch an dem Grundsatz des möglichen Gegenbeweises festhält.

[471] Ebenso: Strieder in Baumgärtel § 252 Rn 5; Larenz, SchuldR I, § 29 III. a); Lange, S. 356.

[472] S.o. Fn 457 f.

vorgaben zwar auch tatsächliche Grundlagen erforderlich. § 252 BGB erfordert dagegen eine völlig vom Einzelfall abhängige Berechnung.

Veranschaulichen kann dies das Beispiel eines Verzugsschadens. Nach § 288 Abs. 1 BGB kann ein Privatgläubiger 4 % Verzugszinsen verlangen, auch wenn er diesen Zinssatz in den letzten Jahren nie selbst erzielen konnte, da der Spareckzins diese Höhe seit langer Zeit nicht mehr erreicht hat. Bei Hinwegdenken dieser Vorschrift könnte er diesen Zinssatz allein nach § 252 S. 2 BGB nicht ersetzt verlangen. Wenn er in den letzten Jahren lediglich normale Spareinlagen getätigt hat, ist für ihn auch nur ein Gewinnentgang in Höhe des Spareckzinses wahrscheinlich. Nur dieser Zinssatz entspräche dem „gewöhnlichen Lauf der Dinge" in seinem persönlichen Fall. Hätte er in den letzten Jahren keine Spareinlagen vorgenommen, würde auch kein als wahrscheinlich nach dem gewöhnlichen Lauf der Dinge zu erwartender Gewinnentgang in Form von Sparzinsen zu berechnen sein. § 252 S. 2 BGB führt also nicht zu einer abstrakten Berechnung, da nur die Verhältnisse des Geschädigten zu einem Ersatzanspruch führen können.

Aufgrund der allgemeinen subjektiven Betrachtungsweise im Schadensersatzrecht[473] ist eine derartige konkrete Berechnung im Rahmen des § 252 S. 2 BGB auch gerechtfertigt. Schon *Fischer* hat Anfang des Jahrhunderts darauf hingewiesen, daß für einen behaupteten Gewinnentgang die jeweilige Zusammensetzung des Vermögens sowie das Geschäftsverhalten des Geschädigten maßgeblich ist[474]. Diese Einzelfallbezogenheit findet ihre Fortsetzung in der oben beschriebenen Möglichkeit des Gegenbeweises. Durch diese Möglichkeit des Schädigers bleibt letztendlich immer der Einzelfall maßgeblich, so daß es sich verbietet, von einer abstrakten Berechnung zu sprechen. Es ist daher folgerichtig, wenn der BGH nunmehr die zuvor zulässige pauschale Berechnung des entgangenen Gewinns bei gekündigten Werkverträgen ablehnt. Wegen der erforderlichen konkreten Berechnung sind die ersparten Aufwendungen ebenfalls konkret vom Auftragnehmer vorzutragen[475]

Der in § 252 S. 2 BGB vorgesehene „gewöhnliche Lauf der Dinge" ist zusammen mit der Gewinnerwartung nur als Tatsachenvermutung[476] und nicht als

[473] Larenz, SchuldR I, § 29 I b; Soergel in Mertens v. § 249 Rn 34, 38.
[474] Fischer, S. 55 f.
[475] BGH NJW 1996, 1751 (1751 f.).
[476] Belke, JZ 1969, 586 (588); Medicus in Staudinger § 252 Rn 20; Mertens in Soergel § 252 Rn 12; Strieder in Baumgärtel § 252 Rn 3; Baumgärtel, Rn 407; BGH MDR 1992, 900 (900).

abstrakte Berechnungsmethode zu verstehen. Allenfalls ließe sich von gewissen Typisierungen sprechen, die von der Formulierung erfaßt werden[477]. Für eine konkrete Einzelfallbetrachtung spricht zudem der Umstand, daß eine sich jeglicher Korrektur durch Gegenbeweis verschließende Pauschalierung immer dann dem Rechtsgefühl widerspricht, wenn es tatsächlich nicht zu einem Schaden gekommen ist[478]. Dies und der Umstand, daß ein vernünftiger wirtschaftlicher Ausgleich am besten durch eine konkrete Schadensermittlung gewährleistet ist[479], führen dazu, eine abstrakte Schadensberechnung nur in Ausnahmefällen zuzulassen. Darüber besteht auch im Rahmen neuerer internationaler Kodifikationen Einigkeit. So soll auch die nach Art. 76 CISG zulässige abstrakte Schadensberechnung lediglich eine Ausnahme darstellen[480]. Die Schadensermittlung sollte also wirklich nur dort als abstrakt bezeichnet werden, wo sie dies auch tatsächlich im engeren Sinne ist. § 252 S. 2 BGB bietet dazu keine Grundlage.

B. Anwendung bei verschiedenen Schadensberechnungen

I. Berechnung des Schadensersatzes wegen Nichterfüllung

In diesem Abschnitt wird an den im vorherigen Abschnitt schon erörterten Schadensersatzanspruch eines Händlers wegen Nichterfüllung angeknüpft[481]. Für diesen Fall ist nun geklärt, daß die Schadensersatzberechnung von der Rechtsprechung mit einer unzutreffenden Bezeichnung beschrieben wird. Noch nicht geklärt ist, ob die Annahme der Rechtsprechung, daß ein im Handelsverkehr nicht belieferter Händler die entgangene Ware hätte weiterverkaufen können, dogmatisch korrekt bzw. überhaupt erforderlich ist. Wie oben bereits erwähnt, löst die Gegenauffassung diese Fälle über eine materiell-rechtlich hergeleitete Schadensberechnung[482]. Da der Kaufvertrag der Hauptanwendungs-

---

[477] Mertens, S. 220 ff.; ders. in Soergel § 252 Rn 15; Lange, S. 345; Larenz, SchuldR I, § 29 III a).

[478] Belke, JZ 1969, 586 (590).

[479] Steffen, VersR 1985, 605 (605); Honsell/Harrer, JuS 1991, 441 (444).

[480] Stoll in v. Caemmerer/Schlechtriem Art. 74 Rn 28; Art. 76 Rn 4.

[481] S. o. 2. Teil A. I. Wenn im Rahmen der dazu geführten juristischen Diskussion allgemein von Kaufleuten die Rede ist, so bezieht sich dies nicht auf den Kaufmann nach den Grundsätzen des HGB sondern auf Händler, die allgemein mit Gewinnspannen operieren: Steindorff, JZ 1961, 12 (14 Fn. 21).

[482] S. o. Fn 463.

fall dieser Problematik ist, werden sich die folgenden Erörterungen auf den Kaufvertrag konzentrieren. Zu differenzieren ist zwischen dem Käufer- und dem Verkäuferschaden.

1. Käuferschaden

a) Materiell-rechtlicher Mindestschaden

Zunächst sei erwähnt, daß die materiell-rechtlich begründeten Schadensberechnungen für den Nichterfüllungsschaden tatsächlich abstrakte Schadensberechnungen im Wortsinn darstellen. Die Vertreter der materiell-rechtlichen Schadensberechnung wegen Nichterfüllung nehmen nämlich an, daß bei einer Nichterfüllung in jedem Fall ein Schaden vorliege, also ein Mindestschaden gegeben sei[483]. Dieser stehe in Alternativität zum entgangenen Gewinn, was die Wahl zwischen beiden Berechnungsarten erlaube[484].

Der Mindestschaden wird verschiedentlich hergeleitet[485]. *Rabel* will dem Käufer einen Ersatz des objektiven Wertes der Sache gewähren. Dieser Wert müsse sich nach einem hypothetischen Deckungskauf des nicht belieferten Käufers berechnen[486]. *Steindorff* berechnet den Schaden ebenfalls nach einer Ersatzbeschaffung. Dies sei der objektive Wert, der neben dem Interesse als eigenständiger Schadensbegriff existiere[487]. Für *Keuk* ist allein das Interesse des Käufers maßgeblich. Danach müsse der geschuldete Zustand hergestellt werden,

---

483 Rabel, S. 171, 451, 459; Steindorff, AcP 158, 431 (463); Knobbe-Keuk, VersR 1976 401 (404 f.); dies., Vermögensschaden, S. 109 ff., S. 182.
Teilweise wird von einem Mindestschaden aufgrund einer Rentabilitätsvermutung gesprochen. Das Geschäft hätte zumindest die bisher geleisteten vertragsbe-zogenen Aufwendungen inklusive der erbrachten Gegenleistung gedeckt: BGH NJW 1982, 1279 (1280); NJW-RR 1988, 420 (421); Otto in Staudinger § 325 Rn 79 ff.; Emmerich in MüKo § 325 Rn 84 f.; Heinrichs in Palandt § 325 Rn 15. Es handelt sich aber nicht um einen Mindestschaden im abstrakten Sinn, da die Rentabilitätsvermutung allgemein als widerlegbar angesehen wird: Otto; Emmerich; Heinrichs, alle a.a.O.
Medicus, EWiR 1993, 855 (856) bezeichnet sie als schadensrechtlichen Kunstgriff.

484 BGHZ 29, 393 (399); Bardo, S. 123; Otto in Staudinger § 325 Rn 54; Emmerich in MüKo § 325 Rn 82.

485 Im Rahmen dieser Arbeit sollen nur die wesentlichsten Ansätze aufgeführt wer-den. Eine ausführlichere Darstellung weiterer Autoren ist zu finden bei: Bardo, S. 40 ff.

486 Rabel, S. 457.

487 Steindorff, JZ 1961, 12 (13); ders., AcP 158, 431 (448, 451 ff.).

was auf einen Wertersatz der geschuldeten Leistung hinauslaufe. Deren Bewertung erfolge nach den erforderlichen Beschaffungskosten abzüglich der geschuldeten Gegenleistung[488]. Auch *Bardo* knüpft an die Herstellung des geschuldeten Zustandes an[489]. Sie nimmt an, daß die Gegenleistung des Käufers für ihn in der Regel einen geringeren Wert habe als die vom Verkäufer geschuldete Leistung. Die Differenz sei der Mehrwert, der als Schadensersatz wegen Nichterfüllung zu ersetzen sei[490]. Eine Einordnung dieses Mehrwerts in den Bereich des § 252 BGB hält sie zwar ebenfalls für möglich[491], lehnt eine Bezeichnung als entgangener Gewinn hingegen ab[492]. Im Gegensatz zu den anderen genannten Autoren geht *Bardo* nicht von einer rein abstrakten Berechnung aus, sondern erachtet den Gegenbeweis eines geringeren Käuferschadens für zulässig[493].

Die Argumentation der Befürworter eines objektiven Mindestschadens ist unzutreffend und zudem widersprüchlich. Der Käufer hat nach Vertragsabschluß in seiner imaginären Vermögensbilanz nur den Anspruch auf Übereignung und die wertgleiche Verpflichtung zur Kaufpreiszahlung[494]. Bei einer verschuldeten Nichterfüllung des Vertrages durch den Verkäufer treten an die Stelle des Anspruchs auf Übereignung die jeweiligen Ansprüche des § 325 oder des § 326 BGB. Unter den von der einzelnen Norm gegebenen Möglichkeiten kann der Käufer wählen[495]. Er hat also unter anderem die Möglichkeit, Schadensersatz wegen Nichterfüllung zu verlangen. Mit diesen Wahlmöglichkeiten ist für den Käufer sicher gestellt, aus dem Vertrag keinen Verlust erleiden zu müssen. Ein direkt durch die Nichterfüllung eingetretener Verlust des Käufers kann nicht festgestellt werden, da der Übereignungsanspruch des Käufers nicht wegfällt, sondern umgewandelt wird. Dies mag der Grund für das widersprüchliche Verhalten der Befürworter eines objektiven Mindestschadens sein. Obwohl ein in jedem Fall eintretender Vermögensschaden nicht festgestellt werden kann, bejahen sie einen Mindestschaden. Ein weiterer Widerspruch ergibt sich daraus, daß ein Mindestschaden als etwas in jedem Fall sicher gegebenes nur ein Form des damnum emergens sein kann. Zur Ermittlung

---

488 Keuk, Vermögensschaden, S. 113 ff., 189 f.; dies., VersR 1976, 401 (405).

489 Bardo, S. 76 f., 87.

490 Bardo, S. 76 ff., 89 ff., 94 ff. Auch Steindorff, JZ 1961, 12 (14) benutzte schon den Begriff des Mehrwerts.

491 Bardo, S. 87 f.

492 Bardo, S. 92.

493 Bardo, S. 112 ff.

494 S. o. 1. Teil A. II. 2. d) ee).

495 Brox, AS, Rn 263 ff.

dieses Schadens ziehen sie jedoch ein Element des lucrum cessans heran. Die Höhe des damnum emergens ermitteln sie nämlich anhand eines hypothetischen Deckungskaufes. Etwas hypothetisches ist aber Hauptbestandteil des lucrum cessans[496]. Die Berechnung eines objektiven Mindestschadens mit Hilfe eines hypothetischen Vorgangs ist also in sich widersprüchlich.

b) Entgangener Weiterverkaufsgewinn als Schaden

Gemeinsam ist den genannten materiell-rechtlichen Auffassungen die Berechnung des zu ersetzenden Schadens nach der Differenz zwischen Vertragspreis und dem für einen hypothetischen Deckungskauf zu zahlenden höheren Marktpreis. Da ein Mindestschaden bejaht wird, besteht die Grundannahme, daß der Käufer für einen Deckungskauf immer einen höheren Preis zu zahlen habe. Der Ansatzpunkt der Gegenauffassung und der Rechtsprechung liegt im Gegensatz dazu in der Differenz zwischen Vertragspreis und Weiterverkaufspreis des Käufers[497]. Für sie besteht der Schaden also aus entgangenem Weiterverkaufsgewinn. Einen hypothetischen Deckungskauf würde die Rechtsprechung nur im Rahmen des § 254 Abs. 2 BGB berücksichtigen, damit der entgangene Weiterverkaufsgewinn so gering wie möglich bleibt. Allerdings lehnt die Rechtsprechung eine gemäß § 254 Abs. 2 BGB bestehende Verpflichtung für einen Deckungskauf grundsätzlich ab[498]. Diese Verpflichtung wird hingegen von der inzwischen wohl überwiegenden Literaturmeinung bejaht[499]. Nach Auffassung der Literatur entgeht also ein Weiterverkaufsgewinn nur in Höhe der Differenz zwischen Vertragspreis und erforderlichem Deckungskauf, da der Käufer restlichen Weiterverkaufsgewinn aufgrund des geforderten Deckungskaufs mit der Ersatzsache erzielen kann.

---

[496] S. o. 1. Teil A. II. 2. d) dd) Fn 221.

[497] S. o. Fn 455 – 458.

[498] BGHZ 62, 103 (107); OLG Frankfurt NJW 1977, 1015 (1016); Kuckuk in Erman § 252 Rn 13. Das RG hat in den oben in Fn 455-457 genannten Entscheidungen die Möglichkeit eines Deckungskaufes im Rahmen der abstrakten Schadensberechnung nicht einmal erörtert. Bei einem tatsächlich durchgeführten Deckungskauf müsse dieser allerdings zur Berechnung des konkreten Schaden herangezogen werden. Der tatsächlich durchgeführte Deckungskauf stelle besondere Umstände dar, die die abstrakte Schadensberechung unzulässig machten: RGZ 99, 46 (49).

[499] Keuk, Vermögensschaden, S. 161 ff.; Grunsky in MüKo § 252 Rn 13; Medicus in Staudinger § 252 Rn 25; Schüttensack, S. 30; Lange, S. 347; Soergel in Mertens § 252 Rn 16. Aus der Rspr.: OLG Düsseldorf NJW-RR 1988, 1382 (1383).

Im wirtschaftlichen Ergebnis decken sich also die Literaturmeinungen. Lediglich die Differenz zwischen hypothetischem Deckungskauf und Vertragspreis wird dogmatisch entweder als Mindestschaden oder als entgangener Weiterverkaufsgewinn eingestuft. Allein die Rechtsprechung geht von einem vollständig entgehenden Weiterverkaufsgewinn aus, da sie keine Verpflichtung für einen Deckungskauf sieht.

c) Entgangene Vermögensmehrung als Schaden auch ohne Weiterverkaufsvermutung

Im Gegensatz zu den anderen Befürwortern eines Mindestschadens führt *Keuk* bei ihrer Schadensberechnung nach der Differenz zwischen Vertragspreis und hypothetischen Deckungspreis aus, daß es sich um lucrum cessans handelt[500]. Dabei macht sie zugleich deutlich, daß damit nicht entgangener Weiterverkaufsgewinn gemeint sei[501]. Sie weist darauf hin, daß auch bei der abstrakten Berechnung nach § 376 Abs. 2 HGB die Differenz zwischen Vertragspreis und Anschaffungspreis und nicht die Differenz zwischen Vertragspreis und entgangenem Weiterverkaufspreis zu ersetzen sei[502]. Es handele sich auch beim Schadensersatz wegen Nichterfüllung um nichts anderes als den Ersatz eines Mindestinteresses, was den Grundsätzen der allgemeinen Schadensersatzregeln entspreche. Bei § 376 HGB erfolge lediglich die Festsetzung der Wiederbeschaffungskosten des Kaufmanns abstrakt ohne Berücksichtigung eventueller subjektiv billigerer Beschaffungsmöglichkeiten[503]. Im allgemeinen Schadensersatzrecht kann ein derartiger Schaden nur eintreten, wenn die Wiederbeschaffungskosten tatsächlich über dem Vertragspreis liegen.

Zwei grundlegende Gedankengänge liegen der vorstehend beschriebenen Diskussion zugrunde. Zum einen wird strikt zwischen dem Ausgangspunkt der Berechnung unterschieden. Eine Auffassung geht vom Wert der geschuldeten Sache aus und für die andere ist ein entgangener Weiterverkaufsgewinn maßgeblich[504]. Der andere immer wieder anzutreffende Gedanke ist, daß die geschuldete Kaufsache regelmäßig höherwertiger zu beurteilen ist, als die

[500] Keuk, a.a.O., S. 111.
[501] Keuk, a.a.O., S. 186 f.
[502] Keuk, a.a.O., S. 113 ff.
[503] Keuk, a.a.O.
[504] So ausdrücklich Bardo, S. 55.

Gegenleistung, so daß ein Mindestschaden immer zu bejahen sei[505]. Entgegenzutreten ist nochmals der Auffassung, daß bei Schadensersatz wegen Nichterfüllung ein Mindestschaden zu ersetzen sei. Grundsätzlich spricht schon das allgemeine Ausgleichsprinzip des Schadensersatzrechts gegen die pauschale Annahme eines Mindestschadens. Ein Ausgleich kann nur erfolgen, wenn tatsächlich ein Schaden gegeben ist[506]. Aus diesem Grund dürfen Fälle eines abstrakten Schadensersatzes nur die Ausnahme bleiben[507]. Eine abstrahierende Schadensberechnung läßt eine weitere Ausdehnung des Schadensumfangs befürchten[508]. Zudem würde ein Schadensersatzanspruch trotz fehlenden Schadens zu einer Art „punitive damage" führen, was eine Verletzung des deutschen ordre public darstellen würde[509]. Wie *Keuk* selbst ausführt, sieht das Schadensersatzrecht eine rein abstrakte Schadensberechnung nur in § 288 BGB vor[510]. Dennoch befürwortet sie im Rahmen des Schadensersatzes wegen Nichterfüllung einen Mindestschaden für Kauf- und für Privatleute[511] und ordnet diesen als entgangenen Gewinn im Sinne des § 252 BGB ein[512]. Indem sie einen Mindestschaden sieht, nimmt sie aber auch in diesen Fällen eine abstrakte Schadensberechnung vor. Ein Mindestschaden bedeutet nichts anderes, als abstrakt einen Schaden anzunehmen, der als Minimum in jedem Fall entsteht. Es ist daher widersprüchlich, wenn *Keuk* einen abstrakten Mindestschaden als entgangenen Gewinn ersetzen will, obwohl nach ihrer eigenen Auffassung der

---

505 Keuk, a.a.O., S. 110 geht zum Beispiel davon aus, daß die Kaufsache eine Vermehrung des Vermögens herbeiführen soll.

506 Dies ist Resultat des sogenannten Bereicherungsverbots nach dem der Geschädigte durch eine Schadensersatzleistung nicht besser gestellt werden darf als ohne das schädigende Ereignis: BGHZ 30, 29 (31). Ausführlich dazu: Mook, Das Bereicherungsverbot im Schadensersatzrecht, Diss. 1983.

507 Stoll in v. Caemmerer/Schlechtriem Art. 74 Rn 28; Art. 76 Rn 4.

508 Honsell/Harrer, JuS 1991, 441 (444).

509 Firsching/v. Hoffmann § 3 Rn 172.
v. Bar, Gemeineuropäisches Deliktsrecht, Rn 608 ff. weist allerdings auf die in jüngster Zeit durch einschlägige Gerichtsentscheidungen zu beobachtende Tendenz hin, nach der für die Bemessung von Schadensersatz eine Gewinnab-schöpfung und auch ein präventiver Charakter des Schadensersatzbetrages eine Rolle spielen. Auch die deutsche Rechtsprechung bewege sich in Richtung der „exemplary damages", bei denen es sich um eine echte Privatstrafe handele (Rn 611 f.).

510 Knobbe-Keuk, VersR 1976, 401 (405).

511 Knobbe-Keuk, a.a.O.

512 Keuk, Vermögensschaden, S. 111.

entgangene Gewinn nicht abstrakt zu ersetzen ist[513]. Ihre Annahme eines Mindestschadens in Form des lucrum cessans ist also nicht schlüssig.

Neben diesen Erwägungen gegen einen Mindestschaden zeigt eine vertiefte Betrachtung der zu beurteilenden Fälle, daß ein Schaden in der Form des damnum emergens – nichts anderes wäre ein in jedem Fall eintretender Mindestschaden – ebenfalls nicht vorliegen kann. Die Begründungen aller oben genannten Vertreter eines materiell-rechtlichen Mindestschadens basieren auf der Annahme einer ungleichen Bewertung von Leistung und Gegenleistung. Man scheint sich bei dieser Vermutung darüber einig zu sein, daß der geschuldete Gegenstand für den Käufer einen höheren Wert als die von ihm geschuldete Gegenleistung hat, so daß er durch die Nichterfüllung immer einen direkten Schaden erleide. Diese Annahme bedeutet, grundsätzlich zu vermuten, daß der Käufer der geschicktere Handelspartner ist, da er es schafft, mit jedem Geschäft sein Vermögen zu mehren. Ob dies tatsächlich so ist, muß anhand der oben bereits beschriebenen Bewertungsgrundsätze verifiziert werden. Ein Hauptbewertungsgrundsatz von Vermögensgegenständen verlangt die Berücksichtigung der subjektiven Wiederbeschaffungskosten des Geschädigten[514]. Von daher könnte bei marktgängigen bzw. vertretbaren Waren grundsätzlich ein Markt- oder Börsenpreis als Wiederbeschaffungspreis zur Bewertung herangezogen werden. Vorab ist jedoch zu berücksichtigen, daß eine Bewertung nach den subjektiven Wiederbeschaffungskosten nur für bereits existente Vermögensgegenstände, sprich für Eigentum, sachgerecht ist. Nur wenn das Rechtsgut Eigentum gestört ist, rechtfertigt es das Wertinteresse, das verlorene Eigentum mit den Wiederbeschaffungskosten zu bewerten. In den hier zu beurteilenden Fällen hat der nichtbelieferte Käufer aber noch kein Eigentum an der Sache, sondern lediglich den Anspruch auf Übereignung der Kaufsache. Zwar ist auch dieser Anspruch ein zu berücksichtigendes vermögenswertes Recht. Ihm steht aber die grundsätzliche Verpflichtung zur Kaufpreiszahlung gegenüber. Dieser Anspruch und die Verpflichtung berühren bereits direkt die imaginäre Vermögensbilanz des Käufers[515]. In seiner Vermögensbilanz erscheinen sie als wertgleiche Positionen[516]. Diese Bewertung erscheint auch vor dem Hintergrund der subjektiven Wiederbeschaffungskosten gerechtfertigt. Der zwischen Käufer und Verkäufer bestehende Vertrag spiegelt genau die subjektiven Möglichkeiten des Käufers dar, zu welchem Preis er sich die Sache zu diesem

---

[513] Keuk, Vermögensschaden, S. 179 ff.; dies., VersR 1976, 401 (404).

[514] S.o. 1. Teil A. II. 1. b) - d).

[515] S.o. 1. Teil A. II. 2. d) ee).

[516] S.o. a.a.O.

Zeitpunkt beschaffen kann. Der Kaufpreis drückt aus, welchen Preis der Käufer bereit ist, für den Gegenstand zu zahlen. Dies ist der Wert seines Anspruchs auf Übereignung. Häufig wird dieser Wert dem Marktpreis entsprechen. Sollte der Käufer aber zu einem unter dem Marktpreis liegenden Preis gekauft haben, ist der höhere Marktpreis erst zu berücksichtigen, wenn sich der Kaufgegenstand bereits als Eigentum in seinem Vermögen befunden hätte und er keine billigere Beschaffungsmöglichkeit als eben zu diesem Marktpreis hätte. Im Rahmen des verletzten Vertrages sind Anspruch auf Übereignung und die Kaufpreisverpflichtung wertgleich.

Aufgrund dieser Wertgleichheit von Anspruch und Verpflichtung sind dem Käufer bei einer vom Verkäufer zu vertretenden Nichterfüllung durch die §§ 325, 326 BGB Wahlmöglichkeiten eingeräumt. Bevor sich der Käufer entscheidet, welche der Möglichkeiten er nutzt, muß er überprüfen, welchen Vermögensstand er bei Erfüllung des Vertrages gehabt hätte. Hat er ungünstig eingekauft, da der Marktpreis niedriger als der Vertragspreis ist, wird er den Rücktritt vom Vertrag bzw. die Befreiung von der Verpflichtung zur Kaufpreiszahlung wählen. Hat er günstig eingekauft, da ein Deckungskauf teurer wird als der geschuldete Vertragspreis, wird er Schadensersatz wegen Nichterfüllung wählen. Es ist also keinesfalls so, wie die Vertreter eines Mindestschadens annehmen, daß die Nichterfüllung grundsätzlich einen Schaden zur Folge hat. Anderenfalls wären die durch die §§ 325, 326 BGB eingeräumten Möglichkeiten, die keinen Schadensersatz vorsehen, überflüssig.

Da durch die Nichterfüllung ein direkter Schaden also nicht festzustellen ist, bleibt noch fraglich, ob ein Deckungskauf als hypothetischer Schaden in Form des damnum emergens Berücksichtigung finden kann. Nur so sind die Versuche zu verstehen, die als Mindestschaden den anhand eines hypothetischen Deckungskaufes ermittelten objektiven Wert der geschuldeten Kaufsache heranziehen. Da das damnum emergens jedoch nur erlittene Vermögenseinbußen, also bereits vorhandene Vermögenspositionen betrifft, scheidet die Berücksichtigung eines hypothetischen Ereignisses als damnum emergens aus. *Steindorff* selbst weist darauf hin, daß bei seiner Aufteilung der Schadensbegriffe in objektiven Wert und Interesse, hypothetische Erwägungen nur im Rahmen des Interesses stattfinden können[517]. Indem er aber gleichzeitig den objektiven Wert anhand eines hypothetischen Deckungskaufs berechnet[518], setzt er diese Annahme nicht konsequent um. Ein hypothetisches Ereignis kann de

[517] Steindorff, JZ 1961, 12 (13).
[518] Steindorff, a.a.O., ders., AcP 158, 431 (459 ff.).

lege lata nur im Rahmen von hypothetischen Schadenspositionen, also in der Form des entgangenen Gewinns berücksichtigt werden. Ein Schaden in Form des damnum emergens kann demnach auch nicht hypothetisch vorliegen.

Da ein Mindestschaden daher nicht zu begründen ist, muß der geschädigte Käufer auf andere Weise ermitteln, ob er durch die Nichterfüllung einen Schaden erlitten hat, damit er sich für dic ihm günstigste Rechtsfolge der §§ 325, 326 BGB entscheiden kann. Bevor nämlich Schadensersatz wegen Nichterfüllung beansprucht wird, sollte zunächst ermittelt werden, ob überhaupt ein Schaden eingetreten ist. Da der Schadensersatz wegen Nichterfüllung den Geschädigten so zu stellen hat, wie er ohne das schädigende Ereignis gestanden hätte[519], ist eine hypothetische Betrachtung erforderlich. Zu berücksichtigen ist dabei, daß § 252 BGB nicht nur entgangenen Weiterverkaufsgewinn ersetzbar macht, sondern daß jede entgangene Vermögensmehrung als entgangener Gewinn anzusehen ist[520]. Die Betrachtung der Nichterfüllung eines Kaufvertrages nur unter dem Blickwinkel des dem Käufer entgangenen Weiterverkaufsgewinns ist daher zu eng. Wenn der Vertrag vom Verkäufer ordnungsgemäß erfüllt worden wäre, hätte der Käufer nämlich bevor er die Kaufsache weiterverkaufen könnte das Eigentum an der Kaufsache erlangt. Sobald das Rechtsgut Eigentum in seiner imaginären Vermögensbilanz auftaucht, muß es mit dem für ihn erforderlichen Wiederbeschaffungskosten bewertet werden[521]. Diese richten sich am einfachsten nach den vom Käufer aufzuwenden Kosten für einen hypothetischen Deckungskauf, da dies ohne Berücksichtigung des nicht erfüllten Vertrages die realistische Wiederbeschaffungsmöglichkeit des Käufers darstellt. Wenn diese Bewertung ergibt, daß das Eigentum höher zu bewerten wäre als der in Höhe des geschuldeten Kaufpreises zu bewertende Anspruch auf Übereignung, ist dem Käufer eine Vermögenssteigerung entgangen, da er das Eigentum eben nicht erlangt hat. Für diese Vermögenssteigerung hätte er die Kaufsache nicht weiterverkaufen müssen, da die Vermögenssteigerung bereits mit Übereignung eingetreten wäre. Die Nichterfüllung der vertraglichen Übereignungspflicht hat also zur Folge, daß § 252 BGB einschlägig ist.

Auf die von der Rechtsprechung zur Bestimmung des entgangenen Gewinns entwickelte Vermutung des Weiterverkaufs der geschuldeten Sache durch den

---

[519] BGHZ 87, 156 (158); 99, 182 (197); Wiedemann in Soergel § 325 Rn 30; Emmerich in MüKo § 325 Rn 35; Heinrichs in Palandt § 325 Rn 10.

[520] S. o. 1. Teil A. II. 2. b) - d).
Genau dies verkennt Bardo, S. 92. Den Ansatzpunkt einer entgangenen Vermögensmehrung, die nicht abstrakt zu ersetzen ist, hat aber auch sie erkannt: S. 77.

[521] S. o. 1. Teil A. II. 1. b)-d).

Käufer kommt es also anscheinend nicht an, da dem Käufer bereits zu einem früheren Zeitpunkt eine Vermögensmehrung entgeht. Die Grundlage für die Weiterverkaufsvermutung der Rechtsprechung ist der in § 252 S. 2 BGB vorgesehene gewöhnliche Lauf der Dinge[522]. Wenn aber die Weiterverkaufsvermutung der Rechtsprechung nicht erforderlich ist, erscheint für diese Fälle die Bedeutung der zugrundliegenden Alternative des § 252 S. 2 BGB zweifelhaft. Wie festgestellt, soll diese Norm die Beweisführung des Geschädigten grundsätzlich erleichtern, dem Gericht aber nicht den weiten Rahmen des § 287 ZPO belassen. Eine sinnvolle Beweiserleichterung kann diese Alternative allerdings nur bieten, wenn sich Fallgestaltungen denken lassen, bei denen auch ohne Weiterverkaufsvermutung ein gewöhnlicher Lauf der Dinge erkennbar ist. Eine Möglichkeit wäre, für den Käufer einen gewöhnlichen Lauf der Dinge dergestalt anzunehmen, daß für ihn eine Wiederbeschaffung regelmäßig um einen bezifferbaren Prozentaufschlag teurer ist als die Erstbeschaffung. Sollte dies tatsächlich der Fall sein, könnte er auf einfache Weise eine entgangene Vermögensmehrung nach dem gewöhnlichen Lauf der Dinge berechnen. Für eine Annahme, daß dies grundsätzlich der Fall ist, besteht allerdings kein ersichtlicher Anlaß. Es wäre eine ungerechtfertigte Bevorzugung grundsätzlich anzunehmen, daß Käufer einen für sie derartig günstigen Vertrag abgeschlossen haben. Für vertretbare Sachen, die im Rahmen der hier besprochenen juristischen Diskussion allgemein als marktgängig beschrieben werden, ist allerdings denkbar, ihren Markt- oder Börsenpreis als Kosten anzusetzen, die nach dem gewöhnlichen Lauf der Dinge für eine Wiederbeschaffung anfallen. Falls ein günstiger Vertrag abgeschlossen wurde kann sich die entgangene Vermögensmehrung des Käufers bei Händlern sehr wohl nach dem gewöhnlichen Lauf der Dinge anhand der von ihnen auf dem Markt zu zahlenden Kosten für einen Deckungskauf ermitteln lassen. Damit stellt § 252 S. 2 BGB doch eine praxisrelevante Beweiserleichterung dar, mit der der Nachweis höherer Wiederbeschaffungskosten erleichtert wird. Für unvertretbare bzw. nicht marktgängige Waren muß ein höherer Wiederbeschaffungswert hingegen als besonderer Umstand im Sinne des § 252 S. 2 BGB wahrscheinlich erscheinen. Ihr Preis ist in der Regel ein Einzelpreis, der sich nach der jeweiligen konkreten Sache richtet. Es bedarf dazu eines ausführlicheren Vortrags des Käufers, um die Wahrscheinlichkeit eines höheren Wiederbeschaffungspreises und der damit entgangenen Vermögensmehrung darzulegen. Als hinzunehmende Ausnahme

---

[522] RGZ 90, 423 (425); 99, 46 (49); 101, 217 (218); BGH NJW 1988, 2234 (2236); 1995, 587 (588).

bei unvertretbaren Sachen könnten allenfalls Gegenstände anzusehen sein, für die aufgrund ihrer gesellschaftlichen Bedeutung Preiseinstufungen existieren[523].

Damit wird zugleich deutlich, daß beim Schadensersatz wegen Nichterfüllung kein Unterschied zwischen Kaufleuten und Privatpersonen zu machen ist. Bei existierenden Marktpreisen für vertretbare oder ihnen gleich zu setzende Sachen, kann jede Person relativ einfach nachweisen, daß eine Wiederbeschaffung teurer als der im Rahmen des nicht erfüllten Vertrages vereinbarte Kaufpreis wäre. Wenn nach dem gewöhnlichen Marktpreis eine Ersatzbeschaffung teurer als der Vertragspreis wäre, liegt eine entgangene Vermögensmehrung vor. Dies entspricht dem Sinn des § 252 S. 2 BGB als Beweiserleichterung, der den Nachweis der exakten Wiederbeschaffungsmöglichkeit entbehrlich macht. Kann ein höherer Wiederbeschaffungspreis nicht nach dem gewöhnlichen Lauf der Dinge oder nach besonderen Umständen wahrscheinlich gemacht werden, liegt auch kein ersatzfähiger Schaden im Sinne einer entgangenen Vermögenmehrung durch Unterlassen der geschuldeten vertraglichen Leistung vor. Wirtschaftlich ist dies das Ergebnis, welches auch von der Literaturmeinung erzielt wird, die im Gegensatz zur Rechtsprechung eine Verpflichtung zu einem Deckungskauf annimmt, der einen entgangenen Weiterverkaufsgewinn minimieren soll.

Auf einen entgangenen Weiterverkaufsgewinn kommt es bei der Berechnung des Schadensersatzes wegen Nichterfüllung daher aus den genannten Gründen grundsätzlich nicht an. Erst wenn eine Ersatzbeschaffung tatsächlich unmöglich ist, kann ein eventuell entgangener Weiterverkaufsgewinn ersetzbar sein[524]. Das dem Käufer entgangene Eigentum kann in diesen Fällen mangels einer Möglichkeit zur Ersatzbeschaffung nicht anders als der zuvor bestehende Anspruch des Käufers bewertet werden, denn dieser Kaufpreis stellte exakt die einzige Möglichkeit des Käufers dar, sich die Sache zu beschaffen. Sein Vermögen wäre durch die bloße Übereignung also nicht vermehrt worden. Entgangenen Gewinn kann der Käufer daher nur geltend machen, wenn er einen entgangenen Weiterverkaufsgewinn mit ausreichender Wahrscheinlichkeit nachweist. Um derartige Fälle zweifelsfrei erkennen zu können, ist die Darlegungs- und Beweislast bezüglich der Möglichkeit eines Deckungskaufes von entscheidender Bedeutung. Für die Festlegung, wer die Unmöglichkeit des Deckungskaufes darlegen und beweisen muß, ist wiederum von Bedeutung, ob

---

523 Zu denken ist hier insbesondere an die sogenannte Schwacke-Liste für gebrauchte Kraftfahrzeuge.

524 Keuk, Vermögensschaden, S. 186.

im Sinne der Literatur eine Verpflichtung zum Deckungskauf besteht[525], oder ob mit der Rechtsprechung eine derartige Verpflichtung abzulehnen ist[526]. Sollte diese Verpflichtung nicht bestehen, ist es für den geschädigten Käufer im Schadensersatzprozeß ausreichend, die Möglichkeit eines Deckungskaufes zu bestreiten. Der Verkäufer müßte also die Möglichkeit eines Deckungskaufes beweisen. Bestünde hingegen eine Verpflichtung zum Deckungskauf, so muß die Unmöglichkeit dieses Kaufes vom geschädigten Käufer zumindest ausführlich dargelegt, wenn nicht sogar voll bewiesen werden, damit er entgangenen Weiterverkaufsgewinn ersetzt verlangen kann[527]. Die stärkeren Argumente sprechen eindeutig für eine Verpflichtung zum Deckungskauf. Der dem Käufer möglicherweise entgehende Gewinn besteht in der Differenz zwischen Vertrags- und Weiterverkaufspreis. Diese Differenz entspricht seiner Handelsspanne. Nicht einzusehen ist, warum dieser Schaden nicht nach Möglichkeit durch den geschädigten Käufer zu verringern sein soll. Dies ist in § 254 Abs. 2 BGB ausdrücklich gesetzlich vorgesehen. Gerade bei Kaufleuten, die entsprechende Geschäftsverbindungen haben, spricht nichts gegen eine grundsätzliche Ersatzbeschaffungspflicht von marktgängigen Waren. Eine solche Verpflichtung nur ausnahmsweise bei drohenden Preisanstiegen zu fordern[528], entspricht nicht den gerade bei Kaufleuten vorhandenen Möglichkeiten einer Schadensminderung. Für die durch den Käufer zu beliefernden Kunden ist es zudem unerheblich, von wem sie ihre Waren beziehen[529]. Der Käufer wird vielmehr bestrebt sein, seine Kunden nicht durch verzögerte oder vollkommen fehlende Belieferung zu verlieren. Ein Deckungskauf liegt daher sogar im Interesse des Käufers, so daß eine Verpflichtung zum Deckungskauf zumindest für Kaufleute zu bejahen ist. Es muß also die Unmöglichkeit dieses Deckungskaufes vom

---

[525] Keuk, Vermögensschaden, S. 161 ff.; Grunsky in MüKo § 252 Rn 13; Medicus in Staudinger § 252 Rn 25; Schüttensack, S. 30; Lange, S. 347; Soergel in Mertens § 252 Rn 16. Aus der Rspr.: OLG Düsseldorf NJW-RR 1988, 1382 (1383).

[526] BGHZ 62, 103 (107); OLG Frankfurt NJW 1977, 1015 (1016).

[527] BGH NJW-RR 1986, 1083 (1083 f.); Heinrichs in Palandt § 254 Rn 82; Strieder in Baumgärtel § 252 Rn 18: Die Beweislast für eine Berücksichtigung des Mitver-schuldens des Geschädigten gemäß § 254 BGB liegt in der Regel beim Schädiger. Der Geschädigte muß jedoch bei Tatsachen aus seinem Bereich verstärkt an einer Sachaufklärung mitwirken, was bis zu einer Beweislastumkehr führen kann: BGH NJW 1979, 2142 (2143 f.); Medicus in Staudinger § 254 Rn 152; Strieder in Baumgärtel § 254 Rn 20. Dies muß im Einzelfall entschieden werden: Medicus, a.a.O. Rn 153.

[528] BGH WM 1965, 102 (104); OLG Frankfurt/M NJW 1977, 1015 (1016); Heinrichs in Palandt § 325 Rn 17.

[529] Grunsky in MüKo § 252 Rn 13; Lange, S. 348.

Geschädigten ausreichend dargelegt werden. Gelingt ihm dies nicht, kann ein entgangener Weiterverkaufsgewinn nicht ersetzt werden.

Ein Fall des ersetzbaren Weiterverkaufsgewinns könnte zum Beispiel gegeben sein, wenn es sich bei der geschuldeten Kaufsache um ein Einzelstück gehandelt hat. Bei einem Einzelstück stellt der vom Käufer geschuldete Kaufpreis auch seine subjektive Beschaffungsmöglichkeit dieses Einzelstücks dar, da eine Beschaffung an anderer Stelle nicht möglich ist. Das ihm entgehende Eigentum würde also in gleicher Höhe wie der Kaufpreis bewertet, so daß eine Vermögensmehrung durch die bloße Nichterfüllung nicht entgeht. Der Wert, den Gegenstand als seinem Vermögen zugehörig zu wissen, ist rein immateriell, also nach § 253 BGB nicht ersatzfähig. Ein Schadensersatz ist nur denkbar, wenn bereits Weiterverkaufsverhandlungen stattgefunden haben, oder wenn eine mit Einzelstücken handelnde Person, z.B. ein Kunsthändler, betroffen ist, so daß mit einem Weiterverkauf mit einer bestimmten Gewinnspanne nach dem gewöhnlichen Lauf der Dinge zu rechnen ist.

Dies zeigt, daß die Weiterverkaufsvermutung der Rechtsprechung durch die hier vertretene dogmatische Einordnung nicht obsolet wird. Sie könnte zudem noch in einem weiteren Fall erforderlich und sachgerecht sein. Bislang wurde davon ausgegangen, daß der Käufer ein für ihn günstiges Geschäft geschlossen habe, da für ihn eine Wieder- bzw. Ersatzbeschaffung teurer als nach dem Vertragspreis ist. Denkbar sind aber auch Fälle, in denen der Käufer einem für ihn ungünstigen Vertragspreis zugestimmt hat, da er sich die Kaufsache woanders billiger beschaffen kann. Sollte der Vertrag vom Verkäufer also nicht erfüllt werden, so entgeht dem Käufer auch keine Vermögensmehrung, weil das ihm entgehende Eigentum geringer zu bewerten ist, als der zu zahlende Vertragspreis. In diesem Fall ist es freilich durchaus denkbar, daß dem Käufer dennoch ein Schaden entsteht. Dieser kann in einem entgangenen Weiterverkaufsgewinn liegen. Daneben bleibt jedoch die oben begründete grundsätzliche Verpflichtung des Geschädigten zu einem Deckungskauf beachtlich. Da die Wiederbeschaffung in diesen Fällen günstiger ist, erzielt er mit einer durch einen Deckungskauf erworbenen Sache einen höheren Gewinn, wenn er sie zum gleichen Preis weiterverkauft, wie er die vom Verkäufer nicht gelieferte Sache verkauft hätte. Seine Gewinnspanne ist durch die günstigere Wiederbeschaffungsmöglichkeit erhöht. Einen Schaden kann der Käufer daher auch in diesen Fällen nur erleiden, wenn gerade für ihn eine Wiederbeschaffung unmöglich ist[530]. Die Weiterverkaufsvermutung ist dogmatisch also nur für die Fälle eines unmöglichen Deckungskaufes erforderlich.

Die hier vertretene Auffassung läßt auch einen Unterschied zu § 376 Abs. 2 HGB bestehen, so daß diese Sonderregelung des Schadensersatzes wegen Nichterfüllung ihren Ausnahmecharakter behält. Bei der Sondersituation des § 376 HGB, dem Fixhandelskauf, ist es durch die besondere Bedeutung dieses Geschäfts gerechtfertigt, dem Käufer abstrakt einen Schaden zuzusprechen. Selbst bei einer ihm günstigeren Wiederbeschaffungsmöglichkeit hat er durch den versäumten vertraglichen Lieferungszeitpunkt das Recht, einen Schaden geltend zu machen. Der normale, allgemeine Schadensersatz wegen Nichterfüllung des BGB muß hingegen berücksichtigen, ob tatsächlich ein Schaden vorliegt. Anderenfalls würde gegen das Bereicherungsverbot des Schadensersatzrechts verstoßen. Gemeinsam ist beiden Berechnungsarten allein, daß sie sich an der Differenz zwischen Vertrags- und Wiederbeschaffungspreis des Geschädigten orientieren[531]. Die Differenz zwischen Vertrags- und Weiterverkaufspreis ist nur in den Fällen einer unmöglichen Ersatzbeschaffung maßgeblich, wenn gleichzeitig ein Gewinnentgang ausreichend wahrscheinlich ist[532].

d) Zusammenfassung

Zusammenfassend kann festgestellt werden, daß der Käufer im Falle der Nichterfüllung des Vertrages grundsätzlich entgangener Gewinn als Schadensersatz fordern kann. Dem geschädigten Käufer kann bereits durch die nicht erfolgte Übereignung der Kaufsache eine Vermögensmehrung entgangen sein. Voraussetzung sind den Vertragspreis übersteigende Wiederbeschaffungskosten des Käufers. Wenn die Gegenleistung schon erbracht wurde, hat der Verkäufer den

[530] Die praktische Relevanz dieser Fallkonstellation dürfte gering sein. Wenn der Käufer erkennt, daß er zu teuer gekauft hat, dürfte er die Nichterfüllung begrüßen. Es ist nicht anzunehmen, daß in diesen Fällen Schadensersatz verlangt wird. Bei Unmöglichkeit einer Wiederbeschaffung dagegen wird ein Verlust des Käufers ohne Weiterverkaufsvermutung in der Regel nicht eintreten können, da der Vertragspreis in diesen Fällen seinen Beschaffungspreis darstellt. Ein Schaden kann auch hier nur im entgangenen Weiterverkaufsgewinn liegen.

[531] Für § 376 HGB: Baumbach/Hopt § 376 Rn 6; Emmerich in Heymann § 376 Rn 16; Hefermehl in Schlegelberger § 376 Rn 24.
Für § 252 BGB: Keuk, Vermögensschaden, S. 182 f.

[532] A.A.: Steckler, BB 1995, 469 (475), die diese Differenz grundsätzlich bei Schadensersatz wegen Nichterfüllung ersetzen will.

vollen Wiederbeschaffungspreis zu ersetzen. Bei noch nicht erbrachter Gegenleistung lediglich die Differenz zwischen Vertragspreis und Wiederbeschaffungspreis[533]. Weitergehenden Verkaufsgewinn kann der geschädigte Käufer nur geltend machen, wenn eine Ersatzbeschaffung tatsächlich unmöglich ist und ein Weiterverkauf im Sinne des § 252 S. 2 BGB ausreichend wahrscheinlich ist. Der Käufer hat die Verpflichtung zu einem Deckungskauf und muß daher grundsätzlich die Unmöglichkeit dieser Ersatzbeschaffung beweisen. Die Lösung hat in jedem Fall ihren Ursprung in § 252 BGB, so daß die vom Geschädigten durchgeführte Schadensberechnung jeder Zeit dem Gegenbeweis zugänglich ist. Es handelt sich nicht um eine abstrakte Schadensberechnung.

Wenn also z. B. ein Kaufvertrag über 100 handelsübliche Disketten zu einem Kaufpreis von DM 100 abgeschlossen wird, hat der Käufer in seiner imaginären Vermögensbilanz mit Abschluß des Vertrages als aktives Vermögen einen Anspruch auf Übereignung der Disketten in Höhe von DM 100, da dies zu diesem Zeitpunkt exakt seine ihm möglichen Beschaffungskosten darstellen. Diesem Anspruch steht die wertgleiche Verpflichtung zur Kaufpreiszahlung gegenüber. Sollte der Vertrag vom Verkäufer nicht erfüllt werden, entgeht ihm also die Übereignung der Disketten. Wenn nun der Vertrag für den Käufer eine günstige Gelegenheit darstellt, weil er bei anderen Verkäufern die Disketten nur zu einem Preis von DM 120 erwerben kann, hätten die Disketten nach erfolgter Übereignung in dieser Höhe bewertet werden müssen, da dies die auf dem Markt erforderlichen Wiederbeschaffungskosten des Käufers wären. Dem Käufer ist mithin eine Vermögensmehrung von DM 20 entgangen, da im Gegenzug zur Übereignung DM 100 aus seinen Geldmitteln abgeflossen wären.

2. Verkäuferschaden

a) Schaden als lucrum cessans

Sowohl die Rechtsprechung wie auch die Literatur ermöglichen dem Verkäufer im Falle der Nichterfüllung des Vertrages durch den Käufer, entgangenen Gewinn als Schaden geltend zu machen. Dem Verkäufer werden grundsätzlich

---

[533] Die oben, Fn 481 erwähnte Rentabilitätsvermutung ist demnach obsolet. Da der Geschädigte pekuniär so gestellt wird, als sei der Vertrag erfüllt worden, sind seine Aufwendungen nicht nutzlos geworden. Bei schon erbrachter Gegenleistung und günstigeren Wiederbeschaffungsmöglichkeiten hat er keinen Nachteil, solange er sich mit der Schadensersatzleistung Ersatz beschaffen bzw. seine Kosten abdecken kann.

zwei Berechnungsmethoden zur Wahl gestellt[534]. Zum einen kann er seinen Schaden aus der Differenz zwischen dem Vertragspreis und einem niedrigeren Marktpreis berechnen, da ihm aufgrund der Nichterfüllung lediglich ein Verkauf zum Marktpreis möglich ist, und ihm daher der höhere Vertragspreis entgangen ist[535]. Alternativ dazu kann der Schaden mit der Differenz zwischen Einkaufs- oder Herstellungskosten und dem entgangenen Vertragspreis begründet werden[536]. *Keuk* zieht die letztgenannte Differenz zur Berechnung des Erfüllungsinteresses des Verkäufers heran. Sie betont, daß es auf einen eventuellen Verkauf der Sache nicht ankomme, da der Schaden in der entgangenen Vermögensmehrung liege, die aus dem entgangenen Vertragspreis abzüglich der Einkaufskosten im Erfüllungszeitpunkt resultiere[537]. Ebenso wie das RG[538] geht sie davon aus, daß die Einkaufskosten den Wert der Kaufsache für den Verkäufer zu diesem Zeitpunkt darstellen[539].

b) Schaden als damnum emergens

Steindorff hält den Verkäuferschaden dagegen nicht für einen mittelbaren, sondern für einen unmittelbar dem Verkäufer entstehenden Schaden. Aufgrund der von ihm vertretenen unterschiedlichen Schadensbegriffe geht er davon aus, daß dem Verkäufer durch die Nichterfüllung ein Schaden in Höhe des objekti-

---

534 RG JW 1919, 445 (445 f.); Wiedemann in Soergel § 325 Rn 45; Otto in Staudinger § 325 Rn 65; Emmerich in MüKo § 325 Rn 93; Lange, S. 349 f.; Strieder in Baumgärtel § 252 Rn 16.

535 RGZ 50, 255 (262); Medicus in Staudinger § 252 Rn 26; Strieder in Baumgärtel § 252 Rn 15. Nicht ganz eindeutig: BGH NJW 1994, 2478 (2478).
Bardo, S. 149 ff. bezeichnet diese Differenz als den dem Verkäufer entgehenden „Mehrwert". Sie geht dabei unzutreffenderweise davon aus, daß der Sachwert nicht nach den Wiederbeschaffungskosten, sondern nach dem vom Verkäufer erzielbaren Verkaufswert zu bemessen ist. Oben im 1. Teil unter A.II. 1. b)-d) wurde gezeigt, daß dieser Bewertungsansatz den § 252 BGB überflüssig machen würde, da so bereits bei der Bewertung vorhandenen Vermögens ein eventuell erzielbarer Gewinn Berücksichtigung finden würde.

536 RGZ 60, 346 (347); BGH JZ 1961, 27 (28); BGH NJW 1989, 1669 (1669 f.); BGH NJW-RR 1989, 1451 (1452); OLG Hamburg OLGE 23, 9 (9); Grunsky in MüKo § 252 Rn 12.
Bardo, S. 166 ff. hält diese Berechnungsweise insbesondere für Händler anwend-bar und wenn sich die Ware noch nicht im Besitz des Verkäufers befunden hat.

537 Keuk, Vermögensschaden, S. 137 ff. (insbesonders S. 140).

538 RGZ 89, 282 (284).

539 Keuk, a.a.O.

ven Wertes des Kaufvertrages entstehe. Dieser Schaden berechne sich nach der Handelsspanne des Verkäufers, die dem Lohn für seine Leistung entspreche[540]. Zwar wurde oben bereits erörtert, daß entgegen der Auffassung *Steindorffs* im Gesetz zwei verschiedene Schadensbegriffe nicht verankert sind[541]. Ihm ist nach der hier vertretenen Auffassung allerdings darin zuzustimmen, daß dem Verkäufer bei Nichterfüllung des Käufers ein direkter Schaden seines existenten Vermögens zugefügt wird. Der Verkäufer kann grundsätzlich Ersatz des damnum emergens verlangen. Dies gilt für die zumindest bei Händlern üblicherweise anzutreffende Konstellation, daß ein Verkäufer eine Sache zu einem höheren Preis verkaufen kann, als er für sie beim Einkauf bezahlen muß. In diesen Fällen besteht die imaginäre aktive Vermögensbilanz des Verkäufers nach Vertragsabschluß mit dem Käufer aus dem Eigentum und aus dem schadensersatzrechtlich bereits zu berücksichtigenden Kaufpreisanspruch[542]. Das Eigentum ist in Höhe der für den Verkäufer erforderlichen Wiederbeschaffungskosten zu bewerten[543]. Auf der Passivseite seiner imaginären Vermögensbilanz ist durch den Vertragsschluß die Verpflichtung zur Eigentumsübertragung zu berücksichtigen. Diese ist wertgleich zum Eigentum[544]. Bei Nichterfüllung des Käufers bestimmen sich die Rechte des Verkäufers in der Regel nach § 326 BGB, da die Geldleistung des Käufers nicht unmöglich werden kann[545]. Der Verkäufer muß also gemäß § 326 Abs. 1 BGB dem Käufer eine Frist mit Ablehnungsandrohung setzen. § 326 Abs. 1 S. 2 letzter HS BGB bestimmt, daß nach Ablauf dieser Frist der Anspruch auf Erfüllung ausgeschlossen ist. Dies gilt für alle gegenseitigen Ansprüche aus dem Vertrag[546]. Bevor sich der Verkäufer also für eine der Rechtsfolgen des § 326 BGB entscheidet, sind zunächst die zwei durch den Vertrag begründeten Vermögenspositionen, nämlich der Kaufpreisanspruch und die Übereignungsverpflichtung, entfallen. Hat der Verkäufer die Kaufsache teurer verkauft, als er sie sich wiederbeschaffen muß, so hat er einen Schaden in Höhe der Differenz zwischen diesen beiden Posten erlitten, da seine Vermögensbilanz in Höhe des

---

540 Steindorff, JZ 1961, 12 (13 ff.).

541 S. o. 1. Teil B. III.

542 S. o. 1. Teil A. II. 2. d) ee).

543 S. o. 1. Teil A. II. 1. b)-d).

544 S. o. 1. Teil A. II. 2. d) ee).

545 Otto in Staudinger § 325 Rn 65; Bardo, S. 45.
Siehe als Beispiele für die Nichterfüllung des Käufers: BGH NJW 1989, 1669; NJW-RR 1989, 1451.

546 Heinrichs in Palandt § 326 Rn 24; Emmerich in MüKo § 326 Rn 120; Wiedemann in Soergel § 326 Rn 69.

Kaufpreisanspruches positiv war und nun nur noch in Höhe der Wiederbeschaffungskosten positiv ist. Da dieser Schaden direkt durch den Verlust bestehender Ansprüche entsteht, tritt der Schaden als damnum emergens ein.

Ein Großhändler muß z. B. für 100 Fahrradschläuche grundsätzlich DM 500 beim Hersteller bezahlen. Die bei ihm vorrätigen Schläuche haben also diesen Wert, da dies seine Wiederbeschaffungskosten sind. In dem Moment, in dem er sie zu einem Preis von DM 800 verkauft, hat er einen weiteren aktiven Vermögensposten, nämlich den Kaufpreisanspruch in dieser Höhe. Seine aus diesem Vertrag resultierende Verpflichtung zur Übereignung hat dagegen nur einen Wert von DM 500, da sie sich am Eigentumswert orientieren muß. Seine imaginäre Vermögensbilanz weist also einen Überschuß von DM 800 auf. Sollte nun der Käufer die Schläuche nicht abnehmen und nicht bezahlen und der Verkäufer dies gemäß § 326 BGB auch endgültig ablehnen, verbleibt ihm nur der Wert seines Eigentums in Höhe von DM 500, da der Vertrag nicht durchgeführt wird und diese Positionen somit aus der Vermögensbilanz verschwinden. Sein direkter Schaden beträgt also DM 300.

Dieser direkt eintretende Vermögensschaden entfällt auch nicht nachträglich, da der Verkäufer keinen anrechenbaren Vorteil aus einem eventuell später erfolgenden Verkauf der Sache an eine dritte Person hat. Er konnte vielmehr bereits das Eigentum an der Sache zu seinem Vorteil behalten[547], was bei der Schadensberechnung berücksichtigt wird. Wenn die Sache dann doch verkauft wird, so ist dieser weitere Verkauf kein direkter Vorteil der Nichterfüllung, da zumindest für vertretbare Sachen zu vermuten ist[548], daß diese weiteren Geschäfte mit anderen Waren durchgeführt worden wären[549], ein Geschäft also tatsächlich ausgefallen ist. Dieses ausgefallene Geschäft ist durch den direkten Schaden bereits erfaßt, so daß der weitere Verkauf unberücksichtigt bleiben kann. Neben dem Verbleib des Eigentums muß sich der Verkäufer noch eventuell ersparte variable Kosten des nicht erfüllten Vertrages anrechnen lassen. Ausführlich wird dazu unten unter D. eingegangen.

---

547 RGZ 89, 282 (284).

548 Insoweit zutreffend: Pohlmann, NJW 1995, 3169 (3169 f.). Wohl ebenso noch OLG Hamburg OLGE 23, 9 (10).

549 BGH JZ 1961, 27 (28); BAG NJW 1970, 29 (32); BGH NJW 1988, 2234 (2236); BGH NJW 1994, 2478 (2478). In diesen Entscheidungen wird die genannte Vermutung auf den Begriff der „marktgängigen“ Ware angewendet, also auf einen umfassenderen Begriff als die vertretbare Sache. Zu dem Problem der Absatzvermutung von vertretbaren Sachen siehe sogleich unter II.

Bei unvertretbaren Sachen ist im Unterschied zu vertretbaren Sachen der Gewinn eines weiteren Geschäfts dagegen erst durch den Verbleib der Sache beim Verkäufer ermöglicht worden, da ein weiterer Verkauf in diesen Fällen eben nicht durch andere Waren ermöglicht worden wäre. Ein solcher Gewinn ist daher zu Lasten des Verkäufers als ein ihm entstandener Vorteil zu berücksichtigen[550]. Bei einem Verkauf der vom Käufer nicht abgenommenen Sache an einen Dritten zumindest zum gleichen Preis, hat der Verkäufer also in der Regel keinen Schaden erlitten. Gemäß der Schadensminderungspflicht des § 254 Abs. 2 BGB kann der Verkäufer sogar verpflichtet sein, sich schnellstmöglich um einen Deckungsverkauf zu bemühen[551]. Nicht anzurechnen ist allerdings ein durch Deckungsverkauf erzielter Erlös, der über dem Verkehrswert der Sache liegt, da dies auf überobligationsmäßige Anstrengungen des Verkäufers oder auf einem besonderen Erwerbsinteresse des Dritten beruht[552].

Bei der Schadensberechnung ist es dem Verkäufer durchaus möglich, seine Wiederbeschaffungskosten an einem möglicherweise von ihm zu zahlenden Marktpreis zu orientieren. Sowohl für Kaufleute als auch für Privatpersonen dürfte es nach dem für das damnum emergens anwendbaren § 287 ZPO als ausreichend erscheinen, diese Preise als realistische Wiederbeschaffungskosten anzunehmen. Es ist in einem solchen Fall Sache des beklagten Käufers, dies substantiiert zu bestreiten. Er muß deutlich machen, warum gerade der klagende Verkäufer über dem Marktpreis liegende Wiederbeschaffungskosten haben soll. Sollte zum Beispiel der Käufer substantiiert darlegen, daß der Einkaufspreis des Händlers für 100 Fahrradschläuche nicht DM 500, sondern DM 600 beträgt, so hätte der Verkäufer nur einen Schaden in Höhe von DM 200 erlitten.

Die vorstehend beschriebene dogmatische Einordnung der Fälle des Verkäuferschadens als damnum emergens vermeidet es, ebenso wie beim Käuferschaden, zwischen Kaufleuten und Privatpersonen zu unterscheiden, da es nicht auf den Schadensersatzberechtigten ankommt, sondern allein auf das Bestehen von

---

550 BGH NJW 1981, 1834 (1834); BGH NJW 1982, 326 (326).
Die Frage, ob die Vorteilsausgleichung im Rahmen des § 252 BGB nur bei konkreter und nicht bei abstrakter Schadensberechnung Anwendung findet, ist nach der hier vertretenen Auffassung obsolet, da es sich bei der Berechnung nach § 252 BGB immer um eine konkrete Schadensberechnung handelt. Vergleiche zur Thematik: Keuk, Vermögensschaden, S. 157 ff.; Bardo, S. 45 f.; Steindorff, JZ 1961, 12 (13).

551 BGH DB 1997, 823 (823 f.).
Dies wird zur Schadensminderung insbesonders bei verderblichen Waren erforderlich sein.

552 Instruktiv zur Vorteilsausgleichung bei Wertsteigerungen der Kaufsache nach der Nichterfüllung: BGH NJW 1997, 2378 (2378 f.).

Ansprüchen. Durch die hier vertretene Auffassung wird auch nicht das Ergebnis einer vielen Entscheidungen zugrundeliegenden Problematik zum Schadensersatz wegen Nichterfüllung verändert. Häufig sind in Allgemeinen Geschäftsbedingungen des Verkäufers pauschalierte Schadensbeträge für den Fall der Nichterfüllung des Käufers vorgesehen[553]. Dies wird bei angemessenen Pauschalbeträgen als zulässig erachtet. Allerdings sollen diese Schadensersatzbeträge den entgangenen Gewinn abdecken. Dies steht zwar im Gegensatz zu der hier vertretenen Auffassung, die einen direkten Vermögensverlust des Verkäufers vorsieht. Da der durch die Nichterfüllung eintretende, direkte Vermögensverlust des Verkäufers in der Regel aber der Handelsspanne eines gewerblichen Verkäufers, also eines potentiellen AGB-Verwenders, entspricht, kann eine in AGB pauschalierte Schadenssumme bei angemessener Bezifferung den eintretenden Schaden erfassen. Das wirtschaftliche Ergebnis der hier vertretenen Auffassung deckt sich daher mit einer Einordnung dieses Schadens als entgangener Gewinn.

Es gibt allerdings Fälle, in denen ein derartiger direkter Schaden nicht eintritt. Zu denken ist dabei vor allem an Verkäufe von Privatpersonen, da ihre Wiederbeschaffungskosten oftmals über den von ihnen erzielbaren Verkaufspreisen liegen. Ebenfalls in diese Kategorie fallen Verkäufe von Kaufleuten, die Ware unter dem Einstandspreis veräußern[554]. Die durch die Nichterfüllung des Vertrages entfallenden Vermögensposten führen dazu, daß die imaginäre Bilanz wieder den Stand vor Abschluß des Vertrages erhält. Damit wird ein Verlust verhindert, der bei Erfüllung des Vertrages eingetreten wäre, da der Verkäufer bei Erfüllung einen Geldbetrag erhalten hätte, der geringer wäre als der Wert des zuvor vorhandenen Eigentums. Als Beispiel sei erneut auf die zu einem Preis von DM 500 vom Händler zu beschaffenden Fahrradschläuche verwiesen. Sollte sich der Händler aus irgendeinem Grund entschließen, die Schläuche für DM 400 zu verkaufen, wird durch die Nichterfüllung des Käufers ein Verlust in Höhe von DM 100 vermieden. In diesen Fällen ist ein Schaden des Verkäufers grundsätzlich nur möglich, wenn ihm aufgrund der Nichterfüllung Kosten entstehen, die über der Differenz zwischen Wiederbeschaffungskosten und dem

---

553 Zum Beispiel: BGH NJW 1994, 2478; NJW 1970, 29; BAG NJW 1967, 751. Eine vergleichbare Konstellation tritt bei die formularmäßigen Pauschalierungen der Vorfälligkeitsentschädigung einer Hypothekenbank auf: BGH NJW 1998, 592.

554 Mögliche Motive dafür sind Lockangebote, verdeckte Zugaben, erforderliche Lagerräumung oder absehbare Unverkäuflichkeit der Waren.

Vertragspreis liegen[555]. Der Verkäufer hätte bei Erfüllung des Vertrages einen Verlust in Höhe der Differenz zwischen den für sein Eigentum anzusetzenden höheren Wiederbeschaffungskosten und dem Vertragspreis gemacht. Wenn er durch die Nichterfüllung nun zwar Kosten aufbringen muß, hat er jedoch gleichzeitig diesen Verlust erspart, da er das Eigentum an der Sache behalten hat. Dies ist zugunsten des Schädigers, also des Käufers zu berücksichtigen. Sobald die Kosten der Nichterfüllung aber die Differenz zwischen Vertragspreis und Wiederbeschaffungskosten übersteigen, hat er in dieser Höhe einen Schaden erlitten. Entscheidend ist, daß die Kausalität und Höhe der Kosten entsprechend nachgewiesen werden. Da es sich insoweit um direkte Schadenspositionen handelt, ist § 287 ZPO zu berücksichtigen. Das klassische Beispiel bietet der private Kfz-Verkauf, da die Wiederbeschaffungskosten für einen PKW in der Regel höher sind, als der erzielbare Verkaufspreis. Einen Schaden durch Nichtabnahme des Käufers erleidet der Verkäufer nur, wenn die durch die Nichterfüllung verursachten Kosten die Differenz zwischen Wiederbeschaffungskosten und Verkaufspreis übersteigen.

Ausgehend von der zuletzt genannten Grundkonstellation eines Verkaufs unter den Wiederbeschaffungskosten ist ein Ausnahmefall zu erwähnen, in dem der Verkäufer nicht einen direkten Vermögensschaden durch Aufwendungen erleidet, sondern entgangenen Gewinn geltend machen kann. Wenn es dem Verkäufer gelingen sollte, die Sache anderweitig zu verkaufen und dieser Verkauf ihm einen noch geringeren Erlös als der ursprüngliche Vertragspreis einbringt, so ist dem Verkäufer die Differenz zwischen diesen beiden Geschäften entgangen. Diese Lösung ergibt sich sowohl bei einem Gesamtvermögensvergleich, da im Falle der Erfüllung der Verlust des Verkäufers geringer gewesen wäre bzw. sein dann vorhandenes Vermögen größer gewesen wäre als nach dem ungünstigeren Deckungsverkauf. Auch ein isolierter Vergleich der beiden Vertragspreise ergäbe dieses Ergebnis[556].

---

[555] Dies können insbesondere Lagerkosten, Rechtsverfolgungskosten oder andere konkret durch die Nichterfüllung bedingte Aufwendungen sein.

[556] Im Rahmen der zur Bestimmung eines Schadens vertretenen Differenzhypothese ist umstritten, ob ein Gesamtvermögensvergleich erforderlich ist. Dafür: Grunsky in MüKo v. § 249 Rn 7; Lange, S. 45; Medicus in Staudinger § 249 Rn 6.
Dagegen: Keuk, Vermögensschaden, S. 20 ff., Honsell, JuS 1973, 69 (70f.).

c) Zusammenfassung

Festzuhalten ist daher, daß dem Verkäufer als Schadensersatz wegen Nichterfüllung in der Regel die Differenz zwischen Vertragspreis und (niedrigeren) Wiederbeschaffungskosten zum Erfüllungszeitpunkt zusteht. Dieser Schaden entsteht dem Verkäufer als direkte Vermögenseinbuße, also als damnum emergens. Es handelt sich nicht um eine abstrakte Schadensberechnung, da die vom Verkäufer behaupteten Wiederbeschaffungskosten dem Gegenbeweis unterliegen. Sollten die Wiederbeschaffungskosten über dem Vertragspreis liegen, sind, wie in anderen Schadensfällen auch, nur nachweisbar entstandene Kosten zu ersetzen, wobei der Erhalt des Eigentums im Wege der Vorteilsausgleichung anzurechnen ist.

II. Schadensberechnung bei Ersatz des Vertrauensschadens

Der sogenannte Vertrauensschaden wird zum Beispiel bei Ersatzansprüchen aus culpa in contrahendo oder gemäß § 122 BGB wegen einer wirksamen Anfechtung zugesprochen. Im Gegensatz zum Schadensersatz wegen Nichterfüllung ist das sogenannte negative Interesse zu ermitteln, indem der Geschädigte so zu stellen ist, wie er stehen würde, wenn er nicht auf die Gültigkeit des Rechtsgeschäfts vertraut hätte[557]. Einen Beispielsfall hatte der BGH zu entscheiden, als ein Gesellschafter-Geschäftsführer einer in Konkurs geratenen GmbH aus c.i.c. in Anspruch genommen wurde. Der Geschäftsführer hatte es schuldhaft versäumt, die Klägerin vor Abschluß eines Vertrages über die Lieferung von Frischfleisch auf die Überschuldung der GmbH hinzuweisen. Nach der von der Klägerin durchgeführten Lieferung konnte die GmbH die geschuldeten Preise nicht bezahlen und geriet in Konkurs. Der Geschäftsführer sollte der Klägerin den über den Warenwert hinausgehenden entgangenen Gewinn aus der Lieferung ersetzen, was das Berufungsgericht ablehnte, der BGH hingegen anerkannte[558].

In diesem Fall ist der geschlossene Vertrag bei der Berechnung des negativen Interesses der verkaufenden Klägerin nicht zu berücksichtigen, da er bei Erfüllung der dem Geschäftsführer obliegenden Aufklärungspflicht nicht zustandegekommen wäre. Wenn die Klägerin das Geschäft nicht abgeschlossen hätte, hätte sie aber auch keinen Anspruch auf den Kaufpreis gehabt. Insoweit besteht

[557] Heinrichs in Palandt v. § 249 Rn 17.
[558] BGH NJW 1988, 2234.

also ein Unterschied zum Verkäuferschaden beim Schadensersatz wegen Nichterfüllung. Ein Schaden in der Form des damnum emergens kann demnach nicht vorliegen. Die klagende Verkäuferin kann in einem solchen Fall aber behaupten, daß sie die gelieferte Ware anderweitig zum Marktpreis verkauft hätte, so daß entgangener Gewinn geltend gemacht werden kann.

Der BGH befürwortet dies mit der Vermutung, daß dies bei Kaufleuten dem gewöhnlichen Lauf der Dinge entspricht, solange es sich um marktgängige Waren handelt[559]. Dies ist vom Grundgedanken zutreffend. Allerdings sollte der Begriff „marktgängige" Ware vermieden werden. Vorzuziehen ist vielmehr die dem Gesetz immanente Trennung von vertretbaren und unvertretbaren Sachen[560]. Die Formulierung des BGH führt zu nicht haltbaren Vermutungen. So greift die Verkaufsvermutung nach der Auffassung des BGH zum Beispiel auch dann ein, wenn ein Gebrauchtwagenhändler einen verkauften aber nicht abgenommenen Gebrauchtwagen zum selben Preis an einen Ersatzkäufer verkauft. Der BGH nimmt an, daß der Ersatzkäufer dem Händler ein anderes gleichwertiges Fahrzeug abgenommen hätte, ihm also der Gewinn aus einem Geschäft entgangen ist[561]. Der VIII. Senat beruft sich dabei auf ein älteres Urteil, in dem festgelegt wurde, daß gebrauchte Kraftfahrzeuge als marktgängig einzuordnen sind, wenn es sich um eine gewerbsmäßige Veräußerung handelt und der Typ des Fahrzeugs in großer Zahl serienmäßig hergestellt wurde[562]. Der BGH vertritt also vereinfacht ausgedrückt den Standpunkt, daß gebrauchte Kraftfahrzeuge regelmäßig nicht nach den einzelnen Ausstattungsmerkmalen und den sichtbaren Gebrauchserscheinungen ausgesucht werden. Ausschlaggebend soll vielmehr die Person des Händlers sein. Es wird vermutet, daß der Ersatzkäufer bei diesem Händler in jedem Fall einen ähnlichen Wagen erworben hätte.

Dies erscheint äußerst zweifelhaft. So ist anzunehmen, daß die wenigsten deutschen Autokäufer einen PKW als reinen Nutzgegenstand erwerben. Wer beobachtet, welcher Umsatz alltäglich an Waschstraßen erzielt wird oder wie der Autozubehörhandel boomt, kann erkennen, wie wichtig unter anderem rein äußerliche Merkmale eines PKW sind. Etwas anderes dürfte allerdings für Nutzfahrzeuge anzunehmen sein, da für sie wirklich die Nutzung und nicht

---

[559] BGH NJW 1988, 2234 (2236) m.w.N.
[560] So wohl auch: Otto in Staudinger § 325 Rn 65 a.E.; Wiedemann in Soergel § 325 Rn 45.
[561] BGH NJW 1994, 2478 (2478 f.).
[562] BGH NJW 1970, 29, (32 f.).

zugleich die Funktion des Statussymbol ausschlaggebend ist[563]. Das vom BGH selbst aufgestellte Merkmal des gewerbsmäßigen Verkaufs sollte daher auf beide Vertragspartner und nicht nur auf den Verkäufer bezogen werden. Es ist nicht realistisch zu vermuten, daß Käufer gebrauchter Kraftfahrzeuge grundsätzlich nur nach Hauptmerkmalen wie Fahrzeugtyp vorgehen[564]. Die Annahme, daß ein Autokäufer bei demselben Händler ein anderes, ähnliches gebrauchtes Fahrzeug erworben hätte, ist nicht haltbar. Es sind zu viele Unterschiede denkbar, so daß eine Ähnlichkeit allein nicht ausreichend sein kann.

Als Ergebnis ist daher für die Berechnung des negativen Interesses festzuhalten, daß entgangener Gewinn grundsätzlich geltend gemacht werden kann. Für Kaufleute ist zu vermuten, daß sie nach dem gewöhnlichen Lauf der Dinge alternative Abnehmer für bereits gelieferte Waren gefunden hätten. Diese Vermutung des § 252 S. 2 BGB kann hingegen nur für vertretbare Sachen aufgestellt werden. Für andere Waren ist weiterer Beweis durch den Geschädigten zu fordern. Da es sich bei der Berechnung des Schadensersatzes nach § 252 S. 2 BGB nicht um eine abstrakte Schadensberechnung handelt[565], wird auch das negative Interesse in den geschilderten Fällen konkret berechnet.

III. Schadensberechnung bei deliktischen Schädigungen

Bei Schadensersatzansprüchen, die auf deliktischen Schädigungen beruhen, gelten die allgemeinen Grundsätze über die Bestimmung des Schadensumfangs. Dogmatisch beachtlich ist allerdings, welche Folgen die deliktische Schädigung eines Rechtsgutes nach sich zieht. Werden bereits bestehende Ansprüche beeinträchtigt, so ist ein Ersatz des damnum emergens die Folge. Als Beispiel dient der Fall eines Fahrlehrers, dessen Fahrschulwagen beschädigt wurde. Aufgrund der erforderlichen Reparatur konnte er bereits vereinbarte Fahrstunden nicht einhalten[566]. Die also bereits bestehenden Vergütungsansprüche

---

563 So wohl auch: Reinking/Eggert Rn 1453.

564 Gleiches gilt für BGH JZ 1961, 27, wo vermutet wird, daß ein Weingroßhändler in jedem Fall Abnehmer gefunden hätte bzw. daß die Merkmale eines Weines nicht kaufentscheidend seien. Gerade für Einzelhändler in der Weinbranche – den in dieser Entscheidung zu vermutenden Abnehmern – dürfte es aufgrund ihrer Fachkenntnis dagegen von hoher Bedeutung sein, welchen Wein sie erwerben. Bei Wein spielen selbst kleinste Abweichungen wie Jahrgang, Rebsorte, Hanglage oder Bodenart eine gewichtige Rolle. Die Person des Händlers ist nur von untergeordneter Bedeutung.

565 S. o. 2. Teil A. II.

566 BGH NJW 1971, 836.

stellen keinen entgangenen Gewinn dar. Allerdings ist der Geschädigte nach § 254 Abs. 2 BGB zur Schadensminderung verpflichtet. Er muß also mit zumutbarem Einsatz versuchen, ausgefallene Fahrstunden nachzuholen[567]. Nur nachgeholte Fahrstunden und deren Vergütungen, die in überpflichtmäßiger Anstrengung dennoch erzielt werden, sind nicht zu Gunsten des Schädigers zu berücksichtigen.

Ist dagegen eine Sache durch eine deliktische Schädigung nicht mehr zur Vermögensmehrung nutzbar und zum Zeitpunkt des schädigenden Ereignisses bestanden noch keine entsprechenden vertraglichen Ansprüche aus ihrer Nutzung, so sind die allgemeinen Grundsätze des § 252 BGB anwendbar. Wenn also ein Gewinn durch Nutzung der Sache mit deutlich überwiegender Wahrscheinlichkeit zu erwarten gewesen ist, ist er zu ersetzen.

IV. Zusammenfassung

Eine Berechnung von Schadensersatzansprüchen, die auf der Grundlage des § 252 BGB erfolgt, kann nicht als abstrakte Schadensberechnung bezeichnet werden. Die Schadensberechnung nach § 252 BGB ist konkret. Dies gilt insbesondere für die Berechnung des Schadensersatzes wegen Nichterfüllung. Hier ist die von der herrschenden Meinung aufgestellte Weiterverkaufsvermutung bis auf die Fälle eines unmöglichen Deckungskaufes entbehrlich. Dem Käufer entgeht bei höheren Wiederbeschaffungskosten auch ohne Weiterverkauf einer Sache bereits eine Vermögensmehrung, die nach § 252 BGB zu ersetzen ist.

Für die Verkäuferschäden und die weiteren möglichen Schadensarten ist es entscheidend, ob schon vertragliche Ansprüche bestanden haben. Sobald dies der Fall ist, entsteht in der Regel ein Schaden nicht als entgangener Gewinn, sondern als damnum emergens. Wenn es, wie beim Ersatz des Vertrauensschadens oder bei deliktischen Schädigungen, doch zum Ersatz entgangenen Gewinns kommt, ist eine Verkaufsvermutung für Händler nur bei vertretbaren Sachen aufzustellen.

Beim Verkauf von unvertretbaren Sachen muß sich der geschädigte Verkäufer einen Deckungsverkauf der wegen der Nichterfüllung nicht abgenommenen Sachen bei der Schadensberechnung anrechnen lassen.

---

[567] BGH NJW 1971, 836 (837 f.).

C. § 842 BGB als lex specialis bei Verletzung persönlicher Rechtsgüter

Die bislang im Rahmen dieser Arbeit erörterten Probleme betrafen entgangene Vermögensmehrungen, die auf die Beschädigung von Sachen oder die Nichterfüllung von vertraglichen Rechten zurückzuführen waren. Zumindest die gleiche praktische Bedeutung haben entgangene Vermögensmehrungen, die auf Personenschäden zurückzuführen sind. Auch die Verletzung persönlicher Rechtsgüter wie Leben, Körper, Gesundheit, Ehre, geschäftlicher Ruf oder das allgemeine Persönlichkeitsrecht können zu allgemeinen Vermögensschäden führen, welche üblicherweise in Form von Verdienst- oder Erwerbsausfall auftreten[568]. Obwohl entgangene Einnahmen als Folge von Rechtsgutverletzungen, also als mittelbare Schäden, eindeutig unter die Vorschrift des § 252 BGB zu subsumieren sind[569], gibt es im Recht der unerlaubten Handlungen noch die §§ 842 und 843 BGB als Parallelvorschriften[570]. Da sowohl § 252 BGB wie auch § 842 BGB zukünftige Schäden umfassen, ist es allgemeine Meinung, daß § 842 BGB lediglich eine klarstellende Funktion haben soll[571]. Eigentlich sei § 842 BGB überflüssig[572]. Die dogmatische Unsicherheit über die Einordnung von Verdienstausfall durch Verwertung der persönlichen Arbeitskraft zeigt sich zudem daran, daß die auftretenden Einzelprobleme teilweise bei § 252 BGB[573], teilweise bei §§ 842, 843 BGB[574] und in einigen Kommentaren an beiden Stellen[575] kommentiert sind. Es stellt sich daher, wie schon im

---

568 Larenz, SchuldR I, § 27 II 1. b); § 29 II. e); Zeuner in Soergel § 842 Rn 2; Mertens in MüKo § 842 Rn 4.

569 Grunsky, DAR 1988, 400 (401); Stürner, JZ 1984, 412 (414); Larenz, SchuldR I, § 29 II. e).

570 Bezeichnung nach Heinrichs in Palandt § 252 Rn 1.

571 RGZ 141, 169 (172); BGHZ 26, 69 (77); Zeuner in Soergel § 842 Rn 1; Mertens in MüKo § 842 Rn 1; Schäfer in Staudinger § 842 Rn 3; Boujong in RGRK § 842 Rn 1; Larenz, SchuldR I, § 29 II. e); Fischer, S. 52 Fn 4; Ruhkopf/Book, VersR 1970, 690 (691); Stürner, JZ 1984, 412 (414).
A.A.: Stoll, Vermögensschaden, S. 21 f.; ders., Haftungsfolgen, S. 378. Er spricht dem § 842 eine über die Differenzlehre hinausgehende haftungserweiternde Funktion zu. Näheres dazu unten unter I. 1.

572 Esser/Weyers, S. 616. Grunsky, DAR 1988, 400 (401 Fn 3) spricht dem § 842 eine eigenständige Bedeutung ab.

573 Heinrichs in Palandt § 252 Rn 8 ff.; Kuckuk in Erman § 252 Rn 16 ff. kommen-tiert nur den Verdienstausfall Selbständiger, während der Schaden für abhängig Tätige bei den §§ 842, 843 kommentiert wird.

574 Boujong in RGRK §§ 842, 843; Zeuner in Soergel §§ 842, 843.

575 Medicus in Staudinger § 252 Rn 29 ff. und Schäfer in Staudinger §§ 842, 843; Grunsky in MüKo § 252 Rn 7 ff. und Mertens in MüKo §§ 842, 843.

Verhältnis zwischen § 252 S. 2 BGB und § 287 ZPO, die Frage, ob tatsächlich eine der Normen entbehrlich ist. Um dies herausfinden zu können, bedarf es einer näheren Auseinandersetzung mit dem § 842 BGB.

I. Regelungsfunktion des § 842 BGB

1. Entstehungsgeschichte

Interessanterweise war § 842 BGB im Entwurf der ersten Kommission noch nicht vorgesehen[576]. § 843 BGB dagegen war zu großen Teilen schon in den §§ 724, 726 des 1. Entwurfs enthalten[577]. Durch den damals wie heute gewählten Wortlaut wird deutlich, daß die aus einer Beeinträchtigung der Erwerbsfähigkeit resultierenden Schäden die Folge der Verletzung eines Rechtsgutes sind. § 726 S. 2 des 1. Entwurfs bestimmt: „wenn in Folge der Verletzung auf Zeit oder auf Dauer die Erwerbsfähigkeit desselben aufgehoben oder vermindert ist...“. § 843 Abs. 1 BGB bestimmt beinahe wortgleich: „Wird infolge einer Verletzung des Körpers oder der Gesundheit die Erwerbsfähigkeit des Verletzten aufgehoben oder gemindert...“. Demnach ist die Beeinträchtigung der Erwerbsfähigkeit ein Folge- bzw. ein mittelbarer Schaden.

Die Motive zum 1. Entwurf bestätigen diese Auslegung des Gesetzestextes. Für die Mitglieder der 1. Kommission trat ein Vermögensschaden erst als Folge einer „Injurie“ ein. Dabei könne auch die Verletzung der Ehre schadensbegründend sein[578]. Aus weiteren Aussagen der 1. Kommission wird deutlich, warum damals eine Vorschrift wie § 842 BGB, die den Ersatz dieses Folgeschadens ausdrücklich anordnet, für entbehrlich gehalten wurde. Im Zusammenhang mit den Ausführungen über den Schadensersatz bei Ehrverletzungen wurde nämlich noch herausgestellt, daß sich der Ersatz von Nachteilen für den Erwerb oder das Fortkommen bereits aus § 218, also aus dem heutigen § 252 BGB, ergebe[579]. Zudem seien derartige Schadenspositionen durch die Gerichte im Rahmen des § 260 CPO (= 287 ZPO) zu berücksichtigen[580]. Die der Verletzung des Rechtsguts folgende Beeinträchtigung der Erwerbsfähigkeit wurde also eindeutig als Vermögensschaden anerkannt. Die 2. Kommission

[576] Mugdan, S. CXXV.

[577] Mugdan, S. CXXVII f.

[578] Mugdan, S. 419 = Mot. II., S. 750 f.

[579] Mugdan, a.a.O. und S. 443 = Mot. II., S. 793.

[580] Mugdan, S. 419 = Mot. II., S. 751.

nahm dennoch als § 765 den heutigen § 842 BGB mit dem immer noch aktuellen Text in den 2. Entwurf auf[581]. Ausweislich der Protokolle zum 2. Entwurf geschah dies, um klarzustellen, „daß unter allen Umständen die in Folge einer Ehrverletzung eingetretene Beeinträchtigung des Verletzten in seinem Erwerbe und Fortkommen bei der Festsetzung des Entschädigungsbetrages beachtet werden müsse, um in dieser Beziehung das Zivilrecht mit dem § 188 StGB, der gleichfalls neben den nachtheiligen Folgen für die Vermögensverhältnisse noch diejenigen für den Erwerb und das Fortkommen des Beleidigten erwähne, in Einklang zu bringen."[582].

Die allgemein angenommene Klarstellungsfunktion des § 842 BGB ist also eindeutig. Als eigentliche Frage erscheint vielmehr, warum und ob es einer Klarstellung bedarf bzw. bedurfte. Die Mitglieder der 2. Kommission begründeten die Erforderlichkeit mit möglichen Zweifeln über die Zuordnung der nachteiligen Folgen für Erwerb oder Fortkommen zum Vermögens- oder Nichtvermögensschaden[583]. Zwar waren sie sich – ebenso wie die Mitglieder der 1. Kommission – darüber einig, daß unzweideutig ein Vermögensschaden gegeben sei. Sie erkannten aber zugleich die Nähe zum Nichtvermögensschaden an[584]. Diese Textstelle in den Protokollen führt bei einigen Autoren noch heute zu der Annahme, § 842 BGB erfasse Schäden, die im Grenzbereich von materiellen und immateriellen Schäden liegen[585]. Dies sei ein Beleg für die haftungserweiternde Funktion des § 842 BGB, der damit einen Ersatz über den puren Vermögensschaden hinaus zulasse[586].

Die Formulierung der Protokolle scheint also zu der Annahme zu verleiten, es gäbe ein Mittelding zwischen Vermögens- und Nichtvermögensschäden. Dies haben die Mitglieder der 2. Kommission so freilich nicht gesehen. Sie beziehen sich ausdrücklich auf die Motive der 1. Kommission. Ein Studium der einschlägigen Stellen in den Motiven zeigt denn auch, welche Art von Schäden als Grenzfälle herausgearbeitet wurden. Neben den bereits eingetretenen Vermögens- und Nichtvermögensschäden wurde noch der Fall eines drohenden Vermögensschadens gebildet[587]. Es handelt sich also nicht um eine weitere

581 Jakobs/Schubert III, S. 1077.
582 Mugdan, S. 1117 = Prot., S. 2847.
583 Mugdan, a.a.O. = Prot., S. 2846.
584 Mugdan, a.a.O.
585 Lange, S. 311; Stoll, Vermögensschaden, S. 21 f.; ders., Haftungsfolgen, S. 378. Schon 1898: v. Liszt, S. 63 f. Nicht ganz eindeutig: Zeuner in Soergel § 842 Rn 1, 3.
586 Stoll, a.a.O.
587 Mugdan, S. 419 = Mot. II., S. 751.

Schadensart, die über den Vermögensschaden hinausgeht, sondern lediglich um einen noch nicht existenten, also hypothetischen Schaden. Ein hypothetischer Vermögensschaden ist aber exakt der Schaden, der als entgangener Gewinn von § 252 BGB erfaßt wird[588]. Aus diesem Gesichtspunkt kann eine Nähe zum Nichtvermögensschaden daher nicht gefolgert werden.

Wahrscheinlicher erscheint vielmehr folgende Vermutung. § 842 BGB erfaßt die Verletzung persönlicher Rechtsgüter. Es werden mithin nicht konkret bewertbare materielle Werte, sondern ideelle Werte beschädigt[589]. Bei deren Verletzung lassen sich konkrete Kosten allenfalls für Arztbesuche oder sonstige Rehabilitationsmaßnahmen ermitteln. Insbesondere bei der Verletzung von Rechtsgütern wie dem allgemeinen Persönlichkeitsrecht, der Ehre und der Freiheit ist neben den Kosten der Rechtsverfolgung ein konkret eingetretener Vermögensschaden in Form des damnum emergens nicht vorstellbar. In diesen Fällen handelt es sich im wesentlichen um eine immaterielle Schädigung, so daß üblicherweise zur Regulierung ein Schmerzensgeld nach § 847 BGB zugesprochen wird[590]. Die aus diesen Rechtsgutverletzungen zusätzlich noch drohenden Schäden beruhen auf dem wegen der Verletzung nur noch beschränkt möglichen Einsatz des verletzten Rechtsgutes. So kann z. B. eine Körperverletzung zur Arbeitsunfähigkeit führen. Der Verletzte kann also seinen Körper nicht mehr zur Arbeit, mithin zur Lohnerzielung einsetzen. Der Einsatz eines Rechtsgutes ist aber Grundvoraussetzung für eine Gewinnerzielung[591]. Entgangener Gewinn wiederum ist ein Vermögensschaden. Die durch den verhinderten Einsatz der verletzten ideellen Rechtsgüter entgehenden Einnahmen, sind also Vermögensschäden. Unklarheiten daran werden allein durch die Tatsache heraufbeschworen, daß die Verletzung persönlicher, immaterieller Rechtsgüter, also nicht vermögenswerter Rechte und Rechtsgüter, mittelbare Vermögensschäden in Form entgangenen Gewinns hervorrufen kann. Um festzulegen, daß diese Schäden trotz ihrer Ursache im immateriellen Bereich als Vermögensschäden einzustufen sind, ist eine gesetzliche Klarstellung zumindest nicht hinderlich. Insbesondere ist der § 842 BGB hilfreich, um eine klare Abgrenzung zu den §§ 253, 847 BGB zu gewährleisten. Eine Haftungserweiterung auf mittelbare Schäden, die keine Vermögensschäden sind, enthält § 842 BGB hingegen nicht.

---

588 Keuk, Vermögensschaden, S. 38, Fischer, S. 51; Grunsky, Beweiserleichterungen, S. 28.

589 Larenz, SchuldR I, § 27 II 1 b) bezeichnet die persönlichen Rechtsgüter als ideelle Rechtsgüter.

590 Kötz, Rn 639 ff.; Mertens in MüKo § 842 Rn 2.

591 S. o. 1. Teil A. II. 2. a) aa).

2. Nachteile für den Erwerb

Die aufgrund § 842 BGB unter anderem zu ersetzenden Vermögensschäden werden von der Vorschrift definiert als: „die Nachteile, welche die Handlung für den Erwerb ... des Verletzten herbeiführt". Die Ersatzpflicht erstreckt sich daher auf alle konkreten wirtschaftlichen Beeinträchtigungen, die der Geschädigte als Folge der Rechtsgutverletzungen erleidet[592]. Darunter fallen im wesentlichen der Verlust von Arbeitseinkommen, Gewinn oder sonstigem Haupt- bzw. Nebenverdienst und die Arbeitslosenunterstützung[593]. Die unter § 842 BGB zu subsumierenden Nachteile werden teilweise noch konkreter umschrieben, indem ein direkter Bezug zur Erwerbsfähigkeit des Geschädigten hergestellt wird. Danach sind die von § 842 BGB erfaßten Nachteile „alle wirtschaftlichen Beeinträchtigungen, die der Mangel der vollen Erwerbsfähigkeit mit sich bringt"[594]. Diese Formulierung und auch die Vorschrift des 843 Abs. 1 BGB, die sich ebenfalls direkt auf die geminderte oder aufgehobene Erwerbsfähigkeit des Geschädigten bezieht, haben teilweise zu der Einordnung der Arbeitskraft als ein eigenständiges Vermögensgut geführt[595]. Nach Ansicht vieler Autoren wird diese Auffassung angeblich auch vom BAG in einem Urteil vom 24.04.1970 vertreten[596]. *Lieb*[597] und *Medicus*[598] weisen jedoch zutreffend darauf hin, daß es sich in dieser Entscheidung um einen anderen Schaden als den im Rahmen des § 842 BGB zu beurteilenden Schaden handelt. Das BAG mußte den für den Arbeitgeber entstehenden Schaden, also den Unternehmergewinn in Form des Mehrwerts der Arbeitskraft gegenüber dem vom Arbeitgeber gezahlten Lohn beurteilen. Dies ist etwas anderes, als wenn eine geschädigte Person ihre Arbeitskraft zur eigenen Gewinnerzielung einsetzen muß. Der Gewinn des Arbeitgebers orientiert sich an der Produktivität seiner Arbeitnehmer. Dies ist ein Resultat aus der gesamten Gewinnstruktur des Unter-

---

592 Mertens in MüKo § 842 Rn 6.

593 BGHZ 90, 334 (337).

594 Schäfer in Staudinger § 842 Rn 13; Boujong in RGRK § 842 Rn 5. BGHZ 38, 55 (59) spricht von Einsatzfähigkeit.

595 Grunsky in MüKo v. § 249 Rn 23 ff.; ders., DAR 1988, 400 (403 f.); Magnus, S. 263 ff.; Esser/Schmidt, § 31 II d; Kilian, AcP 169 (1969), 443 (457); Schwerdtner, JR 1971, 330 (331).
Hagen, JuS 1969, 61 (66 ff.) stuft lediglich den Nutzungswert der Arbeitskraft als Vermögenswert ein.

596 BAG JZ 1971, 380 = AP § 60 HGB Nr. 5.

597 Lieb, JZ 1971, 358 (361).

598 Medicus in Staudinger § 252 Rn 40 ff.

nehmens und nicht von der einzelnen Lohnhöhe abhängig[599]. Die Einordung der Arbeitskraft als selbständiges Vermögensgut wird also nur von einigen Autoren und nicht zusätzlich vom BAG vertreten.

Die Rechtsprechung[600] und die in der Literatur ganz herrschende Meinung[601] lehnen diese Auffassung hingegen ab. Bewertbar sei nur die konkret zu erbringende Arbeitsleistung und nicht die Arbeitskraft als solche.

Die zutreffende Ablehnung der Arbeitskraft als eigenständiges Vermögensgut ergibt sich bereits aus einer Analyse der einschlägigen Gesetzestexte. § 843 Abs. 1 BGB beschreibt die Beeinträchtigung der Erwerbsfähigkeit als eine Folge von Verletzungen des Körpers oder der Gesundheit. Wenn die Erwerbsfähigkeit vom Gesetzgeber als eigenständiges Rechtsgut aufgefaßt worden wäre, hätte man ihre Beeinträchtigung nicht als einen Folgeschaden einordnen müssen, sondern hätte direkt von ihrer Verletzung ausgehen können. Dies ist auch in späteren Gesetzesvorhaben nicht der Fall gewesen, wie die entsprechenden Haftungsgesetze zeigen[602]. Der Vermögensnachteil als Folge einer Verletzung kann aber nicht mit der Verletzung selbst identisch sein[603].

Hinzu kommt folgendes. Die Arbeitskraft eines Menschen bildet sich aus seinen körperlichen und geistigen Kräften, seiner Erziehung und seinem sozialen Umfeld[604]. Diese Faktoren und somit auch die Arbeitskraft selbst, sind immaterielle Aspekte. Dies geben auch die Vertreter der Mindermeinung zu. Das Vermögen wird erst mit der Nutzung der Arbeitskraft berührt[605]. Selbst wenn ein Substanzwert der Arbeitskraft in Anlehnung an den Substanzwert von

---

599 Lieb, a.a.O. (362).

600 RGZ 165, 236 (240); BGHZ 54, 45 (50); BGH NJW 1995, 1023 (1024); OLG Hamm ZfS 1996, 11 (12).

601 Schäfer in Staudinger § 842 Rn 14; Zeuner in Soergel § 842 Rn 3; Mertens in MüKo § 842 Rn 7; Boujong in RGRK § 842 Rn 9; Thomas in Palandt § 842 Rn 2; Medicus in Staudinger § 252 Rn 29 ff.; Kuckuk in Erman § 249 Rn 53; Larenz, SchuldR I, § 27 II 1 b; Lange, S. 380 ff.; Knobbe-Keuk, VersR 1976, 401 (406); Stoll, Vermögensschaden, S. 24; ders., Haftungsfolgen, S. 379; Weimar, NJW 1989, 3246 (3247 f.); Lieb, JZ 1971, 358 (360); Wussow, Rn 1531.

602 § 11 StVG, § 36 LuftVG; § 6 HaftpflG; § 29 AtomG; § 8 ProdHaftG; § 13 UmweltHG.

603 Medicus in Staudinger § 252 Rn 31; Lange, S. 380.

604 Knobbe-Keuk, VersR 1976, 401 (406); Lange, S. 383.

605 Magnus, S. 263; Grunsky im MüKo v. § 249 Rn 26; Hagen, JuS 1969, 61 (66 ff.); Weimar, NJW 1989, 3246 (3248).

Gegenständen möglich sein sollte[606], so wäre dieser Wert immateriell und sein Ersatz verstieße gegen § 253 BGB.

Wenn man – wie *Grunsky* – den Gedanken des merkantilen Minderwertes auf die Arbeitskraft anwenden wollte[607], hieße das, den Menschen an sich zu bewerten, um zu ermitteln, ob nach der Verletzung ein „Wertverlust" des Menschen zurückbleibt. Dies dürfte ethische Probleme heraufbeschwören. Wie schon erwähnt, setzt sich die Arbeitskraft aus der geistigen und körperlichen Geschicklichkeit eines Menschen zusammen. Dies wiederum ist ein Resultat anderer Rechtsgüter wie Leben, Körper und Gesundheit. Auch der Name oder sein guter Ruf kann die Erwerbsfähigkeit eines Menschen wesentlich beeinflussen. Die durch die Verletzung dieser Güter entstehenden Schäden sind aber bis auf die Heilungskosten grundsätzlich immateriell. Selbst wenn ein eigenständiges Rechtsgut „Arbeitskraft" zu befürworten wäre, wäre es immateriell, so daß Schadensersatz nur nach § 847 BGB gefordert werden könnte. Dies scheitert jedoch daran, daß die Nachteile für den Erwerb in § 842 BGB explizit als Vermögensschaden eingestuft werden, da § 842 BGB eben die nicht von § 847 BGB erfaßten Fälle regeln soll[608]. Die Tatsache, daß die Beeinträchtigung der Arbeitskraft aufgrund körperlicher Schädigungen nicht von § 847 BGB erfaßt wird, ergibt sich auch aus § 618 Abs. 3 BGB, der gerade nicht auf § 847 BGB verweist. In § 842 BGB ist eindeutig geregelt, daß die Nachteile für Erwerb und Fortkommen Folge einer unerlaubten Handlung sind, also nicht durch eine direkte Verletzung eines Rechtsgutes „Arbeitskraft" hervorgerufen sind. Wenn es dieses eigenständige Rechtsgut geben würde, wäre § 842 BGB nicht erforderlich, da seine Verletzung bereits durch § 823 Abs. 1 BGB sanktioniert wäre. Die Gesetzessystematik spricht demnach ebenfalls gegen ein eigenständiges Rechtsgut „Arbeitskraft".

Weiterhin ist von Bedeutung, daß bei der Arbeitskraft letztendlich immer nur die Möglichkeit ihres Einsatzes zu bewerten ist[609]. Die Arbeitskraft ist zwar das sogenannte Humankapital[610], sie hat aber im Gegensatz zu finanziellem Kapital noch keinen eigenen Substanzwert, sondern stellt nur das wirtschaftliche Potential des Menschen dar[611]. Ob und in welchem Umfang die Arbeitskraft genutzt wird, ist von der Entscheidung des Einzelnen abhängig. Eine abstrakte

---

606 So: Grunsky in MüKo v. § 249 Rn 24.
607 Grunsky, DAR 1988, 400 (402).
608 RGZ 163, 40 (45).
609 Weimar, NJW 1989, 3246 (3247). Dies gibt auch Grunsky in MüKo v. § 249 Rn 26 zu.
610 Weimar, NJW 1989, 3246 (3249).
611 Hagen, JuS 1969, 61 (67 f.).

Beurteilung des Wertes der Arbeitskraft ist daher nicht möglich. Selbst bei Personen mit dem gleichen Ausbildungsniveau ist der individuelle Nutzungsgrad ausschlaggebend. Exemplarisch kann dazu ein Vergleich von selbständigen Freiberuflern wie zum Beispiel Rechtsanwälten sein. Trotz identischer Ausbildungen und Examensnoten, kann sich der eine mit dem Erlös von durchschnittlich 7 Arbeitsstunden pro Tag, der andere nur mit dem Erlös von durchschnittlich 10 Arbeitsstunden pro Tag zufrieden geben. Selbst diese Erlöse sind jedoch nicht zwingend unterschiedlich, wenn der kürzer arbeitende Rechtsanwalt höhere Stundensätze abrechnet. Ebenso kann die Effektivität der Arbeitsweisen unterschiedlich sein, wie auch die Mandantenstruktur. Die Arbeitskraft kann also nur anhand ihres individuellen Einsatzes gemessen werden. Damit kann aber auch nur der konkret zu ermittelnde Erwerbsausfall einen Vermögensschaden darstellen. Eine abstrakte Minderung der Arbeitskraft wie im Sozialrecht gibt es daher nicht[612].

3. Nachteile für das Fortkommen

Während sich die Nachteile für den Erwerb auf den zukünftigen Verlust des zuletzt bezogenen Einkommens bzw. einer vorhandenen Erwerbsstellung beziehen, soll der durch § 842 BGB vorgesehene Ersatz für Fortkommensnachteile noch weiter in die Zukunft gerichtete Schäden erfassen[613]. Berücksichtigt werden sollen die für den Geschädigten tatsächlich bestehenden Aussichten, sein Einkommen zu verbessern oder überhaupt ein Einkommen zu erzielen[614]. Diese Aussichten müssen rechtlich noch nicht gesichert sein[615]. Da es sich sowohl bei den Nachteilen für Erwerb wie auch bei den Nachteilen für das Fortkommen jeweils um mittelbare, zukünftige Schäden handelt, ist eine

612 Medicus in Staudinger § 252 Rn 29; Rixecker in Geigel, 4. Kapitel Rn 117.

613 Boujong in RGRK § 842 Rn 6; Schäfer in Staudinger § 842 Rn 17.

614 Larenz/Canaris § 83 I 1.; Stürner, JZ 1984, 412 (415).

615 BGH VersR 1986, 596 (598); Mertens in MüKo § 842 Rn 11; Wussow, Rn 1531. Dies ergibt sich im übrigen aus der oben im 1. Teil A. II. 2. d) ee) vertretenen Auffassung, wonach bestehende Ansprüche bereits als existierendes Vermögen zu bewerten sind. Rechtlich nicht gesicherte Ansprüche sind mithin entgangener Gewinn. Ein Ersatz von bestehenden (vertraglichen) Ansprüchen als entgangener Gewinn scheidet aus. So auch RGZ 163, 40 (44 f.).

Abgrenzung schwierig, wenn nicht gar unmöglich[616]. Aus diesem Grund ist sie allerdings auch nicht erforderlich[617].

4. Verhältnis zu § 252 BGB

Zwar wurde bereits die klarstellende Funktion des § 842 BGB festgestellt, nach der auch die Verletzung von ideellen Rechtsgütern Vermögensschäden nach sich ziehen kann. Da diese Vermögensschäden aber bereits von § 252 BGB erfaßt werden, bleibt zu klären, ob § 842 BGB nicht doch überflüssig ist[618]. Zur Klärung dieser Frage muß man sich vergegenwärtigen, welche speziellen Probleme für die Bemessung von Schadensersatzleistungen bei Erwerbs- und Fortkommensschäden typisch sind. Da es sich um hypothetische Schäden handelt, unterliegt insbesondere die Abschätzung des Schadens für einen längeren Zeitraum praktisch relevanten Unsicherheiten[619]. Für die Schadensermittlung von Personen, die noch nicht in das Erwerbsleben eingetreten sind, bedeutet dies, sich zwangsläufig auf Spekulationen verlassen zu müssen[620]. Betrachtet man diese Schwierigkeiten vor der Tatsache, daß nach der hier vertretenen Auffassung ein Gewinn mit einer deutlich überwiegenden, nur leichte Zweifel bestehen lassenden Wahrscheinlichkeit entgangen sein muß[621], wird folgendes deutlich. Eine Schadensprognose wie zum Beispiel in Fällen von jahre- wenn nicht gar jahrzehntelangem Verdienstausfall kann mit dem nach § 252 S. 2 BGB geforderten Überzeugungsgrad vom Gericht faktisch nicht getroffen werden. Im Falle der Verletzung eines siebenjährigen Kindes kann zum Beispiel nicht mit deutlich überwiegender Wahrscheinlichkeit festgestellt werden, daß es später einmal den Beruf des Universitätsprofessors erlangen würde. Selbst der Umstand, daß beide Elternteile diesen Beruf ausüben, ließe es allenfalls wahrscheinlich erscheinen, daß eine akademische Laufbahn eingeschlagen wird. Eine deutlich überwiegende Wahrscheinlichkeit für eine zukünf-

---

[616] Mertens, a.a.O.; Schäfer in Staudinger § 842 Rn 17; Boujong in RGRK § 842 Rn 4, 6; Stürner, JZ 1984, 412 (415).

[617] Boujong, a.a.O.; Mertens, a.a.O.

[618] So: Esser/Weyers, S. 616; Grunsky, DAR 1988, 400 (401 Fn 3).

[619] Gottwald, S. 139.

[620] Steffen, DAR 1984, 1 (2).

[621] S. o.: 1. Teil B. IV. 3. b).

tige Erwerbshöhe des Kindes ist freilich nicht möglich[622]. Solche Schwierigkeiten bei der Bemessung eines Erwerbsschadens dürfen allerdings nicht zu Lasten des geschädigten Kindes gehen, da das schädigende Ereignis selbst die Ursache für diese Probleme ist[623].

Diese Beweisproblematik ist der Ansatzpunkt für die Erforderlichkeit des § 842 BGB. Neben dem § 252 S. 2 BGB gibt es noch die weitergehende allgemeine Beweiserleichterung des § 287 ZPO. Bei ihrer Anwendung kann das Gericht in Schadensersatzprozessen nach freier Überzeugung entscheiden. Die Beweiserleichterung des § 287 ZPO ist damit weitergehender als die des § 252 S. 2 BGB[624]. Durch die explizite Aufnahme einer Regelung für Personenschäden ins Gesetz werden die für sie zu errechnenden Schadensersatzleistungen aus dem Anwendungsbereich des § 252 S. 2 BGB herausgenommen. Wie die Entstehungsgeschichte gezeigt hat, stand für die Mitglieder der 1. Kommission fest, Nachteile für Erwerb oder Fortkommen mit Hilfe des § 260 CPO (§ 287 ZPO) bei der Schadensbemessung zu berücksichtigen[625]. Die Aufnahme des § 842 BGB durch die 2. Kommission ermöglicht es also, bei der Rechtsfindung maßgeblich auf die Beweiserleichterung des § 287 ZPO abzustellen. Dies bedeutet, daß § 842 BGB lex specialis zu § 252 BGB für den Fall der Personenschäden ist. In diesen Fällen ist ausschließlich § 287 ZPO anwendbar und die praktischen Schwierigkeiten der Schadensschätzung können mit der dogmatisch für gerade diese Probleme vorgesehenen Norm bewältigt werden. Der den § 287 ZPO einschränkende § 252 S. 2 BGB ist daher nicht im Zusammenhang mit § 842 BGB zuwenden[626].

---

622 OLG Frankfurt/Main VersR 1989, 48 (48) dagegen hat angenommen, daß ein siebenjähriger Junge später den Beruf des Vaters ausüben würde. Dies erscheint unrealistisch, da wohl in den seltensten Fällen Kinder exakt den Beruf ihres Vaters ergreifen. Warum im übrigen nicht der Beruf der Mutter, die Lehrerin war, ergriffen werden sollte, ist in der Entscheidung nicht näher erläutert.
Eine größere Anzahl von Beispielsfällen mit Verletzungen junger Menschen, sowie deren unbefriedigende Regulierung durch außergerichtliche Vergleiche findet sich bei: Eckelmann/Freier, DAR 1992, 121 ff.

623 OLG Karlsruhe DAR 1989, 104 (105). Diese Entscheidung zieht zwar auch die berufliche Laufbahn der Eltern heran, beläßt es aber bei allgemeinen Vergleichen über die Schulabschlüsse und berufliche Entwicklung der Eltern. Der konkrete Beruf der Eltern selbst, wird als Maßstab nicht herangezogen.

624 S. o.: a.a.O.

625 S. o. Fn 578.

626 A. A.: BGH NJW 1997, 937 (938); Schäfer in Staudinger § 842 Rn 62; Laumen in Baumgärtel §§ 842, 843 Rn 1.

Die Vorschrift des § 842 BGB hat demnach eine eigenständige Bedeutung, die die Erforderlichkeit ihrer Existenz belegt. Sie ist im Verhältnis zu § 252 BGB nicht überflüssig.

5. Entsprechende Anwendung des § 842 BGB

Problematisch könnte in diesem Zusammenhang freilich die systematische Einordnung des § 842 BGB in das Recht der unerlaubten Handlungen sein. Wie bereits ausgeführt, sind Nachteile für Erwerb und Fortkommen grundsätzlich bereits nach § 252 S. 1 BGB zu ersetzen. Was geschieht also in den Fällen, in denen Schadensersatzansprüche auf Anspruchsgrundlagen außerhalb des Deliktsrechts gestützt werden? Außerdeliktische Schadensersatzansprüche aus Geschäftsführung ohne Auftrag oder aus vertraglichen bzw. vertragsähnlichen Anspruchsgrundlagen können nämlich neben deliktischen Schadensersatzansprüchen bestehen, sie können aber auch unabhängig von deliktischen Ansprüchen bestehen. Es stellt sich daher die Frage, ob für außerdeliktische Anspruchsgrundlagen die Nachteile für Erwerb oder Fortkommen nach den höheren Anforderungen des § 252 S. 2 BGB zu beweisen sind, oder ob in diesen Fällen eine entsprechende Anwendung des § 842 BGB erfolgen kann, damit der Schaden nach der weitergehenden Beweiserleichterung des § 287 ZPO ermittelt werden kann.

a) Meinungsstand

Gesetzlich ausdrücklich vorgesehen ist eine entsprechende Anwendung des § 842 BGB in § 618 Abs. 3 BGB und § 62 Abs. 3 HGB. Dies zeigt zunächst, daß grundsätzlich die Möglichkeit besteht, § 842 BGB auch im Rahmen von Vertragsbeziehungen anzuwenden, da die in § 618 Abs. 3 BGB und § 62 Abs. 3 HGB vorausgesetzten Schadensersatzansprüche vertraglicher Natur sind[627]. Eine über diese ausdrückliche Verweisung hinausgehende entsprechende Anwendung des § 842 BGB auch auf weitere Vertragsbeziehungen wie Werkvertrag und Auftrag wird daher befürwortet[628]. Sogar eine entsprechende Anwendung auf sämtliche außerdeliktsrechtlichen Schadensersatzansprüche

---

[627] Allgemeine Ansicht: Putzo in Palandt § 618 Rn 8; Oetker in Staudinger § 618 Rn 174 m.w.N.; Baumbach/Hopt § 62 Rn 3; Heymann § 62 Rn 21.

[628] RGZ 159, 268 (271); BGHZ 5, 62 (65 ff.); 16, 265 (267 ff.); Mertens in MüKo § 842 Rn 5.

wird für zulässig erachtet[629]. Begründet wird die Zulässigkeit einer entsprechenden Anwendung mit dem Bedürfnis nach einer entsprechenden Anwendung der Norm in den genannten Fällen, wobei das Bedürfnis selbst nicht näher erläutert wird[630]. Zudem liege es in der Natur der Sache, die Vorschrift allgemein anzuwenden[631]. Da diese Begründungen doch recht lapidar erscheinen, bedarf es einer etwas eingehenderen Untersuchung, um die Möglichkeit einer entsprechenden Anwendung des § 842 BGB zu prüfen.

Um ermitteln zu können, ob tatsächlich ein Bedürfnis für eine entsprechende Anwendung des § 842 BGB besteht, ist zunächst zu bestimmen, in welchen Fällen eine direkte Anwendung des Deliktsrechts scheitert oder in Konkurrenz zu anderen Anspruchsgrundlagen steht; wann also § 842 BGB entsprechend anzuwenden wäre.

b) Entsprechende Anwendung bei reinen Vermögensschäden

Eine erste Hauptgruppe bilden die Fälle eines reinen Vermögensschadens. Im Gegensatz zu anderen Rechtsordnungen wird ein Ersatz für diese Schäden durch das deutsche Deliktsrecht nicht gewährleistet[632]. Da sie aber nach anderen Anspruchsgrundlagen – wie zum Beispiel c.i.c. – ersetzbar sind, gelangt man international letztendlich zu den gleichen Ergebnissen. *v. Bar* weist daher darauf hin, daß international ein „Prozeß der Verschleifung der Grenzen zwischen Vertrags- und Deliktsrecht" eingetreten ist[633]. Dieser Umstand könnte dafür sprechen, den § 842 BGB grundsätzlich auf jede Anspruchsgrundlage anzuwenden.

Im hier zu beurteilenden deutschen Recht besteht jedoch noch die strikte Ausgrenzung der Haftung für primäre Vermögensschäden aus dem Deliktsrecht.

---

629 Larenz, SchuldR I, § 29 II e); Lange, S. 311; Schäfer in Staudinger § 842 Rn 11; Boujong in RGRK § 842 Rn 3.

630 Schäfer in Staudinger § 842 Rn 11.

631 Larenz, a.a.O.

632 Firsching/v. Hoffmann § 11 Rn 18 und v. Bar, Gemeineuropäisches Deliktsrecht, Rn 495 zeigen, daß reine Vermögensschäden erfassende Anspruchsgrundlagen, wie zum Beispiel die Haftung aus c.i.c., in anderen Rechtsordnungen als deliktischer Haftungstatbestand eingeordnet werden.

633 v. Bar, Gemeineuropäisches Deliktsrecht, Rn 414.

Das Deliktsrecht erfaßt solche Fälle grundsätzlich nicht[634]. Fraglich ist also, ob auf reinen Vermögensschäden beruhende Nachteile für den Erwerb oder das Fortkommen ebenfalls in den Vorteil der über § 252 S. 2 BGB hinausgehenden Beweiserleichterung des § 287 ZPO kommen sollen. Bei der Beantwortung dieser Frage ist zunächst festzustellen, daß Beispielsfälle nur schwer denkbar sind. Die Hauptfälle auf dem Gebiet der reinen Vermögensschäden, die Nicht- oder Schlechtleistung auf eine vertragliche Verpflichtung, sind bereits vom Schadensersatz wegen Nichterfüllung erfaßt. Nachteile für die Person des Vertragspartners selbst, die nicht zugleich eine deliktische Schädigung bedeuten, sind in diesen Fällen nicht erkennbar, so daß ein Erwerbsnachteil aus einem reinen Vermögensschaden bei diesen Fällen wohl nicht konstruiert werden kann. Sollte dies doch einmal möglich sein, ist zunächst anhand der allgemeinen Zurechnungskriterien zu prüfen, ob überhaupt ein Verdienstausfall, der auf einer vertraglichen Schlechtleistung beruht, ersatzfähig ist. Der BGH lehnt zum Beispiel den Ersatz von Verdienstausfall ab, der als Folge von ärztlichen Behandlungsfehlern entstehen kann. Ein Arzt hatte bei der Schwangerschaftsbetreuung einer Frau einen erheblichen Entwicklungsrückstand des Kindes nicht bemerkt. Es wurden daher keine entsprechenden Untersuchungen eingeleitet, die einen Schwangerschaftsabbruch indiziert hätten. Das Kind kam demzufolge schwerstbehindert zur Welt, so daß die Eltern einen erhöhten Betreuungsaufwand hatten, der unter anderem zu Verdienstausfall führte. Der Ersatz dieses Verdienstausfalls wurde vom BGH abgelehnt, da bei der Geburt eines unerwünschten Kindes zwar ein Unterhaltsschaden der Eltern durch die fehlerhafte Behandlung verursacht worden sei, der Schutzzweck des Behandlungsvertrages aber keine Haftung des Arztes für jegliche Konsequenzen aus der unerwünschten Geburt eines Menschen vorsehe[635]. Lediglich der Unterhaltsaufwand bzw. ein erforderlicher Mehrbedarf des Kindes ist zu ersetzen[636]. Verdienstausfall ist aus dieser Vertragsverletzung also nicht ersetzbar.

Ähnliche Schwierigkeiten, einen direkten persönlichen Bezug im Sinne von Erwerbsnachteilen bei reinen Vermögensschäden zu konstruieren, gibt es bei Vertragsverletzungen aus Geschäftsbesorgungsverträgen. Ist zum Beispiel der geschäftliche Ruf einer Person verletzt worden, und sie beauftragt aus diesem Grund einen Rechtsanwalt mit der Durchsetzung von Schadensersatzan-

---

[634] Kötz, Rn 75; Brox, BS, Rn 444; Deutsch, Rn 865 ff. (insbes. 866 a.E.); Larenz/ Canaris § 75 I 3 b. Die Ausnahme bildet ein Anspruch nach § 823 Abs. 2 BGB, falls ein das Vermögen schützendes Gesetz verletzt wurde.

[635] BGH NJW, 1997, 1638 (1640).

[636] BGH a.a.O.; NJW 1994, 788 (792 f.); NJW 1980, 1452 (1455 f.).

sprüchen, so hat ein schuldhafter Fehler des Rechtsanwaltes keine Erwerbsnachteile zur Folge. Das Fehlverhalten des Anwalts wäre allein kausal für nicht erlangte Schadensersatzleistungen, also für einen Vermögensschaden. Die Erwerbsnachteile des Geschädigten beruhen dagegen allein auf der schon vor dem anwaltlichen Fehler erfolgten Rufschädigung. Reine Vermögensschäden mit Auswirkung auf den Erwerb oder das Fortkommen des Geschädigten sind von daher nur denkbar, wenn der Geschädigte das Vermögen zwingend zum Erwerb benötigt. Ein Beispiel könnte der Pfandleiher sein, dem weniger Kapital zur Verfügung steht, um Kredite gewähren zu können. Für einen Börsenspekulanten, wenn dies überhaupt als Berufsbild bezeichnet werden kann, kann ein reiner Vermögensschaden zur Folge haben, eine gewinnträchtige Anlage mangels Kapital nicht tätigen zu können.

Genau betrachtet besteht für diese Beispiele jedoch kein Bedürfnis, den § 842 BGB entsprechend anzuwenden. § 842 BGB hat die Beeinträchtigung der Person des Geschädigten als Voraussetzung, da Nachteile für Erwerb oder Fortkommen daraus resultieren, daß der Geschädigte seine Person und nicht seinen Besitz zur Gewinnerzielung einsetzt. In den zuletzt genannten Fällen, sind die persönlichen Fähigkeiten der Geschädigten hingegen durch das haftungsbegründende Verhalten nicht beeinträchtigt. Es fehlt lediglich das erforderliche Kapital zur Umsetzung ihrer persönlichen Fähigkeiten. Die Verdienste sind nur möglich, wenn das Kapital zuvor bereits erwirtschaftet wurde. Naturgegeben, wie die persönlichen Fähigkeiten eines Menschen, ist es nicht. Damit ist der reine Vermögensschaden mit Auswirkung auf Erwerb oder Fortkommen in die Nähe des Rechtsgutes Eigentum zu stellen. Eigentumsverletzungen sind jedoch als Sachschäden zu klassifizieren. Im Rahmen des Schadensersatzes für Sachschäden spricht dagegen gerade alles für die eingeschränkte Beweiserleichterung des § 252 S. 2 BGB[637]. Für reine Vermögensschäden ist die entsprechende Anwendung des § 842 BGB daher abzulehnen, da durch die dann mögliche Anwendung des § 287 ZPO genau die Gefahren heraufbeschworen werden, die durch das Beweismaß des § 252 S. 2 BGB vermieden werden. § 252 S. 2 BGB schränkt gerade für Sachschäden die Beweiserleichterung des § 287 ZPO ein, um der Ausuferung von Schadensersatzansprüchen, unrealistischen Gewinnberechnungen bzw. reinen Gewinnträumen vorzubeugen[638]. Der also z. B. einem in seinem Ruf geschädigten Börsenspekulanten durch einen schuldhaften anwaltlichen Fehler entgangene Schadensersatzanspruch kann zwar als entgangene Vermögensmehrung im Sinne des § 252 BGB

[637] S. o. 1. Teil B. IV. 3. b).
[638] S. o. a.a.O.

eingeordnet werden. Auch wenn der Spekulant das entgangene Geld zur Durchführung seines „Berufes" eingesetzt hätte, muß der geforderte Schadensersatz mit dem Beweismaß des § 252 S. 2 BGB und nicht mit der Kombination der §§ 842 BGB, 287 ZPO bewiesen werden. Eine entsprechende Anwendung des § 842 BGB ist in diesem Fall nicht möglich.

Zu diesem Ergebnis führt auch der Umstand, daß das deutsche Deliktsrecht bewußt eng gefaßt wurde. Reine Vermögensschäden werden gerade nicht erfaßt, so daß der Grundsatz der Anspruchskonkurrenz Beachtung finden muß, wenn andere Haftungstatbestände einen Schadensersatzanspruch für Vermögensschäden ergeben[639]. Anspruchskonkurrenz bedeutet aber grundsätzlich die Beurteilung eines jeden Anspruchs nach den für ihn einschlägigen gesetzlichen Regeln[640]. Da reine Vermögensschäden nie die Verletzung der Person selbst bewirken, also eine unerlaubte Handlung nicht vorliegen kann, ist nach dieser Grundregel für eine entsprechende Anwendung des § 842 BGB bei reinen Vermögensschäden kein Raum.

c) Entsprechende Anwendung bei Rechtsgutverletzungen außerhalb des Deliktsrechts

Die zuletzt erwähnte Regel von der Anspruchskonkurrenz führt zu der zweiten Hauptgruppe von Fällen, bei denen die entsprechende Anwendung des § 842 BGB eine Rolle spielen kann. Es sind dies die außerdeliktischen Haftungstatbestände, die – ebenso wie eine unerlaubte Handlung – die Verletzung eines Rechtes bzw. Rechtsguts des Geschädigten voraussetzen. Solche Haftungstatbestände werden im wesentlichen im vertraglichen oder vertragsähnlichen Bereich zu finden sein. Aber auch die Geschäftsführung ohne Auftrag sieht Schadensersatzansprüche vor, neben denen selbständig die Regeln des Deliktsrechts anwendbar sind[641]. Bei all diesen Fällen ist zu entscheiden, ob § 842 BGB gemäß dem Grundsatz von der Anspruchskonkurrenz nur auf die deliktsrechtlichen oder ausnahmsweise auch – analog – auf die außerdeliktischen Anspruchsgrundlagen anzuwenden ist.

---

[639] Deutsch, Rn 82; v. Bar, Gemeineuropäisches Deliktsrecht, Rn 422.

[640] Ständige Rspr.: BGHZ 9, 301 (302 f.); 67, 359 (362 f.); Medicus, SchuldR I, Rn 356; Hefermehl in Erman § 194 Rn 8.

[641] Thomas in Palandt § 678 Rn 4.

Eine derartige Anspruchskonkurrenz ist in drei Fallgruppen möglich[642]. In zwei dieser Gruppen sind schon die Anspruchsvoraussetzungen einer deliktischen und einer außerdeliktischen Haftung verschieden. Wenn das Deliktsrecht geringere Haftungsvoraussetzungen hat als die außerdeliktischen Anspruchsgrundlagen, kann dies zu einer schärferen Haftung des Deliktsrechts führen[643]. Andererseits können die deliktsrechtlichen Voraussetzungen im Gegenteil zu den außerdeliktischen noch nicht erfüllt sein[644]. In der dritten Fallgruppe sind die Voraussetzungen einer deliktischen und einer außerdeliktischen Haftung zwar grundsätzlich gleich, es gelten aber entweder unter-schiedliche Verjährungsfristen[645] oder aber der Haftungsumfang ist verschieden[646]. Obwohl all diesen Fallgruppen gemeinsam ist, daß die konkurrierenden Anspruchsgrundlagen jeweils auf die Verletzung eines Rechtes oder Rechtsguts zurückzuführen sind, ist keine einheitliche Lösung der Konkurrenzproblematik durchführbar[647]. In einigen Fällen ist der Grundsatz der Anspruchskonkurrenz strikt einzuhalten[648]; in anderen Bereichen wiederum erscheint es gerechtfertigt, die unterschiedlichen Regelungen der verschiedenen Ansprüche einander anzugleichen[649]. Damit wird deutlich, daß am Einzelproblem geklärt werden muß, ob im Fall der

---

[642] Aufteilung nach v. Bar, Gemeineuropäisches Deliktsrecht, Rn 441, 446 ff.

[643] Bei unerlaubten Handlungen ist jedes Verschulden des Schädigers ausreichend, wogegen in den §§ 521 (Schenkung), 599 (Leihe), 690 (Verwahrung) und 708 BGB (Gesellschafter) der vertragliche Verschuldensmaßstab erhöht ist.

[644] Ein Beispiel für diese Fallgruppe bildet § 538 Abs. 1, 1. Alt. BGB, nach der ein Vermieter im Gegensatz zum Deliktsrecht verschuldensunabhängig für die Verletzung persönlicher Rechtsgüter des Mieters haftet. Dies umfaßt somit auch den Verdienstausfall eines Mieters: BGH NJW-RR 1991, 970 (970); Putzo in Palandt § 538 Rn 14.

[645] Die Haftung aus c.i.c. oder pVV unterliegt der 30jährigen Verjährungsfrist des § 195 BGB. Ansprüche aus unerlaubter Handlung verjähren dagegen gemäß § 852 BGB nach 3 Jahren.

[646] Dies trifft insbesondere auf das Schmerzensgeld nach § 847 BGB zu, das nur bei deliktischen Schädigungen gewährt wird. Für alle: Thomas in Palandt § 847 Rn 3.

[647] Deutsch, Rn 82.

[648] v. Bar, Gemeineuropäisches Deliktsrecht, Rn 455: Wenn Schmerzensgeld nur aus Delikt gewährt werden kann, so muß dies mit den Mitteln der Anspruchs-konkurrenz abgesichert werden.

[649] Bundesminister der Justiz (Hrsg.): Die Kommission zur Überarbeitung des Schuldrechts hat auf S. 36 f. und 72 (§ 200) vorgeschlagen, daß bei einem Zusammentreffen von gesetzlichen mit vertraglichen oder vertragsähnlichen Schadensersatzansprüchen einheitliche Verjährungsfristen gelten sollen.
Einen ausführlichen und rechtsvergleichenden Überblick über die Einzellösungen im Spannungsverhältnis von Vertrags- und Deliktsrecht gibt v. Bar, Gemeineuropäisches Deliktsrecht, Rn 440 ff.

Personenschäden entgegen dem Grundsatz der Anspruchskonkurrenz die deliktsrechtliche Regelung des § 842 BGB (mit der Folge des § 287 ZPO) auch auf andere als deliktische Anspruchsgrundlagen angewandt werden kann.

Die Systematik des BGB mit dem Allgemeinen und dem Besonderen Teil des Schuldrechts gibt die Gleichbehandlung aller schuldrechtlichen Schadensersatzansprüche vor. Da die allgemeinen Regeln über Umfang und Art und Weise von Schadensersatzleistungen im Allgemeinen Teil des Schuldrechts geregelt sind, deutet dies darauf hin, grundsätzlich die gleiche Art von Schäden auch nach den gleichen Regeln ersetzen zu lassen. Zwar ist § 842 BGB nun gerade nicht im Allgemeinen Teil des Schuldrechts plaziert. Wie bereits erläutert, mußte er jedoch für die speziellen Erfordernisse bei Personenschäden aus dem Anwendungsbereich des § 252 S. 2 BGB herausgenommen werden, um die Anwendung des § 287 ZPO zu ermöglichen. Diese explizite Aufnahme ins Deliktsrecht und der Umstand, daß eine entsprechende Anwendung nur in §§ 618 Abs. 3 BGB und 62 Abs. 3 HGB vorgesehen ist, hat Anfang des Jahrhunderts zu der strikten Ablehnung einer entsprechenden Anwendung des § 842 BGB auf Anspruchsgrundlagen außerhalb des Deliktsrechts geführt[650]. Dieser Auffassung kann indes nicht zugestimmt werden.

§ 252 S. 1 BGB legt fest, daß jegliche entgangene Vermögensmehrung zu ersetzen ist. Diese Regel gilt auch für Schadensersatzansprüche außerhalb des Deliktsrechts. Man kann aber nicht die Augen vor den bei Personenschäden besonders existierenden Beweisproblemen verschließen. Da sich in diesen Fällen ein Schaden nicht mit der nach § 252 S. 2 BGB erforderlichen Wahrscheinlichkeit nachweisen ließe, hätte dies keinen Ersatz für Verdienstausfall bei außerdeliktischen Verletzungen persönlicher Rechtsgüter zur Folge. Wenn also zum Beispiel eine Wohnung bei Übergabe an den Mieter ohne Verschulden des Vermieters mit gesundheitsgefährdenden Schimmelpilzen belastet wäre und der Mieter dadurch eine Allergie bekäme, die ihn an der Ausübung seines Berufes hindert, so könnte der Verdienstausfall nicht nach § 538 Abs. 1, 1. Alt. BGB ersetzt werden, da nur § 252 S. 2 BGB Anwendung finden würde. Eine durch § 252 S. 2 BGB geforderte deutlich überwiegende Wahrscheinlichkeit für die Höhe des entgangenen Verdienstes des Mieters in weiterer Zukunft, wird sich nicht feststellen lassen. Der Mieter wäre also existenziell stark gefährdet, denn mangels Verschulden des Vermieters würde eine deliktische Haftung ausscheiden.

---

[650] Oertmann § 842 Anm 5.

Gleiches würde für den Beispielsfall gelten, daß sich ein Werkunternehmer für ein Verschulden seines Verrichtungsgehilfen, der dem Auftraggeber durch unsachgemäßes Hantieren mit einem Werkzeug einen körperlichen Schaden zugefügt hat, nach § 831 BGB exkulpieren kann. Seine parallele Haftung aus pVV i.V.m. § 278 BGB wegen Verletzung einer Sorgfaltspflicht durch seinen Arbeiter, würde zwar bestehen bleiben, es wäre aber § 252 S. 2 BGB und nicht § 287 ZPO anzuwenden. Auch hier könnte der Geschädigte zukünftigen Verdienstausfall nicht mit einer deutlich überwiegenden Wahrscheinlichkeit beweisen, wäre also ebenfalls in seiner Existenz bedroht.

Diese existenzielle Gefährdung beruht auf der Verletzung persönlicher Rechtsgüter, deren Kombination wiederum die Erwerbsfähigkeit, also die Lebensgrundlage eines Menschen bildet. Bei Verletzung persönlicher Rechtsgüter muß daher gesichert sein, daß Auswirkungen auf die Erwerbsfähigkeit bei der Schadensbemessung Berücksichtigung finden. Aufgrund der existenziellen Bedeutung für den einzelnen muß dies unabhängig davon erfolgen, ob ein persönliches Rechtsgut durch eine unerlaubte Handlung oder anders verletzt wird. „Beweisrechtliche Zweispurigkeiten“ sind insbesondere in den Fällen zu vermeiden, in denen die Haftung auf dem gleichen Grundgedanken beruht[651]. Genau dies ist in den geschilderten Beispielen der Fall. Es besteht daher ein zwingendes Bedürfnis, den § 842 BGB auch entsprechend für außerdeliktische Haftungsgrundlagen anzuwenden, da nur so die Anwendung der umfassenden Beweiserleichterung des § 287 ZPO gewährleistet ist. Bei Personenschäden führt § 842 BGB also wieder von der speziell für entgangenen Gewinn eingeschränkten Beweiserleichterung des § 252 S. 2 BGB zur allgemeinen und weitergehenden Beweiserleichterung des § 287 ZPO.

6. Zusammenfassung

§ 842 BGB stellt klar, daß auch bei Verletzung immaterieller Rechtsgüter die daraus folgenden Vermögensschäden in Form von Verdienstausfall des Geschädigten zu ersetzen sind. Darüber hinaus ist § 842 BGB erforderlich, um bei entgangenen Vermögensmehrungen, die auf die Verletzung persönlicher Rechtsgüter zurückzuführen sind, eine Anwendung der über die Beweiserleichterung des § 252 S. 2 BGB hinausgehenden allgemeinen Beweiserleichterung des § 287 ZPO zu ermöglichen. Dabei ist § 842 BGB – außer bei reinen

---

[651] v. Bar, Verkehrspflichten, S. 297 ff.

Vermögensschäden – auch entsprechend für außerdeliktische Anspruchsgrundlagen anzuwenden.

II. Einzelfälle

1. Ersatzansprüche abhängig Beschäftigter

a) Dogmatische Einordnung

Bei Personen, die in festen Beschäftigungsverhältnissen stehen, ist als Konsequenz der im 1. Teil herausgearbeiteten Grundsätze auf die dogmatisch genaue Einordnung der ihnen entstehenden Schäden zu achten. Die gesetzliche Grundregelung des § 614 BGB stellt die Ansprüche eines Arbeitnehmers erst nach der Leistung seiner Dienste fällig. Es besteht demnach grundsätzlich eine Vorleistungspflicht des Arbeitnehmers[652]. Wenn ein Arbeitnehmer also verletzt wird, erleidet er keine positive Vermögenseinbuße, da er vor der Leistung seiner Dienste noch keinen bewertbaren Anspruch in seinem Vermögen hatte[653]. Sein Verdienstausfall gehört zur Schadensart des lucrum cessans. Die Vorleistungspflicht des Beschäftigten ist jedoch abdingbar[654], so daß durchaus schon im Zeitpunkt der Verletzung des Beschäftigten ein Vergütungsanspruch bestehen kann. Sollte dies der Fall sein, erleidet die verletzte Person einen Schaden in der Form des damnum emergens[655]. Bei diesen Fällen muß allerdings berücksichtigt werden, daß der bestehende Anspruch der verletzten Person keinen dauerhaften Bestandsschutz genießen kann. Es muß ein trennender Zeitpunkt gefunden werden, mit dem nicht mehr von einem sicheren Anspruch, sondern nur noch von einer Gewinnaussicht und damit von einem Schaden in Form des lucrum cessans ausgegangen werden kann. Für die Wahl dieses Zeitpunkts erscheint die jeweils einschlägige ordentliche Kündigungsfrist des zugrundeliegenden Beschäftigungsverhältnisses sachgerecht. Die verletzte Person kann nicht sicher sein, über diesen Zeitpunkt hinaus beschäftigt zu werden, da eine fristgerechte ordentliche Kündigung immer möglich ist.

Die vorstehend vorgenommene dogmatische Einordnung der einer beschäftigten Person entstehenden Schäden hat allerdings nur rein theoretische Bedeutung.

---

[652] Putzo in Palandt § 614 Rn 2; Schaub in MüKo § 614 Rn 1.

[653] Siehe oben 1. Teil A. II. 2. d) ee).

[654] Schaub in MüKo § 614 Rn 2.

[655] Siehe oben 1. Teil A. II. 2. d) ee).

Die im 1. Teil erfolgte Zuordnung von bestehenden Ansprüchen zum damnum emergens war erforderlich, um eine exakte Abgrenzung zwischen damnum emergens und lucrum cessans zu gewährleisten. Diese Abgrenzung war erforderlich, da der Ersatz des lucrum cessans grundsätzlich abdingbar ist, was wiederum eine genaue Erfassung dieser beiden Schadensformen erfordert[656]. Bei der Verletzung von persönlichen Rechtsgütern ist ein Ausschluß des Schadensersatzes für entgangenen Gewinn hingegen nicht denkbar. Die Schadensarten des damnum emergens und des lucrum cessans werden in der Praxis gleich behandelt.

b) Allgemeine Berechnungsgrundsätze

Keine Probleme bereitet daher die Schadensberechnung für Verdienstausfall aufgrund eines Personenschadens bei Personen, die einer abhängigen Beschäftigung nachgehen. Unerheblich ist, ob es sich um Arbeiter, Angestellte oder Beamte handelt. Der vom Schädiger zu leistende Betrag richtet sich nach den vom Geschädigten zuletzt erzielten Bezügen[657]. Mitberücksichtigt werden die auf den Zeitraum der Arbeitsunfähigkeit anteilig anfallenden Leistungen aus Sonderzahlungen wie Urlaubsgeld, Weihnachtsgeld oder 13. Monatsgehalt[658]. Ebenfalls erfaßt werden müssen besondere Leistungen wie Erschwerniszulagen, Tantiemen oder Auslösen[659]. Unberücksichtigt bleiben nicht erstattungsfähige Aufwandsentschädigungen wie Fahrtkostenersatz, Trennungszulage oder Verpflegungsgeld, da solche Zulagen nur bei tatsächlich geleisteter Arbeit fällig werden[660]. Diese strikte Orientierung an den zum Schadenszeitpunkt vom

---

[656] Siehe oben 1. Teil A. II. vor 1.

[657] Mertens in MüKo § 843 Rn 13; Stürner, JZ 1984, 412, 461 (461).

[658] BGHZ 59, 109 (111 ff); 154 (157 f.); NJW 1996, 2296 (2297 f.); OLG Stuttgart NJW-RR 1988, 151 (151); OLG München NJW-RR 1996, 736 (736); Medicus in Staudinger § 252 Rn 33; Grunsky in MüKo § 252 Rn 7a; Wussow, Rn 1536 f.; Notthoff, ZfS 1998, 163 (163 f.). Gleiches gilt für die Vergütung von Freistellungsaufträgen: BGH ZfS 1996, 330 (331).

[659] OLG Hamm VersR 1979, 745 (746); OLG München VersR 1986, 69 (69); Heinrichs in Palandt § 252 Rn 9; Lange, S. 312; Grunsky, a.a.O.

[660] BGH LM § 842 Nr. 4; OLG Düsseldorf VersR 1996, 334 (335); Grunsky, a.a.O.; Medicus in Staudinger § 252 Rn 33; Stürner, JZ 1984, 412, 461 (462); Wussow, Rn 1535.

Geschädigten erzielten Bezügen wird teilweise als „entgelt-orientierte Schadensberechnung“ bezeichnet[661].

Zusätzlich zu den bereits genannten Faktoren ist bei der Schadensermittlung die zu erwartende zukünftige Entwicklung des Lohnes oder Gehaltes beachtlich. Daher sind Aufstiegsmöglichkeiten und Erwerbssteigerungen in die Schadensberechnung mit einzubeziehen[662]. Relativ unproblematisch war dies bislang bei mit einiger Sicherheit zu erwartenden Gehaltserhöhungen im Rahmen von Tarifverträgen oder insbesondere bei Beförderungen in Beamtenverhältnissen[663]. Als Maßstab für die Einkommensentwicklung kann die Karriere des an die Stelle der geschädigten Person getretenen Arbeitnehmers dienen[664]. Sollte dieser Vergleich nicht möglich sein, können bei Beachtung der derzeitigen Arbeitsmarktsituation gerade für Tariferhöhungen aber wohl nur noch geringe Lohnsteigerungen als ausreichend wahrscheinlich erachtet werden. Ein Anhaltspunkt für künftige Lohnsteigerungen könnte allenfalls die prognostizierte Inflationsrate sein, da dies ein Minimalziel der Gewerkschaften bei Tarifverhandlungen sein dürfte. Allerdings muß ein Gericht die tatsächliche Entwicklung ständig im Auge behalten. Sollten reale Lohneinbußen üblich werden, so kann nicht mehr mit Wahrscheinlichkeit davon ausgegangen werden, daß tarifliche Lohnerhöhungen, wie zum Beispiel noch vor einem Jahrzehnt üblich, auch zukünftig erwartet werden können.

Weitere Schwierigkeiten bereiten die Fälle, in denen zukünftige Erwerbsmöglichkeiten auf den ersten Blick nicht unbedingt wahrscheinlich erscheinen. Leading case zu diesem Problem ist eine Entscheidung des BGH aus dem Jahr 1979[665]. Ein Gastarbeiter, der ursprünglich nach ca. 5-8 Jahren Berufstätigkeit in Deutschland zurück in seine Heimat wollte, hatte sich erst nach einer unfallbedingten Minderung seiner Erwerbsfähigkeit zu einem dauerhaften Aufenthalt in Deutschland entschieden. Grund für diese Entscheidung war die Hochzeit mit

---

661 Mertens in MüKo § 843 Rn 11 ff.; Stürner, JZ 1984, 412, 461 (461 ff.). Als Gegenbegriff führen sie die „arbeitswertorientierte Schadensberechnung“, die sich an den Kosten einer Ersatz- oder Hilfskraft orientiert und hauptsächlich bei der Einkunftsermittlung vom Unternehmern eine Rolle spielt. Näheres dazu sogleich unter 2.

662 Mertens in MüKo § 843 Rn 13; Heinrichs in Palandt § 252 Rn 10; Boujong in RGRK § 843 Rn 42.

663 OLG Düsseldorf VersR 1980, 931 (931); Laumen in Baumgärtel §§ 842, 843 Rn 3; Zeuner in Soergel § 843 Rn 18; Mertens in MüKo § 843 Rn 15; Wussow, Rn 1542.

664 BGH VersR 1963, 682 (683); Laumen in Baumgärtel §§ 842, 843 Rn 3; Wussow/Küppersbusch, Rn 36.

665 BGHZ 74, 221 ff.

einer Landsfrau und deren bessere Erwerbsmöglichkeiten in Deutschland sowie die bessere deutsche Schulausbildung für die Tochter. Nach diesem Sachverhalt war zu entscheiden, ob sich die Berechnung des Erwerbsschadens des Gastarbeiters für die Zeit nach den von ihm ursprünglich vorgesehenen Deutschlandaufenthalt an den geringeren Verdienstmöglichkeiten seines Heimatlandes oder an dem für ihn in Deutschland zu erwartenden Verdienst orientieren müsse. Der BGH entschied im Gegensatz zum Berufungsgericht, daß das wahrscheinliche deutsche Einkommen maßgeblich sei, solange die hinsichtlich seiner Verweildauer geänderte Entscheidung des Geschädigten nicht mit dem Bestreben erfolgte, einen höheren Schadensersatz zu erhalten[666].

Diese – zutreffende – Entscheidung basiert auf einer Anwendung von allgemeinen Grundsätzen, die sich mit den Ergebnissen der hier vorliegenden Arbeit decken. Der Gesetzeswortlaut des § 252 S. 1 BGB sieht auch solche Vermögensmehrungen als ersatzfähig an, die auf Entscheidungen erst nach dem schädigenden Ereignis beruhen[667]. Für den geschädigten Gastarbeiter gilt zudem aufgrund seines Personenschadens gemäß § 842 BGB die Beweiserleichterung des § 287 ZPO, so daß er seine Einkommensentwicklung lediglich mit überwiegender Wahrscheinlichkeit darlegen und beweisen muß[668]. Einen abweichenden Verlauf muß grundsätzlich der Schädiger beweisen[669], wobei allerdings der Geschädigte einer Aufklärungspflicht über die von ihm zur Schadensminderung unternommenen Schritte unterliegt[670]. Steht also zur Überzeugung des Gerichts mit überwiegender Wahrscheinlichkeit fest, daß die zukünftige Lebensentwicklung des Geschädigten sich entgegen der ursprünglichen Planung geändert hätte, so ist diese Entwicklung der Schadensberechnung zugrundezulegen. Entscheidend dürfte in solchen Fällen die Glaubwürdigkeit der vor Gericht auftretenden Zeugen sein.

Als weiterer beachtenswerter Grundsatz für eine Schadensberechnung des Verdienstausfalls von abhängig Beschäftigten ist die Möglichkeit einer Durchschnittsrente zu erwähnen. Die Anwendung des § 287 ZPO ermöglicht es, eine Durchschnittsrente festzusetzen, wenn eine zuverlässigere Berechnung nicht möglich erscheint[671]. Probleme können z. B. durch einen in der Vergangenheit

[666] BGHZ 74, 221 (224 ff.).
[667] Siehe oben 1. Teil A. II. 2. d) bb).
[668] Laumen in Baumgärtel §§ 842, 843 Rn 1 ff. Siehe auch oben 2. Teil C. I. 4.
[669] Mertens in MüKo § 843 Rn 13.
[670] Stürner, JZ 1984, 412, 461 (468).
[671] RG JW 1935, 2949 (2949); BGH NJW 1998, 1633 (1634); Mertens in MüKo § 843 Rn 14; Stürner, JZ 1984, 412, 461 (461); Zeuner in Soergel § 843 Rn 14.

häufig festzustellenden Arbeitsplatzwechsel des Geschädigten bestehen, da dies eine konkrete Zukunftsprognose der Berufsentwicklung und der Einkünfte erschwert. Wenn aber die Wahrscheinlichkeit gegeben ist, daß der Geschädigte überhaupt ein Erwerbseinkommen erzielt hätte, kann dem Schadensersatz nicht entgegenstehen, daß er in der Vergangenheit häufig seine Arbeitsstelle gewechselt hat[672]. Die Beweiserleichterung des § 287 ZPO darf allerdings nicht dazu führen, dem Geschädigten ohne Bezug auf konkrete Anhaltspunkte einen abstrakten Mindestschadensersatz zuzusprechen[673].

Da sich die Erwerbsschadensberechnung am konkreten Verdienst des Verletzten orientiert, lehnt die herrschende Meinung einen Schadensersatz ab, wenn der Arbeitnehmer trotz dauerhafter Minderung der Erwerbsfähigkeit keine tatsächlichen Einbußen im Verdienst und bei seinen Aufstiegsmöglichkeiten hinnehmen muß[674]. Denkbar ist dies z. B. wenn der Arbeitgeber dem Arbeitnehmer trotz verminderter Leistungsfähigkeit das alte Gehalt weiterzahlt. *Stoll*, der im Gegensatz dazu auch ohne tatsächlichen Erwerbsverlust schon in der dauerhaften Behinderung einen entschädigungsfähigen Nachteil sieht[675], beruft sich unter anderem auf Punkt II. 10. der Entschließung (75) 7 des Ministerkomitees des Europarates über den Schadensersatz im Falle von Körperverletzung oder Tötung[676]. Dort heißt es: „Der Umstand, daß der Geschädigte größere Anstrengungen machen muß, um bei seiner Arbeit das gleiche Ergebnis zu erzielen, begründet einen Anspruch auf Schadensersatz". Diese Empfehlung steht jedoch nur scheinbar im direkten Gegensatz zur herrschenden Meinung im deutschen Recht. Eventuell erforderliche Anstrengungen des Geschädigten zur Erzielung desselben Lohns wie vor dem Unfall werden zwar grundsätzlich nicht thematisiert. Solange aber keine Anhaltspunkte für derartige Anstrengungen vorliegen, ist dies auch nicht erforderlich. Wie oben erläutert, ist die Arbeitskraft nämlich nicht abstrakt zu bewerten, so daß bei gleichbleibenden Bezügen auch kein Ersatz für die abstrakte Minderung der Erwerbsfähigkeit zu leisten ist[677]. Sollten dennoch Anzeichen für erhebliche, überobligationsmäßige Anstrengungen des Geschädigten vorliegen, wird auch nach deutschem Recht

---

[672] BGH NJW 1995, 2227 (2228).

[673] BGH NJW 1995, 1023 (1024); NJW 1995, 2227 (2228).

[674] BGH VersR 1967, 1068 (1069); Stürner, JZ 1984, 412, 461 (414); Lange, S. 312; Zeuner in Soergel § 843 Rn 4; Wussow, Rn 1560.

[675] Stoll, Haftungsfolgen, S. 380.

[676] BGBl. 1976 II, S. 323.

[677] Siehe oben 2. Teil C. I. 2. Diese Auffassung wird übrigens von Stoll, Haftungs-folgen, S. 379 geteilt! Insoweit argumentiert er also widersprüchlich.

eine differenzierte Lösung gesucht. Diese Lösung resultiert aus der Schadensminderungspflicht des § 254 Abs. 2 BGB. Der Geschädigte hat grundsätzlich alles Zumutbare zu tun, um den Erwerbsschaden so gering wie möglich zu halten[678]. Schafft es der Geschädigte zwar, seine Einkünfte trotz einer Minderung der Erwerbsfähigkeit gleichzuhalten, so entlastet dies den Schädiger nur so lange, wie die Anstrengungen dem Geschädigten auch zuzumuten sind. Sobald die Grenze der Zumutbarkeit überschritten wird, hat der Schädiger für die Differenz zwischen den tatsächlichen und den nur mit überobligationsmäßigen Anstrengungen erzielbaren Einkünften Ersatz zu leisten[679]. Die Empfehlung des Ministerkomitees stellt also nicht, wie *Stoll* meint, einen Widerspruch zum geltenden deutschen Recht dar. Denn auch nach dem Wortlaut der Empfehlung ist ein Ersatz nicht grundsätzlich für alle Anstrengungen des Geschädigten, sondern nur für „größere" Anstrengungen zu leisten. Diese Wortwahl läßt sich durchaus im Sinne von überobligationsmäßigen Anstrengungen interpretieren. Ein Ersatz ist dem Verletzten also nur zuzusprechen, wenn er zukünftig Einbußen im konkreten Verdienst erleidet oder diese Einbußen nur mit überpflichtmäßigen Anstrengungen verhindern kann.

c) Sozial- und steuerrechtliche Aspekte

Ausgangspunkt ist zunächst der gesetzlich vorgesehene Grundsatz der Gehaltsfortzahlung; er ergibt zweierlei. Durch die zum Beispiel in §§ 6 EFZG, 87 a BBG und 52 BRRG vorgesehenen Anspruchsübergänge auf den Arbeitgeber bzw. Dienstherrn wird deutlich, daß trotz der zum Schutz der abhängig Beschäftigten vorgesehenen Gehaltsfortzahlung der Schädiger nicht entlastet werden soll, da der originäre Anspruch des Geschädigten lediglich auf denjenigen übergeht, der zunächst eine Zahlung leistet[680]. Es entsteht also in jedem

---

678 BGH NJW 1996, 652 (653); Stürner, JZ 1984, 412, 461 (466); Mertens in MüKo § 843 Rn 32 ff.; Wussow, Rn 1561 ff.

679 BGH VersR 1994, 186 (187); Wussow, Rn 1566. Für Sachschäden siehe BGH NJW 1971, 836; dazu schon oben 2. Teil B. III.
Bei der Beurteilung der Zumutbarkeit einer Ersatztätigkeit ist eine Einzelfallprüfung unter Berücksichtigung verschiedenster Gesichtspunkte vorzunehmen. Wussow/Küppersbusch, Rn 41 nennen: Gesundheitszustand des Verletzten, Persönlichkeit, soziale Lage, bisheriger Lebenskreis, Begabung und Anlagen, Bildungsgang, Kenntnisse und Fähigkeiten, bisherige Erwerbsstellung, Alter, seelische und körperliche Anpassungsfähigkeit, Familie und Wohnort.

680 Wussow/Küppersbusch, Rn 59.

Fall zunächst ein originärer Anspruch des Geschädigten. Daneben ist für die Zeit der Gehaltsfortzahlung eben durch diese Gehaltsfortzahlung der Umfang des Ersatzanspruchs zwingend vorgegeben. Der übergegangene Ersatzanspruch entspricht der Zahlung des Arbeitgebers an seinen Arbeitnehmer während dessen Krankheit. Es ist daher einhellige Meinung, für diese Zeit einen Schadensersatzanspruch in Höhe der vollen Bruttobezüge einschließlich der Arbeitgeberanteile zur Sozialversicherung zuzusprechen[681].

Bis zum 30.09.1996 war diese Rechnung noch unproblematisch, da gesetzlich die volle Entgeltfortzahlung vorgesehen war. Seit dem 01.10.1996 hat jedoch Art. 3 des arbeitsrechtlichen Beschäftigungsförderungsgesetztes[682] dafür gesorgt, daß gesetzlich nur noch ein Anspruch auf eine Fortzahlung von 80 % des erzielten Einkommens besteht. Der abhängig Beschäftigte erleidet also einen finanziellen Verlust, der vom Schädiger auszugleichen ist. Dies macht es erforderlich, die zuvor nur für die Zeit nach der Entgeltfortzahlung auftretenden Probleme nunmehr auch bei den nicht unter die volle Entgeltfortzahlung fallenden Entgeltbestandteilen zu beachten. Für die Zeit nach der Entgeltfortzahlung war lange Jahre äußerst umstritten, wie der Erwerbsschaden berechnet werden sollte[683]. Für die tatsächliche Erfassung des konkreten Schadens kann entweder vom Netto- oder vom Bruttoeinkommen des Geschädigten ausgegangen werden. Allerdings sind Korrekturen erforderlich.

Der im wesentlichen für das Schadensersatzrecht zuständige VI. Senat des BGH gab lange Zeit der sogenannten modifizierten Nettolohnmethode den Vorzug[684]. Modifiziert wird diese Methode genannt, da der Geschädigte durch die Schadensersatzleistung so gestellt werden soll, wie er ohne den Schaden gestanden hätte. Zuzüglich zum Nettolohn hat der Schädiger also die vom Geschädigten zu leistenden Steuern und Sozialversicherungsbeiträge zu leisten[685].

---

681 Ständige Rspr. seit BGHZ 42, 76, (78 ff.); NJW 1995, 389 (390); Heinrichs in Palandt § 252 Rn 9; Stürner, JZ 1984, 412, 461 (462); Medicus in Staudinger § 252 Rn 33 m.w.N.

682 BGBl. I 1996, S. 1476 ff.

683 Hartung, VersR 1981, 1008 (1008 f.) beklagte noch Anfang der 80er Jahre vehement das Dilemma einer sogar innerhalb des BGH uneinheitlichen Rechtsprechung.

684 BGH VersR 57, 574 (574 f.); VersR 1961, 213 (214); VersR 1970, 640 (642); VersR 1988, 183 (183 f.).
Ebenso: Hofmann, NZV 1993, 139 (140 f.).

685 BGH VersR 1970, 640 (642); VersR 1980, 529 (529); OLG Oldenburg ZfS 1992, 82 (82).

Bei der Bruttolohnmethode hingegen müssen zur Erfassung des tatsächlichen Schadens die vom Geschädigten ersparten Steuern und Beiträge im Wege der Vorteilsausgleichung abgerechnet werden. Solche Steuerersparnisse ergeben sich zum Beispiel, wenn der Geschädigte neben der Schadensersatzleistung des Schädigers noch Leistungen aus der gesetzlichen Sozialversicherung erhält. Diese Leistungen sind nach § 3 Nr. 1 a, 2 EStG steuerfrei. Der Geschädigte muß also auf seinen Gesamtverdienst insgesamt weniger Steuern entrichten. Es entspricht gefestigter Rechtsprechung, daß derartige Steuerersparnisse des Geschädigten stets zu Gunsten des Schädigers vom zu ersetzenden Schaden abzuziehen sind. Ausnahmen bilden lediglich die Fälle, in denen die Steuervergünstigung gerade für geschädigte Personen geschaffen wurde; wie z. B. die Steuerermäßigungen nach § 34 Abs. 2 Nr. 2 EStG, die speziell für Schadensersatzansprüche gewährt werden. Dann muß der Steuervorteil beim Geschädigten verbleiben[686]. Die Bruttolohntheorie wurde insbesondere vom III. Senat sowie von der Mehrzahl der Autoren vertreten[687].

Bereits 1957 hatte der VI. Senat jedoch darauf hingewiesen, daß entgegen der von ihm favorisierten Berechnungsmethode nicht in jedem Fall zwingend das Nettoeinkommen maßgeblich sein müsse[688]. Seit Beginn der 80er Jahre ist dem Streit endgültig die Schärfe genommen worden, da der VI. Senat in verschiedenen Entscheidungen die grundsätzliche Möglichkeit der Berechnung nach der Bruttolohnmethode auch außerhalb von Fällen der Entgeltfortzahlung wiederholt anerkannte[689]. Letztendlich hat der VI. Senat selbst in seiner Entscheidung vom 15.11.1994 dem Theorienstreit die praktische Bedeutung vollends genommen[690]. Es heißt dort: „ Es handelt sich bei diesen Methoden, ..., indes um bloße

---

686 BGH NJW 1995, 389 (391) m.w.N.
Kullmann, VersR 1993, 385 (389) begründet dies damit, daß das staatliche Steuergeschenk dem Schädiger nicht zugute kommen darf.

687 BGH VersR 1965, 793 (793 f.); VersR 1973, 1028 (1029 f.); VersR 1975, 37 (40); OLG Hamm VersR 1985, 1194 (1195); OLG Frankfurt ZfS 1992, 297 (298); Medicus in Staudinger § 252 Rn 35 ff.; Grunsky in MüKo § 252 Rn 7; Lange, S. 317; Hartung, VersR 1981, 1008 (1009 Fn 13); Stürner, JZ 1984, 412, 461 (463); Boujong in RGRK § 843 Rn 69.

688 BGH VersR 1957, 520 (521).

689 BGH VersR 1980, 529 (529): „Solche Schadensfeststellung ist im Regelfall durchaus auch der vom erkennenden Senat angewandten sog. modifizierten Netto-lohnmethode vorzuziehen, mit der sämtliche steuerlichen Auswirkungen des Schadensfalls ebenfalls nicht voll erfaßt werden können."
BGH VersR 1983, 149 (149); VersR 1986, 162 (163).

690 BGH NJW 1995, 389 (390) = VersR 1995, 104 = NZV 1995, 63.

Berechnungsmethoden ohne eine eigenständige normative Aussage. Beide Berechnungsmethoden sind zur Ermittlung des Schadens i. S. von § 249 BGB geeignet; sie führen – richtig angewandt – auch nicht zu unterschiedlichen Ergebnissen."

Die Folgerung des BGH und des jüngeren Schrifttums daraus ist, daß nach Praktikabilitätsgesichtspunkten jeweils die zweckmäßigere Methode Anwendung finden soll[691]. Allerdings gibt es auch kritische Stimmen, die weiterhin eine der Methoden für vorzugswürdig erachten[692]. Sie halten die beiden Methoden weiterhin nicht für gleichwertig, da zumindest in den Fällen einer quotalen Mithaftung des Geschädigten die Berechnung des Verdienstausfalls je nach angewandter Methode zu unterschiedlichen Ergebnissen führt. Diese Stimmen übersehen allerdings, daß die unterschiedlichen Ergebnisse nur indirekt auf den unterschiedlichen Berechnungsmethoden beruhen. Bei übereinstimmender Festlegung, wem die Steuer- oder andere Ersparnisse des Geschädigten zuzurechnen sind, müssen theoretisch sowohl beim Brutto- als auch beim Nettoansatz nach den erfolgten Korrekturen identische Verdienstausfälle errechnet werden. Die unterschiedlichen Ergebnisse bei einer quotalen Mithaftung des Geschädigten beruhen lediglich auf dem progressiven Steuertarif. Bei Annahme des Nettogehaltes als Ausgangspunkt ist ein niedrigerer Steuersatz anzuwenden als bei der Bruttolohnmethode. Wenn z. B. ein Schädiger nur zu 2/3 haftet und daher die Steuerbelastung des Geschädigten von 2/3 seines Nettoeinkommens ermittelt wird, ergibt sich aufgrund der Steuerprogression ein anderer Steuersatz, als wenn von 2/3 des Bruttogehaltes gerechnet wird. Bei einem Bruttogehalt von DM 12.000 wäre also bei der Bruttolohnmethode der für DM 8.000 anwendbare Steuersatz Berechnungsgrundlage. Angenommen das Bruttogehalt von DM 12.000 entspräche einem Nettogehalt von DM 7.200, dann müßte bei der Nettolohnmethode die vom Schädiger zu tragende Steuerbelastung dagegen nur mit dem Steuersatz für 2/3 dieses Gehaltes, also für DM 4.800 ermittelt werden. Dieser ist aufgrund der steuerlichen Progression geringer als der für DM 8.000. Zwar wird sich bei der Nettolohnmethode an die tatsächliche Steuerbelastung in der Weise herangetastet, daß auf die am Nettoeinkommen orientierte Ersatzleistung zunächst die darauf gemäß § 24 Abs. 1 Nr. 1 EStG zu entrichtende Einkommenssteuer zugerechnet wird. Anschließend wird die

[691] BGH a.a.O.; Wussow/Küppersbusch, Rn 53; Wussow, Rn 1567; Scheffen/ Pardey, S. 3; Heinrichs in Palandt § 252 Rn 10; Mertens in MüKo § 843 Rn 17.

[692] Pro Bruttolohnmethode: Lange, JZ 1995, 406 (407); Wussow, Rn 1573. Pro Nettolohnmethode: Hofmann NZV 1993, 139 (140 f.).

wiederum für diesen Zuschlag zu entrichtende Einkommenssteuer solange zugeschlagen, bis die nächsthöhere Stufe in der Einkommenssteuertabelle nicht mehr erreicht wird. Es ist bei einer quotalen Haftung jedoch ganz einfach so, daß nach der modifizierten Nettolohnmethode nie ganz die Schadenshöhe wie nach der Bruttolohnmethode ermittelt werden kann, da nach der Nettolohnmethode der Schaden auf Basis der z. B. ersten 2/3 des Verdienstes berechnet wird, während bei der Bruttomethode die letzten 2/3 des Verdienstes als Schaden angenommen werden[693]. Bedingt durch den progressiven Steuertarif ergibt sich also zwangsläufig ein unterschiedlicher Steuersatz.

Bei einer quotalen Mithaftung des Geschädigten erzielt dieser also einen Steuervorteil, da er nur die Leistung des Schädigers, also nicht wie vorher den vollen Verdienst, versteuern muß. Fraglich ist, ob dieser Steuervorteil bei Anwendung der Bruttolohnmethode zugunsten des Schädigers bei der Schadensberechnung berücksichtigt werden muß. Wenn man dies mit dem BGH bejaht[694], so stimmen die Ergebnisse der beiden Methoden wieder überein, da dann das Ergebnis der Bruttolohnmethode auf die Berechnung der modifizierten Nettolohnmethode zurückkorrigiert wird. Eine andere Meinung lehnt dies ab und läßt dem Geschädigten bewußt den Steuervorteil, da sich seine der Steuerprogression zugrundeliegende Leistungsfähigkeit nicht ändere und der Schädiger durch einen eventuellen Vorteil des Geschädigten nicht begünstigt werden dürfe[695]. Wieder ein anderer Vorschlag lautet, den Steuervorteil nur entsprechend der Haftungsquote des Geschädigten dem Schädiger anzurechnen[696].

Die Lösung zu diesem Problem findet sich ebenfalls mit den allgemeinen Grundsätzen des Schadensrechts. Der Geschädigte darf nach dem schon erwähnten Bereicherungsverbot durch die Schadensersatzleistung nicht besser gestellt werden, als er ohne die Schadensersatzleistung stünde[697]. Da der Geschädigte aufgrund seiner eigenen Haftungsquote im Endeffekt nur eine Schadensersatzleistung erhält, die nicht seinem vollen vorherigen Verdienst entspricht, hat er effektiv nur einen geringeren Steuersatz zu zahlen. Es gibt keinen Grund, zu Lasten des Schädigers einen höheren Schadensersatzbetrag festzusetzen, der sich aus der Berechnung nach der Bruttolohnmethode ergäbe.

---

[693] BGHZ 42, 76 (84).

[694] BGH NJW 1995, 389 (391).
Ebenso: Wussow/Küppersbusch, Rn 58; Heinrichs in Palandt § 252 Rn 11.

[695] Wussow, Rn 1573; Kullmann, VersR 1993, 385 (389); Medicus in Staudinger § 252 Rn 35.

[696] Hofmann, NZV 1993, 139 (141); ders., NZV 1995, 94 (94).

[697] Siehe oben Fn 506.

Das Steuerrecht kann durch Festlegung des progressiven Tarifs nicht dazu führen, daß schadensrechtlich eine höhere Belastung des Schädigers erfolgt, da der Steuertarif wertungsneutral allein mit dem Steuerrecht verbunden ist. Der Steuervorteil des Geschädigten ist also zugunsten des Schädigers abzuziehen.

Aus diesem Ergebnis läßt sich hingegen nicht mit *Hofmann* der Schluß ziehen, man müsse demnach der modifizierten Nettolohnmethode den Vorzug geben, da sie faktisch Anwendung finden würde[698]. Wie schon bei der Problemeinleitung ausgeführt, bestehen zwischen den Berechnungsmethoden aufgrund der bei beiden Methoden erforderlichen Korrekturen im Ergebnis keine Unterschiede[699]. Für die Schlüssigkeit einer Klage ist demnach eine Schadensberechnung nach der Bruttolohnmethode ausreichend. Dies ist für die gerichtliche Praxis durch die Entscheidung des BGH vom 15.11.1994 nunmehr verbindlich festgelegt. Gleichzeitig hat der BGH darauf verwiesen, daß dieser Ansatz für den Schädiger keine Beweislastnachteile zur Folge hat. Zwar muß bei der modifizierten Nettolohnmethode der Geschädigte seine neben dem reinen Nettolohn weiter auftretenden Schäden darlegen, wogegen die bei der Bruttolohnmethode im Wege der Vorteilsausgleichung anzurechnenden Vorteile vom Schädiger dargelegt werden müssen. Bei beiden Methoden ist jedoch letztendlich der Geschädigte beweispflichtig, denn die steuerlichen und sozialversicherungsrechtlichen Aspekte entstammen seiner Sphäre[700]. Es steht dem Geschädigten also frei, nach welcher Methode er seinen Schaden berechnet.

Trotz dieses theoretischen Gleichklangs der Methoden dürfte sich ein Geschädigter in der Praxis mit der Anwendung der Bruttolohnmethode besser stellen, da in der gerichtlichen Praxis wohl dennoch ein Darlegungs- und Beweisvorteil für ihn gegeben sein dürfte. So stellen einige Autoren explizit fest, daß es gerade dieser Unterschied zwischen Theorie und Praxis sein dürfte, der die Haftpflichtversicherer vehement die Anwendung der Nettolohnmethode vertreten läßt[701]. Zumindest hat der Geschädigte bei der Bruttolohnmethode den Vorteil, daß der Bruttoverdienstausfall grundsätzlich ohne hypothetische Einkommenssteuerveranlagung, also leichter als nach der modifizierten Nettolohnmethode, ermittelt werden kann. Für die Anwendung der Bruttolohnmethode

---

[698] Hofmann, NZV 1995, 94 (94).
[699] So auch Grunsky, DAR 1988, 400 (410).
[700] BGH NJW 1995, 389 (390); Heinrichs in Palandt § 252 Rn 10; Wussow/ Küppersbusch, Rn 53.
A.A.: Lange, S. 317; ders., JZ 1995, 406 (406); Scheffen/Pardey, S. 3.
[701] Lange, JZ 1995, 406 (406 f.); Hartung, VersR 1986, 308 (312); Kullmann, VersR 1993, 385 (386).

spricht außerdem die Möglichkeit, zu einem früheren Zeitpunkt eine Entscheidung über eine konkrete Schadensersatzleistung treffen zu können. Um eine genaue Berechnung nach der modifizierten Nettolohnmethode treffen zu können, muß nämlich in der Regel zunächst die volle Steuerbelastung des Geschädigten ermittelt werden. Das ist nicht immer zeitnah möglich. Der Weg des OLG Oldenburg, das aus diesem Grund zunächst eine Feststellungsklage vorschlägt[702], ist damit zudem vermeidbar.

Die durch das Urteil des BGH in jeder Situation eröffnete Möglichkeit der Anwendung der Bruttolohnmethode wird im Hinblick auf die dadurch gegebene Rechtssicherheit übrigens auch von ihren Kritikern befürwortet[703]. Der Assekuranz erwachsen aus dieser Vorgehensweise keine Nachteile, da ihre Prozeßvertreter wohl darauf achten werden, daß eine „Netto"-Gegenrechnung aufgemacht wird. Das Problem ist zudem als bekannt vorauszusetzen, so daß bei einer quotierten Haftung und einer Bruttoberechnung des Klägers/ Geschädigten ohne Berücksichtigung eines Progressionsvorteils ein richterlicher Hinweis nach § 139 ZPO erfolgen müßte. Für jede Fallkonstellation einer Verdienstausfallberechnung von abhängig Beschäftigten ist daher im Interesse der Geschädigten der Bruttolohnmethode der Vorzug zu geben.

2. Ersatzansprüche Selbständiger

Selbstverständlich ist, daß auch selbständig tätige Personen gemäß § 842 BGB Anspruch auf Ersatz entgangenen Gewinns haben können. In diese Kategorie fallen auch Einkünfte von Personen, die nicht völlig selbständig sind, sondern zusätzlich zu einer abhängigen Beschäftigung Nebeneinkünfte aus selbständiger Tätigkeit beziehen[704]. Ebenso zu erstatten sind entgangene Einkünfte, die zwar nicht direkt zu einem positiven Unternehmensergebnis geführt haben, jedoch eine Verlustminimierung bewirkt hätten[705].

Bei der Berechnung des Verdienstausfalls von Selbständigen bereitet allerdings der Hauptunterschied zu den Einkünften abhängig Beschäftigter Schwierig-

---

702 OLG Oldenburg, ZfS 1992, 82 (82).

703 Hofmann, NZV 1995, 94 (94 f.). Lange, JZ 1995, 406 (407) bezeichnet die Entscheidung als vertretbar.

704 Grunsky, DAR 1988, 400 (400) nennt als Beispiel u. a. die Sekretärin, die neben-bei noch Diplom- und Doktorarbeiten schreibt.

705 Medicus in Staudinger § 252 Rn 46; Steffen, VersR 1985, 605 (609).

keiten. Die Einkünfte Selbständiger basieren nämlich nicht auf in der Regel monatlich gleichlautenden Zahlungen, sondern sie müssen am Ende eines Geschäftsjahres durch Bilanzierung oder eine Einnahme-/Überschußrechnung ermittelt werden. Einfluß auf diese Gewinnermittlung haben neben dem Arbeitseinsatz des Selbständigen, die unterschiedlichsten Faktoren. Dazu gehören zum Beispiel die allgemeine Branchenentwicklung, ein hoher Krankenstand im Betrieb, eventuelle Kursschwankungen von ausländischen Währungen, Fehlinvestitionen und ähnliches. Die Einkünfte von Selbständigen zeichnen sich also durch ständige Veränderungen aus. Im Rahmen einer Schadensberechnung ist es daher schwierig, die Kausalität und die zahlenmäßige Auswirkung zwischen der verletzungsbedingten Arbeitsverhinderung des Selbständigen und dem sich ändernden Gewinn zu bestimmen.

Ein weiteres Problem gerade der Tätigkeit von Selbständigen ist die Bezifferung ihres Schadens für Tätigkeiten, die sich nicht zeitnah in Unternehmensergebnissen wiederspiegeln. Musterbeispiel ist der einer Grundsatzentscheidung des BGH zugrundeliegende Fall eines Diplom-Chemikers, der in seinem Betrieb die Forschungs- und Entwicklungsarbeiten durchgeführt hatte. Diese Tätigkeit konnte er verletzungsbedingt nicht mehr ausüben. Er behauptete daher, daß ihm die Einkünfte aus der Entwicklung neuer Produkte entgehen würden und forderte deswegen vom Schädiger die Kosten für eine gleichqualifizierte Ersatzkraft[706]. Der BGH lehnte dieses Begehren ab, da sich ein Schaden in Form eines Gewinnentgangs in den Unternehmensergebnissen nicht feststellen ließ[707]. Diese Auffassung hat teilweise – insbesondere bei Vertretern der Versicherungswirtschaft – Zustimmung gefunden[708]. Der überwiegende Teil der Literatur widerspricht dagegen dieser Auffassung – was bezeichnenderweise in einigen Handbüchern zu Haftpflichtschäden verschwiegen wird – und orientiert

706 BGHZ 54, 45.

707 Ständige Rechtsprechung seit BGHZ 54, 45 (53).

708 Ruhkopf/Book, VersR 1970, 690 (692); Wussow, Rn 1590; Wussow/Küppers-busch, Rn 88; Becker/Böhme, Rn D 125; Strieder in Baumgärtel § 252 Rn 21, Schäfer in Staudinger § 843 Rn 50; Boujong in RGRK § 843 Rn 59.

sich bei der Schadensberechnung unter anderem an den Kosten einer Ersatzkraft[709].

Sobald man über die Möglichkeit der Schadensberechnung anhand der Kosten für eine Ersatzkraft spricht, ist es zuerst wichtig, sich den Unterschied zwischen damnum emergens und lucrum cessans in Erinnerung zu rufen. Ein Schaden in Form des damnum emergens ist gegeben, sobald ein direkter Schaden zu verzeichnen ist. Beim lucrum cessans dagegen handelt es sich um eine hypothetische Größe. Beide Schadensersatzarten sind im Zusammenhang mit den Kosten für Ersatzkräfte möglich. Wenn ein Geschädigter verletzungsbedingt eine Ersatzkraft tatsächlich einstellt, handelt es sich um einen positiven Schaden in Form des damnum emergens. Eine Einordnung dieser Kosten als entgangener Gewinn, wie es der BGH tut[710], ist abzulehnen. Zwar ist es richtig, daß die Kosten für Ersatzkräfte als betrieblicher Aufwand den Gewinn verringern[711]. Wie jedoch auch der BGH anerkennt, kann dies nur für Ersatzkräfte gelten, die unfallbedingt erforderlich waren. Durch dieses Kausalitätserfordernis ist aber vorgegeben, daß es sich in erster Linie um einen durch die Verletzung des Geschädigten bedingten positiven Schaden handelt. Die menschliche Ersatzkraft ist letztendlich nichts anderes als ein Mietwagen, der als Ersatz für einen beschädigten PKW ebenfalls von einem Schädiger als damnum emergens und nicht als lucrum cessans zu ersetzen wäre. Der Einfluß der für die Hilfskraft erforderlichen Kosten auf das Betriebsergebnis, mithin den eventuell entgangenen Gewinn, ist lediglich die zwangsläufige Folge des durch den Schaden bedingten Aufwands[712]. Sobald eine Ersatzkraft verletzungsbedingt tatsächlich eingestellt wurde, handelt es sich allein um einen positiven Schaden.

---

[709] Medicus in Staudinger § 252 Rn 48; ders., DAR 1994, 442 (442 Fn 3); Grunsky in MüKo § 252 Rn 7 b; Lange, S. 314; Heinrichs in Palandt § 252 Rn 16; Steffen, VersR 1985, 605 (609); Stürner, JZ 1984, 412, 461 (464); Berger, VersR 1981, 1105 (1105 f.); Knobbe-Keuk, VersR 1976, 401 (408); Mertens in MüKo § 843 Rn 29 f.; Zeuner in Soergel § 842 Rn 3.
In der Rechtsprechung hat das OLG Stuttgart VersR 1968, 1074 (1075) eine Stundenlohnberechnung mit der Begründung vorgezogen, sie sei genauer als ein konkreter Ergebnisvergleich in dem noch andere Faktoren steckten.

[710] BGH VersR 1992, 973 (973); VersR 1994, 316 (319); NJW 1997, 941 (942).
Ebenso: Wussow, Rn 1593.

[711] BGH a.a.O.

[712] Dies erkennt auch der BGH in VersR 1994, 316 (319): „Ist der Einsatz unfall-bedingt notwendig geworden, so kann in der Regel davon ausgegangen werden, daß sie das Gewinnergebnis des Betriebs verringert haben."

Ein Schaden in Form des lucrum cessans ist hingegen gegeben, wenn die Kosten für eine Ersatzkraft herangezogen werden, um den entgangenen Verdienst eines Selbständigen hypothetisch zu ermitteln. Es handelt sich um einen hypothetischen Schadensposten, so daß eine Schätzungsmethode für die Berechnung dieser Art entgangenen Gewinns benötigt wird, sobald der Gewinnentgang an sich feststeht[713]. Ein grundsätzlicher Gewinnentgang läßt sich freilich nur ablehnen, wenn man der Arbeitsleistung des Geschädigten jeglichen Wert abspricht. Es müßte für den Betrieb also unerheblich sein, ob der Unternehmer arbeitet oder nicht. Dies erscheint unrealistisch, da die Tätigkeit des Selbständigen immer irgendeinen Wert haben wird und sei es nur eine Minimierung des Verlustes. Im Gegensatz zur Auffassung des BGH ist die Schätzung entgangenen Verdienstausfalls anhand der Kosten für Ersatzkräfte eine gerechte und praktikable Methode, den entgangenen Gewinn eines Selbständigen zu ermitteln. Diese Methode widerspricht auch nicht der oben geäußerten Auffassung, daß die Arbeitskraft des Menschen eine abstrakte Bewertung nicht zulasse[714]. Wie die Rechtsprechung nämlich selber feststellt, ist die von der Arbeitskraft zu unterscheidende Arbeitsleistung eines einzelnen sehr wohl meßbar[715]. Indem der BGH in dieser Grundsatzentscheidung einen Ersatz für die entfallende Arbeit des Verletzten ablehnt, spricht er der Arbeitsleistung dieses Selbständigen also jeglichen Wert ab[716]. Dieses Ergebnis läßt sich nicht damit rechtfertigen, daß im konkreten Unternehmensergebnis keine sichtbaren Auswirkungen festzustellen sind[717]. Ein unverändertes Unternehmensergebnis kann ebenso auf andere Umstände wie z. B. eine verbesserte Konjunktur oder allgemeine Branchenentwicklung zurückzuführen sein, so daß mit der Arbeitsleistung des Geschädigten eventuell ein noch besseres Ergebnis erwirtschaftet worden wäre. Zudem bedeutet die alleinige Orientierung am Unternehmensergebnis eine Überbewertung der Differenzhypothese. Wie schon festgestellt, ist sie gesetzlich nicht verankert und daher nur ein möglicher Weg zur Schadensermittlung[718].

Der Wert der Arbeitsleistung ist zudem betriebswirtschaftlich erfaßbar, so daß in der Regel ein genauer Wert der Unternehmervergütung festzulegen ist. Mit der Berechnung des Schadens nach den Kosten einer Ersatzkraft läßt sich also

---

[713] Stürner, JZ 1984, 412, 461 (464).
[714] S. o. C. I. 2.
[715] BGHZ 54, 45 (51).
[716] Knobbe-Keuk, VersR 1976, 401 (408).
[717] So aber BGH a.a.O.
[718] Siehe oben 1. Teil A. I.

eine vergleichbare Situation wie bei der Vergütung eines abhängig Beschäftigten schaffen. Um dies zu erkennen, werden nachfolgend einige feststehende betriebswirtschaftliche Begriffe erläutert. Wenn man sich deren Bedeutung bewußt ist, wird die Erfaßbarkeit der Arbeitsleistung verdeutlicht, und es läßt sich vielleicht auch die Verwendung von nicht existenten Begriffen wie z. B. „Gewinnergebnis" vermeiden[719]. Durch die Benutzung derartiger Worte leidet die Rechtssicherheit, da die höchstrichterliche Rechtsprechung nicht sicher vorgibt, wie und welche Unternehmensergebnisse zu vergleichen bzw. überhaupt vergleichbar sind.

Ausgangspunkt für die Erfassung der unternehmerischen Leistung ist der Umstand, daß sich das Gesamtergebnis eines Unternehmens auf zwei Arten ermitteln läßt. Einmal kann das Gesamtergebnis durch Eigenkapitalvergleich der Bilanzen bzw. über die Erfassung aller tatsächlich erfolgten Aufwendungen und Erträge im Rahmen des sogenannten Gewinn-und-Verlust-Kontos ermittelt werden[720]. Neben diesen Buchungen in der Finanzbuchhaltung ist das Gesamtergebnis auch in der davon trennbaren Betriebsbuchhaltung zu ermitteln[721]. Dies erfolgt durch Addition von Betriebsergebnis und neutralem Ergebnis[722]. Das Betriebsergebnis steht am Ende der Kosten- und Leistungsrechnung, die das rein betriebsbedingte Ergebnis durch Gegenüberstellung eben von Kosten (=betrieblicher Aufwand) und Leistungen (=betriebliche Erträge) eines Unternehmens ermittelt. Das neutrale Ergebnis resultiert aus den nicht betriebsbezogenen Aufwendungen und Erträgen.

Zu den betrieblichen Kosten bei Kapitalgesellschaften gehören unter anderem die den Geschäftsführern oder Vorstandsmitgliedern gezahlten Bezüge. In der heute weit verbreiteten Ein-Personen-GmbH und der seit 10.08.1994 zulässigen Ein-Personen-AG[723] hat also der Unternehmer keine Probleme, seinen verletzungsbedingten Verdienstausfall zu beziffern, da er wie ein abhängig Beschäftigter behandelt werden kann. Bei Einzelunternehmen und Personengesellschaften hingegen fehlen derartige feste Ausgaben, die sich als tatsächliche Kosten darstellen. Um dennoch eine leistungsgerechte Kalkulation der Erzeugnisse zu gewährleisten, können in der Kosten- und Leistungsrechnung die Leistungen des Unternehmers als sogenannter kalkulatorischer Unternehmer-

---

[719] BGH VersR 1994, 316 (319). Siehe schon Fn 712.

[720] Schmolke/Deitermann, S. 45 f.; Brede, S. 138 ff.

[721] Kosiol/Chmielewicz/Schweitzer, S. 127; Eilenberger, S. 246.

[722] Schmolke/Deitermann, S. 307; Eisele, S. 731; Eilenberger, S. 246.

[723] Eingeführt durch das Gesetz für kleine Aktiengesellschaften und zur Deregulie-rung des Aktienrechts vom 02.08.1994, BGBl. I, S. 1961 ff.

lohn berücksichtigt werden. Er orientiert sich an Geschäftsführergehältern vergleichbarer Unternehmen[724]. Dies scheitert bei kleinen Unternehmen meist nur an der praktischen Durchführung, da der Aufwand für eine derartig genaue Kosten- und Leistungsrechnung gescheut wird bzw. unwirtschaftlich wäre. Deutlich wird aber, daß die unternehmerische Leistung von Einzelunternehmern erfaßbar ist. Wenn die Rechtsprechung also Betriebsergebnisse oder Gesamtergebnisse vergleicht, kann theoretisch die unternehmerische Leistung immer Bestandteil dieses Ergebnisses sein. Der Unterschied besteht nur darin, daß bei Kapitalgesellschaften der Unternehmerlohn wie an eine Fremdperson tatsächlich ausgezahlt wird und somit immer Bestandteil des Betriebsergebnisses ist. Bei Einzelunternehmen oder Personengesellschaften ist er dagegen nur ein kalkulatorischer Posten oder aber nur aufgrund fehlender Mittel nicht vorhanden. Wenn also nur wegen der geringen Unternehmensgröße eine kalkulatorische Erfassung des Unternehmerlohns nicht erfolgt, und somit ein Verdienstentgang nicht beziffert werden kann, darf dies nicht zu einem Nachteil der betroffenen Unternehmen führen. Der üblicherweise im Betriebsergebnis erfaßte Unternehmerlohn verdeutlicht, daß die unternehmerische Leistung zumindest in dieser Form anerkannt ist und auch erstattet werden muß. Es ist nicht nachvollziehbar, warum ein Ersatz für die Leistung des Selbständigen davon abhängig sein soll, in welcher Rechtsform das Unternehmen betrieben wird. Nach Auffassung der Rechtsprechung ist ein Ersatz bei Kapitalgesellschaften unproblematisch, während der Einzelunternehmer unter Umständen leer ausgeht. Die von der Rechtsprechung heraufbeschworene Konsequenz müßte letztendlich dazu führen, daß sich Einzelunternehmer für die Rechtsform einer Kapitalgesellschaft entscheiden müßten, um sich quasi gegen verletzungsbedingte Ausfälle zu versichern. Dieses Ergebnis erscheint in der Tat ungerecht[725]. Die Rechtsform der GmbH können seit jüngster Zeit grundsätzlich zwar auch Freiberufler wie z. B. Rechtsanwälte wählen[726], für eine große Anzahl Freiberufler dürfte hingegen die Einzelpraxis vorzugswürdig bleiben. Bei derartigen Kleinunternehmen ist nicht von einer begleitenden Kosten- und Leistungsrechnung auszugehen, so daß sich ein kalkulatorischer Unternehmerlohn zumindest nicht aus den Betriebsunterlagen ermitteln läßt. Will man jedoch auch ihre Arbeitsleistungen nicht per se als wertlos einstufen, so bietet die über § 842 BGB ermöglichte Anwendung des § 287 ZPO einen sachgerechten Lösungsansatz. Die nach § 287 ZPO vorzunehmende Schätzung bedarf lediglich ausreichender An-haltspunkte für eine Berechnung des Schadens,

[724] Kugler, S. 263.
[725] Knobbe-Keuk, VersR 1976, 401 (408).
[726] BayObLG NJW 1995, 199.

damit die Schätzung nicht völlig in der Luft hängt[727]. Diese Anhaltspunkte ergeben sich aus den Kosten für eine Ersatzkraft. Nur zur Klarstellung sei erwähnt, daß es dem Schädiger unbenommen bleibt darzulegen, daß der Geschädigte eine entsprechende Leistung nicht erbracht hat, daß der Geschädigte z. B. nur 2 Stunden täglich im Betrieb weilt. Eine solche Behauptung wird sich jederzeit durch Befragung von Mitarbeitern des Geschädigten verifizieren lassen[728].

Die Kosten für Ersatzkräfte stellen also ein praktikables und Rechtssicherheit bietendes Mittel dar, den entgangenen Verdienst eines Selbständigen zu schätzen. Durch diese Methode bleiben zudem aufwendige Begutachtungen der Unternehmensergebnisse durch Branchenkenner erspart, um jegliche Ursache für Gewinnveränderungen herauszufiltern. Derartige Gutachten werden allerdings in der Regel erforderlich sein, wenn der Geschädigte weiteren, höheren Gewinnentgang als die bloße Vergütung seiner Tätigkeit geltend macht. Für derartige Behauptungen sind dann sehr wohl nach der Methode des BGH anhand von Unternehmensergebnissen die entgangenen Gewinne darzulegen. Belegt werden kann der Vortrag des Geschädigten z. B. durch Vorlage verschiedener Einkommenssteuerbescheide[729] oder durch Vergleich von Gewinnen verschiedener Jahre zur Ermittlung eines durchschnittlichen Gewinns[730]. Da in diesen Fällen allerdings Anhaltspunkte für nicht verletzungsbedingte Gewinnentgänge[731] ebenso berücksichtigt werden müssen wie Umstände, die zu höheren Gewinnen führen können[732], sind umfangreiche Gutachten in der Regel erforderlich.

Für eine Schadensberechnung anhand der Kosten für Ersatzkräfte neben der ebenfalls möglichen Methode des BGH spricht auch die Schadensminderungs-

---

[727] BGH NJW-RR 1992, 997 (998).

[728] Medicus in Staudinger § 252 Rn 48 vermutet aber, daß es sich dabei um Extrem-fälle handeln wird.

[729] Grunsky, DAR 1988, 400 (404).

[730] In OLG Frankfurt, VersR 1970, 86 hat der Kläger die Gewinnentwicklung über 12 Jahre hinweg dargelegt, um einen verletzungsbedingten zweijährigen Verdienstausfall zu belegen.

[731] OLG Frankfurt a.a.O. (89).

[732] KG VRS 88, 115 (120) und Grunsky, DAR 1988, 400 (402 f.) weisen zu Recht auf eine Besonderheit neu gegründeter Unternehmen hin: In der Anlaufphase eines Unternehmens sind regelmäßig höhere Kosten erforderlich, die den Gewinn unverhältnismäßig schmälern. Dieser Umstand ist eventuell bei der Berechnung von Durchschnittsgewinnen zu berücksichtigen. Ähnlich: BGH vom 17.06.1998, XII ZR 206/96.

pflicht des Geschädigten. Auch bei den nach der Rechtsprechung durchzuführenden Ergebnisvergleichen oder der Berechnung von Durchschnittsgewinnen sind regelmäßig die Kosten für Ersatzkräfte zu berücksichtigen, da deren Einstellung dem Geschädigten als Obliegenheit im Sinne des § 254 Abs. 2 BGB zuzumuten ist und diese Kosten daher gewinnmindernd zu berücksichtigen sind. Der Ersatzanspruch kann daher auch nach dieser Auffassung auf die Kosten einer Ersatzkraft beschränkt sein[733]. Dies zeigt, welch gutes Schätzungsmittel diese Kosten für entgangenen Gewinn bieten.

Die hier vertretene Schätzungsmethode für entgangenen Verdienst Selbständiger zeigt ihre Vorteile besonders bei kurzfristigen Ausfällen des Geschädigten. Bei ordentlicher Betriebsorganisation dürfte sich in diesen Fällen der Ausfall der Arbeitsleistung in den Unternehmensergebnissen nur seltenst wiederspiegeln, da der Ausfall durch die Mitarbeiter aufgefangen wird. Wenn man der Arbeitsleistung des Selbständigen aber nicht jeden Wert absprechen will, so kann in diesen Fällen der entgangene Verdienst faktisch nur anhand einer Stundenlohnberechnung und somit an den Kosten einer Ersatzkraft orientiert werden. Der 18. Deutsche Verkehrsgerichtstag hat daher diese Berechnungsweise für Fälle kurzfristigen Arbeitsausfalls bei Selbständigen ausdrücklich empfohlen[734].

Hinzuweisen ist bei dieser Berechnungsweise allerdings noch auf einen Umstand, der – soweit ersichtlich – bislang noch nicht diskutiert wurde. Es kann die Gefahr von überzogenen Schadensforderungen in Form von unrealistischen Angaben über den Arbeitseinsatz des geschädigten Selbständigen entstehen. Gerade Freiberufler klagen häufig über ihre immense Arbeitsbelastung. Ob die behaupteten Arbeitstage von bis zu 16 Stunden tatsächlich stattfinden, und ob sie überhaupt erforderlich sind, mag dahingestellt bleiben. Tatsache aber ist, daß schon aus medizinischer Sicht ab einer täglichen Arbeitsdauer von mehr als 10 Stunden eine effektive und produktive Arbeitsweise auf Dauer nicht mehr möglich sein dürfte. Hingewiesen wird insoweit nur auf § 3 des Arbeitszeitgesetzes, der bewußt Höchstgrenzen zieht, um gesundheitlichen Schäden vorzubeugen[735]. Zwar ist dies ein Arbeitnehmerschutzgesetz und betrifft somit nicht die Selbständigen direkt. Selbständige sind aber genauso Menschen wie

---

733 OLG Koblenz VersR 1991, 194 (195); Wussow, Rn 1596; Wussow/Küppers-busch, Rn 93.

734 VersR 1980, 220 (221).

735 „Die werktägliche Arbeitszeit der Arbeitnehmer darf acht Stunden nicht über-schreiten. Sie kann auf bis zu 10 Stunden nur verlängert werden, wenn innerhalb von sechs Kalendermonaten oder innerhalb von 24 Wochen im Durchschnitt acht Stunden werktäglich nicht überschritten werden.“

Arbeitnehmer, so daß der Gedanke dieser Norm durchaus herangezogen werden kann. Die volle Produktivität einer Arbeitsstunde sollte auch bei Selbständigen nicht bei Arbeitstagen mit mehr als 10 Arbeitsstunden angenommen werden. Gewinnberechnungen von Selbständigen, die über die Grenzen des Arbeitszeitgesetzes hinausgehen, sollten daher zumindest nicht mit den Kosten einer vollwertigen Ersatzkraft erstattet werden. Ebenfalls nicht erstattungsfähig dürfte der Zeitaufwand für allgemeine aquisitorische Tätigkeiten sein. Lediglich wenn nachgewiesen werden kann, daß Verhandlungen zu Einzelaufträgen bereits so weit fortgeschritten waren, daß ohne die Verletzung ein Auftrag zustandegekommen wäre, ist ein Ersatz denkbar. Ansonsten kann die Erfolgsquote von aquisitorischen Tätigkeiten, wie z. B. die Mitwirkung in Vereinen oder ähnlichem, nicht ausreichend bestimmt werden. Immerhin ist nach § 287 ZPO eine überwiegende Wahrscheinlichkeit für den Verdienstentgang zu fordern.

Nur kurz eingegangen werden soll auf einen vereinzelt gebliebenen Vorschlag. *Grunsky* befürwortet bei der Berechnung von Verdienstausfällen Selbständiger die Anwendung der Grundsätze über den merkantilen Minderwert[736]. Er nennt als Beispiel unter anderem den Rechtsanwalt, dem die Mandanten aufgrund eines früheren verletzungsbedingten Ausfalls keine ausreichende Mandatsbearbeitung mehr zutrauen. Dieser Vertrauensverlust müsse vom Schädiger ausgeglichen werden. *Grunsky* übersieht freilich einige grundlegende Unterschiede zur Problematik bei Kfz-Schäden. Wohl kaum ein potentieller Mandant wird einen Rechtsanwalt, Arzt oder anderen Freiberufler danach fragen, ob er früher einmal verletzt gewesen sei. Dies ist aber eine typische Frage beim Kauf eines gebrauchten Fahrzeugs, da frühere Unfälle latente Gefahrenpunkte am Fahrzeug bewirkt haben können. Bei den genannten Berufen hingegen entscheidet in der Regel die geistige Leistung, so daß bis auf Kopfverletzungen Gefahren für den Mandanten ersichtlich nicht entstehen können. Es kommt daher wohl kaum ein Mandant auf die Idee, nach der „Unfallfreiheit" eines Rechtsanwaltes zu fragen. Daß beim Schadensersatz nach § 842 BGB keine latenten Gefahren für zukünftige Mandanten heraufbeschworen werden können und damit ein merkantiler Minderwert des Verletzten entsteht, ergibt sich zudem aus dem Anspruchsgrund des Geschädigten. Potentielle Mandanten könnten Befürchtungen vor dem Wiederausbruch von Krankheiten ihres Rechtsanwaltes haben. Zum Schadensersatzanspruch aus § 842 BGB hat jedoch eine schuldhafte Verletzung des Geschädigten geführt. Zwar können auch Verletzungen wiederkehrende Krankheiten zur Folge haben, die Wiederholungsgefahr für eine Verletzung des Rechtsanwaltes durch eine erneute unerlaubte Handlung dürfte statistisch

---

[736] Grunsky, DAR 1988, 400 (402); ders. in MüKo § 252 Rn 7b.

gesehen aber nicht größer sein als die einer Erstverletzung. Ein Mandant muß also grundsätzlich keine Angst vor einer besonderen Anfälligkeit seines Rechtsanwaltes haben. Da *Grunsky* zudem selbst eine exakte Berechnung des merkantilen Minderwertes nicht für möglich hält[737], ist die Berücksichtigung eines merkantilen Minderwertes im Rahmen des Ersatzes für entgangene Verdienste eines Selbständigen abzulehnen.

Hinsichtlich der steuerlichen und sozialversicherungsrechtlichen Aspekte gelten bei der Schadensberechnung für Selbständige dieselben Grundsätze wie beim Verdienstausfall abhängig Beschäftigter[738]. Es ist also der Bruttoverdienstausfall zu berechnen. Im Gegensatz zum abhängig Beschäftigten ist beim Selbständigen zusätzlich die Gewerbesteuerbelastung zu berücksichtigen. Wie auch bei Sachschäden ist Gewerbeertragssteuer auf die Schadensersatzleistung nicht zu zahlen, also zugunsten des Schädigers von der Ersatzleistung abzuziehen[739].

Zusammengefaßt kann festgehalten werden, daß sich der Verdienstausfall des Selbständigen auf verschiedene Art und Weise berechnen läßt. Maßstab können sowohl der kalkulatorische Unternehmerlohn als auch die Kosten für eine gleichqualifizierte Ersatzkraft für die Zeit des nachgewiesenen Arbeitsausfalls sein. Darüber hinausgehender Gewinnentgang kann vom Geschädigten anhand seiner Unternehmensergebnisse dargelegt werden.

3. Ersatzansprüche für entgangene Gesellschaftereinkünfte

Neben einer abhängigen oder selbständigen Beschäftigung ist es möglich, aus Gesellschaftsbeteiligungen Einkünfte, z. B. Gewinnanteile, zu erzielen. Diese Einkünfte können durch ein schädigendes Ereignis beeinflußt werden, wenn die geschädigte Person gleichzeitig für die Gesellschaft tätig war, an der sie beteiligt ist. Ein verletzungsbedingter Ausfall würde in diesem Fall auch die Tätigkeit bzw. Gewinnerzielung der Gesellschaft beeinflussen können und somit auch Einfluß auf diese Form der persönlichen Einkünfte des verletzten Gesellschafters nehmen können. Es liegt daher grundsätzlich ein ersatzfähiger Schaden der verletzten Person vor, wenn der verletzungsbedingte Ausfall zu einer Schmälerung des Gewinnanteils oder zu einer Minderung der Gesell-

---

[737] Grunsky, DAR 1988, 400 (402).

[738] Medicus in Staudinger § 252 Rn 51; Wussow, Rn 1598.

[739] BGH NJW 1987, 1814 (1815); Kullmann, VersR 1993, 385 (390); Medicus in Staudinger § 252 Rn 51; Wussow/Küppersbusch, Rn 86, 102.

schaftsbeteiligung geführt hat[740]. Der Ersatz dieser Einkünfte steht neben dem Ersatz für die bei Kapitalgesellschaften in der Regel zu ersetzende angemessene Anstellungsvergütung der verletzten Person, da insoweit der angestellte Gesellschafter wie ein Arbeitnehmer zu behandeln ist[741]. Gleiches gilt für Personengesellschaften, wenn eine angemessene, feste Tätigkeitsvergütung im Gesellschaftsvertrag als Vorabzahlung vereinbart war[742].

Als Besonderheit ist in diesem Zusammenhang noch die Rechtsprechung des BGH zu erwähnen, die es einem Alleingesellschafter einer Kapitalgesellschaft ermöglicht, neben dem Ersatz in Höhe seiner Tätigkeitsvergütung, einen Schaden zu liquidieren, der sich im Ergebnis seines Unternehmens feststellen läßt, weil z. B. durch die Verletzung des Gesellschafters der Gesellschaft ein Geschäft entgangen ist[743]. Der BGH erkennt zwar die Trennung zwischen Kapitalgesellschaft und natürlicher Person an, stuft den entgangenen Gewinn der Gesellschaft bzw. die Gesellschaft selbst jedoch nur als ein gesondert verwaltetes Vermögen des Gesellschafters ein[744]. Es läge daher ein eigener Schaden des Gesellschafters vor[745]. Der Trennung der Vermögen müsse dadurch Rechnung getragen werden, daß die Schadensersatzleistung grundsätzlich nur an die Gesellschaft erfolgen dürfe[746].

Das Ergebnis des BGH hat Ablehnung gefunden[747]. Teilweise wird ihm im Ergebnis aber auch zugestimmt[748], es werden jedoch andere Haftungskonstruktionen wie die Drittschadensliquidation[749] oder der Vertrag mit Schutzwirkung für Dritte[750] vorgeschlagen. Diese Vorschläge können nicht überzeugen. Ein Vertrag mit Schutzwirkung für Dritte bedeutet keinen Schutz bei Verletzungen durch unerlaubte Handlungen; kann also keine umfassende Lösung bieten. Sowohl der Drittschadensliquidation wie auch dem Vertrag mit Schutzwirkung

---

740 BGH VersR 1964, 1243 (1244); NJW 1977, 1283 (1283); Schäfer in Staudinger § 842 Rn 10; Boujong in RGRK § 842 Rn 22.

741 BGH VersR 1971, 570 (571); VersR 1992, 1410 (1410 f.); Wussow/Küppers-busch, Rn 107.

742 Wussow, Rn 1601; Stürner, JZ 1984, 412, 461 (464).

743 BGH NJW 1974, 134 (135); NJW 1977, 1283 (1283); NJW-RR 1989, 684 (684).

744 BGH NJW 1974, 134 (135); NJW-RR 1989, 684 (684).

745 BGH NJW 1977, 1283 (1283).

746 BGH NJW 1977, 1283 (1284).

747 Berg, NJW 1974, 934; Mann, NJW 1974, 492; Roll, NJW 1974, 492 f.

748 Frank, NJW 1974, 2313 ff.

749 Hüffer, NJW 1977, 1285 (1285); Mertens in Hachenburg/Ulmer Anh. § 13 Rn 27; Baumbach/Hueck § 13 Rn 18; Scholz § 13 Rn 96.

750 John, JZ 1979, 511 (515); K. Schmidt, S. 1038.

für Dritte liegt die Annahme eines Schadens der Gesellschaft zugrunde. Der Gesellschaft ist zwar eventuell Gewinn entgangen. Die Ursache dafür ist jedoch die Verletzung eines Rechtsgutes ihres Gesellschafters. Da weder eine vertragliche Beziehung der Gesellschaft zum Schädiger noch eine eigene Rechtsgutverletzung der Gesellschaft gegeben ist, ist ihr aber auch kein eigener Schaden entstanden. Ihr angestellter Geschäftsführer ist schließlich kein verletzungsfähiges Rechtsgut. Auch der auf die Gesellschaft nach § 6 Abs. 1 Entgeltfortzahlungsgesetz übergehende Schadensersatzanspruch des Gesellschafters besteht nur in Höhe der fortgezahlten Bezüge. Er erfaßt also keinen darüber hinausgehenden Schaden des Gesellschafters. Damit verbietet sich auch die Annahme eines sogenannten Reflexschadens, bei dem notwendigerweise eine selbständige Verletzung und ein selbständiger Schadensersatzanspruch der Gesellschaft gegen den Schädiger gegeben sein müßte[751]. Selbst wenn man einen Schaden der Gesellschaft bejahen würde, könnte er freilich nicht von der geschädigten Person liquidiert werden. Es fehlt an der für die Drittschadensliquidation erforderlichen zufälligen Schadensverlagerung, da der geschädigte Gesellschafter seine Vermögensmassen gerade bewußt getrennt hat, um unter anderem Gläubigern der Gesellschaft den Zugriff auf sein Privatvermögen zu verwehren. Das Vermögen der Gesellschaft ist also nicht zufällig vom Privatvermögen getrennt, so daß der geschädigte Gesellschafter einen Schaden der Gesellschaft auch nicht liquidieren darf. Es kann nicht das Schadensrecht einen über das Gesellschaftsrecht hinausgehenden Schutz der Gesellschaftsgläubiger bieten, indem das Vermögen der Gesellschaft durch eigentlich dem Gesellschafter zustehende Schadensersatzansprüche geschützt ist[752].

Der Lösung des BGH kann daher in dieser Form nicht zugestimmt werden. Richtig ist sicherlich, daß einem Gesellschafter eine Vermögenssteigerung entgehen kann, wenn „seiner“ Gesellschaft Gewinne entgehen, die mit seiner Arbeitsleistung erzielt worden wären und die als Gesellschaftsgewinne wieder an ihn ausgeschüttet worden wären. Fraglich ist, ob der Schaden der Gesellschaft exakt dem des Gesellschafters entspricht[753]. Der BGH zieht nicht die Konsequenz aus der vom Geschädigten frei gewählten Trennung bzw. Verwaltungsform seines Vermögens, sondern vermischt die Vermögen der natürlichen und der juristischen Person mit dem Argument der wirtschaftlichen Betrachtungsweise zu einem einheitlichen Vermögen. Damit wird jeder dogmatische

[751] Baumbach/Hueck § 13 Rn 18; Scholz § 13 Rn 97.

[752] So aber: John, JZ 1979, 511 (515); Frank, NJW 1974, 2313 (2315).

[753] Schulte, NJW 1979, 2230 (2230 f.) und K. Schmidt, S. 1038 weisen darauf hin, daß dies nicht begriffsnotwendig ist.

Ansatz hinfällig und die Ein-Personen-Gesellschaft wird unverhältnismäßig bevorzugt. Der Gesellschafter einer Kapitalgesellschaft hat nach der Rechtsprechung des BGH neben dem Vorteil des beschränkten Gläubigerzugriffs und der Möglichkeit, seine Anstellungsvergütung ersetzt zu bekommen, den weiteren Vorteil, bei Verletzung seiner eigenen Person, auch die von ihm extra ausgegründete juristische Person in die Schadensberechnung mit einzubeziehen. Wer aber bewußt diese juristische Konstruktion mit ihrer Haftungsbeschränkung zu seinem Vorteil nutzt, hat sich auch im Schadensfall an dieser Konstruktion festhalten zu lassen. Ein Ersatz sollte daher nur zugesprochen werden, wenn ein Gesellschafter ausreichend darlegen kann, daß der der Gesellschaft entgangene Gewinn an ihn ausgeschüttet worden wäre. Es geht nur um die Ermittlung des Gesellschafterschadens und nicht um den der Gesellschaft. Bei einer Mehr-Personen-Gesellschaft wäre eine Leistung an die Gesellschaft nicht denkbar, da sie auch den anderen Gesellschaftern zugute kommen würde und damit ungerechtfertigterweise Drittgeschädigte schützen würde. Auch im Schadensfall darf aber kein Unterschied zwischen Ein- und Mehr-Personen-Gesellschaften bestehen[754]. Daher kann auch bei einer Ein-Personen-Gesellschaft nur der im Privatvermögen des Gesellschafters festzustellende Schaden ersetzt werden. Ein einzelnes, der Gesellschaft entgangenes Geschäft muß nicht zwangsläufig auch einen Schaden des Gesellschafters bedeuten. Ermittelt werden könnte ein solcher Schaden des Gesellschafters durch einen Vergleich der Gewinnverwendung in den Jahren vor und nach dem schädigenden Ereignis, da nur bei mit überwiegender Wahrscheinlichkeit erfolgender Gewinnausschüttung ein Gewinnentgang des Gesellschafters zu bejahen wäre. In diesen Fällen ist es dann möglich, daß der der Gesellschaft entgangene Gewinn exakt den Schaden des Gesellschafters darstellt. Wenn – in der Regel durch Sachverständigengutachten – nachgewiesen werden kann, daß der Wert des Geschäftsanteils oder der Kurswert einer Aktie ohne den verletzungsbedingten Ausfall des Gesellschafters gestiegen wäre, so wäre dies ebenfalls auszugleichen. Daß dieser Beweis nicht allzu häufig gelingen dürfte, hat der Geschädigte aufgrund der Entscheidung, seine Vermögensformen zu trennen, hinzunehmen.

---

[754] Stürner, JZ 1984, 412, 461 (465); John, JZ 1979, 511 (512 f.).

4. Ersatzansprüche bei Haushaltstätigkeiten

a) Unmittelbar geschädigte Personen

Die neben bezahlten Berufen am häufigsten von Menschen ausgeübten Tätigkeiten sind die innerhalb des Haushaltes. Haushaltstätigkeiten können sowohl „hauptberuflich" wie auch neben der normalen Berufstätigkeit ausgeübt werden. Sie werden als wirtschaftlich sinnvolle Verwertung der Arbeitskraft gesehen[755]. Die Folge ist ein allgemein anerkannter eigener Schadensersatzanspruch für Personen, die aufgrund einer Verletzung im Sinne des § 842 BGB in der Ausübung von Haushaltstätigkeiten behindert sind[756]. Maßgeblich für die Einordnung als Erwerbsschaden im Sinne des § 842 BGB ist, daß die Tätigkeit im Haushalt zugunsten einer anderen Person ausgeführt wird[757]. Die Haushaltsführung oder zumindest teilweise Ausführung von Haushaltstätigkeiten in einer nichtehelichen Lebensgemeinschaft ist also ausreichend[758]. Sobald die geschädigte Person die Haushaltstätigkeit lediglich für ihre eigenen Bedürfnisse ausgeführt hat, handelt es sich bei dem entsprechenden Schadensersatzanspruch dagegen um eine Vermehrung der Bedürfnisse im Sinne des § 843 Abs. 1, 2. Alt. BGB[759]. Dieser Fall ist jedoch nicht Thema dieser Arbeit, da es sich dabei nicht um entgangenen Verdienst im Sinne eines Erwerbsschadens handelt. Zu den Haushaltstätigkeiten gehören neben den eigentlichen Aufgaben wie Kinderbetreuung, Kochen, Putzen, Einkaufen etc. auch Haushaltstätigkeiten im weiteren Sinne. Darunter sind Arbeiten wie Gartenpflege, häusliche Reparaturen, Eigenleistungen beim Hausbau und ähnliches zu

---

[755] BGH NJW 1972, 2217 (2222); NJW 1974, 1651 (1652); Wussow, Rn 1611; Wussow/Küppersbusch, Rn 129; Boujong in RGRK § 842 Rn 31.

[756] BGH GrS VersR 1968, 852 (852); Zeuner in Soergel § 842 Rn 5; Stürner, JZ 1984, 412, 461 (465); Lange, S. 323.
Stoll, Haftungsfolgen, S. 380 f. weist darauf hin, daß diese Einschätzung international geteilt wird.

[757] BGH NJW 1985, 735 (735 f.); Wussow/Küppersbusch, Rn 131; Boujong in RGRK § 842 Rn 34; Burmann, ZfS 1995, 201 (201).

[758] LG Zweibrücken FamRZ 1994, 955 (955); Wussow, Rn 1624; Mertens in MüKo § 843 Rn 28 Fn 81; Lange, S. 324; Schäfer in Staudinger § 842 Rn 30; Boujong in RGRK § 842 Rn 38.
Eingeschränkt Rixecker in Geigel, 4. Kapitel Rn 161, der eine vertragliche Regelung der Lebenspartner über die Haushaltsführung vorraussetzt.
Völlig ablehnend: OLG Düsseldorf VersR 1992, 1418 (1419); Wussow/ Küppersbusch, Rn 130; Thomas in Palandt § 844 Rn 8.

[759] BGH NZV 1989, 387 (387); VersR 1989, 1273 (1274); Wussow, Rn 1611; Schäfer in Staudinger § 842 Rn 22.

verstehen[760]. Maßgeblich für die zu berechnende Ersatzleistung ist jedoch nicht der mögliche Umfang der Haushaltstätigkeiten, sondern immer die tatsächlich von der geschädigten Person bis zur Schädigung erbrachten Leistungen[761]. Unabhängig von den Einkommensverhältnissen der geschädigten Person oder ihres Partners ist die erbrachte Arbeit allein an ihrem Umfang und Standard zu bewerten[762]. Zur Erleichterung einer derartigen Berechnung des Wertes von Haushaltstätigkeiten sind verschiedene Tabellen entwickelt worden, die von der Rechtsprechung anerkannt werden[763].

Ebenso wie beim Verdienstausfall eines Selbständigen kann auch bei der Berechnung des Erwerbsschadens wegen der Einschränkung von Haushaltstätigkeiten der Wert der geleisteten Arbeit anhand der Kosten einer Ersatzkraft ermittelt werden. Sollte die geschädigte Person tatsächlich eine Hilfskraft (Putzfrau, Haushälterin, Köchin, Kinderfrau, Gärtner etc.) eingestellt haben, sind diese Kosten als tatsächlicher Schaden in Form des damnum emergens zu ersetzen. Beachtlich ist bei diesen Fällen die Schadensminderungspflicht des Geschädigten. Die Kosten der Hilfskraft sind nur in dem Umfang zu ersetzen, zu dem ihr Einsatz tatsächlich erforderlich war. Soweit wie es möglich ist, muß die geschädigte Person durch Umorganisation oder Anschaffung von zusätzlichen Geräten versuchen, die erforderlichen Arbeiten weiterhin selbst auszuführen[764]. Werden die üblicherweise von der geschädigten Person ausgeübten Tätigkeiten hilfsweise von Familienmitgliedern übernommen, ist die Einstellung einer Hilfskraft also entbehrlich, soll dies den Schädiger nicht entlasten. Im Gegensatz zum Erwerbsschaden des Selbständigen wird hier einhellig ein Ersatz in Höhe der fiktiven Kosten einer Ersatzkraft zugesprochen[765]. Umstritten ist allerdings, ob bei der Schadensberechnung anhand einer fiktiven Ersatz-

---

[760] BGH NZV 1989, 387 (388); Wussow/Küppersbusch, Rn 1623.

[761] BGH NJW 1974, 1651 (1652); Zeuner in Soergel § 843 Rn 5; Schäfer in Staudinger § 842 Rn 22; Lange, S. 323; Stürner, JZ 1984, 412, 461 (465).

[762] Steffen, VersR 1985, 605 (607).

[763] Vgl. u.a.: Schulz-Borck/Hofmann, deren Werk auf Untersuchungen des Instituts für Hauswirtschaft der Bundesforschungsanstalt für Ernährung beruht. Weiterhin: Ludwig, DAR 1991, 401; Reichenbach/Vogel, VersR 1981, 812.

[764] Wussow, Rn 1614; Lange, S. 323; Wussow/Küppersbusch, Rn 141 ff.

[765] BGH VersR 1968, 852 (852); NJW 1988, 1783 (1784); OLG Schleswig ZfS 1995, 10 (10); Mertens in MüKo § 843 Rn 28; Wussow, Rn 1616; Stürner, JZ 1984, 412, 461 (466); Wussow/Küppersbusch, Rn 133.

kraft der Nettolohn[766] oder der Bruttolohn[767] dieser Ersatzkraft maßgeblich ist. Der Streit resultiert daraus, daß die nach dem eindeutigen Wortlaut des § 249 S. 2 BGB vorgegebene Lösung gleichzeitig gegen ein Grundprinzip des Schadensersatzrechts verstößt. Nach § 249 S. 2 BGB muß der Schädiger den Betrag leisten, der es der geschädigten Person ermöglicht, die ihr nicht mehr möglichen Leistungen anderweitig zu erwerben. Danach muß sie den Bruttobetrag für eine erforderliche Haushaltshilfe erhalten. Gleichzeitig steht aber fest, daß die in diesem Bruttobetrag enthaltenen Sozialversicherungsbeiträge von der geschädigten Person tatsächlich nicht aufgewandt worden wären, da die Haushaltstätigkeit eben nicht gewerblich ausgeübt wurde. Die geschädigte Person erhält nach dieser Betrachtungsweise also mehr, als sie vor dem schädigenden Ereignis hatte, so daß ein Verstoß gegen das Bereicherungsverbot vorliegen würde. Es dürfte daher nur der Nettolohn einer Hilfskraft zu ersetzen sein, der nach den Vertretern dieser Auffassung mit einem pauschalen Abschlag von 30% des Bruttolohns ermittelt werden kann[768].

Zur Lösung dieses Problem bietet sich nur eine Entscheidung zwischen den beiden Auffassungen oder aber eine vermittelnde Lösung an. Eine vermittelnde Lösung könnte in der Form möglich sein, daß der Schädiger verurteilt wird, grundsätzlich den Nettolohn zu zahlen. Sobald die geschädigte Person dann tatsächlich eine Hilfskraft einstellt, wäre er zur Bruttovergütung verpflichtet. Eine solche Vorgehensweise ist jedoch nicht möglich. Ein bedingtes Urteil in der vorstehend beschriebenen Form dürfte nicht vollstreckbar sein, da das jeweils zuständige Vollstreckungsorgan den Eintritt der Bedingung nicht selbständig überprüfen kann. Möglich wäre also allenfalls ein Leistungsurteil auf die Nettovergütung in Verbindung mit einem Feststellungsurteil auf Verpflichtung zur Zahlung der Bruttovergütung bei tatsächlicher Einstellung einer Hilfskraft. Diese Möglichkeit allerdings verstößt wieder eklatant gegen § 249 S. 2 BGB, da die geschädigte Person im Falle einer Hilfskrafteinstellung zunächst darauf angewiesen wäre, die Hilfskraft vorzufinanzieren. Es steht nämlich zu

[766] BGH NJW 1982, 2866 (2867); NJW 1983, 1425 (1426); VersR 1989, 1273 (1274); Lange, S. 325; Steffen, VersR 1985, 605 (607); Wussow, Rn 1616; Stürner, JZ 1984, 412, 461 (466); Wussow/Küppersbusch, Rn 140; Hofmann, VersR 1985, 950 (950); Thomas in Palandt § 844 Rn 8; Scheffen, VersR 1990, 926 (930); Schulz-Borck/Hofmann, S. 9 f.

[767] OLG Hamburg VersR 1985, 646 (647); Mertens in MüKo §§ 843 Rn 28 mit Verweis auf § 844 Rn 40 ff.; Zeuner in Soergel § 844 Rn 19; Eckelmann/Boos/Nehls, DAR 1984, 297 (298, 301, 304); Grunsky, NJW 1983, 2465 (2470); ders., JZ 1983, 372 (376 f.); Schiemann in Erman § 843 Rn 8; ders., NZV 1996, 1 (5).

[768] BGH NJW 1983, 1425 (1427); Stürner, JZ 1984, 412, 461 (466); Steffen, VersR 1985, 605 (607).

befürchten, daß der Schädiger die Einstellung einer Hilfskraft zunächst bestreitet, so daß der mit dem Feststellungsurteil dem Grunde nach festgestellte Anspruch gleichwohl noch gerichtlich durchgesetzt werden muß. Man kommt also nicht umhin, sich für eine der beiden Auffassungen zu entscheiden.

Mitentscheidend dürfte dabei sein, daß die in § 249 S. 2 BGB für die verletzte Person ausdrücklich vorgesehene Möglichkeit zur Ersatzbeschaffung im Gegensatz zu einem Prinzip steht, das keine gesetzliche Verankerung gefunden hat. Weder das Prinzip des Bereicherungsverbots selbst, noch die diesem Prinzip zugrundeliegende Differenzhypothese haben explizit Aufnahme ins Gesetz gefunden[769]. Die ausdrückliche gesetzliche Regelung des § 249 S. 2 BGB erscheint daher vorzugswürdig. Hinzu kommt, daß eine durch Verletzung bedingte Behinderung in Haushaltstätigkeiten geradezu der Musterfall des § 249 S. 2 BGB sein dürfte. Die geschädigte Person hat kein Geld, sondern ihre tatsächliche Arbeitsleistung als Unterhaltspflicht geschuldet. Eine Geldleistung kann diese Arbeitsleistung im Sinne des § 249 S. 1 BGB nicht wiederherstellen. Die Arbeitsleistung kann nur von einer Ersatzkraft erbracht werden. Es bedarf also eines Geldbetrages, der es ermöglicht, eine Ersatzkraft vollwertig mit der Erbringung der Leistungen zu beauftragen. Dies kann nur die Bruttovergütung.

Die Forderung des BGH nach einer familiengerechten Lösung in der Form von Verwandtenhilfe kann nicht greifen[770], da die geschädigte Person regelmäßig keinen Anspruch gegen die Familienmitglieder auf Mithilfe haben dürfte. Die geschädigte Person wird sich die Mithilfe auch nicht mit Nettogehältern erkaufen können. Entweder die Familienverhältnisse stimmen und die Verwandten werden bereitwillig einspringen, oder aber der Familienfrieden ist gestört und auch Ausgleichszahlungen für Hilfeleistungen können nichts bewirken. Im übrigen bedeutet die vom BGH über § 254 BGB geforderte Suche nach familiengerechten Lösungen, daß die geschädigte Person in ihrer persönlichen Entscheidungsfreiheit beeinträchtigt wäre, wem sie in ihren höchstpersönlichen Lebensbereich Einblick gewährt[771]. Es gibt eben auch Personen, die um jeden Preis eine eigenständige Entwicklung unter Abkoppelung vom Familienrückhalt wünschen. Solche Entscheidungen müssen respektiert werden.

---

[769] Erinnert sei an die Ausführungen im 1. Teil A. I. 2.: Im Gegensatz zur herrschenden Auffassung ist die Differenzhypothese nicht in § 249 S. 1 BGB enthalten. Die Vorschrift enthält allein eine Aussage über die Art und Weise des Schadensersatzes.

[770] BGH NJW 1982, 2864 (2865).

[771] Medicus, DAR 1982, 352 (358 f.).

Auch das Argument der Befürworter einer Nettovergütung, es existiere kein reiner Hausfrauenmarkt, so daß die Bruttovergütungen von Hausangestellten nach dem BAT nicht herangezogen werden können[772], kann nicht vollständig überzeugen. Zwar ist die Tätigkeit einer Hausfrau nicht direkt mit der einer gewerblichen Hausangestellten vergleichbar, was sich insbesondere in der freien Arbeitszeiteinteilung zeigt. Man darf jedoch nicht vergessen, daß die Kosten einer fiktiven Ersatzkraft dabei helfen sollen, den Wert der Arbeitsleistung der geschädigten Person nach § 287 ZPO zu schätzen. Da diese Arbeitsleistung als Erwerbsschaden und somit als mögliche Erwerbstätigkeit eingestuft wird, bieten gerade der Markt und die Vergütungen von Hausangestellten die beste Möglichkeit, den Wert der Leistungen wirtschaftlich einzuordnen. Der Wert ist eben danach zu bestimmen, was auf dem Markt zu erzielen wäre. Die freie Einteilung der Arbeitszeit betrifft lediglich die Arbeitssorganisation, ist daher nicht von übergeordneter Bedeutung.

Für die Schadensberechnung nach einer Bruttovergütung spricht weiterhin, daß sich ein Unterschied zu der Behandlung des Erwerbsschadens eines Selbständigen nicht rechtfertigen läßt. Auch dieser erhält bei Orientierung der Schadensberechnung an den Kosten einer Ersatzkraft die Bruttovergütung[773]. Festzuhalten bleibt demnach, daß über die gesetzliche Vorgabe des § 249 S. 2 BGB nicht hinweggegangen werden kann. Bei einer Schadensschätzung anhand der Kosten einer Hilfskraft ist die Bruttovergütung für die Schadensleistung maßgeblich.

Ergänzend sei noch darauf hingewiesen, daß die vorstehenden Argumente unabhängig davon gelten, ob eine Person nur verletzt oder sogar getötet wurde. Sowohl beim Anspruch aus § 842 BGB als auch beim Anspruch aus § 844 Abs. 2 BGB ist die Bruttovergütung einer fiktiven Ersatzkraft zu veranschlagen. In beiden Fällen muß die erwähnte Entscheidungsfreiheit der jeweils ersatzberechtigten Personen gewahrt bleiben. Es liegen in jedem Fall materielle Schäden vor[774], so daß § 249 S. 2 BGB Anwendung finden kann.

Der BGH übersieht[775], daß § 249 S. 2 BGB nicht nur auf unmittelbare, sondern auf alle Schadensarten, also auch auf mittelbare Schäden wie entgangenen Gewinn, anwendbar ist. Um nichts anderes handelt es sich beim Erwerbsscha-

---

772 BGH NJW 1983, 1425 (1426); Steffen, VersR 1985, 605 (607); Hofmann, VersR 1985, 950 (950).

773 Siehe oben 2. Teil C. II. 2.

774 Grunsky, NJW 1983, 2465 (2469 f.).

775 BGH NJW 1983, 1425 (1426).

den, der auch Grundlage des Anspruchs aus § 844 Abs. 2 BGB ist. Weiter widerspricht sich der BGH, wenn sogar bei überobligationsmäßigen Eigenleistungen ein Abzug vom Bruttolohn zulässig sein soll[776]. Damit lehnt er bei Haushaltstätigkeiten die Berücksichtigung überobligationsmäßiger Anstrengungen ab, obwohl er beim allgemeinen Erwerbsschaden zustimmt, daß gerade solche Anstrengungen nicht zugunsten des Schädigers wirken dürfen[777]. Auch *Stürners* Argument, die Rechtsprechung wäre ein sachgerechter Beitrag zur Kostendämpfung[778], kann nicht gefolgt werden. Zur Begrenzung überzogener Schadensersatzforderungen sind Zurechnungs- und Kausalitätskriterien heranzuziehen. Bei der hier zu beurteilenden Situation ist insbesondere bereits bei der Bemessung des Standards der Haushaltsführung eine kritische Würdigung möglich. Demnach haben auch Hinterbliebene bei Ersatz des Erwerbsschadens der getöteten Person einen Anspruch auf Ersatz der Bruttovergütung einer Hilfskraft unabhängig von deren tatsächlichem Einsatz.

Mit der vorstehend beschriebenen, bis auf einen Meinungsstreit doch recht übersichtlichen Rechtslage befindet sich das deutsche Recht im übrigen im Einklang mit Punkt II. 5. der Entschließung (75) 7 des Ministerkomitees des Europarates über den Schadensersatz im Falle von Körperverletzung oder Tötung[779]. Dennoch entstehen in der praktischen Abwicklung häufig Probleme im Verhältnis zwischen Versicherern und Geschädigten. Den Versicherungsunternehmen wird zunehmend vorgeworfen, mit der Anforderung von medizinischen Gutachten und einer überstrengen Auslegung der Schadensminderungspflicht auf Zeit zu spielen und die Unfallopfer mit einer Zermürbungstaktik zu überziehen[780]. Auch wenn es für die Versicherer bei jährlich ca. 175000 verletzten Frauen zwischen 15 und 65 Jahren[781] um sehr viel Geld geht, sollten sie bemüht sein, bei der vorstehend beschriebenen, eigentlich eindeutigen Rechtslage, derartige Vorwürfe gar nicht erst entstehen zu lassen.

---

776 BGH a.a.O.

777 Siehe oben 2. Teil C. II. 1. b) Fn 679 und oben 2. Teil B. III.

778 Stürner, JZ 1984, 412 (466).

779 BGBl. 1976 II, S. 323. Es heißt dort: „ Der Geschädigte hat Anspruch auf Schadensersatz, wenn er in seinem Haushalt nicht mehr die Arbeit verrichten kann, die er vor dem schädigenden Ereignis ausgeführt hat, auch wenn diese Arbeit an seiner Stelle nicht von einer anderen Person ausgeführt wird. Dieser Schadensersatz steht dem Geschädigten persönlich zu.“

780 Schneider, ADAC Motorwelt 5/97, S. 100 ff.

781 Schneider, a.a.O.

b) Mittelbar geschädigte Personen

Entgegen der grundsätzlichen Regelung, die es nur unmittelbar in Rechtsgütern verletzten Personen ermöglicht, einen Schadensersatzanspruch geltend zu machen, sieht das Deliktsrecht in Ausnahmefällen Schadensersatzansprüche auch für nur mittelbar geschädigte Personen vor. Die §§ 844 Abs. 2 und 845 BGB sowie die entsprechenden Normen der Haftpflichtgesetze[782] sprechen den Angehörigen von unmittelbar verletzten oder getöteten Personen einen eigenen Schadensersatzanspruch für entgangene Unterhaltsleistungen zu. Voraussetzung ist die gesetzliche Verpflichtung der verletzten oder getöteten Person zur Leistung von Unterhalt oder sonstigen Diensten (z.B. §§ 1360, 1619 BGB) gegenüber der anspruchsberechtigten Person. Es kann also auch bei diesen Leistungen um Haushaltstätigkeiten gehen. In solchen Fällen entgeht der schadensersatzberechtigten Person keine geldliche Leistung, so daß fraglich sein könnte, ob überhaupt eine entgangene Vermögenssteigerung und somit eine Form des entgangenen Gewinns vorliegt. Zur Beantwortung dieser Frage ist zu berücksichtigen, daß die verletzte Person einer gesetzlichen Verpflichtung unterliegen muß. Diese Verbindlichkeit gegenüber der schadensersatzberechtigten Person kann sie aufgrund der Verletzung nur noch eingeschränkt oder gar nicht mehr erfüllen. Die Verletzung oder Tötung schränkt also gleichzeitig den Anspruch des Angehörigen auf die gesetzliche Unterhaltsleistung ein. Da dies eine Einschränkung eines Anspruchs im Sinne des § 194 BGB und nicht bloß einer Rechtsaussicht bedeutet[783], stellt die Beeinträchtigung des Unterhaltsanspruchs gleichzeitig eine Beeinträchtigung des Vermögens der mittelbar geschädigten Person dar. Die mittelbar geschädigte Person erleidet also einen Schaden als damnum emergens. Dies ist zudem die konsequente Folge davon, daß auch der verletzten Person selbst ein Erwerbsschaden im Sinne des § 842 BGB zugestanden werden kann. Verdeutlicht wird der Vermögensbezug noch dadurch, daß die von der verletzten Person geschuldete Unterhaltsleistung auch Barunterhalt sein kann[784], so daß die schadensersatzberechtigte Person tatsächlich in einem vermögenswerten Anspruch verletzt ist.

[782] Wie für § 842 BGB (siehe Fn 602) gibt es auch Vorschriften, die den §§ 844, 845 BGB entsprechen: § 5 HaftpflG; § 10 StVG; § 28 AtomG; § 35 LuftVG; § 7 ProdHaftG; § 12 UmweltHG.

[783] S. o. 1. Teil A. II. 2. d) ee).

[784] BGH FamRZ 1990, 878 (878); Thomas in Palandt § 844 Rn 5.

5. Ersatzansprüche für ehrenamtliche Tätigkeiten

Teilweise wird das Entstehen eines ersatzfähigen Vermögensschadens bejaht, wenn Personen geschädigt werden, denen durch das schädigende Ereignis die Ausübung ihrer ehrenamtlichen oder caritativen Tätigkeit nicht mehr oder nur noch eingeschränkt möglich ist. Diese Tätigkeiten im sozialethischen Bereich werden für vergleichbar mit den Tätigkeiten im Haushalt gehalten, so daß die Schadensberechnung ebenfalls an den fiktiven Kosten einer Ersatzkraft erfolgen müsse[785].

Dieser Auffassung kann nicht gefolgt werden. Die Tätigkeit z. B. als Schatzmeister eines Vereins oder als Helfer im kirchlichen Bereich dient im Gegensatz zur Haushaltstätigkeit nicht der Erfüllung einer gesetzlichen (Unterhalts) Pflicht. Die Haushaltsführung ist zum einen durch §§ 1360 und 1619 BGB geschuldet. Daneben sind Haushaltstätigkeiten auch für alleinstehende Personen schlicht unverzichtbar. Die Übernahme sozialer Aufgaben hingegen erfolgt in aller Regel freiwillig und wird in der Freizeit ausgeübt. Für den Verlust von Freizeit wird ein Schadensersatz jedoch nahezu einhellig abgelehnt[786], so daß die verletzungsbedingte Behinderung bei der Ausübung von ehrenamtlichen Tätigkeiten nur einen immateriellen Schaden darstellt. Im übrigen ist konsequenterweise zu beachten, daß der geschädigten Person durch diese Art von Tätigkeiten keine Verdienste zufließen. Ihr entgeht also auch keine Vermögenssteigerung. Der durch die zu erfüllende Unterhaltspflicht bedingte Ausnahmefall des Schadensersatzes bei Haushaltstätigkeiten darf nicht zu einer Aushöhlung des Prinzips führen, nach dem nur ein tatsächlich entstandener, also konkreter Schaden ersetzbar ist. Wenn überhaupt ein Schaden entsteht, so kann er nur bei der Organisation festgestellt werden, für die die geschädigte Person tätig war. Es handelt sich also allenfalls um einen nicht ersatzfähigen mittelbaren Drittschaden[787].

---

785 Mertens in MüKo § 842 Rn 9; ders. in Soergel v. § 249 Rn 25; Stürner, JZ 1984, 412 (415); Stoll, Haftungsfolgen, S. 379 f.
A.A.: OLG Celle NJW 1988, 2618 (2618); Schäfer in Staudinger § 842 Rn 14; Rixecker in Geigel, 4. Kapitel Rn 117.

786 BGH NJW 1989, 766 (767); BAG NJW 1968, 221 (222); BVerwG DVBl. 1991, 1195 (1196); Heinrichs in Palandt v. § 249 Rn 38; Mertens in Soergel § 249 Rn 133; Kuckuk in Erman § 249 Rn 54; Lange, S. 384 f. + 393 f.; Larenz, SchuldR I, § 29 II d).
A.A.: Grunsky in MüKo v. § 249 Rn 30; Weimar, NJW 1989, 3246 (3248 ff.).

787 Schäfer in Staudinger § 842 Rn 14.

6. Ersatzansprüche von Nichterwerbstätigen

Neben unentgeltlich tätigen Personen gibt es Menschen, die keiner Erwerbstätigkeit nachgehen. Dies kann auf verschiedenen Gründen beruhen. Für manche Personen ist es aufgrund vorhandener materieller Sicherheit schlicht nicht erforderlich, einer bezahlten Tätigkeit nachzugehen, und anderen Personen fehlt ganz einfach der Wille zum Arbeiten. Daneben gibt es arbeitswillige Menschen, die jedoch gegen ihren Willen arbeitslos sind. Wiederum andere Menschen können altersbedingt noch nicht oder nicht mehr erwerbstätig sein. Für diese große Gruppe von Menschen muß klargestellt sein, ob und wie sie Schadensersatz wegen Beeinträchtigung ihrer Erwerbsfähigkeit verlangen können.

a) Fehlender Arbeitswille

Wie oben unter C. I. 2. ausgeführt wurde, stellt die Verletzung der Arbeitskraft an sich keinen ersatzfähigen Schaden dar. Dies führt dazu, daß nur ein konkret entstehender Verlust als Erwerbsschaden ersatzfähig ist. Wenn eine geschädigte Person ihre Erwerbsfähigkeit also nicht nachweislich zur Verdiensterzielung einsetzt, kann ein Schadensersatzanspruch nicht entstehen[788]. Unerheblich ist, ob es sich dabei um eine reiche Person handelt, die ihren Lebensunterhalt aus ihrem vorhandenen Vermögen bestreiten kann, oder ob es sich um einen in gleicher Weise arbeitsunwilligen Sozialhilfeempfänger handelt. Bei beiden fehlt der Wille, ihre Arbeitskraft verdienstorientiert einzusetzten, so daß auch kein Erwerbsschaden entstehen kann.

b) Arbeitslose

Anders verhält es sich bei Menschen, die zwar bereit sind, ihre Erwerbsfähigkeit einzusetzen, jedoch keine Arbeitsstelle finden. Sobald sie verletzungsbedingt dem Arbeitsmarkt nicht mehr zur Verfügung stehen, verlieren sie gemäß § 126 SGB III nach sechs Wochen ihren Anspruch auf Arbeitslosenunterstützung[789]. Unabhängig davon, daß dem Arbeitslosen nach dieser Zeit ein Anspruch auf Krankengeld zusteht, ist dieser Wegfall der Arbeitslosenunter-

---

[788] BGH NJW 1984, 1811 (1811); Mertens in MüKo § 842 Rn 8; Wussow, Rn 1605; Stoll, Haftungsfolgen, S. 379; Rixecker in Geigel, 4. Kapitel Rn 117.

[789] Ab dem 1.1.1998 wurde § 105b AFG zu § 126 SGB III.

stützung als Erwerbsschaden einzustufen[790]. Er wird allerdings in der Regel nicht vom Arbeitslosen selbst, sondern aufgrund der Legalzession des § 116 SGB X von dem Sozialversicherungsträger geltend gemacht, der das Krankengeld an den Arbeitslosen auszahlt. Schwierigkeiten bei der Bemessung des Schadensersatzes entstehen für den Tatrichter in den Fällen, in denen von der geschädigten Person geltend gemacht wird, daß sie verletzungsbedingt in der zukünftigen erneuten Aufnahme einer Erwerbstätigkeit behindert wird, ihre Arbeitslosigkeit also nicht dauerhaft gewesen wäre. Hier muß mit der Beweiserleichterung des § 287 ZPO unter Berücksichtigung verschiedenster Faktoren wie z. B. allgemeine Konjunktur, Ausbildungsniveau des Verletzten, sein Alter, seine bisherigen Zeugnisse und ähnlichem eine Prognose dazu führen, daß wieder eine berufliche Stellung eingenommen worden wäre[791]. Da einem Richter dazu die erforderliche Sachkenntnis fehlen dürfte, muß diese Beurteilung zweckmäßigerweise mit der Hilfe des örtlich zuständigen Arbeitsamtes erfolgen. Sollte sich danach die Behauptung des Arbeitslosen als zutreffend herausstellen, ist ihm ein entsprechender Erwerbsschaden zu ersetzen.

Bei Arbeitslosen, denen ein Schadensersatzanspruch zunächst verwehrt wurde, die aber dauerhaft in ihrer Erwerbsfähigkeit beeinträchtigt sind, kann sich allerdings eine Anwendung der Abänderungsklage nach § 323 Abs. 1 ZPO anbieten. Eine genaue Vorhersage der Arbeitsmarktsituation dürfte im Rahmen eines ersten Prozesses unmöglich gewesen sein, so daß die tatsächliche Entwicklung nach diesem Urteil durchaus die persönliche Aussicht der verletzten Person auf eine Arbeitsstelle entweder stark verbessern oder stark verschlechtern kann. In diesen Fällen bietet die Abänderungsklage nach § 323 Abs. 1 ZPO sowohl für die geschädigte als auch für die schädigende Person die Möglichkeit, die zunächst getroffene Entscheidung den veränderten Um-ständen anpassen zu lassen.

c) Kinder und Jugendliche

Mitursache für die allgemein im Rahmen der Berechnung entgangenen Gewinns auftretenden Probleme ist die erforderliche hypothetische Betrachtung. Die deswegen erforderliche Schadensprognose fördert die Entstehung von Un-

---

[790] BGH NJW 1984, 1811 (1811 f.); Wussow, Rn 1606; Wussow/Küppersbusch, Rn 113 ff.; Schäfer in Staudinger § 842 Rn 59; Stoll, Haftungsfolgen, S. 379; Mertens in MüKo § 842 Rn 8.

[791] Wussow, Rn 1606.

sicherheiten bei der Schadensbemessung. Diese Unsicherheiten werden umso größer, je breiter der von der erforderlichen Prognose umfaßte Zeitraum ist. Bei der Ermittlung des Erwerbsschadens von Kindern und Jugendlichen führt daher die eventuell einige Jahrzehnte umfassende Schadensprognose zu erheblichen Unsicherheiten bei allen Beteiligten[792]. Die Unsicherheit wird noch verstärkt, da eine nach § 287 ZPO zu treffende richterliche Entscheidung wesentlich stärker von der Persönlichkeitsstruktur der entscheidenden Richter abhängig ist als andere Entscheidungen[793]. Das Prozeßrisiko ist daher nur äußerst schwer einschätzbar. *Steffen* warnt ob dieser Unsicherheiten vor überzogenem Anspruchsdenken[794] und *Medicus* verlangt von den Geschädigten die „richtige Mitte zwischen verzagter Bescheidenheit und wirklichkeitsfremder Übertreibung“[795]. Resultat dieses Umstandes ist eine sehr hohe Zahl von gerichtlichen und außergerichtlichen Vergleichen[796] und nur eine relativ geringe Zahl von maßgeblichen obergerichtlichen Entscheidungen[797]. Diese Regulierungspraxis ist aus Sicht der Geschädigten unbefriedigend, da sie meist gezwungen sind, Vergleichen zu ihren Ungunsten zuzustimmen[798]. Wie die folgenden Ausführungen zeigen werden, muß dieser Mißstand nicht die zwingende Folge von Verletzungen junger Menschen sein. Es können zwar nicht alle Ursachen dieser Regulierungspraxis beseitigt werden, aber zumindest die allgemeine Erkenntis um die Stärke der Verhandlungsposition der Geschädigten könnte bei Rechtsanwälten verbessert werden. Die Rechtsprechung und die Literatur sind sich im wesentlichen über einige Grundregeln einig, so daß es zur Beratung von geschädigten Personen nicht zwingend hochspezialisierter Anwälte bedarf[799]. Die über § 842 BGB ermöglichte Anwendung des § 287 ZPO muß von Rechtsanwälten

---

[792] Steffen, DAR 1984, 1 ff. schildert die Unsicherheit eines Richters; Eckelmann/ Freier, DAR 1992, 121 ff. legen besonderen Wert auf die Probleme der von den Geschädigten beauftragten Rechtsanwälte.

[793] Steffen, DAR 1984, 1 (1, 3 f.).

[794] Steffen, a.a.O. (4).

[795] Medicus, DAR 1994, 442 (447).

[796] Eckelmann/Freier, DAR 1992, 121 (125) gehen davon aus, daß bei Verkehrs-unfällen mit tödlichem Ausgang nur 2% aller Schadensersatzansprüche gerichtlich geltend gemacht werden. 98% aller Fälle würden außergerichtlich abgewickelt.

[797] Medicus, DAR 1994, 442 (443) und Steffen, DAR 1984, 1 (2) mit Hinweisen auf die einschlägige Rechtsprechung.

[798] Eckelmann/Freier, DAR 1992, 121 (125 f.). Sie begründen ihre Einschätzung u.a. mit dem starken Einfluß der Versicherungswirtschaft auf die juristische Diskussion. Daneben gereiche die finanzielle Not vieler Geschädigter den Versicherern zu Vorteil, da sich nur wenige Verletzte den lang andauernden Instanzenweg leisten können.

[799] So aber Eckelmann/Freier, DAR 1992, 121 (129).

im Sinne von *Medicus* und *Steffen*[800] nur mit ausreichender und vor allem ehrlicher Substanz gefüllt werden, so daß nicht der Eindruck überzogenen Anspruchsdenkens entsteht. Die Probleme, die eine Prognose über die zukünftige Berufsentwicklung eines jungen Menschen aufwirft, sind bekannt. Da § 287 ZPO den Sinn hat, materiell berechtigte Ansprüche nicht an prozessualen Voraussetzungen scheitern zu lassen[801], führt diese Kenntnis sogar so weit, dem Geschädigten einen gewissen Schätzungsbonus zuzugestehen[802]. Dem Hauptargument für diesen Schätzungsbonus – der Schädiger sei neben der Verletzung auch für die daraus resultierenden Beweisschwierigkeiten verantwortlich[803] – steht *Medicus* etwas skeptisch gegenüber, da ihm diese Erwägung zu allgemein erscheint[804]. In der Tat ist ein in jüngster Zeit vom BGH aufgeführtes Argument überzeugender. Für den Geschädigten spricht, daß eine an konkreten Anhaltspunkten vorgetragene Berufsentwick-lung nicht einfach verworfen werden kann. Bei jungen Menschen kann nämlich nicht angenommen werden, daß sie die ihnen zur Verfügung stehenden Möglichkeiten zur Verdiensterzielung auf Dauer nicht nutzen würden[805]. Ein Schätzungsbonus für verletzte junge Menschen erscheint daher angemessen.

Wichtig bei der gerichtlichen Geltendmachung ist also, alle denkbaren Indizien für die wahrscheinliche Berufsentwicklung aufzuführen. Nur wenn dem Gericht genügend Anhaltspunkte geliefert werden, kann es seine Entscheidung ausreichend begründen. Auch bei der freien Entscheidung nach § 287 ZPO ist nämlich eine ausreichende Begründung erforderlich[806]. Dies wird zum Teil übersehen, was zu recht häufigen, eigentlich unnötigen Aufhebungen vorinstanzlicher Urteile führt[807].

Wenn man sich diese Auswirkungen des § 287 ZPO vor Augen führt, müßte es möglich sein, auch für junge Geschädigte Anhaltspunkte für eine hypothetische Berufsentwicklung zu ermitteln. Dienen kann dazu z. B. die berufliche Ent-

---

[800] S. o. Fn 792 f.

[801] Scheffen/Pardey, Rn 529.

[802] BGH VersR 1995, 422 (423 f.); OLG Karlsruhe VersR 1989, 1101 (1102); Steffen, DAR 1984, 1 (4); ders., VersR 1985, 605 (608); Wussow/ Küppersbusch, Rn 121.

[803] BGH NJW 1998, 1633 (1634); Wussow, Rn 1609; Steffen, a.a.O.; Scheffen/Pardey, Rn 530.

[804] Medicus, DAR 1994, 442 (446).

[805] BGH NJW 1997, 937 (938).

[806] Steffen, DAR 1984, 1 (3).

[807] Steffen, a.a.O.; Medicus, DAR 1994, 442 (446).

wicklung eines gleichaltrigen Freundes oder einer Freundin[808]. Ebenso denkbar ist es, das Bildungs- und Arbeitsniveau der Eltern und Geschwister als Maßstab heranzuziehen[809]. Zwar kann wohl nicht grundsätzlich angenommen werden, daß sich Kinder genau in den Berufen der Eltern betätigen werden[810]. Wenn sich jedoch keine Anzeichen für ein „rebellisches" Verhalten des geschädigten Kindes oder Jugendlichen feststellen lassen, läßt sich anhand der Restfamilie die wahrscheinlich erzielte Ausbildung und das demnach zu erzielende Einkommensniveau schätzen[811]. Zu recht nicht anerkannt ist allerdings eine maßgebliche Orientierung anhand allgemeiner Statistiken. Es ist eine zu allgemeine Vermutung, zum Beispiel nur anhand der Niederlassungsquote von Ärzten zu behaupten, eine verletzte Medizinstudentin hätte sich später ebenfalls selbständig gemacht und dies als Grundlage für eine Verdienstausfallberechnung zu machen[812]. Nur wenn sich überhaupt keine Anhaltspunkte in der Person des Geschädigten finden lassen, können allgemeine Entwicklungen eingeschränkt berücksichtigt werden. Gerade die Beachtung allgemeiner Entwicklungen würde nämlich eine Form der abstrakten Schadensberechnung bedeuten, was im Rahmen von entgangenem Gewinn jedoch zu vermeiden ist[813]. Um den der geschädigten Person entgehenden Verdienst daher möglichst konkret berechnen bzw. schätzen zu können, ist ein „Soll-Ist-Vergleich" vorzunehmen[814]. Der Sollverlauf entspricht der vom Geschädigten vorzutragenden hypothetischen Berufsentwicklung. Der Istverlauf, also die tatsächliche Lebensentwicklung des Geschädigten, kann zweierlei bieten. Zum einen wird durch den Vergleich mit dem Sollverlauf die Differenz ermittelt, welche den entgangenen Verdienst darstellt. Daneben bietet die tatsächlich Persönlichkeits- und Berufsentwicklung nach der Verletzung Anhaltspunkte für die Beurteilung der Wahrscheinlichkeit des behaupteten Sollverlaufs, da zum Beispiel persönliche Eigenschaften wie Faulheit oder besonderer Fleiß ebenso wie persönliche Vorlieben, zum Beispiel für geistige oder handwerkliche Tätigkeiten, durchaus erkannt werden können.

Bei ganz jungen Kindern ist die Prognose über die berufliche Entwicklung unter Berücksichtigung persönlicher Eigenheiten des Kindes jedoch so gut wie

---

808 Eckelmann/Freier, DAR 1992, 121 (122).

809 Mertens in MüKo § 843 Rn 20; Wussow/Küppersbusch, Rn 121; Wussow, Rn 1610.

810 Medicus, DAR 1994, 442 (447 Fn 54) spricht von einem „Buddenbrook-Effekt".

811 OLG Frankfurt VersR 1989, 48 (48); OLG Karlsruhe VersR 1989, 1101 (1102).

812 BGH VersR 1965, 489 (490 f.); Scheffen/Pardey, Rn 530; Wussow/Küppers-busch, Rn 121; Lange, S. 343 f.; Medicus, DAR 1994, 442 (446).

813 S. o. 2. Teil A.

814 Steffen, DAR 1984, 1 (2); ders., VersR 1985, 605 (608); Wussow/Küppersbusch, Rn 118.

unmöglich, weil sich die Persönlichkeitsstruktur eines Menschen zu einem solch frühen Zeitpunkt nur schwerlich feststellen lassen wird. Da zudem ein Erwerbsschaden erst zum Zeitpunkt des voraussichtlichen Berufseintritts entstehen kann, ist in diesen Fällen zunächst mit dem Mittel der Feststellungsklage zu operieren[815]. Wenn dieser Zeitpunkt dann erreicht ist, läßt sich die Wahrscheinlichkeit der beruflichen Entwicklung durch die fortgeschrittene Entwicklung des geschädigten Kindes in einem eventuellen Prozeß über die Höhe des Verdienstausfalls zumindest sicherer als im kindlichen Alter bestimmen. An die Bestimmtheit der erforderlichen Feststellungsanträge sollten und werden auch keine unüberwindlichen Schwierigkeiten gestellt[816].

Wesentlich einfacher ist naturgemäß eine Prognose über die berufliche Entwicklung der geschädigten Person, wenn bereits erste Anzeichen für ein später erreichtes Ausbildungsniveau zu erkennen sind. Bei einem Gymnasiasten ist z. B. eher mit einem akademischen Beruf als bei einem Hauptschüler zu rechnen. Auch eine bereits begonnene Berufsausbildung bietet zumindest einen Anhalt für persönliche Vorlieben der geschädigten Person, die im späteren Leben ihre Fortsetzung finden könnte. Wenn aber bereits ein Urteil der Höhe nach gefällt werden kann, muß man sich einer „Gefahr" bewußt sein. Der oben erwähnte Begründungszwang für Schätzungen nach § 287 ZPO schränkt gleichzeitig die Anwendbarkeit einer Abänderungsklage nach § 323 ZPO ein. Alle Anhaltspunkte, die im Rahmen der Schätzung bereits berücksichtigt wurden und deren Beurteilung sich nachträglich als falsch herausstellte, können in einem Verfahren nach § 323 ZPO grundsätzlich nicht mehr berücksichtigt werden[817]. Zu berücksichtigen sind hingegen eventuell neu eingetretene Umstände, die ebenfalls zu einem Verdienstausfall der geschädigten Person führen, jedoch nicht in Zusammenhang mit der Verletzung stehen. Für derartige, sogenannte Reserveursachen, die die Schadensersatzpflicht mindern oder sogar beseitigen können, hat der Schädiger nicht einzustehen, trägt aber die Darlegungs- und Beweislast[818].

Abschließend sei noch darauf hingewiesen, daß es in Zusammenhang mit der Verletzung von Kindern und Jugendlichen bei den vorstehenden allgemeinen

---

[815] OLG Köln VersR 1988, 1185 (1185 f.); Wussow, Rn 1610; Schäfer in Staudinger § 842 Rn 31, § 843 Rn 23; Mertens in MüKo § 843 Rn 20.

[816] Eckelmann/Freier, DAR 1992, 121 (124) mit Beispielen aus der Rechtsprechung.

[817] RGZ 145, 196 (199); BGH NJW-RR 1986, 938 (938 f.); Steffen, DAR 1984, 1 (5); Medicus, DAR 1994, 442 (449).

[818] Medicus, DAR 1994, 442 (448); Steffen, VersR 1985, 605 (608); ders., DAR 1984, 1 (4 f.).

und grundsätzlichen Ausführungen bleiben muß, da Einzelbeispiele nur sehr eingeschränkt eine Hilfe bieten können. Gerade in diesen Fällen zeigt sich, daß entgangener Gewinn immer eine konkrete Einzelfallberechnung und keine Form des abstrakten Schadensersatzes ist[819]. Zur Schadensprognose ist immer die persönliche Individualität der geschädigten Person in den Mittelpunkt zu stellen.

III. Art und Weise der Schadensersatzleistung bei Verletzung persönlicher Rechtsgüter

1. Allgemeines

Die Verletzung von persönlichen Rechtsgütern und die daraus resultierenden prozessualen Probleme machen es nicht nur erforderlich, mit § 842 BGB eine gesonderte Norm für die sich dem Grunde nach ergebenden Schadensersatzansprüche zu schaffen[820]. Auch die Art und Weise der Schadensersatzleistungen ist dem Regelungsbereich der §§ 249 ff. BGB entzogen und in § 843 BGB geregelt. Er stellt daher eine Sonderbestimmung zu diesen Vorschriften des allgemeinen Schuldrechts dar[821]. Allerdings bedeutet § 843 BGB keine Abweichung von den §§ 249 ff. BGB, sondern lediglich eine besondere Form der Geldentschädigung nach § 251 Abs. 1 BGB, da die Herstellung in Natur bei Verletzung der Erwerbsfähigkeit in der Regel ausgeschlossen ist[822]. Für die Beeinträchtigung der Erwerbsfähigkeit als einer Form des entgangenen Gewinns ist allerdings nur die erste Alternative des § 843 Abs. 1 BGB einschlägig, da der nach der zweiten Alternative für die vermehrten Bedürfnisse zu zahlende Schadensersatz die aufgrund des schädigenden Ereignisses zu leistenden Mehraufwendungen der geschädigten Person erfaßt[823]. Dies ist ein Schaden in Form des damnum emergens.

---

[819] S. o. 2. Teil A.
[820] S. o. 2. Teil C. I.
[821] Zeuner in Soergel § 843 Rn 1; Mertens in MüKo § 843 Rn 1; Schäfer in Staudinger § 843 Rn 5.
[822] BGH NJW 1982, 757 (757); Boujong in RGRK § 843 Rn 2; Thomas in Palandt § 843 Rn 1. Eine Ausnahme bildet die Beschäftigung einer Ersatzkraft bei Verletzung von haushaltsführenden Personen. Dies ist eine Form der Natural-restitution.
[823] Thomas in Palandt § 843 Rn 3; Boujong in RGRK § 843 Rn 92 ff.; Schäfer in Staudinger § 843 Rn 25 ff.

Hinzuweisen ist noch auf den im Gegensatz zu § 842 BGB begrenzten Anwendungsbereich des § 843 BGB. Während § 842 BGB jegliche Verletzung persönlicher Rechtsgüter erfaßt[824], ist § 843 Abs. 1 BGB nach seinem Wortlaut nur bei Verletzung des Körpers oder der Gesundheit anwendbar. Dies hat zur Folge, daß die nachfolgend noch näher erläuterte Rentenzahlung z. B. nicht bei Verletzungen der persönlichen Freiheit oder des Namensrechts Anwendung finden kann[825]. Bestehende Schadensersatzansprüche wegen Verletzung derartiger persönlicher Rechtsgüter sind daher in einer Summe zu leisten[826].

2. Grundsatz der Rentenzahlung

Die Besonderheit, die § 843 BGB also vorsieht, ist die soeben erwähnte Verrentung der Schadensersatzzahlung, die im Gegensatz zur sonst nach den §§ 249 ff. BGB üblichen einmaligen Kapitalzahlung steht[827]. Da § 843 Abs. 2 BGB auf § 760 BGB verweist, ist die Rente jeweils drei Monate im voraus, also in vierteljährlichen Zahlungen zu leisten. Die Dauer der zuerkannten Rente ist im Urteil zeitlich zu begrenzen[828]. Ebenso wie bei der Bemessung der Höhe der Rente darf bei der zeitlichen Begrenzung der Rente keine zu starke Orientierung an allgemeinen Statistiken erfolgen. Man wird zwar bei abhängig Beschäftigten das jeweils gesetzlich vorgegebene allgemeine Rentenalter als Indiz für die voraussichtliche Dauer der Erwerbsfähigkeit heranziehen dürfen[829]. Die individuelle Leistungsfähigkeit der geschädigten Person in dem von ihr ausgeübten Beruf darf aber niemals unberücksichtigt bleiben, da ein allgemeiner Erfahrungssatz darüber, daß ein Mensch grundsätzlich bis zu einem bestimmten Alter arbeitet, nicht existiert[830]. Dies kann durchaus dazu führen, daß eine Rente über das 63. bzw. 65. Lebensjahr hinaus zugesprochen wird. Insbesondere bei selbständigen Personen ist häufig eine über das gesetzliche Rentenalter hinaus-

---

[824] S. o. 2. Teil C. I. 1.

[825] Mertens in MüKo § 843 Rn 6; Stürner, JZ 1984, 412 (414).

[826] Stürner, a.a.O.

[827] Schäfer in Staudinger § 843 Rn 4.

[828] RG JW 1932, 787 (789 f.); Boujong in RGRK § 843 Rn 73; Mertens in MüKo § 843 Rn 44.

[829] BGH NJW-RR 1995, 1272 (1272).

[830] Ruhkopf/Book, VersR 1970, 690 (695); Zeuner in Soergel § 843 Rn 19; Thomas in Palandt § 843 Rn 12.

gehende Tätigkeit festzustellen[831]. Ein Indiz dafür kann z. B. das fortgeschrittene Alter des Verletzten und seine dennoch vorhandene Rüstigkeit sein[832]. Denkbar ist auch die Staffelung einer Rente nach dem erreichten Lebensalter und der somit zu erwartenden Abnahme der Erwerbsfähigkeit[833]. Wohl nur theoretisch möglich ist eine Rente auf Lebenszeit, die jedoch besonderen Begründungsaufwand benötigt[834]. Wie das Alter der diese Möglichkeit anerkennenden Entscheidungen zeigt, hat diese Rentendauer keine praktische Bedeutung.

3. Besonderheiten

a) Kapitalabfindung

§ 843 Abs. 3 BGB sieht vor, daß bei Vorliegen eines wichtigen Grundes an Stelle einer Rente ein einmaliger Abfindungsbetrag verlangt werden kann. Dieses Recht steht allerdings nur der geschädigten Person zu[835]. Der Abfindungsbetrag berechnet sich prinzipiell nach der anderenfalls geschuldeten vollständigen Rentenzahlung nebst den anfallenden Zinserträgen[836]. Denkbar ist im übrigen auch eine Kombination aus Renten- und Kapitalleistung[837]. Als Beispiele für einen wichtigen Grund im Sinne des § 843 Abs. 3 BGB sind in der Rechtsprechung bislang eine durch die Kapitalzahlung zu erwartende positive Auswirkung auf den Zustand des Verletzten[838] und die geplante Selbständigkeit des Verletzten[839] anerkannt worden. Ebenfalls ein denkbarer Grund sind

---

[831] BGH VersR 1960, 598 (598 f.); OLG München VersR 1958, 345 (346); Mertens in MüKo § 843 Rn 44; Boujong in RGRK § 843 Rn 73.

[832] BGH VersR 1964, 778 (779); VersR 1976, 663 (663 f.); Boujong in RGRK § 843 Rn 75; Ruhkopf/Book, VersR 1970, 690 (695).

[833] BGH VersR 1964, 76 (76).

[834] RG JW 1910, 812 (812 Nr. 30); 1931, 865 (866); 1932, 787 (789 f.); Boujong in RGRK § 843 Rn 75; Mertens in MüKo § 843 Rn 44; Zeuner in Soergel § 843 Rn 19.

[835] BGHZ 59, 187 (188); Thomas in Palandt § 843 Rn 20; Zeuner in Soergel § 843 Rn 24; Mertens in MüKo § 843 Rn 47.

[836] BGH VersR 1981, 283 (284). Zu Einzelheiten siehe: Schäfer in Staudinger § 843 Rn 153 und Schlund, VersR 1981, 401 (404 ff.).

[837] Mertens in MüKo § 843 Rn 49; Zeuner in Soergel § 843 Rn 25.

[838] RG JW 1909, 137 (137 Nr. 14); 1932, 3719 (3719); RGZ 73, 418 (420).

[839] RG JW 1933, 840 (840).

vorauszusehende Schwierigkeiten bei der Durchsetzung des Rentenanspruchs gegen den Schädiger[840].

b) Sicherheitsleistung

Durch § 843 Abs. 2 S. 2 BGB ist vorgesehen, daß dem Schädiger auferlegt werden kann, eine Sicherheit zu leisten. Die Entscheidung darüber obliegt dem freien Ermessen des Gerichts, wobei es sich bei der Art der Sicherheit an den §§ 232 ff. BGB zu orientieren hat. Entscheidend sind die wirtschaftlichen Verhältnisse des Schädigers, die allerdings in der Regel unbeachtlich bleiben können, wenn die Haftpflichtversicherung des Schädigers ihre Einstandspflicht anerkennt[841].

4. Prozessuales

Allgemeinen Grundsätzen entsprechend ist eine Feststellungsklage über die Verpflichtung zur Zahlung einer Schadensersatzrente nur zulässig, solange sich die künftigen Erwerbsmöglichkeiten der geschädigten Person noch nicht mit ausreichender Gewißheit erkennen lassen[842]. Sobald die Entwicklung der geschädigten Person und ihre zukunftigen Erwerbsmöglichkeiten mit dem Beweismaß des § 287 ZPO, also mit zumindest überwiegender Wahrscheinlichkeit[843], zu bestimmen sind, hat eine Leistungsklage zu erfolgen. Die Leistungsklage muß dem allgemeinen Bestimmtheitserfordernis des § 253 Abs. 2 Nr. 2 ZPO entsprechen. Dies hat zur Folge, daß der Klageantrag erkennen lassen muß, ob eine Rentenzahlung oder eine Kapitalzahlung verlangt wird[844]. Wenn dem Gericht genügend Anhaltspunkte geliefert werden und zudem eine Berechnungsgrundlage angegeben wird, kann die Bestimmung der Rentenhöhe sogar

---

[840] Mertens in MüKo § 843 Rn 48; Zeuner in Soergel § 843 Rn 24; Schlund, VersR 81, 401 (402).

[841] RGZ 157, 348 (350 f.); Mertens in MüKo § 843 Rn 46; Zeuner in Soergel § 843 Rn 21; Boujong in RGRK § 843 Rn 80.

[842] RGZ 145, 196, (198 f.); BGH VersR 1967, 256 (257); Boujong in RGRK § 843 Rn 216 ff.; Zeuner in Soergel § 843 Rn 32.

[843] S. o. 1. Teil B. IV. 2.

[844] RGZ 141, 304 (305 f.); BGHZ 4, 138 (142); Boujong in RGRK § 843 Rn 211; Zeuner in Soergel § 843 Rn 30; Mertens in MüKo § 843 Rn 55.

dem Ermessen des Gerichts überlassen werden[845]. Der Klageantrag ist in solchen Fällen nicht zu unbestimmt, da die Festlegung der Schadensersatzsumme entscheidend von der richterlichen Schätzung abhängig ist[846]. Allerdings muß der Kläger eine ungefähre Größenordnung vorgeben[847]. Sollte eine Kapitalzahlung begehrt werden, empfiehlt es sich, hilfsweise eine Rentenzahlung zu beantragen, da der behauptete wichtige Grund für die Kapitalzahlung eventuell nicht aktzeptiert werden könnte[848]. Da im Urteil die Dauer der Rente zeitlich begrenzt sein muß[849], muß bereits im Klageantrag eine zeitliche Bestimmung enthalten sein[850]. Zur Existenzsicherung eines Geschädigten ist es zudem möglich, eine die Existenz sichernde Rente bereits im Wege des einstweiligen Rechtsschutzes durch eine sogenannte Leistungsverfügung zuzusprechen[851].

5. Rechtsvergleichende Betrachtung

Mit der vorstehend beschriebenen Regelung entspricht das deutsche Recht der in Punkt II. 7. vorgesehenen Empfehlung des Ministerkomitees des Europarates, die es innerstaatlichem Recht überlassen hat, eine Geldrente oder eine Kapitalabfindung für den Schadensersatz bei Körperverletzungen vorzuschreiben[852]. Eine entsprechende Regelung findet sich nur noch in Schweden, wo ebenfalls die Möglichkeit besteht, eine für Einkommensverluste zu zahlende Rente in eine einmalige Zahlung umzuwandeln[853]. In anderen Rechtsordnungen wie z. B. Dänemark[854], England/Wales[855] und Norwegen[856] ist strikt eine einmalige

845 BGHZ 4, 138 (142); NJW 1970, 281 (281 f.); Boujong a.a.O.; Zeuner a.a.O.
846 BGHZ 4, 138 (142); 45, 91 (93).
847 BGH VersR 1984, 538 (540); Wussow, Rn 1646.
848 Stürner, JZ 1984, 412, 461 (467).
849 S. o. Fn 826.
850 RG DR 1944, 290 (292): Ein Tenor mit den Worten „bis zur Wiederherstellung der Arbeitsfähigkeit“ bietet z. B. keine ausreichende Vollstreckbarkeit.
851 Wussow Rn 1648 f. mit Hinweisen auf die Rechtsprechung.
852 BGBl. 1976, II, S. 323 (324).
853 Witte in v. Bar, Deliktsrecht, S. 70.
854 Norgaard/Vagner in v. Bar, Deliktsrecht, S. 18 f.
855 Shaw in v. Bar, Deliktsrecht, S. 61. Allerdings sind im englischsprachigen Rechts-kreisen Reformen anhängig, die eine Rentenzahlung zulassen. Dazu: Janke, S. 97 ff.
856 Lodrup/Hagstrom in v. Bar, Deliktsrecht, S. 66 f.

Abfindungsleistung vorgesehen, wogegen sich in Österreich strikt an einer Rentenzahlung orientiert wird[857].

IV. Zusammenfassung

Da das in § 252 S. 2 BGB vorgesehene Beweismaß enger als das des § 287 ZPO ist, existiert mit § 842 BGB eine lex specialis, die es ermöglicht, für die besonderen Schätzungsprobleme für entgangene Verdienste aufgrund Verletzung persönlicher Rechtsgüter doch den § 287 ZPO anzuwenden. Über eine entsprechende Anwendung des § 842 BGB wird dies auch bei Verletzungen persönlicher Rechtsgüter außerhalb des Deliktsrechts ermöglicht. Bei den zu schätzenden entgangenen Verdiensten der verletzten Personen kann jeweils von deren Bruttogehalt bzw. hilfsweise von dem Bruttogehalt einer vergleichbaren Person bzw. Ersatzkraft ausgegangen werden. Entscheidend ist, daß tatsächlich Einnahmen entgangen sind. Der Schadensersatz ist grundsätzlich durch eine Rentenzahlung an die geschädigte Person zu leisten.

D. Berücksichtigung von variablen und fixen Kosten bei der Gewinnberechnung

Wie sich bisher gezeigt hat, kann entgangener Gewinn unter anderem auf der Behinderung der Fortführung von Geschäftstätigkeiten beruhen. Ob Ursache dieser Behinderung eine vertragliche Schlechterfüllung, eine Sachbeschädigung oder die Verletzung einer Person ist, kann dahingestellt bleiben. Bei einer Schadensberechnung wegen entgangener Geschäfte ist in jedem Fall zu berücksichtigen, daß die Gewinnermittlung eine Gegenüberstellung von Kosten und Erlösen bedeutet. Da es sich beim Schadensersatz für entgangenen Gewinn um die Forderung nach dem Ersatz eines hypothetischen Ereignisses handelt[858], der Gewinn also tatsächlich nicht gezogen wurde, ist zu ermitteln, ob der Geschädigte nicht vielleicht im Gegenzug auch Kosten erspart hat. Diese ersparten Kosten müßten dann nach dem Grundsatz der Vorteilsausgleichung von der Schadensersatzforderung abgerechnet werden[859]. Die Frage, welche Kosten in

[857] Schilcher/Kleewein in v. Bar, Deliktsrecht, S. 45.
[858] Keuk, Vermögensschaden, S. 38; Fischer, S. 51.
[859] Teichmann in Jauernig v. §§ 249 - 253 Anm. VI. 1. c) dd); Grunsky in MüKo v. § 249 Rn 97 f.; Mertens in Soergel v. § 249 Rn 230.

diesem Sinne abzugsfähig sind, ist von einigen Obergerichten bereits entschieden worden. Sie sehen im Gegensatz zu den ihren Entscheidungen vorhergehenden vorinstanzlichen Urteilen nur die sogenannten Spezialunkosten als abzugsfähig[860]. Die sogenannten Generalunkosten seien dagegen nicht vom entgangenen Gewinn abzurechnen[861]. Die Literatur ist dieser Auffassung einmütig beigetreten[862].

Diese – richtige – Auffassung über die schadensmindernd zu berücksichtigenden Spezialunkosten beruht auf der Annahme, daß die durch das schädigende Ereignis bedingten Vorteile dem Geschädigten anzurechnen sind[863]. Die dazu erforderliche Kausalität ist zweifellos bei den sogenannten variablen Stückkosten gegeben. Dies sind Kosten, die nur durch die Ausführung des betrieblichen Vorgangs entstanden wären, der zu dem geltend gemachten Gewinn geführt hätte. Sie werden von den Gerichten als Spezialunkosten bezeichnet[864]. Bei Ausfall des Geschäfts sind sie ersparte Aufwendungen[865].

Bei den sogenannten Generalunkosten handelt es sich dagegen um Kosten, die unabhängig von der Anzahl der Verkäufe anfallen[866]. Es sind fixe Kosten[867], die zur Herstellung bzw. Aufrechterhaltung der Geschäfts- und Produktionsfähigkeit erforderlich sind[868]. Als Beispiele sind Aufwendungen für Gebäude, Maschinen, Hilfspersonal, Werkzeuge, kaufmännische Verwaltung, Reklame und die Kapitalkosten (Steuern, Versicherungen, Kapitalzinsen) zu nennen[869]. Alle diese Kosten sind nicht unmittelbar durch einen einzelnen betrieblichen

---

860 RG JW 1936, 797 (798); BGH NJW 1989, 1669 (1670); NJW-RR 1989, 1451 (1452); BAG NJW 1985, 2545 (2545).

861 RG, BGH, BAG a.a.O. Ebenso: OLG Stuttgart JR 1957, 343 (344); OLG München JZ 1959, 300 (300).

862 Heinrichs in Palandt § 325 Rn 17; Grunsky, JZ 1986, 170 (175); Emmerich in MüKo § 325 Rn 95, 100; Mertens in Soergel § 252 Rn 6; Schiemann, EWiR § 252 BGB 1/89, 331 (332); Wiedemann in Soergel § 325 Rn 43 a.E.; Otto in Staudinger § 325 Rn 66; Strieder in Baumgärtel § 252 Rn 16.

863 OLG Stuttgart a.a.O.

864 Ausgehend von RG JW 1936, 797 (798), das als Beispiele Lichtverbrauch, Energieverbrauch, Modellkosten und Kosten für Vorarbeiten nennt. OLG Stuttgart a.a.O. führt als Beispiele Transportkosten, Verpackungskosten und Vertreterprovisionen auf.

865 Werner/Siegburg, BauR 1997, 181 (185) nennen die beim Architektenvertrag denkbaren Aufwendungen, die bei Nichtdurchführung eines Geschäftes erspart werden können.

866 Schiemann, EWiR § 252 BGB 1/89, 331 (332).

867 Otto in Staudinger § 325 Rn 66; Strieder, in Baumgärtel § 252 Rn 16.

868 BGH NJW 1989, 1669 (1670).

869 Nach RG JW 1936, 797 (797); OLG Stuttgart JR 1957, 343 (344).

Vorgang bedingt. Sie sind zwar Bestandteil der betrieblichen Kalkulation, so daß sie bei der Preisbildung berücksichtigt werden, sie verringern sich jedoch nicht, wenn ein Verkauf von Waren oder ein anderer gewinnbringender Vorgang unterbleibt. Aus diesem Grund erspart der Geschädigte durch einen nicht erfolgten Verkauf auch nicht die fixen Kosten, die anteilsmäßig im Verkaufspreis der Ware berücksichtigt sind. Voraussetzung für einen Ersatz der Generalunkosten bzw. fixen Kosten ist allerdings, daß ausreichende Produktionskapazitäten beim Geschädigten zur Verfügung stehen. Eine Erfüllung des aufgrund der Schädigung nicht erfolgten Geschäftes hätte ihm ohne weitere Investitionen im Bereich der fixen Kosten möglich sein müssen[870]. Bei unveränderten Kosten hat die geschädigte Person keinen Vorteil, den sie sich auf den behaupteten Gewinnentgang anrechnen lassen muß.

Betriebswirtschaftlich handelt es sich bei dem vorstehend beschriebenen, vom Schädiger zu ersetzenden Fixkostenanteil um den sogenannten Deckungsbeitrag. Die Deckungsbeitragsrechnung wird im Rahmen der Betriebsergebnisrechnung angewendet, die zur Ermittlung des Betriebsergebnisses führt. Dies erfolgt durch Gegenüberstellung von Kosten und Erträgen des Betriebes[871]. Die Gegenüberstellung von Kosten und Erträgen zur Ermittlung des Betriebsergebnisses entspricht dem Abrechnungsvorgang einer Gewinnermittlung, bei dem Einsatz und Erlös gegenübergestellt werden[872]. Der Deckungsbeitrag wird also betriebsbuchhalterisch dazu benutzt, den Gewinn zu ermitteln. Er ist der Teil des pro Produkt erzielten Ertrages, der zur Deckung der fixen Kosten benötigt wird. Nur wenn der Ertrag den Deckungsbeitrag und die Summe der für das Produkt erforderlichen variablen Stückkosten übersteigt, wird ein Gewinn erzielt. Wenn also dem Geschädigten der im entgangenen Geschäft enthaltene Deckungsbeitrag entgeht, entgeht ihm auch eine Verbesserung des Betriebsergebnisses, da der Aufwand für die fixen Kosten grundsätzlich unabhängig von der Durchführung des Geschäfts anfällt. Der Aufwand bleibt also auch ohne Ertrag bestehen, so daß das Betriebsergebnis sich verschlechtert. Ein schlechteres Betriebsergebnis bedeutet aber verringerten Gewinn. Einen Vorteil hat er dadurch nicht, so daß die fixen Kosten bzw. der Deckungsbeitrag vom Schädiger ersetzt werden müssen, falls entgangener Gewinn als Schadensersatz

---

[870] BGH NJW 1989, 1669 (1670); Lange, S. 349.

[871] Gablers Wirtschaftslexikon, S. 462 „Betriebsergebnis“.

[872] S. o. 1. Teil A. II. 2. a) aa)-bb).

verlangt wird[873]. Voraussetzung ist allerdings, daß ein Gewinnentgang überhaupt mit der nach § 252 S. 2 BGB erforderlichen Wahrscheinlichkeit vorliegt.

Ebenfalls mit der betriebswirtschaftlichen Terminologie ausgedrückt bedeutet dies für den Geschädigten, daß er den Ersatz des Rohgewinns (Umsatzerlöse abzüglich der Aufwendungen für Roh-, Hilfs- und Betriebsstoffe sowie für bezogene Waren) verlangen kann. Würde er nur den Reingewinn (Überschußbetrag nach Abzug aller betrieblichen Kosten vom Rohgewinn) als Ersatzleistung verlangen können, bliebe er mit den fixen Kosten belastet, so daß er im Ergebnis weniger als den ihm tatsächlich zustehenden Reingewinn zugesprochen bekäme[874]. Wenn er aber den Rohgewinn als Schadensersatz erhält und davon seine gleichwohl angefallenen fixen Kosten bestreitet, erhält er im Ergebnis eben doch den Reingewinn.

E. Berücksichtigung steuerrechtlicher Tatbestände bei der Gewinnberechnung

Da die Diskussion sämtlicher Aspekte der Beziehungen zwischen Schadensersatzrecht und Steuerrecht den hier vorliegenden Rahmen sprengen würde, wird neben den bereits behandelten steuerlichen Problemen bei den Schadensersatzansprüchen abhängig Beschäftigter im folgenden nur auf einige steuerrechtliche Grundaspekte eingegangen. Für tiefergehende Erörterungen wird insoweit auf die speziell steuerrechtliche Literatur verwiesen[875].

---

[873] Zum Deckungsbeitrag ebenso: BAG NJW 1985, 2545 (2545); Strieder in Baumgärtel § 252 Rn 23; Mertens in Soergel § 252 Rn 6; Grunsky, JZ 1986, 170 (175); Lehmann, BB 1988, 1680 (1687).
Schiemann, EWiR § 252 BGB 1/89 331 (332) weist zutreffend darauf hin, daß folgerichtig bei fehlendem Gewinnentgang sogenannte Vorhaltekosten nicht ersetzt werden dürften. Bei ihnen handelt es sich ebenfalls um allgemeine Kosten der Aufrechterhaltung der Betriebsbereitschaft, so daß sie nicht von einem schädigenden Ereignis verursacht werden können, also auch nicht separat ersetzbar sind.

[874] BGH VersR 1969, 466 (467); Ruhkopf/Book, VersR 1970; 690 (697 f.); Boujong in RGRK § 843 Rn 55 f.

[875] Einführende Literaturhinweise finden sich dazu bei Lange, S. 364 Fn 662. Aus jüngerer Zeit: Weber-Grellet, DAR 1994, 52 ff.; Kullmann, VersR 1993, 385 ff.

I. Umsatzsteuer

Bei der Berücksichtigung von steuerrechtlichen Tatbeständen ist zu unterscheiden, ob der Schädiger oder der Geschädigte betroffen ist. Die Leistung von Schadensersatz durch den Schädiger ist grundsätzlich nicht umsatzsteuerpflichtig, da nach § 1 UStG nur Lieferungen und Leistungen im Rahmen eines Leistungsaustauschverhältnisses steuerpflichtig sind. Die Verpflichtung zur Leistung von Schadensersatz ist in der Regel nicht an eine Gegenleistung gebunden und somit steuerfrei[876].

Beim Geschädigten dagegen kann es vorkommen, daß er zur Schadensbeseitigung etwas erwerben oder reparieren lassen muß. Diese vom Geschädigten in Anspruch genommenen Leistungen sind umsatzsteuerpflichtig. Der Geschädigte hat also Mehrwertsteuer zu leisten. Die Zahlung des Mehrwertsteuerbetrages durch den Geschädigten ist allein durch die Schädigung verursacht worden. Der Schädiger hat dem Geschädigten diesen Betrag daher in der Regel zu erstatten[877]. Diese Erstattungspflicht des Schädigers greift ausnahmsweise nicht ein, wenn der Geschädigte gemäß § 15 UStG zum Vorsteuerabzug berechtigt ist. Dies bedeutet, daß der Geschädigte die von ihm für die erforderliche Reparatur zu zahlende Mehrwertsteuer bei seiner eigenen Umsatzsteuerschuld gegenüber dem Finanzamt verringernd in Abzug bringen kann. Dies stellt für ihn einen Vorteil dar, den er sich im Wege der Vorteilsausgleichung von seiner Schadensersatzforderung abrechnen lassen muß[878].

Bei Berücksichtigung dieser Grundsätze ergibt sich, daß der Ersatz entgangenen Gewinns in Bezug auf die Umsatzsteuer nur netto erfolgen kann[879]. Der gewinnbringende Umsatz des Geschädigten würde üblicherweise eine Lieferung oder Leistung darstellen, die nach § 1 UStG zu versteuern wäre. Da dieser Umsatz, bedingt durch das schädigende Ereignis, entfällt, liegt auch kein mehrwertsteuerpflichtiger Vorgang vor. Der Schädiger hat deshalb allein den Nettobetrag des entgehenden Gewinns zu ersetzen. Dies ergibt auch die Tatsache, daß die

---

[876] Crezelius § 25 Rn 13.

[877] BGH NJW 1982, 1864, (1865); Lange, S. 367, 376; Heinrichs in Palandt § 249 Rn 8 m.w.N.; Teichmann in Jauernig § 251 Anm. 2. c); Grunsky in MüKo § 249 Rn 19.

[878] BGH NJW-RR 1992, 411 (411); BGH NJW 1972, 1460 (1461); KG VersR 1976, 391 (391); Lange, S. 368, Crezelius § 25 Rn 13; Heinrichs in Palandt v. § 249 Rn 144.

[879] BGH NJW 1987, 1690 (1690); NJW-RR 1992, 411 (411 f.); Lange, S. 367; Seetzen, NJW 1977, 1384 (1384); Heinrichs in Palandt § 252 Rn 7; Grunsky in MüKo § 252 Rn 6.

Mehrwertsteuer bei gewerblich tätigen Personen ein sogenannter „durchlaufender Posten“ ist. Sie verhält sich gewinneutral, ist von daher nicht zu ersetzen.

II. Gewerbesteuer

Die Bemessungsgrundlage der Gewerbeertragssteuer richtet sich gemäß § 7 GewStG nach dem Gewinn des Gewerbebetriebs. Bei Ermittlung dieser Bemessungsgrundlage ist zwischen Schadensersatzleistungen für die Verletzung der Erwerbsfähigkeit des Unternehmers und Schadensersatzleistungen für andere Betriebsstörungen zu unterscheiden. Während Ersatzleistungen wegen verletzungsbedingter Minderung der Erwerbsfähigkeit des Unternehmers nicht gewerbesteuerpflichtig sind[880], ist für Schadensersatzleistungen aufgrund direkter betrieblicher Schädigungen Gewerbesteuer zu zahlen[881]. Nur in der zweiten Gruppe von Fällen ist daher von der schädigenden Person die Gewerbesteuer als Schadensersatzleistung mit zu entrichten.

III. Einkommenssteuer/ Körperschaftssteuer

Etwas anderes gilt für die von der geschädigten Person zu leistende Einkommens- oder Körperschaftssteuer. Ihre Behandlung ist nicht danach zu unterscheiden, ob Schadensersatz wegen Beeinträchtigung der Betriebsmittel oder der persönlichen Erwerbsfähigkeit zu leisten ist. Nach § 24 Nr. 1 a) EStG, der über die Verweisung der §§ 7 Abs. 1, 8 Abs. 1 KStG auch für juristische Personen Anwendung findet, unterliegen Entschädigungen, die als Ersatz für entgangene Einnahmen geleistet werden, der Besteuerung[882]. § 24 Nr. 1 a) EStG differenziert nicht nach dem Grund der Schadensersatzleistung, so daß sich eine unterschiedliche Behandlung wie bei der Gewerbesteuer verbietet.

Dies ergibt sich auch daraus, daß sich die Einkommenssteuer auf sämtliche Einkünfte einer Person bezieht, wogegen die Gewerbesteuer betriebsbezogen ist. Wenn also Schadensersatz wegen entgangenen Gewinns zu leisten ist, so ist

---

[880] BFHE 84, 258 (258); BGH NJW 1987, 1814 (1815); Wussow/Küppersbusch, Rn 86; Kullmann, a.a.O.
A.A.: Weber-Grellet, DAR 1994, 52 (58).

[881] BFHE 102, 399 (399); Kullmann, VersR 1993, 385 (392); Weber-Grellet, a.a.O.

[882] Ausführlich zur steuerlichen Behandlung nach § 24 Nr. 1 a) EStG: Weber-Grellet, DAR 1994, 52 (53 ff.).

für die einkommenssteuerliche Behandlung unerheblich, ob dies wegen entgangener Verdienste aufgrund der Verletzung persönlicher Rechtsgüter oder wegen anderer entgangener Einnahmen geschieht.

Daraus ergibt sich, daß der vom Schädiger zu leistende Schadensersatz auch die zu leistende Steuer mit umfassen muß. Es wäre ungerecht, wenn der Schädiger lediglich den Nettobetrag leisten müßte, und der Geschädigte von diesem Betrag noch Steuern abführen müßte. Im Gegenzug kann die Schadensersatzleistung beim Geschädigten allerdings dazu führen, daß er einen Vorteil erhält, den er sich anrechnen lassen muß. Nach § 34 Abs. 2 Nr. 2 EStG unterliegen die soeben beschriebenen Entschädigungen im Sinne des § 24 Nr. 1 a) EStG nämlich nur einem ermäßigten Steuersatz. Andererseits kann dem Geschädigten durch die Schadensersatzleistung trotz geringerem Steuersatz im Endeffekt ein steuerlicher Nachteil entstehen[883]. Ein solcher Nachteil kann z. B. dadurch bedingt sein, daß die Schadensersatzleistung in einer einzigen Zahlung besteht. Sie ist damit in einem Veranlagungszeitraum zu versteuern. Dies kann aufgrund der steuerlichen Progression zu einer höheren Steuerschuld führen, als wenn der Gewinn über mehrere Jahre verteilt gewesen wäre. Diese steuerlichen Auswirkungen sind wie bei den oben erläuterten Methoden zur Berechnung entgangenen Verdienstes entweder direkt dem Nettogewinn zuzurechnen oder aber im Wege der Vorteilsausgleichung zugunsten des Schädigers vom Bruttogewinn abzurechnen[884].

Für den Schädiger gilt, daß er die von ihm zu leistenden Ersatzzahlungen bei der Ermittlung seiner Einkünfte absetzen kann, wenn entweder ein Zusammenhang mit seiner unternehmerischen Tätigkeit (Betriebsausgaben) oder ein Zusammenhang mit der Erzielung seiner anderweitigen Einkünfte gegeben ist (Werbungskosten).

F. Ersatz entgangener rechtswidriger oder sittenwidriger Gewinne

Bereits in den Motiven zum BGB wurde es als selbstverständlich angesehen, „daß nur ein solcher Gewinn in Betracht kommt, welcher ohne Unehrenhaftigkeit hätte gezogen werden können"[885]. In der Rechtsprechung des Reichsgerichts wurde im folgenden festgehalten, daß es sich bei den nicht ersatzfä-

[883] Medicus in Staudinger § 252 Rn 35.
[884] S. o. C. II.1. c).
[885] Mugdan, S. 10 = Mot. II. S. 18.

higen Beträgen um Gewinne handeln kann, die entweder gegen die Rechtsordnung[886] oder gegen die Sittenordnung[887] verstoßen. Diese Auffassung hat sich bis in die Gegenwart gehalten, so daß auch die Literatur und die internationale Rechtsprechung einhellig den Ersatz verbotswidrig oder sittenwidrig erzielter Gewinne grundsätzlich ablehnt[888]. Die Begründung ergibt sich aus der Ursache des Gewinnentgangs. Der Geschädigte ist vom Schädiger rechtswidrig in seiner wirtschaftlichen Handlungsfreiheit beschränkt worden. Die Handlungsfreiheit des Geschädigten besteht hingegen nur im Rahmen der gültigen Gesetze[889]. Aus diesem Grund muß sich auch der Ersatz für einen angeblich entgangenen Gewinn an dem durch die Rechts- und Sittenordnung vorgegebenen Rahmen orientieren. Trotz dieser eindeutigen Ausgangsthese bestehen jedoch Streitigkeiten und Differenzierungen der Ersatzmöglichkeiten. Von daher ist auf die verschiedenen Gewinnerzielungsmöglichkeiten näher einzugehen.

I. Rechtswidrig erzielte Gewinne

Bei der Entscheidung über die Ersatzfähigkeit von Gewinnen, die unter Verstoß gegen die Rechtsordnung erzielt werden können, ist zu berücksichtigen, daß innerhalb der Rechtsordnung Verbote mit unterschiedlichen Sanktionsstufen bzw. unterschiedlichen Auswirkungen existieren. Es ist daher sachgerecht, Fallgruppen für eine differenzierte Betrachtung zu bilden[890].

1. Verstoß gegen Verbotsgesetze im Sinne der §§ 134, 138 BGB

Von besonderer Bedeutung ist in der juristischen Diskussion die zivilrechtliche Auswirkung eines Verstoßes gegen die Rechtsordnung. Unstreitig einhellige

---

886 RGZ 90, 52 (64); RGZ 90, 305 (306); RGZ 96, 284 (286).

887 RGZ 100, 112 (114).

888 BGHZ 67, 119 (121); 75, 366 (368); LG Oldenburg NJW-RR 1988, 1496 (1496 f.); Lange, S 350 ff.; Medicus in Staudinger § 252 Rn 12, 16; Mertens in Soergel § 252 Rn 7, 10; Kuckuk in Erman § 252 Rn 7 f.; Heinrichs in Palandt § 252 Rn 3 f.
Stoll, Haftungsfolgen, S. 333 f. weist mit Fundstellen auf diese in anderen Rechtsordnungen (u.a. Frankreich, Belgien, England, Australien und Südafrika) ebenfalls angewandte Grundregel hin.

889 Stürner, VersR 1976, 1012 (1012); Stoll, Haftungsfolgen, S. 337 f.

890 Ebenso: Stoll, Haftungsfolgen, S. 334; Stürner, VersR 1976, 1012 (1013 ff.).

Meinung ist es, die unter Verstoß gegen ein Verbotsgesetz im Sinne der §§ 134, 138 BGB erzielbaren Gewinne nicht zu ersetzen[891]. Die unter Verstoß gegen derartige Vorschriften erzielten Gewinne wären zivilrechtlich nichtig. In diese Fallgruppe fallen insbesondere Verstöße gegen Strafgesetze bzw. kriminelles Unrecht[892]. Dies ergibt sich aus der durch die Strafdrohung der entsprechenden Gesetze ausgedrückten Einschränkung der rechtlich zulässigen Handlungsfreiheit des Geschädigten[893]. Praktische Bedeutung erlangt diese Konstellation besonders bei der Erzielung von Einkünften durch Schwarzarbeit[894].

2. Verstoß gegen Verbotsgesetze ohne zivilrechtliche Nichtigkeitsfolge

Neben den Normen, die bestimmte Tätigkeiten verbieten und Verstöße mit Strafe belegen, gibt es solche, bei denen der Verstoß gegen das Verbot nur mit einem Bußgeld belegt ist. Insbesondere in der letzteren Gruppe, gibt es Vorschriften, die die der Gewinnerzielung zugrundeliegende Tätigkeit zwar verbieten, die zivilrechtliche Wirksamkeit dieser Tätigkeiten aber nicht beeinträchtigen. Die Rechtsprechung und die herrschende Meinung sprechen dem Geschädigten daher in solchen Fällen trotz der verbotenen Tätigkeit den Ersatz seiner entgangenen Einnahmen zu, weil dem Geschädigten nicht mehr abgesprochen werden könne, als durch die §§ 134, 138 BGB vorgesehen sei[895]. Wenn eine Tätigkeit zwar verboten aber zivilrechtlich dennoch wirksam sei, könne sie einer Schadensberechnung zugrundgelegt werden. Bestritten wird

---

[891] BGH NJW 1974, 1374 (1376) m.w.N.; Grunsky in MüKo § 252 Rn 4; Heinrichs in Palandt § 252 Rn 3; Kuckuk in Erman § 252 Rn 7; Mertens in Soergel § 252 Rn 7; Lange, S. 350.

[892] RGZ 90, 305 (306); 96, 284 (286); Stürner, VersR 1976, 1012 (1013).

[893] Stürner, a.a.O.

[894] OLG Köln VersR 1969, 382 (382); LG Kassel VersR 1979, 240 (241); LG Zweibrücken ZfS 1983, 229 (229 f.); LG Oldenburg NJW-RR 1988, 1496 (1496 f.).
Kritisch dazu Stoll, Haftungsfolgen, S. 338. Er begründet seine Kritik mit einer australischen Entscheidung in der der Verletzte eine Kfz-Werkstatt verbotswidrig in einem Wohnbezirk betrieben hatte. Der Supreme Court of Victoria sprach dem Geschädigten dennoch einen Schadensersatz zu. Dieses Beispiel ist in eine andere Fallgruppe einzuordnen. Der Verstoß gegen die Rechtsordnung betrifft für diesen Fall eine öffentlich-rechtliche Ordnungsvorschrift, wie z.B. eine Gewerbeerlaub-nis. Auf die Ersatzfähigkeit in solchen Fällen wird noch einzugehen sein.

[895] BGHZ 75, 366 (368); 79, 223 (231); NJW 1974, 1374 (1377); NJW 1980, 775 (776); WRP 1989, 256 (257); Lange, S. 350; Mertens in Soergel § 252 Rn 7; Grunsky in MüKo § 252 Rn 4; Heinrichs in Palandt § 252 Rn 3; Kuckuk in Erman § 252 Rn 7; Stoll, Haftungsfolgen, S. 336 f.

diese Auffassung von *Stürner*, der einen Ersatz für jeden Gewinn ablehnt, der durch Verstoß gegen freiheitsbeschränkende Normen erzielt wird. Da jedes gesetzliche Verbot die Handlungsfreiheit des einzelnen beschränke, könne es auf die zivilrechtliche Wirksamkeit nicht ankommen[896].

a) Rein öffentlich-rechtliche Verbote

Bei der Diskussion über die Streitfrage, ob die zivilrechtliche Wirksamkeit einer verbotenen Tätigkeit entscheidend für einen Ersatz der aus dieser Tätigkeit entgangenen Gewinne sein kann, ist zunächst festzustellen, daß die Handlungsfreiheit des einzelnen hauptsächlich durch Normen des öffentlichen Rechts eingeschränkt wird. Die Verbote einzelner Tätigkeiten sind also im öffentlichen Interesse normiert. Fraglich ist, ob es dem öffentlichen Interesse entspricht, die Ersatzfähigkeit von Gewinnen nur nach ihrer zivilrechtlichen Wirksamkeit zu beurteilen. Es muß mit anderen Worten ermittelt werden, ob bei der schadensersatzrechtlichen Betrachtung der einer Gewinnerzielung zugrundeliegenden Tätigkeit das öffentliche Interesse an dem Verbot dieser Tätigkeit unberücksichtigt bleiben darf und nur die zivilrechtliche Wirkung entscheidet.

Die zivilrechtliche Wirkung hypothetisch getätigter Rechtsgeschäfte klärt, ob der Geschädigte trotz Verstoßes gegen ein Verbot einen zivilrechtlichen Anspruch gegen seinen Vertragspartner hätte. *Stürner* nennt dies die Berücksichtigung der „vertraglichen Austauschgerechtigkeit“[897]. Die zivilrechtliche Wirkung der vom Geschädigten zur Gewinnerzielung geplanten Handlung betrifft also grundsätzlich eine dritte Person außerhalb der Beziehung zwischen Schädiger und Geschädigtem. Der Schädiger dürfte nämlich nur in den seltensten Fällen gleichzeitig von der vom Geschädigten behaupteten Gewinnerzielung betroffen sein. *Stürner* meint nun, daß das Verhältnis des Geschädigten zu dritten Personen in der Beziehung zum Schädiger keine Berücksichtigung finden darf. Allein entscheidend sei die dem Geschädigten verbotene Tätigkeit[898]. Diese Argumentation könnte insofern inkonsequent sein, als daß auch für die Berechnung entgangenen Gewinns aus erlaubten Tätigkeiten in der

---

[896] Stürner, VersR 1976, 1012 (1013).
[897] Stürner, a.a.O.
[898] Stürner, a.a.O.

Regel eine vertragliche Beziehung des Geschädigten zu Dritten erforderlich ist, um den Gewinn überhaupt erzielen zu können[899].

Der Auffassung *Stürners* ist dennoch zuzustimmen. Unabdingbare Voraussetzung für die hier zu beurteilende Problematik ist eine gesetzlich verbotene Handlung des Geschädigten, die ihm aufgrund der Schädigung nicht mehr möglich ist. Der Gesetzesverstoß kann durch einen Vertrag oder durch eine Handlung selbst erfolgen. Welche der geschilderten Handlungsformen zu beurteilen ist, ist unerheblich[900]. Bei beiden Möglichkeiten führt letztendlich eine Handlung des Geschädigten zum Gesetzesverstoß. Für einen rechtswidrigen Vertrag ist erforderlich, daß eine Willenserklärung vom Geschädigten abgegeben wird, die direkt zum Abschluß des rechtswidrigen Rechtsgeschäfts führt. Hier stellt die Willenserklärung die Handlung des Geschädigten dar. Ein Beispiel für ein verbotswidriges Verhalten an sich, welches mittelbar zu einem rechtmäßigen Geschäft führt, bieten die Fälle der Bewirtung nach der Sperrstunde, da die dennoch erfolgten Getränkeverkäufe zivilrechtlich wirksam sind. Ähnlich wie das haftungsbegründende Verhalten des Schädigers, ist das Verhalten des Geschädigten damit quasi der erste Prüfungspunkt innerhalb der Berechnung des entgangenen Gewinns. Ohne die Handlung des Geschädigten, mit der er sein Vermögen gewinnbringend einsetzen möchte[901], kann der entgangene Gewinn grundsätzlich nicht bestimmt werden[902]. Es ist daher zunächst ausschließlich diese Handlung zu würdigen. Wenn die Handlung gegen ein gesetzliches Verbot verstößt, muß dies im Verhältnis zwischen Schädiger und Geschädigtem berücksichtigt werden. Ob die Handlung im Verhältnis zu einer dritten Person gleichwohl ihre zivilrechtliche Wirkung behält, ist erst der nächste gedankliche Schritt. Wenn schon der erste Handlungsabschnitt rechtlich unzulässig ist, ist die zivilrechtliche Wirkung dieser Handlung daher unbeachtlich. Ein entgangener Gewinn aus einer verbotenen Tätigkeit ist nicht zu ersetzen.

---

899 Ausnahmen stellen insbesondere die Fälle der entgangenen Vermögensmehrung kraft entgangener Wertsteigerung dar. S. o.: 1. Teil A. II. 2. d).

900 Die Unterscheidung nehmen explizit nur Lange, S. 350 ff.; Stoll, Haftungsfolgen, S. 335 f.; Mertens in Soergel § 252 Rn 7 und Heinrichs in Palandt § 252 Rn 3 vor. Sie gelangen aber zu den gleichen Ergebnissen wie die auf diesen Unterschied verzichtenden Autoren.

901 S. o. 1. Teil A. II. 2. a) aa).

902 Für die Fälle der entgangenen Wertsteigerung, also aufgrund bloßen Nichteinsat-zes rechtmäßig erworbenen Vermögens, ist die Möglichkeit eines Verstoßes gegen ein gesetzliches Verbot nicht ersichtlich.

Die herrschende Meinung lehnt diese Auffassung mit der Begründung ab, daß damit schadensersatzrechtlich eine Sanktionierung vorgenommen würde, die mangels Verstoßes gegen die §§ 134, 138 BGB den Geschädigten härter treffe, als vom Zivilrecht vorgesehen. Diese Argumentation läßt außer acht, daß Verbote in öffentlich-rechtlichen Normen vor dem Hintergrund ergehen, die gesellschaftliche Ordnung und die Handlungsfreiheit des einzelnen zu reglementieren, um sozialschädliches Verhalten zu verhindern[903]. Diese Normen, die die vereitelte Handlung des Geschädigten verbieten, sind den zivilrechtlichen Normen der §§ 134, 138 BGB vorgeschaltet. So gibt der BGH selbst zu, daß sogar bei einer Nichtigkeit nach § 134 BGB nicht diese Nichtigkeit entscheidend für die Versagung des Ersatzes sei. Ausschlaggebend sei vielmehr die gesetzliche Mißbilligung der Gewinnerzielung[904]. Im Wege des Schadensersatzes soll kein Gewinn erstattungsfähig sein, den andere gesetzliche Vorschriften gerade verhindern wollen[905]. Damit sieht also selbst der BGH das Verbotsgesetz als entscheidend an. Das zusätzliche Abstellen auf die zivilrechtliche Wirksamkeit ist nicht erforderlich und inkonsequent. Dies führt zu dem Schluß, daß ein gegen die Rechtsordnung verstoßendes Verhalten, unabhängig von seiner zivilrechtlichen Wirksamkeit, nicht zu einem erstattungsfähigen Gewinn führen kann.

Die dadurch zweifellos auftretende Sanktionierung des Geschädigten erscheint auch nicht verwerflich. Solange die zuständigen Aufsichtsbehörden von dem Verstoß gegen die öffentlich-rechtlichen Ordnungsvorschriften keine Kenntnis hatten, konnte der Geschädigte mangels eines Verstoßes gegen § 134 BGB problemlos sogar gerichtlich die Erlöse seiner verbotenen Tätigkeiten eintreiben. Er mußte aber jederzeit damit rechnen, daß er bei Bekanntwerden seiner verbotenen Tätigkeit nicht nur ein Bußgeld auferlegt bekäme, sondern, daß er auch einer erhöhten Überwachung durch die zuständigen Aufsichtsbehörden unterliegen würde. Dies hätte im Regelfall die faktische Beendigung seiner verbotenen Tätigkeit bedeutet. Ob das Entdecken der verbotenen Tätigkeit durch eine Anzeige oder durch einen Zufall, wie zum Beispiel einem schädigenden Ereignis, ausgelöst wird, ist unerheblich. Der Geschädigte mußte jederzeit damit rechnen, seine verbotene Tätigkeit einstellen zu müssen. Insofern verstößt die schadensersatzrechtliche Ablehnung des Gewinnersatzes aus verbotener Tätigkeit nicht gegen das Gerechtigkeitsgefühl. Es erscheint im Gegenteil bedenklich, wenn ein Geschädigter eine Tätigkeit, die er aufgrund

[903] Wolff/Bachof/Stober § 46 Rn 44; Ehlers in Erichsen § 1 Rn 33.
[904] BGH VersR 1986, 596 (598).
[905] BGHZ 79, 223 (231).

ihres Verbotes zuvor „schwarz“ ausgeübt hat, zur Begründung eines Schadensersatzanspruchs nunmehr in aller Öffentlichkeit zugibt und auf die Vorteile dieser Tätigkeit dennoch nicht verzichten möchte.

b) Öffentlich-privatrechtlich gemischte Verbote

Die Auffassung der Rechtsprechung und der herrschenden Meinung kann zudem nicht überzeugen, da sie von ihren Vertretern nicht konsequent umgesetzt wird. Neben den soeben behandelten rein öffentlich-rechtlichen Verbotsvorschriften gibt es auch zivilrechtliche Verbotsgesetze. Dazu zählen insbesondere die wettbewerbsrechtlichen Vorschriften des UWG, der ZugabeVO und des RabattG. Nach herrschender Auffassung sind Verträge, die unter Mißachtung dieser Vorschriften zustande gebracht werden, nicht in ihrer zivilrechtlichen Wirksamkeit betroffen[906]. Entgegen ihrer Grundauffassung ersetzt die Rechtsprechung dennoch keine Gewinne, die unter Verstoß gegen diese Vorschriften hätten erzielt werden können[907]. Auch die Autoren, die ansonsten bei zivilrechtlicher Wirksamkeit der beanstandeten Tätigkeiten einen Ersatz befürworten, lehnen in diesen Fällen einen Ersatz ab[908]. Eine Begründung für diese unterschiedliche Behandlung ist nicht erkennbar. Sie kann auch nicht in dem oben angesprochenen Unterschied zwischen einer lediglich verbotenen Tätigkeit und dem Gewinn aus einem rechtswidrigen Vertrag liegen, da beide Fälle gleich behandelt werden. Ein Verstoß gegen das RabattG oder die ZugabeVO kann nur durch den Abschluß eines Vertrages begangen werden. Ein Verstoß gegen das UWG, zum Beispiel in Form unlauterer Werbung, wird zunächst unabhängig von einem Vertrag begangen. Der gewinnbringende Vertrag muß vom Geschädigten noch zusätzlich abgeschlossen werden. Sowohl

---

906 BGH NJW 1994, 728 (729 f.); Mayer-Maly in MüKo § 134 Rn 57 f.; Dilcher in Staudinger, 12. Aufl., § 134 Rn 15; Sack in Staudinger, 13. Aufl., § 134 Rn 5 f., 301, 304; Hefermehl in Soergel § 134 Rn 83.

907 Für das UWG: BGH NJW 1964, 181 (183); OLG Bremen NJW 1954, 1937 (1939). Für das RabattG: OLG Stuttgart VersR 1973, 773 (773 f.). Für die ZugabeVO: BGH LM Nr. 12 zu § 1 UWG.
Einzig das OLG Schleswig VersR 1975, 455 (455) verweist konsequent auf die fehlende Nichtigkeit eines Verstoßes gegen das RabattG und spricht Ersatz für entgangenen Gewinn zu.

908 Kuckuk in Erman § 252 Rn 7; Heinrichs in Palandt § 252 Rn 3; Grunsky in MüKo § 252 Rn 4; Medicus in Staudinger § 252 Rn 12; Lange, S. 351.

für einen rechtswidrigen Vertrag als auch für die verbotene Tätigkeit wird ein Ersatz von der herrschenden Meinung aber abgelehnt[909].

Im Ergebnis ist die Behandlung dieser Fälle durch die herrschende Meinung zutreffend, da auch die genannten Wettbewerbsvorschriften dem Schutz öffentlicher Interessen dienen[910]. Lediglich ihre Ausgestaltung ist privatrechtlich[911]. Der soeben unter a) begründete Grundsatz besagt, daß bei einem Verstoß gegen ein aus öffentlichen Interessen resultierendes Verbot ein Gewinnersatz versagt bleiben muß. *Stürner* weist darauf hin, daß auch bei Verstößen gegen privatrechtliche Verbote häufig ein Verstoß gegen eine straf- oder bußgeldbewehrte Vorschrift vorliegt[912]. Dies ist ein zutreffender Hinweis auf die erforderliche Gleichbehandlung von Verstößen gegen Verbotsvorschriften jeder Art, die mit der hier vertretenen Auffassung erfolgt. Sobald öffentliche Interessen durch Verbot bestimmter Tätigkeiten gesetzlich geschützt sind, kann ein Verstoß gegen diese Vorschriften nicht zu einem Gewinn führen, der im Rahmen des § 252 BGB zu ersetzen wäre. Die zivilrechtliche Wirksamkeit von Handlungen und Verträgen muß unberücksichtigt bleiben.

3. Verstoß gegen Verbote mit Erlaubnis- oder Befreiungsvorbehalt

Neben den mit Strafe oder Bußgeld bewehrten Verboten gibt es eine weitere – abgemilderte – Verbotsgruppe. Die Abmilderung besteht in der von den öffentlich-rechtlichen Gesetzen eingeräumten Möglichkeit, das gesetzlich ausgesprochene Verbot durch Verwaltungsakt aufzuheben. Verbote dieser Gruppe existieren entweder als präventives Verbot mit Erlaubnisvorbehalt, z. B. bei einer Bau-

---

[909] Vgl. die beiden vorhergehenden Fußnoten.
Bei einem Verstoß gegen das UWG dürften allerdings auch bei einer konsequenten Umsetzung der ansonsten von der herrschenden Meinung vertretenen Auffassung, also bei einer Befürwortung eines Ersatzes, die Gewinnmöglichkeiten an praktischen Darlegungsschwierigkeiten scheitern. Selbst wenn die zivilrechtliche Wirksamkeit der durch unlautere Werbung zustande gebrachten Verträge einen Ersatz dem Grunde nach bejahen ließe, so müßte der Geschädigte immer noch ausreichend substantiiert darlegen, wie viele Geschäfte durch die Werbung bedingt worden wären. Dies dürfte nur bei wenigen Großunternehmen möglich sein, die ständig mit Marktforschungsinstituten zusammenarbeiten und so die Wirkung ihrer Werbemaßnahmen mit ausreichender Wahrscheinlichkeit belegen können.

[910] Stürner, VersR 1976, 1012 (1015).

[911] Baumbach/Hefermehl Einl UWG Rn 50 f.

[912] Stürner, a.a.O.

genehmigung, oder als repressives Verbot mit Befreiungsvorbehalt, z. B. bei Festsetzungen in Bebauungsplänen, von denen nach § 31 Abs. 2 BauGB eine Befreiung erteilt werden kann[913]. Bei einem Verstoß gegen Vorschriften aus dieser Gruppe wird vertreten, daß über die Ersatzfähigkeit des behaupteten Gewinns allein nach der materiellen Rechtslage des öffentlichen Rechts zu entscheiden ist. Wäre eine Erlaubnis oder Befreiung von dem Verbot der dem behaupteten Gewinn zugrundeliegenden Tätigkeit erteilt worden, ist auch der entgangene Gewinn zu ersetzen[914]. Die Rechtsprechung und andere wollen dagegen über einen Ersatz nur unter zusätzlicher Berücksichtigung subjektiver Elemente des Geschädigten entscheiden. Ein Ersatz sei nur bei einem entschuldbaren Irrtum oder leicht fahrlässigem Übersehen des Antragserfordernisses auf Genehmigung zu bejahen[915]. Eine vermittelnde Auffassung sieht eine Berücksichtigung subjektiver Elemente des Geschädigten nur als Ausnahme vor. Grundsätzlich komme es allein auf die materielle Erteilbarkeit der Genehmigung an. Sobald diese gegeben sei, müsse entgangener Gewinn ersetzt werden[916]. In Fällen bewußter Nichtbeantragung, sei ein Ersatz aber ausnahmsweise abzulehnen[917].

Als Beispiel mit unterschiedlichen Ergebnissen der verschiedenen Meinungen kann die ungenehmigte Nebenbeschäftigung eines Beamten dienen, die ihm aufgrund einer Verletzung für drei Wochen nicht möglich ist. Vom Schädiger möchte er den entgangenen Verdienstausfall ersetzt bekommen. Die erste Auffassung macht den Ersatz des entgangenen Gewinns allein davon abhängig, ob die Nebentätigkeitsgenehmigung erteilt wird oder nicht. Die vermittelnde Auffassung würde ebenso entscheiden; allerdings würde bei bewußter Nichteinholung der Genehmigung ein Ersatz versagt werden. Die Rechtsprechung würde selbst bei Genehmigungsfähigkeit der Tätigkeit den Ersatz nur zusprechen, wenn sich der Geschädigte entschuldbar über das Genehmigungserfordernis geirrt hätte bzw. dieses Erfordernis nur leicht fahrlässig übersehen hätte.

---

913 Maurer § 9 Rn 51 ff. (55); Wolff/Bachof/Stober § 46 Rn 36 ff.; Ehlers in Erichsen § 1 Rn 33.

914 Stürner, VersR 1976, 1012 (1014); Stoll, Haftungsfolgen, S. 338; Lange, S. 351. Nicht ganz eindeutig Mertens in Soergel § 252 Rn 9, der als Beleg in Fn 8 auf die Gegenauffassung der Rechtsprechung verweist.

915 BGH NJW 1955, 1313 (1314); Kuckuk in Erman § 252 Rn 7; Alff in RGRK § 252 Rn 4. In BGH NJW 1974, 1374 (1376) wird offengelassen, wie bei grober Fahrlässigkeit oder bei bedingtem Vorsatz des Geschädigten zu entscheiden wäre.

916 BGH NJW 1974, 968 (970); Rixecker in Geigel, 4. Kapitel Rn 104.

917 Grunsky in MüKo § 252 Rn 4; Medicus in Staudinger § 252 Rn 14 f.; Heinrichs in Palandt § 252 Rn 3.

Die Rechtsprechung und die herrschende Meinung verhalten sich durch die grundsätzliche Prüfung der Genehmigungsfähigkeit widersprüchlich, da sie die Auffassung vertreten, daß die zivilrechtliche Wirkung der entgangenen Geschäfte ausschlaggebend sei[918]. Da die vom Beamten ohne Genehmigung getätigten Geschäfte aber allein durch die fehlende Genehmigung nicht nichtig werden, müßten die entgangenen Gewinne nach dieser Auffassung eigentlich ersetzt werden. Die hier vertretene Auffassung, orientiert sich dagegen allein daran, ob eine Tätigkeit gegen ein Verbot verstößt, da die zivilrechtliche Wirkung grundsätzlich unbeachtlich ist. Die Genehmigungsfähigkeit der Tätigkeit des Beamten muß also geprüft werden. Diese Maßgeblichkeit des objektiven Vorliegens eines Verbotsverstoßes scheint zunächst für die Auffassung zu sprechen, die eine Berücksichtigung subjektiver Elemente gänzlich ausschließt und nur nach der Genehmigungsfähigkeit über einen Schadensersatz entscheidet. Die meisten Vertreter dieser Auffassung übersehen allerdings, daß sie bei der Prüfung der öffentlich-rechtlichen Rechtslage implizit doch ein subjektives Element berücksichtigen. Die Prüfung der Genehmigungsvoraussetzungen der verbotenen Handlung setzt nämlich das Stellen eines Antrags, also eine subjektive Handlung voraus. Ob eine Nebentätigkeit genehmigt wird, kann grundsätzlich erst entschieden werden, wenn zuvor ein Antrag gestellt wird[919]. *Stoll* berücksichtigt dies sogar ausdrücklich. Er nimmt an, daß der Geschädigte durch die Vorlage seiner Gewinnberechnung ausdrücklich von seinem Gesetzesverstoß abrücke. Der Geschädigte stelle mit der Geltendmachung entgangenen Gewinns konkludent einen Antrag, die seinem Gewinn zugrundeliegende Tätigkeit zu genehmigen[920]. Es wird also eine subjektive Entscheidung des Geschädigten berücksichtigt, so daß auch die Vertreter dieser Auffassung nicht rein objektiv urteilen. Eine strikt objektive Beurteilung der Rechtslage müßte vielmehr immer zu einer Ablehnung eines Gewinnersatzes führen, da ein Antrag bei der zuständigen Behörde gerade nicht gestellt wurde. Solange eine Erlaubnis oder eine Ausnahmebewilligung aufgrund eines fehlenden Antrags nicht erteilt ist, bliebe das Handeln des Geschädigten rechtswidrig. Es handelt sich zwar „nur" um die sogenannte formelle Rechtswidrigkeit[921], ändert aber nichts an dem vorhandenen Verstoß gegen die öffentlich-rechtliche Rechtsordnung. Es ist daher nicht nur die materielle Rechtslage zu prüfen. Auch die formelle Rechtswidrigkeit mit dem subjektiven Erfordernis der Antragstellung ist zu berücksichtigen. *Stürner* tritt dem mit der Begründung entgegen, daß die

---

918 S. o. Fn 893.

919 § 65 Abs. 6 S. 1 BBG.

920 Stoll, Haftungsfolgen, S. 338.

921 Maurer § 9 Rn 52.

formelle Rechtswidrigkeit eines Tuns unbeachtlich bleiben müsse, um nicht eine Bestrafung vorsätzlichen Verwaltungsunrechts in das Schadensersatzrecht zu verlagern[922]. *Lange* will die Umstände, die zum Unterlassen der Antragstellung geführt haben, außer acht lassen, um eine moralische Bewertung des gedachten Verhaltens des Geschädigten zu vermeiden[923]. Gegen die Annahmen *Stürners* und *Langes* sei zunächst die Frage gestellt, warum im Schadensersatzrecht keine moralische Bewertung erlaubt sein soll? Gerade die Ablehnung des Ersatzes für verbotswidrig erzielte Gewinne ist normativ bestimmt[924]. Durch die Generalklausel des § 242 BGB ist sogar gesetzlich gewährleistet, daß die gesellschaftlich herrschenden sozialethischen Wertvorstellungen im Rechtsverkehr Berücksichtigung finden[925]. Wie oben schon ausgeführt, erscheint es daher nicht gerechtfertigt, jemandem Schadensersatz zuzusprechen, der bewußt und in voller Absicht zur Berechnung seines Schadens einen Verstoß gegen die öffentlich-rechtliche Rechtsordnung zugibt[926]. In den hier zu beurteilenden Fällen kann es daher nicht unbeachtlich sein, daß die öffentlich-rechtliche Rechtsordnung eine Erlaubnis oder eine Befreiung fordert. Zwar stellt ein „nur“ formell rechtswidriges Handeln ein Minus zu dem auch materiell rechtswidrigen Handeln dar, es ändert aber nichts an der Tatsache, daß ohne Antrag auf Erteilung einer Genehmigung das Handeln des Geschädigten rechtswidrig ist. Die dogmatische Unterscheidung zwischen dem präventiven und dem repressiven Verbot ist dabei nicht von Bedeutung, da für die Ausnahmen von beiden Verbotsarten ein Antrag erforderlich ist. In der Regel dürfte das kein Problem darstellen, wenn die materiellen Voraussetzungen für eine Genehmigung gegeben sind[927]. Da die materielle Rechtslage also nur nach einer Antragstellung geprüft werden kann, ist mit *Stoll* davon auszugehen, daß der Geschädigte mit der Darlegung der Gewinnberechnung konkludent behauptet, er hätte einen Antrag gestellt.

Allerdings ist die Stellung eines Antrags eine subjektive Entscheidung, so daß auch die Umstände gewürdigt werden müssen, die zur Nichteinholung der Genehmigung bzw. zum Unterlassen der Antragstellung geführt haben. Wenn

---

[922] Stürner, VersR 1976, 1012 (1014).

[923] Lange, S. 351.

[924] Stürner, VersR 1976, 1012 (1012).

[925] Roth in MüKo § 242 Rn 5; Heinrichs in Palandt § 242 Rn 3.

[926] S.o. 2. Teil F. I. 2. a).

[927] KG VersR 1972, 467 ist daher als Ausnahmefall zu betrachten.
In BGH NJW 1994, 851 (852) lag das Problem anders, da die Geschädigte nicht auf die Einholung einer Erlaubnis verzichtete, sondern bewußt eine Meldepflicht unterlief. Da aber kein Verbot betroffen war, konnte ihr Verdienstausfall ersetzt werden.

also Anzeichen bestehen, daß der Antrag bewußt nicht gestellt wurde, ist mit der vermittelnden Meinung ein Ersatz für entgangenen Gewinn auch dann abzulehnen, wenn eine Genehmigung hätte erteilt werden können. Offen ist nur, ob ein Schadensersatz allein bei bewußtem Unterlassen einer Antragstellung oder im Sinne der Rechtsprechung auch bei nur fahrlässiger Nichteinholung einer Genehmigung abgelehnt werden muß. Da durch die konkludente Antragstellung ein Rücktritt vom Gesetzesverstoß anzunehmen ist[928], kann die Berücksichtigung subjektiver Elemente über den Fall der vorsätzlich nicht beantragten Erlaubnis hinaus unterbleiben. Es ist also unbeachtlich, warum oder mit welchem Fahrlässigkeitsgrad der Antrag nicht gestellt wurde. Solange der Geschädigte im Schadensersatzprozeß nicht die bewußte Nichteinholung einer Genehmigung in Kenntnis ihrer Erforderlichkeit vorträgt, bleibt es bei der allein entscheidenden Frage, ob die Genehmigung erteilt worden wäre. Mit der bewußten Nichteinholung gleichzustellen ist noch der Fall, daß der Geschädigte eine Antragstellung auch für die Zukunft ausdrücklich ablehnt. In diesem Fall kann die Vorlage der Gewinnberechnung nicht als konkludenter Antrag gewertet werden. Es ist demnach der vermittelnden Meinung zu folgen.

Bei der damit also maßgeblichen Prüfung der materiellen Rechtslage stellt sich das Problem der Würdigung einer ständigen Verwaltungsübung, die gegen das geltende Recht ausgeübt wird. So ist es möglich, daß aufgrund einer in der zuständigen Behörde existierenden Verhaltensweise eine Genehmigung nachweislich erteilt worden wäre, obwohl dies gegen materielles Recht verstoßen hätte. Ist also die materielle Rechtslage oder die Realität maßgeblich für die Beantwortung der Frage über die Genehmigungserteilung? Der BGH hat in einem solchen Fall den Ersatz entgangener Steuervorteile zugesprochen, die nach materiellem Recht nicht gewährt werden konnten, von der Verwaltung aber aufgrund einer Verwaltungsanordnung der Bundesregierung dennoch gewährt worden wären[929]. Diese Entscheidung hat Zustimmung und Widerspruch gefunden[930]. Zur Lösung dieses Problems ist auf die grundsätzliche Prüfungskompetenz der ordentlichen Gerichte hinzuweisen. Öffentlich-

---

928 Stoll, Haftungsfolgen, S. 338.

929 BGHZ 79, 223.

930 Pro: Mertens in Soergel § 249 Rn 52; Heinrichs in Palandt § 252 Rn 3.
Contra: Stoll, Haftungsfolgen, S. 337; Grunsky in MüKo § 252 Rn 4. Lange, S. 352 verweist auf die Außergewöhnlichkeit des Falles, so daß kein allgemeiner Grundsatz angenommen werden könne.

rechtliche Vorfragen können von ihnen selbständig geprüft werden[931]. Dies spricht für eine rein materielle Beurteilung unter Mißachtung tatsächlicher Gegebenheiten. Da es keine Gleichheit im Unrecht geben darf, kann sich der Geschädigte zudem nicht darauf berufen, daß andere Personen von eventuell rechtswidrigen Verwaltungsentscheidungen profitiert haben. Allerdings ist im Rahmen dieser Prüfung eine verwaltungsrechtliche Besonderheit zu berücksichtigen. Die Entscheidung über die Erteilung der erforderlichen Genehmigung kann entweder einen gebundenen Verwaltungsakt darstellen oder von der zuständigen Behörde als Ermessensverwaltungsakt erlassen werden[932]. Zwar darf auch ein Ermessensverwaltungsakt nicht gegen die materielle Rechtslage verstoßen. Die in dieser Form zu treffenden Verwaltungsentscheidungen sind aber aufgrund dieses Ermessens nicht anhand einer bloßen rechtlichen Beurteilung vorherzusagen. Bei Ermessensverwaltungsakten ist daher die tatsächliche Entscheidung der zuständigen Behörde zu ermitteln. Wäre von der zuständigen Behörde eine Ermessensentscheidung zu treffen, ist eine „Richtig-oder-Falsch"-Entscheidung nicht möglich, da im Rahmen des der Behörde zustehenden Ermessensspielraums mehrere Entscheidungen vertretbar sind[933]. Eine gerechte Lösung dieses Problems kann nur erfolgen, wenn in diesen Fällen ermittelt wird, welche Entscheidung von der Behörde tatsächlich getroffen worden wäre[934]. Im Zweifel wird dies nur durch Aussage der zuständigen Beamten möglich sein[935]. Eine solche Aussage ist allerdings in den Fällen entbehrlich, in denen die Entscheidung der Behörde durch eine nachweisbar angewandte Verwaltungsübung vorhersehbar war. Wenn sich zum Zeitpunkt der mündlichen Verhandlung belegen läßt, daß diese Verwaltungsübung auch für den eingeklagten Gewinn noch angewandt worden wäre, kann eine rechtliche Überprüfung dieser Entscheidung vorge-nommen werden. Sollte sich herausstellen, daß eine rechtlich unzulässige, weil ermessensfehlerhafte, Entscheidung ergangen wäre, ist der Schadens-ersatz zu versagen. Letztendlich ist also allein die materielle Rechtslage für die Beurteilung der Genehmigung maßgeblich. Bei einer gebundenen Ent-scheidung sind im Gegensatz zur Ermessensentscheidung feste Vorausset-zungen für die Erteilung der Genehmigung vorgegeben, so daß

---

931 BGH NJW 1992, 1384 (1386); BVerwG NJW 1960, 1634 (1635); Rosenberg/Schwab/Gottwald, S. 70; Zöller § 13 GVG Rn 42.

932 BGHZ 79, 223 (226). Stürner, VersR 1976, 1012 (1014) hat auf diesen Unterschied schon vor dem Urteil des BGH hingewiesen.
Zum Unterschied selbst: Maurer § 10 Rn 41; Wolff/Bachof/Stober § 46 Rn 14 f.

933 Maurer § 7 Rn 7 ff.; Wolff/Bachof/Stober § 31 Rn 31 ff.

934 BGHZ a.a.O.

935 Stürner, a.a.O.

das Zivilgericht problemlos prüfen kann, wie die Verwaltung hätte entscheiden müssen. Kann die Genehmigung nach öffentlichem Recht nicht erteilt werden, ist ein Schadensersatz für Gewinn aus einer genehmigungspflichtigen Tätigkeit zu versagen.

Als weiteres Argument für die Maßgeblichkeit der materiellen Rechtslage und nicht der tatsächlichen Verwaltungsentscheidung bei der Ablehnung von Schadensersatz für entgangenen Gewinn aus rechtswidrigen Vorgängen können wiederum öffentliche Interessen herangezogen werden. Öffentliche Interessen haben den Gesetzgeber mit § 48 VwVfG eine Regelung schaffen lassen, nach der die Rücknahme rechtswidriger Verwaltungsakte möglich ist. Ein rechtswidrig Handelnder muß also nicht nur mit dem jederzeitigen Entdecken eventueller rechtswidriger Tätigkeiten rechnen. Er muß genauso befürchten, daß rechtswidrig zu seinen Gunsten erlassene Verwaltungsakte von der zuständigen Behörde zurückgenommen werden. Die Betrachtung der typischen Rücknahmegründe wie zum Beispiel Erwirkung des Verwaltungsakts durch unlautere Mittel, die Erwirkung durch falsche oder unvollständige Angaben oder die Kenntnis des Begünstigten von der Rechtswidrigkeit zeigt[936], daß eine Rücknahme im wesentlichen nur bei unlauterem Verhalten des Geschädigten möglich ist. Dieses Verhalten ist ein ausreichender Grund dafür, daß für die Versagung des Schadensersatzes aus entgangenem Gewinn eine abstrakte Rücknahmemöglichkeit des Verwaltungsakts gemäß § 48 Abs. 2 S. 3 VwVfG als ausreichend erachtet werden muß[937]. Bei einer nach § 48 VwVfG möglichen Rücknahme eines rechtswidrigen Verwaltungsaktes ist also ein Schadensersatz wegen entgangener Vorteile aus diesem Verwaltungsakt abzulehnen, denn der Verwaltungsakt ist rechtswidrig.

So wie eine mögliche Rücknahme die Versagung von Schadensersatz begründet, ist im Umkehrschluß ein Schadensersatzanspruch gegeben, wenn die Rücknahme eines rechtswidrigen Verwaltungsaktes am Grundsatz des Vertrauensschutzes scheitern würde. Ein Vertrauensschutz besteht, wenn auf den Bestand des Verwaltungsaktes vertraut wurde, dieses Vertrauen schutzwürdig ist und eine Abwägung gegenüber dem öffentlichen Interesse ein Überwiegen dieses Vertrauens ergibt[938]. Wenn also die Prüfung des § 48 VwVfG ergibt, daß die

---

[936] Näheres zu den Rücknahmegründen: Wolff/Bachof/Stober § 51 Rn 65; Erichsen in Erichsen § 17 Rn 9 ff.

[937] Stürner, VersR 1976, 1012 (1014) läßt offen, ob die abstrakte Rücknehmbarkeit ausreichend ist, oder ob der Verwaltungsakt nachweisbar zurückgenommen worden wäre.

[938] Wolff/Bachof/Stober § 51 Rn 67; Maurer § 11 Rn 23; Erichsen in Erichsen § 17 Rn 6.

Rücknahme eines Verwaltungsaktes nicht möglich ist, so hat der Geschädigte einen im öffentlichen Interesse liegenden Bestandsschutz an dem rechtswidrigen Verwaltungsakt. Die Zivilrechtsordnung kann über diese Würdigung nicht hinwegsehen. In der hier vertretenen Auffassung sind durchweg die öffentlichen Interessen der Rechtsordnung zu berücksichtigen. Wenn der Geschädigte nach diesen Interessen entgangene Vorteile rechtswidrig hätte erlangen und behalten dürfen, ist ihm vom Schädiger dafür Ersatz zu leisten[939].

Zusammengefaßt ergibt sich daher bei öffentlich-rechtlichen Verboten mit Genehmigungsvorbehalt folgendes Ergebnis: Schadensersatz wegen entgangenen Gewinns ist zu leisten, wenn eine Genehmigung nach der materiellen Rechtslage hätte erteilt werden müssen bzw. bei Ermessensentscheidung rechtmäßig erteilt worden wäre oder eine rechtswidrige Genehmigung öffentlich-rechtlichen Bestandsschutz genießen würde. Ein Ersatz ist abzulehnen, wenn der Geschädigte die Genehmigung in Kenntnis ihrer Erforderlichkeit bewußt nicht eingeholt hat.

4. Gewinnerzielung unter Verletzung privater Rechte Dritter

Die einer Gewinnerzielung zugrundeliegende Tätigkeit kann nicht nur gegen Verbotsvorschriften verstoßen. Es ist ebenso möglich, Gewinn zu erzielen und gleichzeitig private Rechte Dritter zu verletzen. Ein Beispiel sind die Fälle, in denen ein nichtberechtigter Besitzer in seinem Besitz gestört wird. Der nichtberechtigte Besitzer behauptet, daß im durch diese Besitzstörung Gewinn entgangen sei, da er die Sache ansonsten gewinnbringend genutzt hätte. Er macht also Schadensersatz geltend, obwohl er zugleich selbst gegen eine gesetzliche oder vertragliche Überlassungspflicht verstößt[940]. Ein derartiger Schadensersatzanspruch auf entgangenen Gewinn wird überwiegend abge-

[939] BGHZ 79, 223 (230), wo zusätzlich noch zu berücksichtigen war, daß sich der Schädiger vertraglich verpflichtet hatte, den begünstigenden Verwaltungsakt herbeizuführen.

[940] In BGHZ 73, 355 (362) und BGH WM 1958, 1481 (1482 f.) war der Besitzer aus einem Sicherungsübereignungsvertrag verpflichtet, die übereigneten Gegenstände an den Sicherungseigentümer herauszugeben.
Wieser, NJW 1971, 597 (598) leitet die Überlassungspflicht aus dem jederzeit bestehenden Unterlassungsanspruch des Eigentümers gemäß §§ 903, 1004 BGB her.

lehnt[941]. Neben der Verletzung dinglicher, also absoluter Rechte ist es denkbar, einen Gewinn auch unter Verletzung relativer, also z. B. vertraglicher Rechte Dritter zu erzielen. So kann eine verletzte Person behaupten, sie hätte ohne die Verletzung gewinnbringende Geschäfte mit anderen Personen erzielt. Wenn sie aber mit dem Abschluß dieser Geschäfte gleichzeitig gegen ein mit ihrem früheren Arbeitgeber vertraglich vereinbartes nachvertragliches Wettbewerbsverbot verstößt, kann sie die behaupteten Gewinne nur bei gleichzeitiger Verletzung dieser vertraglichen Pflicht erzielen. Ein Ersatz für Gewinne unter gleichzeitiger Verletzung von vertraglichen Rechten Dritter wurde vom RG generell abgelehnt[942]. In der Literatur wird davon abweichend vertreten, daß Rechte Dritter den Schadensersatzanspruch nur berühren können, wenn sie auch geltend gemacht werden[943].

Bei der Lösung dieses Problems ist zu berücksichtigen, daß die Geltendmachung des entgangenen Gewinns ein hypothetisches Ereignis betrifft. Fraglich ist, ob ebenso hypothetisch zu beurteilen ist, ob die in ihren privaten Rechten verletzte dritte Person die ihr zugefügte Rechtsverletzung gebilligt hätte, oder ob die Ansprüche dieser Person unabhängig von deren Geltendmachung Berücksichtigung finden müssen. Die von der Privatrechtsordnung zugestandenen Rechte gegen andere Personen oder Sachen sind subjektive Rechte[944]. Diese subjektiven Rechte verleihen dem Inhaber die Möglichkeit, sie geltend zu machen. Die Ausübung setzt also eine Willensbetätigung des Inhabers voraus[945]. Damit ähnelt das subjektive Recht in gewisser Weise einer Ermessensentscheidung im öffentlichen Recht. Es kann nicht sicher entschieden werden, wie sich der Inhaber des subjektiven Rechts verhalten wird. Damit ist auch nicht sicher, daß der Geschädigte, der mit seiner Gewinnerzielung das subjektive Recht verletzt hätte, einem Anspruch ausgesetzt ist, der seinen eigenen Schadensersatzanspruch schmälern könnte. Die Privatrechtsordnung

---

941 BGHZ 73, 355 (362); 79, 232 (236 ff.); WM 1958, 1481 (1482 f.); WM 1976, 583; Mühl in Soergel § 858 Rn 1 a.E.; Stoll, Haftungsfolgen, S. 336 mit Hinweis auf dieselbe Auffassung im belgischen Recht.
A.A. im wesentlichen ältere Entscheidungen und Literatur: RG JW 1921, 1362 Nr. 5 (1362); OLG Hamburg OLG Rspr. 43, 209 (209 f.); Heck, Sachenrecht, 1930, S. 12 f.; Pieper in FS zum 150jährigen Bestehen des OLG Zweibrücken, 231 (242, 244 ff., 256). Aus der jüngeren Literatur soweit ersichtlich nur Honsell, JZ 1983, 531 (533 ff.).

942 RGZ 100, 112 (113 f.). Zustimmend: Stoll, Haftungsfolgen, S. 335 f.

943 Stürner, VersR 1976, 1012 (1015); Medicus in Staudinger § 252 Rn 13; Lange, S. 352. Nicht ganz eindeutig Mertens in Soergel § 252 Rn 8.

944 Brox, BGB AT, Rn 559 ff.

945 Brox, BGB AT, Rn 570; Larenz, BGB AT, S. 35 f.

toleriert Übergriffe, solange der Inhaber des subjektiven Rechts den Übergriff toleriert[946]. Dies spricht dafür, die Verletzung von privaten Rechten dritter Personen nur dann zu beachten, wenn diese auch geltend gemacht worden wären. In der prozessualen Abfolge bedeutet dies, daß der Schädiger behaupten muß, daß der Gewinn nur unter Verletzung von Rechten Dritter hätte erzielt werden können. Da die Darlegungs- und Beweislast für die Gewinnerzielung grundsätzlich beim Geschädigten liegt, muß dieser mit deutlich überwiegender Wahrscheinlichkeit nachweisen[947], daß die verletzte Person die Rechtsverletzung toleriert hätte[948]. Gelingt dies, besteht auch ein Schadensersatzanspruch auf entgangenen Gewinn, solange nicht gegen ein gesetzliches Verbot verstoßen wird.

Sollte die hypothetische Betrachtung ergeben, daß die in ihren Rechten verletzte dritte Person die Rechtsverletzung nicht toleriert hätte, kann in Ausnahmefällen dennoch ein entgangener Gewinn zugesprochen werden. Wenn die Folge der Rechtsverletzung ein Schadensersatzanspruch der dritten Person gegen die geschädigte Person ist, ist dieser mit dem geltend gemachten entgangenen Gewinn zu vergleichen. Sobald dieser Vergleich eine Differenz zugunsten der geschädigten Person ergibt, wenn also der ihr entgangene Gewinn größer ist als der von ihr wegen der Rechtsverletzung hypothetisch zu leistende Schadensersatz, ist diese Differenz als entgangener Gewinn zu ersetzen. Dies ergibt der Umstand, daß die geschädigte Person frei entscheiden kann, ob sie die ihr obliegenden vertraglichen Verpflichtungen erfüllt. Wenn es zum Beispiel für die dem Wettbewerbsverbot unterliegende Person wirtschaftlich günstiger ist, die Vertragsstrafe zu zahlen, da der gleichzeitig erzielte Gewinn die Vertragsstrafe übersteigt, so ist ihr diese Entscheidung zuzugestehen. Dies beruht auf der Tatsache, daß zwei verschiedene Rechtsverhältnisse betroffen sind. Die Rechtsordnung gibt der jeweils geschädigten Person einen eigenen Schadensersatzanspruch.

Offen ist noch, ob die bei dieser Betrachtung zu prüfende Tolerierung einer Rechtsverletzung durch die in ihren Rechten verletzte Person auch wirkt, wenn die dritte Person in absoluten Rechten verletzt ist. In dem eingangs erwähnten Beispielsfall der Besitzstörung eines nicht berechtigten Besitzers wird dies von der überwiegenden Meinung abgelehnt, da dem nichtberechtigten Besitzer aufgrund seines eigenen Rechtsverstoßes kein Schadensersatzanspruch zustehen

---

[946] Stürner, VersR 1976, 1012 (1015).

[947] S. o. 1. Teil B. IV. 3. b).

[948] Ebenso Stürner, a.a.O.

könne. Gegen diesen Gedankengang wird eingewandt, daß der Besitzschutz des § 858 BGB grundsätzlich jeden – berechtigten wie nichtberechtigten – Besitzer schützt[949]. Ausnahmen seien lediglich die deliktischen Besitzer[950]. Eine derartige Berücksichtigung des Schutzzweckes von § 858 BGB ist sicherlich möglich, da gerade im Schadensersatzrecht Zurechnungskriterien wie die Schutzzwecklehre dazu dienen können, den Schädiger vor möglichen ruinösen Ansprüchen des Geschädigten zu schützen[951]. Der Zweck des § 858 BGB liegt aber nicht in der Sicherung von Schadensersatzansprüchen, sondern im wesentlichen darin, eine eigenmächtige Durchsetzung von Rechten anderer gegen den Besitzer zu verhindern[952]. Gesichert werden soll die Inanspruchnahme der staatlichen Mittel, sprich des Gerichtsweges, um Besitzansprüche durchzusetzen[953]. Es müßte demnach also außer acht bleiben, daß jede Person, mithin auch die nichtberechtigte, in ihrem Besitz geschützt ist. Diese Argumentation birgt die Gefahr einer Überhandnahme der verbotenen Eigenmacht, da die die verbotene Eigenmacht ausübende Person sich keiner entsprechenden Sanktion ausgesetzt sähe[954]. Diese Gefahr könnte durch die Anwendung des soeben entwickelten Grundsatzes verringert werden, da die verbotene Eigenmacht dann eine Schadensersatzverpflichtung zur Folge haben könnte. So hätte zum Beispiel der nichtberechtigte Besitzer Gewinn aus dem Besitz ziehen können, wenn die tatsächlich zum Besitz berechtigte Person die Verletzung ihres Rechtes toleriert hätte. Damit wäre die Person, die gegenüber dem nicht berechtigten Besitzer verbotene Eigenmacht ausübt, grundsätzlich einem Schadensersatzanspruch, also einer Sanktion ausgesetzt. Nur wenn eine zum Besitz berechtigte Person gegen einen nichtberechtigten Besitzer verbotene Eigenmacht ausüben würde, entfiele diese Sanktion[955]. Durch die Ausübung der zwar auch ihr verbotenen Eigenmacht gibt sie aber eindeutig zu erkennen, die ihr zugefügte Rechtsverletzung nicht zu tolerieren. Ein Schadensersatzanspruch gegen den berechtigten Besitzer kann dann nicht vorliegen, da der Gewinnentgang aufgrund der nicht tolerierten Rechtsverletzung nicht wahrscheinlich ist.

[949] Joost in MüKo § 858 Rn 1.
[950] Honsell, JZ 1983, 531 (535).
[951] Brox, AS, Rn 329; Grunsky in MüKo v. § 249 Rn 37; Heinrichs in Palandt v. § 249 Rn 58. Ausführlich zu den Zurechnungskriterien: Lange, S. 74 ff.; Medicus in Staudinger § 249 Rn 32 ff.; Gottwald, S. 104 ff.; Grunsky in MüKo v. § 249 Rn 36 ff.
[952] BGHZ 73, 355 (362); 79, 232 (237).
[953] Bassenge in Palandt § 858 Rn 1; Joost in MüKo § 858 Rn 1; Medicus, AcP 165 (1965), 115 (119).
[954] Honsell, JZ 1983, 531 (535).
[955] So auch Lange, S. 351 f.; Stürner, VersR 1976, 1012 (1015).

Die Maßgeblichkeit der Tolerierung der Rechtsverletzung durch den Verletzten läßt also entsprechend des Gesetzeszwecks im Rahmen des § 858 BGB auch nichtberechtigte Besitzer geschützt. Die Besitzstörung kann zu einem Schadensersatzanspruch auf entgangenen Gewinn führen, wenn die zum Besitz berechtigte dritte Person ihre Besitzstörung toleriert hätte. Dies ist offensichtlich nicht der Fall, wenn die in ihrem Recht verletzte Person die verbotene Eigenmacht selbst ausübt.

Teilweise wird bei der Ablehnung der Schadensersatzansprüche nichtberechtigter Besitzer allerdings noch zwischen dem redlichen und dem unredlichen Besitzer differenziert. Solange ein nichtberechtigter Besitzer redlich, nicht verklagt (§ 987 BGB) und weder unentgeltlich (§ 988 BGB) noch deliktisch (§ 992 BGB) in den Besitz gelangt sei, müsse ihm ein Schadensersatz trotz seiner Nichtberechtigung zuzusprechen sein[956]. Bei der Verletzung privater Rechte Dritter ist nach der hier vertretenen Auffassung die Redlichkeit des Verletzenden, der gleichzeitig Geschädigter ist, hingegen unmaßgeblich. Allein entscheidend ist die Tolerierung der Rechtsverletzung durch den Rechtsinhaber. Solange vom Geschädigten mit deutlich überwiegender Wahrscheinlichkeit bewiesen werden kann, daß die Rechtsverletzung toleriert worden wäre, kann er Ersatz für entgangenen Gewinn beanspruchen. Dies gilt sowohl für die Verletzung relativer als auch für die Verletzung absoluter Rechte dritter Personen.

II. Sittenwidrig erzielte Gewinne

Der Ersatz sittenwidrig erzielter Gewinne wird von der herrschenden Meinung grundsätzlich abgelehnt[957]. Lediglich ältere Entscheidungen und eine Mindermeinung halten die Argumente, die für einen Ersatz sittenwidrig erzielter

---

[956] Mühl in Soergel v. § 854 Rn 15; Medicus, AcP 165 (1965), 115 (121 f.). Ausnahme sei lediglich eine Schädigung durch den Eigentümer (Medicus, a.a.O., S. 133 f.).

[957] BGHZ 67, 119 (121); OLG München VersR 1977, 628 (628); OLG Hamburg (1. Senat) VersR 1977, 87 (87); OLG Hamburg (7. Senat) VersR 1977, 87 (87 f.); OLG Düsseldorf NJW 1984, 2474 (2474); LG Hamburg VersR 1977, 85 (85 ff.); Heinrichs in Palandt § 252 Rn 4; Mertens in Soergel § 252 Rn 10; Kuckuk in Erman § 252 Rn 8; Medicus in Staudinger § 252 Rn 16 ff.; Lindacher, JR 1977, 107 (107); Born, VersR 1977, 118 (119 ff.); Isenbeck, NJW 1971, 288 (288); Weingart, NJW 1970, 2248 (2248); Stoll, Haftungsfolgen, S. 341.

Gewinne sprechen, für überzeugend[958]. Schulbeispiel für die Diskussion über den Ersatz entgangenen Gewinns, der sittenwidrig erzielt worden wäre, sind die Einkünfte einer Prostituierten. Obwohl die Prostitution überwiegend als sittenwidrig angesehen wird, modifiziert ein Großteil der herrschenden Meinung in diesen Fällen seine völlige Ablehnung des Schadensersatzanspruchs für sittenwidrig erzielte Gewinne. Ausgangspunkt ist eine Leitentscheidung des BGH vom 06.07.1976, in der einer Prostituierten der Teil ihrer Einkünfte als Schadensersatz zugesprochen wurde, der einem existenzdeckenden Einkommen entspricht, wie es von jedem gesunden Menschen in einfachen Verhältnissen zu erzielen ist[959]. Teilweise wird auch ein vollständiger Schadensersatzanspruch einer Prostituierten befürwortet, weil ihre Tätigkeit nach den gewandelten Moralvorstellungen nicht mehr als sittenwidrig einzustufen sei[960]. Fraglich ist also, ob sittenwidrig erzielte Gewinne grundsätzlich zu ersetzen sind oder nicht. Daneben ist zu erörtern, ob es sittenwidrige Einkünfte gibt, die – wie es der BGH vorsieht – teilweise doch ersetzbar sind.

Die vermittelnde Lösung des BGH ist weder „Fisch noch Fleisch“[961]. Sie ist widersprüchlich. Wenn der BGH zwar grundsätzlich die Ablehnung von Schadensersatz für sittenwidrige Gewinne bestätigt, in derselben Entscheidung einen sittenwidrigen Gewinn aber in einen sittenwidrigen und einen nicht sittenwidrigen, existenzsichernden Teil spaltet, so trägt dies nicht zur Rechtssicherheit bei. Zu kritisieren ist auch, daß die Entscheidung den Grundsatz der subjektiven Prägung des Schadensersatzrechts außer acht läßt[962]. Der BGH und die ihm folgenden Gerichte orientieren sich bei der Bemessung des Schadensersatzanspruches für die Prostituierte an den Einkommensmöglichkeiten eines Menschen in einfachen Verhältnissen und lassen die persönlichen Fähigkeiten der Geschädigten bewußt unberücksichtigt[963]. Aus diesem Grund berechnet *Stoll*, der dem Urteil im Ansatz zustimmt, den Anspruch der Prostituierten nach

---

958 OLG Düsseldorf NJW 1970, 1852 (1852); LG Offenburg VersR 1973, 69 (69); Grunsky in MüKo § 252 Rn 8; Stürner, VersR 1976, 1012 (1016); ders., JZ 1977, 176 (176 f.); wohl auch Lange, S. 352.

959 BGHZ 67, 119 (128). Zustimmend: OLG München VersR 1977, 628 (628); OLG Düsseldorf NJW 1984, 2474 (2474); Heinrichs in Palandt § 252 Rn 4; Wussow, Rn 1539. Mit anderer Begründung: Stoll, Haftungsfolgen, S. 341, der auf eine im Ergebnis den BGH bestätigende Entscheidung des italienischen Kassationshofs hinweist.

960 Kuckuk in Erman § 252 Rn 8; Mertens in Soergel § 252 Rn 8.

961 Stürner, JZ 1977, 176 (176).

962 Zu diesem Grundsatz: Larenz, SchuldR I, § 29 I b; Mertens in Soergel v. § 249 Rn 34, 38.

963 BGHZ 67, 119 (128); OLG München VersR 1977, 628 (628); OLG Düsseldorf NJW 1984, 2474 (2474).

den ihren persönlichen Fähigkeiten entsprechenden, nicht anstößigen Einkommensmöglichkeiten[964]. Diese Vorgehensweise widerspricht dem Gesetz. Wenn die Geschädigte behauptet, ihr seien Einkünfte aus einer Tätigkeit als Prostituierte entgangen, kann nicht abstrakt auf die ihr anderweitig möglichen Einkünfte abgestellt werden. Der Vortrag der Geschädigten belegt, daß sie gerade nicht mit der bei persönlichen Verletzungen gemäß § 287 ZPO zu fordernden überwiegenden Wahrscheinlichkeit andere, nicht sittenwidrige Einkünfte erzielt hätte. Die Berechnung ihres Schadensersatzanspruchs anhand anderer Einkünfte ist eine willkürliche Annahme unter Mißachtung des tatsächlich der Prostituierten entstandenen Vermögensschadens. Nur wenn sie behauptet, Einkünfte aus einer anderen Tätigkeit verloren zu haben, steht im Falle des Nachweises dieser Behauptung einem Schadensersatzanspruch nichts entgegen[965]. Das Problem sittenwidrig erzielten Gewinns stellt sich in solchen Fällen nicht.

Kritikwürdig an der Entscheidung des BGH ist weiterhin die Argumentation, die zumindest einen teilweisen Schadensersatz durch den Schädiger begründen soll. Man wolle mit dieser Regelung eine Begünstigung des Schädigers auf Kosten der Allgemeinheit vermeiden, da die Prostituierte bei Versagung jeglichen Schadensersatzes eventuell Sozialhilfe in Anspruch nehmen müßte[966]. Solange die Geschädigte nicht tatsächlich bedürftig wird oder ist, handelt es dabei um eine bloße Vermutung. Selbst wenn eine Bedürftigkeit eintreten sollte, so erschiene es zweckmäßiger, dem Sozialhilfeträger einen Rückgriff gegen den Schädiger zu ermöglichen[967]. Der Schutzzweck des § 252 BGB liegt nicht darin, dem Staat Sozialhilfekosten zu ersparen[968]. Eine Begründung für die Aufteilung der Einkünfte in einen ersetzbaren und einen nicht ersetzbaren Teil ist dies daher nicht.

Da eine Splittung von Einkünften in sittenwidrig und nicht sittenwidrig erzielte Einkünfte abzulehnen ist, bleibt die grundsätzliche Frage zu beantworten, ob sittenwidrig erzielte Einkünfte im Rahmen des § 252 BGB zu ersetzen sind.

---

[964] Stoll, Haftungsfolgen, S. 341.

[965] Isenbeck, NJW 1971, 288 (288). Allerdings dürfte für die zu fordernde Wahrscheinlichkeit nicht die bloße Behauptung der Aufgabe ihres Gewerbes ausrei-chend sein.

[966] BGHZ 67, 119 (127).

[967] So der Vorschlag von Medicus in Staudinger § 252 Rn 18.

[968] Grunsky in MüKo § 252 Rn 5; Lange, S. 352.

Dabei ist nicht nur auf den speziellen Fall der Prostitution abzustellen[969]. Im Rahmen der vorliegenden Arbeit muß eine allgemeine Lösung gefunden werden, da auch andere sittenwidrige Gewinne denkbar sind[970]. Die völlige Ablehnung eines Schadensersatzes für entgangene sittenwidrige Gewinne wird maßgeblich mit der zivilrechtlichen Folge der Sittenwidrigkeit begründet. Nach § 138 Abs. 1 BGB sind sittenwidrige Rechtsgeschäfte nichtig, so daß Gewinne aus diesen Geschäften nicht ersetzt werden können[971]. Da verbots- und sittenwidrig erzielte Gewinne jeweils gemeinsam genannt werden, sollte eine Gleichbehandlung erfolgen[972]. Nach der hier vertretenen Auffassung zu verbotswidrig erzielten Gewinnen ist die zivilrechtliche Wirkung von Handlungen bzw. Rechtsgeschäften allerdings unbeachtlich[973]. Also ist auch die zivilrechtliche Wirksamkeit von sittenwidrigen Geschäften unbeachtlich. Da ein Schadensersatzanspruch bei einem Verstoß gegen die Rechtsordnung zu versagen ist[974], ist daher zu entscheiden, ob und wann ein Verstoß gegen die Sittenordnung mit einem Verstoß gegen die Rechtsordnung gleichzusetzen ist. Ein in gleichem Maße schwerwiegender Verstoß kann nur dann angenommen werden, wenn der Verstoß gegen die Sittenordnung von der öffentlichen Rechtsordnung direkt verboten ist. In diesen Fällen würde nach den oben entwickelten Grundsätzen ein Schadensersatz unabhängig von der zivilrechtlichen Wirkung abgelehnt. Dieser Ansatz ist durch den Umstand gerechtfertigt, daß auch die guten Sitten durch das öffentliche Recht und das Strafrecht geschützt sind. Insbesondere im Polizei- und Ordnungsrecht wird in vielen Bundesländern im Rahmen der Generalermächtigungsklausel die öffentliche Ordnung geschützt. Gleichzeitig ist freilich darauf hinzuweisen, daß dieser Begriff praktisch nur geringe Bedeutung hat, so daß einige Bundesländer ihn aus ihren Polizei- und

[969] Kuckuk in Erman § 252 Rn 8 und Mertens in Soergel § 252 Rn 10 befürworten einen Schadensersatz, da sie die Prostitution per se nicht mehr für sittenwidrig halten. Die heutigen Moralvorstellungen sprechen für diese Auffassung. Alleine die Betrachtung der Werbung für jegliche sexuelle Betätigungsformen in den sogenannten Wochenblättern, wie auch die alltägliche Ausbreitung von derartigen Problemen in Fernseh-Talkshows, zeigt ein gewandeltes Bild der Moralvorstellungen.

[970] Stürner, VersR 1976, 1012 (1016) nennt das entgangene Erfolgshonorar eines Rechtsanwalts, den entgangenen Gewinn aus Knebelungsverträgen, Monopolmißbrauch oder die Gläubigerbenachteiligung.

[971] OLG Hamburg VersR, 1977, 87 (87 f.); Medicus in Staudinger § 252 Rn 16; Born, VersR 1977, 118 (119).

[972] So auch Born, VersR 1977, 118 (119).

[973] S. o. 2. Teil F. I. 2.

[974] S. o. a.a.O.

Ordnungsgesetzen gestrichen haben[975]. Dieser gesetzgeberische Eingriff konnte vollzogen werden, weil die wesentlichsten Werte der öffentlichen Sittenordnung bereits durch Straf- und Ordnungswidrigkeitentatbestände geschützt sind[976]. Diese Aufnahme des Schutzes der Sittenordnung in das öffentlich-rechtliche Verbotssystem zeigt, daß eine schadensersatzrechtliche Sanktionierung durch die Versagung eines Schadensersatzanspruchs nicht zusätzlich erforderlich ist. Nur wenn kein Verstoß gegen ein Verbotsgesetz vorliegt, ist ein Schadensersatzanspruch zu bejahen. Dies gilt auch für öffentlich-rechtliche Vorschriften, die die Erteilung einer Genehmigung vorsehen[977]. Ob z. B. die Erlaubnis zur Schaustellung von Personen gemäß § 33a Abs. 2 Nr. 2 GewO wegen Verstoßes gegen die guten Sitten zu versagen ist, kann vom Zivilgericht selbständig geprüft werden. Es kann also auch selbst entscheiden, ob ein Verstoß gegen die öffentliche Rechtsordnung vorliegt. Nur im Falle eines solchen Verstoßes kann ein Schadensersatzanspruch versagt werden.

Da das Schadensersatzrecht auf eine wirtschaftliche Entschädigung des Geschädigten zielt[978], ist dieses Ergebnis anhand einer wirtschaftlichen Betrachtung zu überprüfen. Auch eine wirtschaftliche Betrachtung sittenwidriger Tätigkeiten hat zur Folge, daß ein Schadensersatzanspruch nur bei Verstoß gegen ein Verbotsgesetz versagt werden kann. Dies ergibt sich aus dem Normzweck des § 138 BGB, der im wesentlichen den Sinn hat, die Durchsetzung von Ansprüchen der an dem sittenwidrigen Rechtsgeschäft Beteiligten zu verhindern. Im Beispielsfall können bei angenommener Sittenwidrigkeit der Prostitution weder die Prostituierte noch der Kunde die ihnen versprochenen Leistungen einklagen[979]. Wenn das Rechtsgeschäft hingegen vollzogen wird, kann das geleistete Geld nicht vom Kunden zurückgefordert werden. Dies ergibt sich zum einen aus dem Abstraktionsprinzip, nach dem die nach § 929 Abs. 1 S. 1 BGB erfolgte Übereignung des Geldes von der Sittenwidrigkeit nicht erfaßt wird[980]. Aber auch an § 817 S. 2 BGB scheitert eine Rückforderung des

---

[975] Götz, Rn 127. Diese Länder sind Bremen, Hamburg, Schleswig-Holstein, Nord-rhein-Westfalen und Niedersachsen.

[976] Götz, Rn 130; Suckow/Hoge, Rn 71. Für Prostitution: §§ 180a, 184a, 184b StGB; §§ 119, 120 OWiG. Für unlautere Werbung: § 1 UWG.

[977] S. o. 2. Teil F. I. 3.

[978] RGZ 76, 146 (148); BGH NJW 1985, 793 (793); Fischer, S. 168; Brox, AS, Rn 333; Heinrichs in Palandt § 249 Rn 1.

[979] Born, VersR 1977, 118 (119); Medicus in Staudinger § 252 Rn 15.

[980] OLG Düsseldorf NJW 1970, 1852 (1852); LG Offenburg VersR 1973, 69 (69). Nicht ganz eindeutig Grunsky in MüKo § 252 Rn 5.

geleisteten Geldes[981]. Wirtschaftlich betrachtet verbleibt der Prostituierten also trotz der eventuellen Sittenwidrigkeit ihrer Tätigkeit das Geld. Dieses Ergebnis wird dadurch erhärtet, daß die Einkünfte aus ihrer Tätigkeit steuerpflichtig sind[982]. Die schadensersatzrechtlich maßgebliche wirtschaftliche Betrachtung spricht also ebenfalls für den Ersatz von entgangenem Gewinn aus sittenwidriger Tätigkeit, da der sittenwidrige Gewinn bei ausreichender Wahrscheinlichkeit wirtschaftlich tatsächlich entgeht.

In konsequenter Umsetzung der hier vertretenen Auffassung ist allerdings für bestehende sittenwidrige Vertragsansprüche eine Besonderheit zu beachten. *Born* stuft den Anspruch auf ein noch durchzuführendes, aber schon vereinbartes Geschäft als entgangenen Gewinn ein[983]. Ein bereits bestehender Anspruch ist aber grundsätzlich nicht als entgangener Gewinn zu ersetzen, sondern nur im Rahmen eines positiven Vermögensschadens[984]. Bei nicht durchsetzbaren Ansprüchen gilt dies allerdings nicht, da sich noch nicht als vermögenswert einzustufen sind[985], da § 138 BGB die Durchsetzung von Ansprüchen aus sittenwidrigen Geschäften verhindert, kann der Anspruch aus einem sittenwidrigen Geschäft also nicht als bewertbares Vermögen ersetzt werden. In diesen Fällen ist auf die Wahrscheinlichkeit der hypothetischen Gewinnerwartung der Prostituierten abzustellen, so daß ein Schadensersatz nur als entgangener Gewinn gemäß § 252 BGB möglich ist.

Abschließend ist noch auf die Befürchtungen *Borns* einzugehen, nach denen die Befürwortung von Schadensersatzansprüchen aus sittenwidrigen Tätigkeiten zu Problemen im Bereich des § 254 Abs. 2 BGB führen würde[986]. Durch die Pflicht zur Schadensminderung würde der Geschädigte angehalten, bald möglichst seine sittenwidrige Tätigkeit wieder aufzunehmen. Dem ist entgegenzuhalten, daß die geschädigte Person mit ihrer Schadensersatzklage davon ausgeht, nicht nur sobald als möglich, sondern tatsächlich ununterbrochen der sittenwidrigen Tätigkeit nachgegangen zu sein. Es wäre ihr daher auch zuzumuten, diese Tätigkeit tatsächlich zur Schadensminderung wieder aufzunehmen. § 138 BGB bezweckt zudem nicht den Schutz des einzelnen vor sich selbst, so daß nicht davon ausgegangen werden kann, die Gerichte würden jemanden in sitten-

---

[981] Stürner, VersR 1976, 1012 (1016); ders., JZ 1977, 176 (176); Born, VersR 1977, 118 (119).
[982] Seit BFH NJW 1965, 79.
[983] Born, VersR 1977, 118 (119).
[984] S. o. 1. Teil A. II. 2. d) ee).
[985] S. o. a.a.O.
[986] Born, VersR 1977, 118 (120 f.); Lange, S. 352.

widrige Tätigkeiten geradezu hineintreiben. Der Schutz des einzelnen auch vor sich selbst wird vielmehr durch straf- und öffentlich-rechtliche Verbote gewährleistet. Die von *Stürner* neben der Prostitution genannten Beispiele für sittenwidrige Tätigkeiten sind zum Teil in Verbotsgesetzen enthalten[987]. Es bleibt daher bei dem Ergebnis, daß ein Schadensersatz für entgangenen Gewinn aus sittenwidriger Tätigkeit solange zuzusprechen ist, wie die Tätigkeit nicht gleichzeitig einen Verstoß gegen ein Verbotsgesetz bedeutet.

III. Zusammenfassung

Bei der Beurteilung über die Ersatzfähigkeit von entgangenen Einkünften ist die zivilrechtliche Wirksamkeit der diesen Einkünften zugrundeliegenden Tätigkeiten unbeachtlich. Ein Schadensersatzanspruch für entgangenen Gewinn ist nur dann zu versagen, wenn die dem Gewinn zugrundeliegende Tätigkeit gegen ein straf- oder öffentlich-rechtliches Verbot verstoßen würde. Sollte die verbotene Tätigkeit genehmigungsfähig sein, ist ein Schadensersatz grundsätzlich zuzusprechen, wenn die Genehmigung hätte erteilt werden müssen bzw. erteilt worden wäre und die Genehmigung öffentlich-rechtlichen Bestandsschutz genießen würde. Ein Schadensersatzanspruch besteht nicht, wenn die Genehmigung in Kenntnis ihrer Erforderlichkeit, bewußt nicht eingeholt worden wäre. Sollte der Geschädigte mit seiner Tätigkeit die privaten Rechte Dritter verletzen, besteht grundsätzlich nur dann ein Schadensersatzanspruch, wenn der Dritte die Verletzung seiner Rechte tolerieren würde.

G. Entgangener Gewinn beim Unternehmenskauf

Ein weiterer Komplex bei dem entgehende Gewinne eine Rolle spielen können sind Unternehmenskäufe. So kann z. B. der Erwerber eines Unternehmens nach seinem Kauf feststellen, daß das Unternehmen nicht die von ihm erwarteten Gewinne einbringt. Fraglich ist allerdings, ob es sich bei diesen nicht erzielten Gewinnen bzw. Einnahmen um entgangenen Gewinn im Sinne des § 252 BGB handelt. Dies kann nur der Fall sein, wenn dem Erwerber eines Unternehmens eine Schadensersatzforderung zusteht.

---

987 Das anwaltliche Erfolgshonorar ist durch § 49b Abs. 2 BRAO verboten. Wettbewerbsbeschränkungen aus Monopolmißbrauch sind allgemein durch § 25 GWB verboten.

Die kaufrechtlichen Gewährleistungsvorschriften werden zwar beim Unternehmenskauf entsprechend angewandt[988], sie bieten aber nur eingeschränkt die Möglichkeit, Grundlage eines Schadensersatzanspruchs zu sein. So kann § 459 Abs. 1 i.V.m. § 462 BGB keine Anspruchsgrundlage für Schadensersatz in Form entgangenen Gewinn sein, da diese Vorschriften lediglich eine Wandelung des Vertrages oder Minderung des Kaufpreises ermöglichen. Hinzu kommt, daß die herrschende Meinung die Ertragsfähigkeit und Umsätze eines Unternehmens in restriktiver Auslegung des Fehlerbegriffes nicht als Fehler im Sinne des § 459 Abs. 1 BGB anerkennt[989]. Ein Schadensersatzanspruch für entgangenen Gewinn ist daher im Rahmen eines Unternehmenskaufes grundsätzlich nur gemäß § 463 BGB, aus culpa in contrahendo oder bei einer Täuschung des Käufers aus den §§ 823 Abs. 2 BGB i.V.m. § 263 StGB, 826 BGB denkbar[990]. Zwar kann der Verkäufer auch gegen eine im Unternehmenskaufvertrag konkret festgelegte Pflicht verstoßen und somit einen Schadensersatzanspruch des Käufers auslösen[991]. Dieser Schadensersatzanspruch mit dem daraus eventuell resultierenden Ersatz entgangenen Gewinns resultiert aber nicht aus den Besonderheiten eines Unternehmenskaufs, sondern aus einer konkreten Pflichtverletzung, wie sie bei jedem anderen Vertrag vorliegen kann.

Für einen Anspruch aus § 463 BGB müßten die vom Käufer erhofften, aber nicht erzielten Gewinne Eigenschaften im Sinne des § 459 Abs. 2 BGB sein und der Verkäufer müßte diese zugesichert haben. Bei der Bestimmung von Eigenschaften eines Unternehmens wird nach herrschender Auffassung zwischen der reinen Ertragsfähigkeit und tatsächlichen, zukünftig zu erzielenden Erträgen eines Unternehmens differenziert. Die reine Ertragsfähigkeit wird allgemein als Eigenschaft eines Unternehmens anerkannt[992]. Sie kann sich an in der Vergan-

---

[988] BGH NJW 1995, 1547 (1547); WM 1977, 712 (714); Westermann in MüKo § 459 Rn 48; Huber in Soergel v. § 459 Rn 118 ff.

[989] RGZ 67, 86 (87); BGH NJW 1977, 1536 (1537); 1970, 653 (655); OLG Düsseldorf NJW-RR 1993, 377 (378); Putzo in Palandt § 459 Rn 44; Honsell in Staudinger § 459 Rn 40, 89. Unberührt bleibt davon die Möglichkeit von Fehlern bei einzelnen Rechten oder Gegenständen des Unternehmens, wenn sich der Fehler auf die Funktionstauglichkeit des Unternehmens auswirkt: BGH NJW 1995, 1547 (1548 f.); WM 1970, 319 (320); Westermann in MüKo § 459 Rn 50 m.w.N.

[990] Kiethe, DStR 1995, 1756 (1758); Aderhold, DStR 1991, 844 (845).

[991] In BGH WM 1987, 319 hatte der Verkäufer die vertragliche Pflicht, dem Käufer bestimmte Geschäfte zuzuführen. Dies unterließ er vorsätzlich, so daß der Käufer den entgangenen Gewinn aus diesen Geschäften verlangen konnte.

[992] BGH NJW 1995, 1547 (1547); 1970, 653 (655); Westermann in MüKo § 463 Rn 37; Putzo in Palandt § 459 Rn 44; Honsell in Staudinger § 459 Rn 115.

genheit erzielten Umsätzen, die wiederum zugesichert sein müssen, orientieren[993]. Eine solche Zusicherung früherer Erträge muß sich allerdings in der Regel auf einen mehrjährigen Zeitraum erstrecken[994]. Zukünftige Erträge können hingegen aus der Natur der Sache nicht zugesichert werden. Die tatsächlich in der Zukunft zu erzielenden Erträge sind von vielen Faktoren abhängig, so daß kein Verkäufer, der jeglichen Einfluß auf das Unternehmen verliert, für die Zukunft Umsätze zusichern kann. Sie stellen daher auch keine Eigenschaft eines Unternehmens dar[995]. Sollten dennoch zukünftige Erträge zugesagt werden,, so kann allein von einem über die bloße Zusicherung hinausgehenden, selbständigen Garantievertrag ausgegangen werden[996].

Sollten jedoch vom Verkäufer zugesicherte Eigenschaften wie zum Beispiel die reine Ertragsfähigkeit des Unternehmens fehlen, so ergibt sich dem Grunde nach aus § 463 BGB ein Schadensersatzanspruch, was im übrigen entsprechend für arglistig vorgespiegelte Eigenschaften gilt[997]. Dieser auf das positive Interesse gerichtete Schadensersatzanspruch wegen Nichterfüllung kann auf zwei Arten berechnet werden. Beim sogenannten kleinen Schadensersatzanspruch behält der Käufer die erstandene Sache und der Verkäufer hat als Schadensersatz den Wertunterschied zwischen mangelfreier und mangelhafter Sache auszugleichen[998]. Es ist also lediglich der Minderwert des Unternehmens zu liquidieren. Der Wert des Unternehmens bestimmt sich zwar nach Meßzahlen wie zum Beispiel vergangenen Umsätzen[999], er entspricht aber nicht genau diesen Umsätzen, denn der Unternehmenswert bestimmt sich anhand einer Vielzahl von verschiedenen Faktoren[1000]. Sollten die – zugesicherten – Umsätze der Vergangenheit sich als falsch herausstellen, so ist also der Unternehmenswert – in der Regel durch Sachverständigengutachten – anhand der korrigierten Meßzahlen neu zu bestimmen und der Verkäufer hat die Differenz

---

993 BGH NJW 1977, 1536 (1537); 1970, 653 (655); 1959, 1584 (1585).

994 BGH NJW 1995, 1547 (1547); OLG Düsseldorf NJW-RR 1993, 377 (378).

995 BGH NJW 1995, 1547 (1548).

996 Putzo in Palandt § 477 Rn 19 f. Dies wird zur Absicherung der Kaufvertrags-parteien in der Praxis sogar ausdrücklich empfohlen: Günther in Schütze/Weipert, II. 1., Anm. 87; Aderhold, DStR 1991, 844 (847).

997 Honsell in Staudinger § 463 Rn 45; Putzo in Palandt § 463 Rn 14; Westermann in MüKo § 463 Rn 19.

998 BGH NJW 1965, 34 (35); Putzo in Palandt § 463 Rn 18; Westermann in MüKo § 463 Rn 20 ff.; Honsell in Staudinger § 463 Rn 58 m.w.N.

999 OLG Düsseldorf NJW-RR 1993, 377 (378).

1000 BGHZ 69, 53 (58). Vergleiche dazu ausführlich: Beisel/Klumpp, S. 27 ff.; Kiethe, DStR 1995, 1756 (1759 f.).

zum bezahlten Kaufpreis zu erstatten. Entgangener Gewinn als Schadensersatz spielt bei dieser Berechnung keine Rolle.

Bei der Schadensberechnung im Rahmen des sogenannten großen Schadensersatzes gibt der Käufer dagegen die Kaufsache zurück und der Verkäufer hat den Kaufpreis, die dem Käufer entstandenen Aufwendungen sowie einen dem Käufer möglicherweise entgangenen Gewinn zu ersetzen[1001]. Der entgangene Gewinn des Käufers kann allerdings nur darin liegen, daß er das erworbene Unternehmen nicht mit Gewinn weiterveräußern konnte[1002]. Die vom Käufer aus dem Unternehmen selbst erwarteten Erträge können nicht erstattet werden. Wie schon beim kleinen Schadensersatz, stellt die Ertragsfähigkeit nur eine von mehreren Meßzahlen zur Bestimmung des Unternehmenswertes, mithin zur Bestimmung des Kaufpreises dar[1003]. Der vom Käufer erwartete, aber nicht erzielte Umsatz, wird daher schon durch die Rückzahlung des Kaufpreises berücksichtigt.

Daß die vom Käufer erwarteten, aber nicht erzielten Gewinne keinen Schadensersatz im Sinne des § 252 BGB bedeuten können, wird zudem durch die tatsächliche Entwicklung des gekauften Unternehmens bestätigt. Diese Entwicklung zeigt gerade, daß die Realität die Erzielung dieser Gewinne nicht ermöglicht. Ein Ersatz nach § 252 BGB käme aber nur in Betracht, wenn die Erzielung der Gewinne deutlich überwiegend wahrscheinlich wäre[1004]. Diese Wahrscheinlichkeit besteht aufgrund der tatsächlichen Entwicklung des Unternehmens nachweislich nicht, da die Gewinne nicht erzielt werden konnten. Entgangener Gewinn im Rahmen des Schadensersatzanspruchs nach § 463 BGB kann beim Unternehmenskauf daher nur verlangt werden, wenn der Käufer Gewinne erzielt hätte, die – wie z. B. durch einen Verkauf oder eine Verpachtung – neben der gewöhnlichen Tätigkeit des Unternehmens angefallen wären.

Gleiches gilt für den Schadensersatzanspruch aus c.i.c., der das negative Interesse ersetzt und der als Anspruchsgrund teilweise der analogen Anwendung der Gewährleistungsregeln vorgezogen wird[1005]. Dieser Anspruchsgrund kann bei einer fehlenden Zusicherung auf der zumindest fahrlässigen Angabe

---

[1001] BGH NJW 1990, 2680 (2681); Westermann in MüKo § 463 Rn 24.
[1002] Westermann, a.a.O.
[1003] OLG Düsseldorf NJW-RR 1993, 377 (378); Westermann in MüKo § 459 Rn 50; Larenz, SchuldR I, § 29 II c.: Der Gebrauchswert einer Sache geht in ihrem Substanzwert auf.
[1004] S. o. 1. Teil B. IV. 3.
[1005] Honsell in Staudinger § 459 Rn 8 m.w.N.

von falschen Tatsachen beruhen[1006]. Der vom Käufer aufgrund der falschen Angaben erwartete Unternehmensgewinn konnte objektiv nicht erwartet werden, da die der Erwartung des Käufers zugrundeliegenden Tatsachen objektiv falsch waren. Der Wahrscheinlichkeitsgrad des § 252 BGB kann also gar nicht vorliegen. Damit handelt es sich auch bei dem Schadensersatzanspruch aus c.i.c. im wesentlichen nur um einen Ausgleich dafür, daß die Kaufsache zu teuer erworben wurde[1007]. Es wird also wie beim kleinen Schadensersatz nach § 463 BGB lediglich der Minderwert ersetzt, wenn der Käufer am Vertrag festhalten möchte[1008]. Diese Möglichkeit der Schadensregulierung entspricht dem besonderen Interesse beim Unternehmenskauf und kann daher ausnahmsweise vom Käufer beansprucht werden[1009]. Grundsätzlich ist allerdings beim Schadensersatzanspruch aus c.i.c. das negative Interesse zu ersetzen, der Käufer ist also so zu stellen, wie er ohne das schädigende Ereignis gestanden hätte, also regelmäßig so, als wenn der Vertrag nicht abgeschlossen worden wäre[1010]. Sollte der Käufer diese Art der Schadensberechnung wählen, kann er freilich nicht gleichzeitig mit der Rückübertragung des Unternehmens die von ihm erhofften oder erwarteten Unternehmensgewinne liquidieren. Neben Rückzahlung des Kaufpreises kann er nur nutzlos gemachte Aufwendungen begehren oder aber Gewinn, den er mit dem Kaufpreis bei anderer Geldanlage gezogen hätte. Er muß also mit dem nach § 252 BGB erforderlichen Beweismaß darlegen können, daß er an Stelle des Unternehmenskaufes sein Geld in anderer Form gewinnbringend angelegt hätte. Sollte kein spezieller Sachverhalt vorgetragen werden können, so könnte dabei durchaus für das positiv beim Käufer vorhandene Kapital eine durchschnittliche Verzinsung dieses Kapitals als entgangener Gewinn geltend gemacht werden[1011]. Dies ginge natürlich nur, wenn der Käufer den Kaufpreis nicht fremdfinanziert hatte, da er in diesem Fall kein Kapital zur Verzinsung hätte stellen können.

1006 BGH ZIP 1991, 321 (323); Westermann in MüKo § 463 Rn 37 m.w.N. in Fn 167; Aderhold, DStR 1991, 844 (845).

1007 BGH WM 1988, 1685 (1687). In dieser Entscheidung ging es zwar nicht um den Kauf eines Unternehmens. Die Vergleichbarkeit ergibt sich jedoch aus der Tat-sache, daß aus der Kaufsache – einer Beteiligung an einem Bauherrenmodell – eigene Erträge, hier in Form von Mieterträgen, erwartet wurden. Maßgabe für den Schadensersatz durften also nicht die erwarteten Mieterträge sein, sondern der Wert der Beteiligung nach Maßgabe der tatsächlich zu erzielenden Mieteinnahmen.

1008 BGHZ 69, 53 (58 f.); Kiethe, DStR 1995, 1756 (1759).

1009 BGHZ 69, 53 (57); Westermann in MüKo § 463 Rn 37; Aderhold, DStR 1991, 844 (847).

1010 BGH WM 1988, 1700 (1702); Heinrichs in Palandt § 276 Rn 99.

1011 BGH VersR 1992, 617 (618).

Ebenso wie bei den Schadensersatzansprüchen aus § 463 BGB und aus c.i.c. kann sich ein Schadensersatzanspruch aus unerlaubter Handlung beim Unternehmenskauf nicht an den vom Käufer erwarteten Gewinnen des Unternehmens orientieren. Die Realität zeigt, daß diese Gewinne nicht wahrscheinlich sind. Auch beim Unternehmenskauf gilt für Schadensersatzansprüche die in dieser Arbeit aufgestellte allgemeine Regel, daß entgangener Gewinn nur geltend gemacht werden kann, wenn er deutlich überwiegend wahrscheinlich gezogen worden wäre[1012]. Die erhofften aber nicht erzielten Unternehmensgewinne sind daher nur zu erstatten, wenn Zusicherungen in der Form selbständiger Garantieversprechen bestehen, so daß der Käufer einen in der Höhe des Ausfalls bezifferbaren Anspruch gegen den Verkäufer hat. Dies ist dann allerdings kein Schadensersatzanspruch.

H. Entgangener Gewinn im Rahmen des gewerblichen Rechtsschutzes

Ein weiteres Rechtsgebiet, in dem es zu Schadensersatzansprüchen und somit zur Frage des entgangenen Gewinns kommen kann, ist der gewerbliche Rechtsschutz. Wettbewerbsverstöße oder auch die Verletzung gewerblicher und geistiger Schutzrechte, wie Patente, Gebrauchs- oder Geschmacksmuster, können zu Schadensersatzansprüchen des Verletzten führen. Da es sich dabei um zivilrechtliche Ansprüche handelt, bestimmt sich der Umfang des zu ersetzenden Schadens grundsätzlich nach den §§ 249 ff. BGB[1013]. Der entgangene Gewinn des Verletzten dürfte grundsätzlich der Hauptschadensposten sein, da die Lebenserfahrung erwarten läßt, daß er bei nicht erfolgter Verletzung seiner Rechtsposition diese Rechtsposition selbst genutzt hätte[1014]. Es handelt sich also um den gewöhnlichen Schadensersatzanspruch nach § 252 BGB, so daß insoweit keine Besonderheiten zu den bisherigen Ausführungen dieser Arbeit gelten. Diese Form der konkreten Schadensberechung[1015] unterliegt allerdings im Wettbewerbsrecht trotz der Beweiserleichterung des § 252 S. 2 BGB erheblichen Beweisproblemen und scheitert häufig[1016]. Die Beweisprobleme beruhen darauf, daß sich die negativen Auswirkungen der Verletzung auf den geschäftlichen Erfolg aufgrund der vielen Imponderabilien des Marktgeschehens so gut

---

[1012] S. o. 1. Teil B. IV. 3. b).

[1013] Emmerich, S. 413; Melullis in Gloy § 20 Rn 49.

[1014] BGH GRUR 1993, 757 (758 f.); Emmerich, S. 413; Köhler/Piper vor § 13 Rn 54.

[1015] Baumbach/Hefermehl Einl UWG Rn 381.

[1016] Emmerich, S. 413; Baumbach/Hefermehl Einl UWG Rn 382; Melullis in Gloy § 20 Rn 61.

wie nicht berechnen lassen[1017]. Die daher nur schwer feststellbaren und schwer nachweisbaren Schäden des Verletzten haben die Rechtsprechung und die herrschende Meinung veranlaßt, im gewerblichen Rechtsschutz alternativ zu der üblichen, am entgangenen Gewinn des Verletzten orientierten Berechnung, zwei weitere Arten der Schadensberechung zuzulassen. Bei Verletzung von Schutzrechten sowie wettbewerbsrechtlich geschützten Leistungspositionen kann der Verletzte daher entweder den ihm konkret entgangenen Gewinn, die Herausgabe des vom Verletzer gezogenen Gewinns oder eine Lizenzgebühr für die Ausnutzung seines verletzten Rechtes verlangen[1018]. Die Rechtsprechung und die herrschende Literaturmeinung stufen diese drei Berechnungsarten sämtlich als Ausgestaltung eines einheitlichen Schadensersatzanspruchs ein[1019]. Borck weist zutreffend darauf hin, daß alle drei Berechnungsarten Formen des entgangenen Gewinns sind[1020]. Dies wird deutlich, wenn man sich vor Augen führt, daß es beim Vermögensschaden nur das damnum emergens und das lucrum cessans gibt. Da die Differenzhypothese häufig als nicht ausreichend zur Schadensfeststellung angesehen wird[1021], ist nach einem normativ geprägten Schadensbegriff bei der Verletzung von Immaterialgüterrechten oder ähnlichen geschützten Rechten grundsätzlich vom Eintritt eines Schadens auszugehen[1022]. Dieser Schaden kann nur in der dem Verletzten entgangenen Nutzungsmöglichkeit und somit im lucrum cessans liegen. Der Verletzergewinn und die Lizenzanalogie werden daher unstreitig nicht als neue Schadensformen betrachtet, sondern nur als inzwischen gewohnheitsrechtlich anerkannte Metho-

---

[1017] Borck, WRP 1979, 519 (521).

[1018] RGZ 156, 62 (67); BGHZ 57, 116 (117); 60, 168 (173); GRUR 1987, 364 (365); 1993, 55 (57); 1993, 757 (759 f.); 1993, 899 (900 f.); Köhler/Piper vor § 13 Rn 55; Lehmann, BB 1988, 1680 (1680); v. Bar, UFITA 1981, 57 (57 ff.); Baumbach/Hefermehl Einl UWG Rn 381; Melullis in Gloy § 20 Rn 49 ff.; Preu, GRUR 1979, 753 (755).

[1019] A. A.: Larenz, SchuldR I, § 29 III b), der nur den entgangenen Gewinn als Schadensersatz einordnet. Bei den beiden anderen Berechnungsarten handele es sich in Wahrheit um Vergütungen für in Anspruch genommene Positionen. Lange, S. 363 leitet die Lizenzanalogie aus dem Bereicherungsrecht ab.

[1020] Borck, WRP 1979, 519 (521 f.).
A.A. wohl Rixecker in Geigel, 4. Kapitel Rn 104.

[1021] BGHZ 45, 212 (218); GrS 50, 304 (306); 75, 366 (371); GrS 98, 212 (217); Lange, S. 45; Larenz, SchuldR I, § 29 I a; Mertens in Soergel v. § 249 Rn 8; Stoll, Haftungsfolgen, S. 5, 35; Medicus in Staudinger § 249 Rn 4; v. Bar UFITA 1981, 57 (68 ff.).

[1022] BGH GRUR 1993, 55 (57); 757 (758 f.); Borck, WRP 1979, 519 (521); Köhler/ Piper v. § 13 Rn 54.

den zur Schadensberechnung[1023]. Da die übliche Berechnung nach § 252 BGB häufig aufgrund von Kausalitätsproblemen scheitert, ist eine andere realistische Methode zu wählen, die den dem Verletzten entstehenden Schaden beziffert. Sowohl der vom Verletzer selbst gezogene Gewinn als auch eine für das verletzte Recht zu zahlende Lizenz geben realistische Anhaltspunkte für einen Ertrag, den der Verletzte ansonsten selbst gezogen hätte. Es ist zwar nicht ungewöhnlich, daß die verschiedenen Berechnungsmethoden zu unterschiedlichen Ergebnissen führen[1024]. Dies liegt aber in der Natur der Sache, da sie nur Ausgestaltungen der Beweiserleichterung des § 252 S. 2 BGB sind und somit Methoden zur Schadensschätzung darstellen. Diese dogmatische Einordnung wird auch nicht dadurch unzulässig, daß der Verletzergewinnn aus den Rechtsgedanken der Geschäftsführung ohne Auftrag abgeleitet wird[1025]. Es wird nämlich keine direkte Anwendung der Vorschriften über die Geschäftsführung ohne Auftrag vorgenommen, sondern nur der Rechtsgedanke zur Herleitung des Anspruchs herangezogen. Die Geschäftsführung des Verletzers bietet lediglich einen Maßstab für den Gewinn, der auch vom Verletzten erzielt worden wäre[1026]. Es erscheint einleuchtend, daß der vom Verletzer z. B. durch Verkauf von gefälschten Markenartikeln gezogene Gewinn mit ungefälschten Produkten auch vom Verletzten hätte erzielt werden können, so daß der Verletzergewinn eine realistische Vermutung des dem Verletzten entgangenen Gewinns ermöglicht. Allerdings muß darauf hingewiesen werden, daß diese Gewinne nicht zwangsläufig deckungsgleich sind bzw. überhaupt nicht sein können, weil z. B. die Kostenstrukturen in den wenigsten Betrieben vergleichbar sein dürften und somit auch unterschiedliche Gewinnspannen existieren[1027]. Dennoch stellen die Gewinne des Verletzers eine realitätsbezogene Möglichkeit dar, den ungefähren Schaden des Verletzten zu ermitteln. Wenn feststeht, daß der Verletzte überhaupt einen Schaden erlitten hat[1028], ist sogar nicht einmal erforderlich, daß der Geschädigte überhaupt den gleichen Gewinn des Verletzers hätte erzielen können, weil er z. B. zu den Geschäftspartnern des Verletzers gar keinen

---

[1023] BGH GRUR 1956, 427 (429); 1962, 509 (512); Preu, GRUR 1979, 753 (756); Emmerich, S. 413 f.

[1024] Preu, GRUR 1979, 753 (756).

[1025] BGHZ 34, 320 (321); GRUR 1962, 401 (402); v. Bar, UFITA, 57 (59).

[1026] Baumbach/Hefermehl Einl UWG Rn 384; Preu, GRUR 1979, 753 (755).

[1027] Preu, GRUR 1979, 753 (757); Borck, WRP 1979, 519 (523).

[1028] Melullis in Gloy § 20 Rn 70.

Kontakt hatte[1029]. Es geht allein darum, dem Verletzten eine Möglichkeit zu geben, den ihm entgangenen Gewinn realistisch zu beziffern.

Ähnliches gilt für die Berechnungsmethode anhand einer Lizenzanalogie. Ihre Praxisnähe zeigt sich daran, daß es ohne weiteres das Geschäft des Verletzten sein könnte, seine Patente gegen Lizenzgebühren zu verwerten. Dies ist ihm bei dem unbefugt durch den Verletzer verwerteten Patenten nicht mehr möglich, so daß ihm tatsächlich Lizenzgebühren als Gewinn entgangen sein können[1030]. Es ist unerheblich, ob der Verletzte überhaupt in der Lage bzw. gewillt war, einen Lizenzvertrag mit dem Verletzer zu schließen[1031]. Da es sich nur um eine Methode zur möglichst genauen und realistischen Schadensberechnung handelt, ist diese Methode ebenfalls nur dann zu versagen, wenn dem Verletzten gar kein Schaden entstehen konnte, weil z. B. Rechte verletzt wurden, die wirtschaftlich nicht nutzbar waren.

Festzuhalten ist daher, daß es sich bei Schadensersatzansprüchen im Rahmen des gewerblichen Rechtsschutzes immer um eine Berechnung nach den Grundsätzen des § 252 BGB handelt. Die drei Berechnungsarten sind alle geeignet und daher anerkannt, den in der Regel dem Verletzten entstehenden Schaden zu schätzen bzw. zu berechnen.

[1029] RGZ 70, 249 (251); BGHZ 60, 168 (173); GRUR 1963, 255 (257).
A.A.: Borck, WRP 1979, 519 (523).

[1030] BGH GRUR 1970, 296, (298).

[1031] Borck, WRP 1979, 519 (522).

3. Teil:

Ergebnisse und Thesen

I.

Der Ersatz des ganzen Interesses, also die Totalreparation, wird im BGB einzig durch die Vorschrift des § 252 S. 1 BGB angeordnet. § 249 S. 1 BGB enthält diesbezüglich keine Aussage. In ihm ist allein die Art und Weise des Schadensersatzes geregelt.

II.

Eine exakte Abgrenzung zwischen damnum emergens und lucrum cessans ist erforderlich und möglich. Der Wert des durch ein damnum emergens geschädigten Vermögens wird anhand der individuell für die geschädigte Person erforderlichen Wiederbeschaffungskosten für die beschädigten oder zerstörten vermögenswerten Rechte oder Rechtsgüter ermittelt. Mit zu bewerten sind bestehende, also rechtlich durchsetzbare Ansprüche.

III.

Unter entgangenem Gewinn ist jede einer geschädigten Person entgangene Vermögensmehrung zu verstehen. Diese kann auf Entscheidungen der geschädigten Person beruhen, die erst nach Eintritt des haftungsbegründenden Ereignisses getroffen werden. Ausschlaggebend ist allein die von § 252 S. 2 BGB geforderte Wahrscheinlichkeit der Gewinnerzielung.

IV.

Eine behauptete Vermögenssteigerung ist ersatzfähig, wenn sie deutlich überwiegend wahrscheinlich ist und nur leichte Zweifel an ihrem Eintritt bestehen. Mit diesem Erfordernis stellt § 252 S. 2 BGB eine Beweiserleichterung gegenüber § 286 ZPO dar. Im Vergleich zu § 287 ZPO bedeutet dies hingegen eine

Einschränkung, da § 287 ZPO grundsätzlich einen geringeren Wahrscheinlichkeitsgrad bzw. ein geringeres Beweismaß voraussetzt.

V.

§ 252 BGB bietet keine Grundlage für eine abstrakte Schadensberechnung. Der von der geschädigten Person geforderte Schadensersatz ist konkret zu berechnen. Die Beweiserleichterung des § 252 S. 2 BGB bietet lediglich eine Hilfestellung.

VI.

Die einem Käufer bei Nichterfüllung des Vertrages durch den Verkäufer möglicherweise entgehende Vermögenssteigerung liegt nicht zwingend in entgangenem Gewinn aus dem Weiterverkauf der Kaufsache. Sein Vermögen wäre vielmehr bereits durch die Übereignung der Kaufsache vermehrt worden, wenn er sich die Sache anderweitig nur zu einem höheren Preis wiederbeschaffen könnte. Sein Schaden entspricht daher in der Regel den zusätzlichen Kosten eines Deckungskaufes. Einen entgangenen Weiterverkaufsgewinn kann der Käufer bei Unmöglichkeit eines Deckungskaufes geltend machen.

VII.

Ein Verkäufer erleidet bei der Nichterfüllung des Kaufvertrages in der Regel eine direkte Vermögenseinbuße, wenn er seinen bereits bestehenden Kaufpreisanspruch verliert. Der Schaden entsteht in Höhe der Differenz zwischen seinen (niedrigeren) Wiederbeschaffungskosten und dem verlorenen Kaufpreisanspruch, da er das Eigentum an der Sache zu seinem Vorteil behält. Ihm ist es als weiterer Vorteil anzurechnen, wenn er eine unvertretbare Sache anderweitig verkaufen kann. Bei vertretbaren Sachen entfällt dieser Vorteil, da davon ausgegangen werden muß, daß er den Ersatzverkauf zusätzlich mit anderen Waren hätte vornehmen können.

VIII.

Für die bei der Verletzung persönlicher Rechtsgüter existierenden Beweisprobleme bezüglich zukünftiger Erwerbsmöglichkeiten der verletzten Person stellt § 842 BGB eine lex specialis zu § 252 BGB dar. § 842 BGB ermöglicht in diesen Fällen zugunsten der verletzten Person die Anwendung der weitergehenden Beweiserleichterung des § 287 ZPO.

IX.

Bei der nach der Verletzung persönlicher Rechtsgüter vorzunehmenden Schadensberechnung ist zugunsten der verletzten Person der sogenannten Bruttolohnmethode der Vorzug zu geben. Die Schadensersatzleistung für Selbständige sollte sich entgegen der Auffassung der Rechtsprechung auch an den Kosten einer Ersatzkraft orientieren können; selbst wenn im Unternehmensergebnis kein Gewinnrückgang festzustellen ist.

X.

Schadensersatz für entgangenen Gewinn kann nur zugesprochen werden, wenn die zugrundeliegende Tätigkeit nicht gegen gesetzliche Verbotsvorschriften verstößt. Liegt ein derartiger Verstoß vor, ist die zivilrechtliche Wirksamkeit der Tätigkeit unbeachtlich. Eine Schadensersatzleistung ist bei einem derartigen Verstoß grundsätzlich nur möglich, wenn die Tätigkeit von einer Behörde zu genehmigen wäre, oder wenn eine in ihren Rechten verletzte Privatperson die Rechtsverletzung tolerieren würde.

Kolibri 360 GmbH
Ferdinand-Jühlke-Straße 7
99095 Erfurt, Deutschland
produktsicherheit@kolibri360.de

Druck:
CPI Druckdienstleistungen GmbH
im Auftrag der
Kolibri 360 GmbH
Ferdinand-Jühlke-Str. 7
99095 Erfurt